公路车辆定位原理与方法

Principle and Method of Highway Vehicle Positioning

张宏斌　喻国荣　于先文　编著

東南大學出版社
SOUTHEAST UNIVERSITY PRESS
·南京·

内容简介

书中介绍了几种主要的公路车辆单一和组合定位的原理与方法。全书共8章，内容包括：绪论、导航定位算法基础、卫星导航、惯性导航、SLAM定位、卫星导航/惯性导航组合定位、高精地图与地图匹配组合定位、其他组合定位方法。

本书可作为测绘类、交通类专业本科生的参考用书，也可供相关专业工程技术人员参考。

图书在版编目(CIP)数据

公路车辆定位原理与方法 / 张宏斌，喻国荣，于先文编著. -- 南京 : 东南大学出版社，2025. 1.
ISBN 978-7-5766-1945-4

Ⅰ. U491

中国国家版本馆CIP数据核字第20254EM218号

责任编辑：宋华莉　**责任校对**：张万莹　**封面设计**：小舍得　**责任印制**：周荣虎

公路车辆定位原理与方法 Gonglu Cheliang Dingwei Yuanli Yu Fangfa

编　著	张宏斌　喻国荣　于先文
出版发行	东南大学出版社
出 版 人	白云飞
社　址	南京市四牌楼2号　邮编：210096
网　址	http://www.seupress.com
电子邮件	press@seupress.com
经　销	全国各地新华书店
印　刷	江苏扬中印刷有限公司
开　本	787 mm×1 092 mm　1/16
印　张	15.25
字　数	288千字
版　次	2025年1月第1版
印　次	2025年1月第1次印刷
书　号	ISBN　978-7-5766-1945-4
定　价	58.00元

(本社图书若有印装质量问题，请直接与营销部联系。电话：025－83791830)

前　言

世界各国正大力发展智能网联车路协同技术，公路车辆的高精度动态定位，是实现智能网联交通及自动或辅助驾驶的基础和前提条件。

导航定位技术，涉及诸多学科领域，技术内涵十分丰富。本书针对智慧交通应用，介绍公路车辆单一和组合定位的原理与方法，其内容涉及测绘、导航、交通等多个学科，是交叉学科和学科交叉的教材，能满足学科行业发展趋势的需求。

全书共分为八章，各章的内容安排如下：

第一章，绪论。介绍导航定位的基本概念、导航定位的方法，并进行分析和评述。

第二章，导航定位算法基础。介绍公路车辆定位涉及的地球椭球、坐标系、坐标系转换、微分方程、最优估计和卡尔曼滤波等基础知识。

第三章，卫星导航。以 GPS 为例，介绍卫星导航的系统组成、导航电文、卫星星历、卫星轨道、定位原理、误差及其改正，以及卫星和接收机的位置和速度估计。

第四章，惯性导航。以捷联惯导为例，介绍惯性导航器件的测量原理，惯性导航的机械编排、数值更新、误差方程和初始对准。

第五章，SLAM 定位。以视觉 SLAM 为例，介绍 SLAM 框架及其数学表述、相机模型、视觉里程计，以及 2D-2D、3D-2D、3D-3D 相机运动估计和后端优化。

第六章，卫星导航/惯性导航组合定位。以捷联惯导为例，基于卡尔曼滤波，介绍卫星导航/惯性导航松耦合和紧耦合的状态方程和量测方程。

第七章，高精地图与地图匹配组合定位。介绍高精地图及其道路网络模型、路心线的自动生成算法，地图匹配原理及基于几何位置信息、位置概率估计、高斯白噪声模型位置概率估计的地图匹配方法，以及地图匹配中的卡尔曼滤波方程。

第八章，其他组合定位方法。介绍与航位推算相关的几种主要的组合方法，包括GNSS/DR 组合、SINS/DR 组合、DR/MM 组合和 GNSS/DR/MM 组合等。

全书由东南大学张宏斌编写和统稿，喻国荣指导，于先文审定。

本书根据作者多年的教学与实践编写，由于编者水平有限，书中不足之处在所难免，恳请读者批评指正。

本书出版得到了教育部产学合作协同育人项目、华为(杭州)培训中心有限公司、东南大学教务处的支持，东南大学张小国教授提供了大量素材，东南大学出版社宋华莉编辑给予了极大的帮助，在此一并表示感谢！

编著者

2024 年 3 月于南京

目　录

第一章 绪论

第二章

导航定位算法基础

第三章

卫星导航

第四章

惯性导航

第五章 SLAM 定位

第六章

卫星导航/惯性导航组合定位

第七章 高精地图与地图匹配组合定位

第八章 其他组合定位方法

◇第一章 绪论

1.1 导航定位基本概念

1.1.1 导航与定位

导航是引导航行的简称，就是在规定的时间内正确地引导载体沿着预定的航线到达目的地的过程。为载体提供实时导航参数是导航系统的基本任务。导航是一种广义的动态定位，能够提供载体位置、速度和姿态等运动状态的系统称为导航系统。

定位就是确定用户的空间位置，而不包括速度和姿态等其他运动参数。导航与定位这两个概念既有区别又有联系，前者是一个过程，需要回答用户“在哪里？去哪里？怎么去？”等，而后者是某个时刻的一个“事件”，只需要回答用户“在哪里？”。在导航的过程中，需要及时确定用户的位置，但定位未必都是为了导航的需要。

在不引起歧义的前提下，本书不严格区分导航和定位这两个概念。

1.1.2 自主导航与非自主导航

根据完成导航任务的自主性，导航分为自主导航与非自主导航两大类。自主导航，是指运动载体完全依靠自身携带的设备，自主地完成导航任务，与外界不发生任何声、光、电等信息交互。否则，称为非自主导航。自主导航具有隐蔽性好、不受外界条件影响等特点，具有重要的军事应用价值。自主导航主要有四个特点：① 自给或者独立；② 实时；③ 无信号发射；④ 不依靠地面站。天文导航和惯性导航是典型的自主导航，无线电导航和声呐导航是典型的非自主导航。

1.1.3　时间系统与坐标系统

导航任务是在特定的时间和空间内完成的，因此，描述导航参数需要特定的时间系统和坐标系统。时间系统，是用时间计量的起点和单位时间间隔的长度来定义的。在计算导航参数的过程中，时间是独立变量。但是，在采用不同的导航方法计算不同的物理量时，使用的时间系统往往是不同的。例如，惯性导航一般采用平太阳时，天文导航则经常使用恒星时、历书时和世界时等。各种时间系统之间有确定的转换公式。

坐标系的定义有两种方式：一种描述物体运动的一个原点和一组轴系，如载体坐标系；另一种描述物体的位置和姿态。这两种定义方式可以互相转换。在如何定义这两种坐标系问题中，定义哪一个是载体系或参考系是任意的。例如，描述车辆相对于道路的位置，与道路相对于车辆的位置，表达了相同的信息。导航参数表示了运动载体坐标系和参考坐标系的相对关系。对近地导航而言，地心地固坐标系是常用的参考坐标系。

1.1.4　惯性坐标系与非惯性坐标系

在运动学中，研究一般物体的运动时，参考系可以按照研究问题的方便任意选择。但是惯性导航的基本原理是以牛顿定律为基础的，它是通过测量载体内部物体的惯性力来确定其运动加速度的，所以，研究惯性导航时，参考系不能任意选择。也就是说，在应用牛顿定律时，参考系应选在惯性空间。所谓惯性空间，应是原点取在不动点，而又无转动的参考系。这种与惯性空间相固联的坐标系，称为惯性坐标参考系，简称惯性系。在惯性导航系统中使用的陀螺仪和加速度计，都是根据牛顿定律工作的，陀螺仪测量相对惯性空间的角运动参数，加速度计测量相对惯性空间的线运动参数。将这两种惯性元件安装在载体上，它们测得的角运动和线运动参数的合成，便是载体相对惯性空间的运动参数，进而得到载体相对惯性空间的导航参数。

但是，要找到完全符合牛顿定律要求的理想惯性参照物是不可能的，因为绝对静止的物体或空间是不存在的，这是由于物体的运动是永恒的。同样，也很难找到一个做匀速直线运动的物体。因此，决定一个参考系是不是惯性系，将依赖于当时的测量水平和实际工作的需要。为此，先后出现过日心惯性系和地心惯性系。

为了研究载体的运动和位置，还要有许多非惯性坐标系，主要有以下几种：地心地固坐标系、当地水平坐标系、载体坐标系、导航坐标系等。

1.2 导航定位方法

在古代，人们利用地面标志性物体或天空中的星体位置来确定所在位置，特别是利用北极星来确定方向。后来，人们使用磁罗经、计程仪、天文钟和六分仪等进行导航。随着科学技术的发展，导航技术在军用和民用方面不断拓宽、加深。

1.2.1 无线电导航

无线电导航是指利用无线电波在均匀介质和自由空间直线传播及恒速两大特性进行引导航行的一种方法。

这种导航方法，一种是通过设置在载体和地面上的收发设备，测量载体相对地面台的距离、距离差或相位差定位。如地美依测距导航系统、罗兰双曲线导航系统、奥米加双曲线导航系统。另一种是通过载体上接收系统，接收地面台站发射的无线电信号，测量载体相对于已知地面台的方位角来定位，如伏尔测向导航系统。目前军用飞机使用较多的是测向与测距共用一个地面台的塔康导航系统。

无线电导航的主要优点是精度较高；缺点是工作时必须有地面台配合，电波易受干扰，也容易暴露自身，在军事上应用就显得严重不足。

1.2.2 多普勒雷达导航

多普勒雷达导航是指利用随载体速度变化，在发射波和反射波之间产生的频率差——多普勒频移的大小，来测量载体相对地面的速度，进而完成导航任务的一种方法。

这种导航方法，只需在载体上设置雷达发射和接收装置，便可测出地速的大小。再借助载体上航向系统输出的航向角，将地速分解成沿地理北向和东向的速度分量，进而确定两个方向的距离变化及经纬度大小，即载体的位置。

多普勒雷达导航的主要优点是无须地面台配合，因而属主动式导航设备，自主性强。但它工作时必须发射电波，易受干扰和暴露自己；此外，其定位精度与反射面形状密切相关，当飞机载体在海面和沙漠上空航行时，由于海面和沙漠的反射性极差，会大大降低导航设备的工作性能；同时其导航精度还受雷达天线姿态的影响，当飞机接收不到反射波时，就会完全丧失工作能力。

1.2.3　卫星导航

目前广泛应用的卫星导航系统是 GPS(Global Positioning System,全球定位系统)和北斗卫星导航系统。它们都是利用无线电波传播的直线性和等速性实施测距定位,以及利用载体与卫星之间的多普勒频移进行测速的导航方法。

卫星导航由导航卫星、地面站和用户设备三大部分组成。GPS 导航卫星共有 24 颗,分布在 6 个近似圆形轨道上;地面站主要用来跟踪、计算和向卫星发送数据;用户设备包括接收、处理和显示部分。天空中的卫星由于位置随时可知,如同地面上的无线电导航台搬到了空间,于是便可测量卫星到载体的距离,实现定位要求。同时卫星发射的电波,经载体上接收设备测出两者之间的多普勒频移,可以确定载体相对卫星的距离变化率,即载体运动速度。

卫星导航,是近几十年发展速度最快的一种导航系统。它的主要优点是导航精度很高,又适于全球导航,加之用户设备简单,价格低廉,所以应用领域十分广泛。但它需要庞大的地面站支持,电波又易受干扰,是一种被动式导航系统。特别是卫星受人控制,作为军事目的应用时易受制于人。

1.2.4　天文导航

天空中的星体在一定时刻与地球的地理位置具有相对固定的关系,天文导航是指利用这一特点,通过观察星体,以确定载体位置的一种导航方法。

天文导航主要借助星体跟踪器自动跟踪两个星体,以便随时测出星体相对载体基准参考面的高度角和方位角,并经计算得到载体的位置和航向。通常载体基准参考面的确定由陀螺稳定平台来实现。

天文导航系统的定向和定位精度不随工作时间增长而降低,隐蔽性好,自主性强,所以天文导航尤其是天文与其他导航的组合具有广泛的应用,特别是高空、远程、跨海洋、过极地、经沙漠的飞行更显优势。但在云雾天气飞行,或在中、低空,即使天气很好,只能看见太阳而看不到其他星体时,难以完成定位的任务,这使得天文导航在航空上的应用受到一定限制。

1.2.5　惯性导航

惯性导航(简称惯导)是一种不依赖于外部信息,也不向外部辐射能量的自主式导航系统。其工作环境不仅包括空中、地面,还可以在水下。惯导的基本工作原理是以牛顿力学定律为基础,通过测量载体在惯性参考系的加速度,将它对时间进行积分,且变换到导航坐标系中，就能够得到在导航坐标系中的速度、偏航角和位置等信息。

惯性导航系统有如下优点：① 由于它不依赖于任何外部信息，也不向外部辐射能量，故隐蔽性好，也不受外界电磁干扰的影响；② 可全天候、全时间地工作于空中、地球表面乃至水下；③ 能提供位置、速度、航向和姿态角数据，所产生的导航信息连续性好而且噪声低；④ 数据更新率高，短期精度和稳定性好。

其缺点是：① 由于导航信息经过积分而产生，定位误差随时间而增大，长期精度差；② 每次使用之前需要较长的初始对准时间；③ 设备的价格较昂贵；④ 不能给出时间信息。

1.2.6 航位推算

航位推算法是一种比较经典的导航方法，广泛使用在航海、航空和车辆自动定位系统中。该方法利用初始位置，结合载体航向和里程信息，以相对定位的方式推算载体的当前方位。即通过前一个计算历元的已知位置与时间间隔，以及从前一个历元到当前解算历元的平均速度及方向，来进行推算。通过方向角将速度分解成东向速度与北向速度两个速度分量，各分量乘以时间间隔，得出位置的变化量，通过对初始位置矢量与位置的变化量求和，获得当前位置。

随着多种定位技术的交叉融合，现代车辆航位推算定位技术是传统意义上的航位推算（罗盘、里程计定位）和惯性导航（陀螺仪、加速度计传感器定位）的组合，典型方式为由惯性陀螺与轮速传感器构成航位推算子系统。

1.2.7 视觉定位

视觉定位是一种基于计算机视觉技术的定位方法，它利用摄像头采集环境中的图像信息，并通过图像处理和模式识别的方法，将物体或场景在三维空间中进行识别和定位，实现物体位置和姿态的准确测量。它具有非接触、高精度、高灵敏度、实时性和自适应性等特点。

视觉定位使用摄像头或其他视觉感知设备，可以实现非接触式测量，无须物理接触被测对象即可进行定位。由于视觉定位可以处理图像中的细节信息，因此能够提供高精度和高灵敏度的测量结果。通过使用高分辨率的图像传感器和先进的图像处理算法，视觉定位可以在亚像素级别进行精确的物体定位。视觉定位算法可以在实时或接近实时的条件下进行物体跟踪和定位。这使得视觉定位在许多需要即时反馈和及时决策的工作中非常有用，如车辆定位、自动或辅助驾驶等。视觉定位算法通常具有一定的自适应性，能够适应不同环境和不同物体的变化。例如，它可以通过对光照、纹理和形状等特征的变化进行自动调整，从而实现在各种条件下的准确定位。

视觉定位在夜间和光线剧烈变化的环境，有一定的应用局限性。

1.2.8　激光雷达定位

激光雷达主要通过激光束将场景扫描成点云来实现环境感知和定位导航等功能。

激光雷达是以发射激光束探测目标的位置、速度等特征量的雷达系统。其工作原理是向目标发射探测信号(激光束)，然后将接收到的从目标反射回来的信号(目标回波)与发射信号进行比较，作适当处理后，就可获得目标的有关信息，如距离、方位、高度、速度、姿态，甚至形状等参数，从而对目标进行探测、跟踪和识别。

激光雷达的优点：① 分辨率高；② 隐蔽性好，抗有源干扰能力强；③ 低空探测性能好；④ 体积小，质量小。其缺点有：① 激光雷达的波束极窄，只能在较小的范围内搜索、捕获目标。② 工作时受天气和大气影响大。激光一般在晴朗的天气里衰减较小，传播距离较远；而在大雨、浓烟、浓雾等天气里，衰减急剧加大，传播距离大受影响。

激光雷达定位常与视觉定位组合使用，即所谓雷视一体。

1.2.9　超宽带定位

超宽带定位是一种基于短脉冲信号的无线通信技术，它利用纳秒级的非正弦波窄脉冲传输数据，因此也被称为“纳秒通信”。超宽带定位系统通过发射器发送一系列的脉冲信号，这些信号被物体(标签)反射后，最终到达接收器。接收器记录下这些信号的时间戳，并利用算法(如后方交会)计算出物体的位置。

这种技术具有宽频带、低发射功率、强穿透能力和高定位精度的特点。该定位系统精度最高可达 10 cm，在室内定位应用中，精度可达厘米级。其缺点有：① 波束指向性强，需要波束明确指向接收源；② 通信距离短，授权频谱内有相当多的现存通信设备，其设备功率需要低于一定门限才能不影响其他通信系统；③ 频带利用率低。

1.2.10　蜂窝基站定位

移动设备在 GSM(Global System for Mobile Communications，全球移动通信系统)网络中通信，是通过某一个蜂窝基站接入 GSM 网络，然后通过 GSM 网络进行数据传输的。即在 GSM 中通信时，总是需要和某一个蜂窝基站连接，或者说是处于某一个蜂窝小区中。蜂窝基站定位，借助蜂窝基站进行。一般采用基于参考点的无线定位技术，利用移动运营商的移动通信网络，通过手机与多个固定位置收发信机之间的传播信号的特征参数，来计算目标手机的几何位置，同时，结合电子地图和地理信息系统，为移动用户提供位置服务。

在蜂窝基站定位中，若定位移动终端为普通终端（如手机），这在客观上要求多个基站设备通过附加装置测量从移动终端发出的电波信号参数，如传播时间、时间差、相位或入射角等，再通过合适的定位算法推算出移动终端的位置。

4G、5G 定位都属于蜂窝基站定位。

1.2.11 地图匹配

地图匹配是用于修正导航定位误差的技术，其假设车辆始终行驶在道路上，依据模式识别理论，基本思想在于结合车辆导航定位的数据与地图中的路网数据，将物理传感器测得的车辆定位数据与实际电子地图中的道路进行比较和匹配，依据一定的限制条件，计算出车辆所在的实际路段以及在此路段上的准确位置，最后将点的位置投影到相应位置，从而完成定位误差的校正。地图匹配技术极大地提高了车辆的定位精度，是支撑基于位置信息的导航服务的关键技术。

应用地图匹配算法必须具备两个前提条件：第一，含有精确道路位置坐标和方向信息的高精度电子地图；第二，车辆在道路上行驶。地图匹配的输入信息通常为卫星导航系统或航位推算系统预估的位置信息。因此，地图匹配导航不同于地形匹配导航和图像匹配导航技术，不需要专用的测量传感器。此时，高精电子地图可视为一种特殊形式的传感器。

1.2.12 其他定位方法

车辆定位方法还有：SAR（Synthetic Aperture Radar，合成孔径雷达）、InSAR（Interferometric Synthetic Aperture Radar，合成孔径雷达干涉技术）、微波雷达、毫米波雷达、DSRC（Dedicated Short Range Communications，专用短程通信）、蓝牙、Wi-Fi（Wireless Fidelity，无线保真）、ZigBee（紫蜂）、RFID（Radio Frequency Identification，射频识别）、地磁、可见光等，其中后 6 种更适合室内定位。除地图匹配外，还有地形匹配、图像匹配、地磁匹配、重力场匹配等导航定位方法。在此不再一一详细介绍。

本书主要介绍卫星导航、惯性导航这两种单一导航定位方法。

1.3 导航定位方法评述

1.3.1 车辆定位方法分类

根据导航任务技术原理的不同，上节的公路车辆定位方法可分为以下三类：

第一类是基于信号的定位。通过飞行时间测距法获取车辆与信号源的距离，使用空间后方交会得到车辆的空间位置；或通过测量时间差计算距离差，使用双曲线交会，求得车辆位置；或测量角度和距离，使用方向距离交会，求得车辆位置。

第二类是航位推算。依靠陀螺仪、里程计等，根据上一时刻车辆的位置和航向，递推出当前时刻车辆的位置和航向。

第三类是地图匹配。用摄像头或激光雷达采集到的数据特征和高精度地图数据库中存储的特征进行匹配，得到实时的车辆位姿。

1.3.2 组合定位

各种导航定位方法都有优点，但也有固有的不足之处。例如，无线电定位的定位精度不受时间的影响，但其输出信息主要是载体位置，且定位精度不高，工作范围受地面电台覆盖区域的限制。卫星导航的定位和测速精度高，基本上不受时间、地区限制，但在隧道、桥梁和城市峡谷等信号遮挡处无法实时定位，且信号更新频率有一定的限制。惯性导航的工作自主性高、抗干扰能力强、输出信息多(位置、速度、航向和姿态等)，但其误差(尤其是位置误差)随时间不断积累，甚至扩散。多普勒导航与惯性导航一样，同属航位推算系统，由测得的地速信息推算位置，其导航误差也随时间不断积累，而且，多普勒导航需要利用外部航向信息。

随着科技和社会的发展，导航系统在精度、可靠性等方面都提出了越来越高的要求，单一的导航系统有时难以满足需求。将几种导航方法组合起来，构成组合导航系统，将能取长补短，发挥单一导航系统各自的优点，提高导航精度，更好地满足载体(如车辆)对导航系统的要求。因此，导航技术向着组合导航方向发展是一个必然的趋势。

所谓组合导航，就是用两种或两种以上的导航系统对同一导航信息进行测量，并解算出量测量，然后从这些量测量中，计算出各导航系统的误差并进行改正。采用组合导航方式的系统称为组合导航系统，参与组合的各导航系统称为子系统。由于惯性导航具有自主性强、隐蔽性好、导航参数全面、输出及时连续、短时间内导航精度高等优点，因而一般将惯性导航系统作为组合导航系统的关键子系统。

各类导航系统所提供的导航信息主要是载体位置、速度和姿态。因此，根据各导航子系统的输出信息，组合导航系统主要有以下三种组合方式：

(1) 位置组合。将导航子系统各自输出的载体位置信息进行组合，以获得载体的最优导航参数，如惯性导航与卫星导航的组合。

(2) 速度组合。将导航子系统各自输出的载体速度信息进行组合，以获得载体的最优导航参数，如惯性导航与卫星导航、惯性导航与多普勒导航的组合。

(3) 姿态组合。将导航子系统各自输出的载体姿态信息进行组合，以获得载体的最优导航参数，如惯性导航与星敏感器、惯性导航与磁航向仪的组合。

某些导航子系统能够提供载体的多种导航信息，如在卫星导航与惯性导航组合中，既有位置也有速度，因此既有位置组合也有速度组合。不论采用哪种组合方式，经过组合以后的导航系统，能充分利用各子系统的导航信息，取长补短，并对这些信息进行有机处理，形成单个子系统所不具备的适用范围、性能和精度。此外，由于各子系统同时测量同一导航参数，测量值增多，从而提高了导航信息的冗余能力，增强了组合导航系统的可靠性和容错性。

导航定位方法众多，相应的组合也就多种多样，在此不一一列举。本书主要介绍视觉 SLAM(Simultaneous Localization and Mapping，同时定位与地图构建)定位、卫星导航/惯性导航组合、高精地图与地图匹配定位，以及与航位推算相关的组合定位方法。

1.3.3 高精地图与 V2X 车联网技术

需要说明的是，在地图匹配中，高精地图扮演着核心角色。高精地图由含有语义信息的车道模型、道路部件、道路属性等矢量信息，以及用于多传感器定位的特征图层构成。车辆在高精地图的辅助下，更容易判断自身位置、可行驶区域、目标类型、行驶方向、前车相对位置、红绿灯状态及行驶车道等信息。与此同时，还能通过超视距的感知能力，辅助车辆预先感知坡度、曲率、航向等路面复杂信息，再结合路径规划算法，让车辆做出正确决策。因此，高精地图是保障自动或辅助驾驶安全性与稳定性的关键，在自动或辅助驾驶的感知、定位、规划、决策、控制等过程中都发挥着重要作用。

正是考虑到上述原因，在高精地图生产制作过程中，需要对采集到的交通环境图像、激光点云、卫星导航定位等多种传感器原始数据进行处理，其中涉及车道线识别技术、交通标志标牌的图像处理技术、激光点云配准技术、同步定位与建图技术以及 OTA(Over-the-Air，空中下载)数据更新与回传等云端服务技术。

定位技术作为车路协同系统的关键部分，对车辆获取精确的位置信息至关重要。其中，传统的定位以卫星、激光雷达、毫米波雷达、摄像头等为定位信息获取手段。但卫星信号易受到遮挡的限制，导致车载定位系统失效；激光雷达和毫米波雷达在恶劣环境（如暴雨、雪天等）下的可用性不高，定位误差大；摄像头受光照强度影响，全天候工作困难。随着智能网联车辆技术的发展，V2X（Vehicle-to-Everything）车联网在高精地图更新、辅助定位等方面发挥了巨大的作用。V2X 车联网技术相当于辅助驾驶车辆的耳朵，使其感知的距离更远，且不易受遮挡物的影响，已成为辅助驾驶不可或缺的一环。

V2X 车联网技术可以使车与车、车与路更好地进行协同，并通过相应的技术优化，提高自动或辅助驾驶定位精度，改善通行效率，保障交通安全。另外，在卫星定位无法正常使用的特定区域，如地下停车场等，可采用 Wi-Fi、RFID、超宽带、可见光等专用短程通信技术，实现车辆室内定位。

习 题

1. 简述导航与定位的区别和联系。
2. 简述自主导航与非自主导航的区别，自主导航与非自主导航各有哪些方法。
3. 举例说明车辆单一导航定位的方法有哪些。
4. 举例说明车辆组合导航定位的方法有哪些。
5. 简述北斗卫星导航系统的原理、组成及应用情况。
6. 简述导航系统在一种载体（如导弹、飞机、卫星、车辆、轮船等）中的应用。

◇第二章 导航定位算法基础

公路车辆定位涉及地球椭球、坐标系、坐标系转换、微分方程、最优估计和卡尔曼滤波等基础知识。

2.1　导航定位中的数学基础

2.1.1　矢量及其坐标转换

矢量在空间坐标系中的三维坐标，可以表示为列矩阵的形式。例如，矢量 $\boldsymbol{r}$ 在 k 坐标系中的坐标可以表示为

$$\boldsymbol{r}^k=[x^k \quad y^k \quad z^k]^{\mathrm{T}} \tag{2.1}$$

式中，上标 k 代表坐标系 k，x^k、y^k、z^k 分别表示坐标分量。

设有矢量 $\boldsymbol{r}_1$、$\boldsymbol{r}_2$，两者点乘的计算公式为

$$\boldsymbol{r}_1 \cdot \boldsymbol{r}_2=|\boldsymbol{r}_1||\boldsymbol{r}_2|\cos\theta \tag{2.2}$$

式中，$|\boldsymbol{r}_1|$和$|\boldsymbol{r}_2|$分别表示两个量的大小，θ 表示它们之间的夹角。点乘的结果是两个量在同一方向上的投影的乘积。

两者叉乘的计算公式为

$$\boldsymbol{r}_1\times\boldsymbol{r}_2=(|\boldsymbol{r}_1||\boldsymbol{r}_2|\sin\theta)\boldsymbol{n} \tag{2.3}$$

式中，$\boldsymbol{n}$ 表示垂直于 $\boldsymbol{r}_1$ 和 $\boldsymbol{r}_2$ 所在平面的单位矢量。叉乘的结果是一个新的矢量，它的方向垂直于 $\boldsymbol{r}_1$ 和 $\boldsymbol{r}_2$ 所在平面，大小等于两个量所围成的平行四边形的面积。

将矢量由一个坐标系投影到另一个坐标系，这种转换可以通过坐标转换矩阵实现。例如，将 k 坐标系中的矢量 $\boldsymbol{r}^k$ 转换到 m 坐标系中，可表示为

$$\boldsymbol{r}^m=\boldsymbol{R}_k^m\boldsymbol{r}^k \tag{2.4}$$

式中，$\boldsymbol{R}_k^m$ 表示由 k 系到 m 系的转换矩阵。

转换矩阵 $\boldsymbol{R}_k^m$ 的逆矩阵表示 m 系到 k 系的转换：

$$\boldsymbol{r}^k=(\boldsymbol{R}_k^m)^{-1}\boldsymbol{r}^m=\boldsymbol{R}_m^k\boldsymbol{r}^m \tag{2.5}$$

如果两个坐标系正交，则它们的转换矩阵也是正交的，并且转换矩阵的逆等于它的转置。因此，对于一个转换矩阵 $\boldsymbol{R}_k^m$，可得

$$\boldsymbol{R}_k^m=(\boldsymbol{R}_m^k)^{-1}=(\boldsymbol{R}_m^k)^{\mathrm{T}} \tag{2.6}$$

2.1.2 角速度矢量及其坐标转换

用三维矢量 $\boldsymbol{\omega}$ 表示一个坐标系相对另一个坐标系的旋转角速度。用 $\boldsymbol{\omega}_{mk}^p$ 表示 k 系相对 m 系的旋转角速度在 p 系的投影：

$$\boldsymbol{\omega}_{mk}^p=[\omega_x \quad \omega_y \quad \omega_z]^{\mathrm{T}} \tag{2.7}$$

式中，$\boldsymbol{\omega}$ 下标 mk 表示 k 系到 m 系的转换，$\boldsymbol{\omega}$ 上标 p 表示投影坐标系。

两个坐标系之间的旋转可以引入第三个坐标系作为参考，如下面的转换关系：

$$\boldsymbol{\omega}_{pk}^k=\boldsymbol{\omega}_{pm}^k+\boldsymbol{\omega}_{mk}^k \tag{2.8}$$

式(2.8)成立的条件是引入第三方坐标系 m，并且矢量的加减必须在同一个参考系 k 下进行。

改变旋转方向，即由 m 系到 k 系，相应的旋转角速度为 $\boldsymbol{\omega}_{km}^p$，且有下式成立：

$$\boldsymbol{\omega}_{km}^p=-\boldsymbol{\omega}_{mk}^p \tag{2.9}$$

和其他矢量一样，角速度矢量也可以从一个坐标系转换到另一个坐标系，角速度矢量 $\boldsymbol{\omega}_{mk}$ 从 k 系到 p 系的转换可以表示为

$$\boldsymbol{\omega}_{mk}^p=\boldsymbol{R}_k^p\boldsymbol{\omega}_{mk}^k \tag{2.10}$$

2.1.3 反对称矩阵

反对称矩阵是将两个矢量的叉乘变成更简单的矩阵乘法。对于任一矢量，都可以得到相应的反对称矩阵。

设 $\boldsymbol{a}=[a_1 \quad a_2 \quad a_3]^{\mathrm{T}}$，$\boldsymbol{b}=[b_1 \quad b_2 \quad b_3]^{\mathrm{T}}$，则两者的叉乘 $\boldsymbol{c}$ 等于

$$\begin{aligned}\boldsymbol{c}=\boldsymbol{a}\times\boldsymbol{b}=&(a_1\boldsymbol{i} \quad a_2\boldsymbol{j} \quad a_3\boldsymbol{k})\times(b_1\boldsymbol{i} \quad b_2\boldsymbol{j} \quad b_3\boldsymbol{k})=\\&(a_2b_3-a_3b_2)\boldsymbol{i}+(a_3b_1-a_1b_3)\boldsymbol{j}+(a_1b_2-a_2b_1)\boldsymbol{k}\end{aligned} \tag{2.11}$$

或表示为

$$\boldsymbol{c}=\boldsymbol{a}\times\boldsymbol{b}=\begin{vmatrix}\boldsymbol{i} & \boldsymbol{j} & \boldsymbol{k}\\ a_1 & a_2 & a_3\\ b_1 & b_2 & b_3\end{vmatrix}=\begin{bmatrix}a_2b_3-a_3b_2\\ a_3b_1-a_1b_3\\ a_1b_2-a_2b_1\end{bmatrix}=\begin{bmatrix}0 & -a_3 & a_2\\ a_3 & 0 & -a_1\\ -a_2 & a_1 & 0\end{bmatrix}\begin{bmatrix}b_1\\ b_2\\ b_3\end{bmatrix} \tag{2.12}$$

定义 $\boldsymbol{a}$ 的反对称矩阵为

$$\boldsymbol{A}=\boldsymbol{a}\times=\begin{bmatrix}0 & -a_3 & a_2\\ a_3 & 0 & -a_1\\ -a_2 & a_1 & 0\end{bmatrix} \tag{2.13}$$

则速度矢量 $\boldsymbol{v}^p$ 的反对称矩阵 $\boldsymbol{V}^p$ 形式为

$$\boldsymbol{v}^p=\begin{bmatrix}v_x\\ v_y\\ v_x\end{bmatrix}\Rightarrow(\boldsymbol{v}^p\times)=\boldsymbol{V}^p=\begin{bmatrix}0 & -v_z & v_y\\ v_z & 0 & -v_x\\ -v_y & v_x & 0\end{bmatrix} \tag{2.14}$$

角速度矢量 $\boldsymbol{\omega}_{mk}^p$ 的反对称矩阵 $\boldsymbol{\Omega}_{mk}^p$ 形式为

$$\boldsymbol{\omega}_{mk}^p=\begin{bmatrix}\omega_x\\ \omega_y\\ \omega_z\end{bmatrix}\Rightarrow(\boldsymbol{\omega}_{mk}^p\times)=\boldsymbol{\Omega}_{mk}^p=\begin{bmatrix}0 & -\omega_z & \omega_y\\ \omega_z & 0 & -\omega_x\\ -\omega_y & \omega_x & 0\end{bmatrix} \tag{2.15}$$

角速度矢量的反对称矩阵形式的坐标转换可以表示为

$$\boldsymbol{\Omega}_{mk}^p=\boldsymbol{R}_k^p\boldsymbol{\Omega}_{mk}^k\boldsymbol{R}_p^k \tag{2.16}$$

由 $\boldsymbol{\omega}_{mk}^p\times\boldsymbol{r}^p=\boldsymbol{R}_k^p(\boldsymbol{\omega}_{mk}^k\times\boldsymbol{r}^k)=\boldsymbol{R}_k^p\boldsymbol{\omega}_{mk}^k\times\boldsymbol{R}_p^k\boldsymbol{r}^p$ 可以推得上式。

2.1.4　矢量、反对称矩阵的基本运算法则

假如 $\boldsymbol{a}$、$\boldsymbol{b}$ 和 $\boldsymbol{c}$ 是三维矢量，对应的反对称矩阵为 $\boldsymbol{A}$、$\boldsymbol{B}$ 和 $\boldsymbol{C}$，则以下运算关系成立：

$$\boldsymbol{Aa}=\boldsymbol{a}\times\boldsymbol{a}=\boldsymbol{0} \tag{2.17}$$

$$\boldsymbol{a}\cdot\boldsymbol{b}=\boldsymbol{a}^{\mathrm{T}}\boldsymbol{b}=\boldsymbol{b}^{\mathrm{T}}\boldsymbol{a} \tag{2.18}$$

$$\boldsymbol{a}\times\boldsymbol{b}=\boldsymbol{Ab}=\boldsymbol{B}^{\mathrm{T}}\boldsymbol{a}=-\boldsymbol{Ba}=-\boldsymbol{b}\times\boldsymbol{a} \tag{2.19}$$

$$(\boldsymbol{Ab})\times=\boldsymbol{AB}-\boldsymbol{BA} \tag{2.20}$$

$$(\boldsymbol{a}\times\boldsymbol{b})\cdot\boldsymbol{c}=\boldsymbol{a}\cdot(\boldsymbol{b}\times\boldsymbol{c})=\boldsymbol{a}^{\mathrm{T}}\boldsymbol{Bc} \tag{2.21}$$

$$\boldsymbol{a}\times(\boldsymbol{b}\times\boldsymbol{c})=\boldsymbol{ABc}=\boldsymbol{b}(\boldsymbol{a}\cdot\boldsymbol{c})-\boldsymbol{c}(\boldsymbol{a}\cdot\boldsymbol{b}) \tag{2.22}$$

$$(\boldsymbol{a}\times\boldsymbol{b})\times\boldsymbol{c}=\boldsymbol{ABc}-\boldsymbol{BAc} \tag{2.23}$$

$$(\boldsymbol{a}\cdot\boldsymbol{c})\boldsymbol{a}=\boldsymbol{a}\times(\boldsymbol{a}\times\boldsymbol{c})+|\boldsymbol{a}|^2\boldsymbol{c} \tag{2.24}$$

2.2　坐标系与地球椭球基本知识

2.2.1　坐标系

坐标系描述一个点相对参考点的位置，本节介绍几种常用的坐标系。

1）地心惯性坐标系

空间中保持静止或匀速直线运动的坐标系称为惯性系，所有的惯性仪表在测量轴方向测量的结果都是相对于惯性系的。惯性系有日心惯性系、地心惯性系等。地心惯性坐标系（Earth-Centered Inertial Frame，ECI）的定义如下：

（1）原点为地球的质心；

（2）Oz 轴沿地球自转轴指向协议地极；

（3）Ox 轴在赤道平面上并指向春分点；

（4）Oy 轴满足右手定则。

地心惯性坐标系用 i 表示，简称 i 系。

2）地心地固坐标系

地心地固坐标系（Earth-Centered Earth-Fixed，ECEF）与地心惯性坐标系的坐标原点和 Oz 轴定义相同，但是地心地固坐标系与地球保持同步旋转。定义为：

（1）原点为地球质心；

（2）Oz 轴沿地球自转轴指向协议地极；

（3）Ox 轴通过赤道面和本初子午线的交点；

（4）Oy 轴满足赤道平面上的右手定则。

地心地固坐标系也称地球（earth）坐标系，用 e 表示，简称 e 系。它与地球一起相对地心惯性坐标系以地球的自转角速度进行转动，一般用 $\boldsymbol{\omega}_{ie}^{e}$ 表示投影在 ECEF 中地球相对于惯性系的旋转角速度矢量。

3）当地水平坐标系

当运动载体位于或接近地球表面时，通常采用当地水平坐标系（Local Level Frame，LLF）来表示载体的位置和姿态，通常采用当地水平坐标系作为导航坐标系。常用的当地水平坐标系定义如下：

（1）原点和运动载体质心重合；

（2）Ox 轴指向东；

（3）Oy 轴指向北；

（4）Oz 轴满足右手定则，方向与地球椭球面垂直向上。

当地水平坐标系用 l 表示，简称 l 系，一般指东北天坐标系（ENU）。该坐标系也被称为地理（geography）坐标系，简称 g 系。

4）导航坐标系

任何参考坐标系都可以被定义为导航（navigation）坐标系（n 系），也称为计算坐标系，可以是上述任何一种坐标系。

5）载体坐标系

在大多数应用中，陀螺仪和加速度计的敏感轴与其载体轴重合，这些轴被称为载体坐标轴。该坐标系的定义如下：

(1) 原点与载体质心重合。

(2) Ox 轴沿载体横轴指向右。由于俯仰角是通过 Ox 轴使用右手定则确定的，故此轴也称为俯仰轴。

(3) Oy 轴沿载体纵轴指向正前方。由于横滚角是通过 Oy 轴使用右手定则确定的，故此轴也称为横滚轴。

(4) Oz 轴垂直于 Ox 轴和 Oy 轴并构成右手系指向上，也称为方位轴。

载体坐标系（Body Frame）简称 b 系。

2.2.2　子午面直角坐标与大地坐标的关系

对于地球椭球体模型，每个子午圈都是以赤道半径为长半轴 a、极半径为短半轴 b 的椭圆。如图 2.1 所示，这个椭圆可以用以下方程描述：

$$\frac{w^2}{a^2}+\frac{z^2}{b^2}=1 \tag{2.25}$$

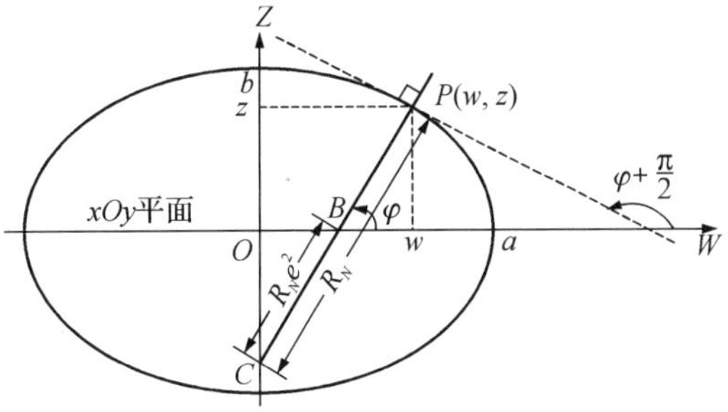

图 2.1　子午圈椭圆

P 点切线的斜率可以用微分描述，即

$$\frac{2w\,\mathrm{d}w}{a^2}+\frac{2z\,\mathrm{d}z}{b^2}=0 \tag{2.26}$$

$$\frac{\mathrm{d}z}{\mathrm{d}w}=-\frac{b^2 w}{a^2 z} \tag{2.27}$$

P 点切线的斜率还可以用该点切线的导数表示：

$$\frac{\mathrm{d}z}{\mathrm{d}w}=\tan\left(\frac{\pi}{2}+\varphi\right)=\frac{\sin\left(\frac{\pi}{2}+\varphi\right)}{\cos\left(\frac{\pi}{2}+\varphi\right)}=\frac{\cos\varphi}{-\sin\varphi}=-\frac{1}{\tan\varphi} \tag{2.28}$$

由偏心率的定义 $e=\sqrt{\frac{a^2-b^2}{a^2}}$，可得

$$\frac{b^2}{a^2}=1-e^2 \tag{2.29}$$

综合上述三式得

$$z=w(1-e^2)\tan\varphi \tag{2.30}$$

将上式代到式(2.25)并整理得

$$w^2=\frac{a^2}{1+\frac{a^2}{b^2}(1-e^2)^2\tan^2\varphi}=\frac{a^2}{1+(1-e^2)\tan^2\varphi}=\frac{a^2\cos^2\varphi}{\cos^2\varphi+(1-e^2)\sin^2\varphi}=\frac{a^2\cos^2\varphi}{1-e^2\sin^2\varphi}$$

则

$$w=\frac{a\cos\varphi}{(1-e^2\sin^2\varphi)^{\frac{1}{2}}} \tag{2.31}$$

代到式(2.30)得

$$z=\frac{a(1-e^2)\sin\varphi}{(1-e^2\sin^2\varphi)^{\frac{1}{2}}} \tag{2.32}$$

2.2.3 卯酉圈曲率半径与子午圈曲率半径

1）卯酉圈曲率半径

过椭球面上一点的法线，可作无限个法截面，其中一个与该点子午面相垂直的法截面同椭球面相截形成的闭合的圈称为卯酉圈。如图 2.2 中，EPE'即为过 P 点的卯酉圈。卯酉圈的曲率半径(即图中 PC 长度)用 R_N 表示。

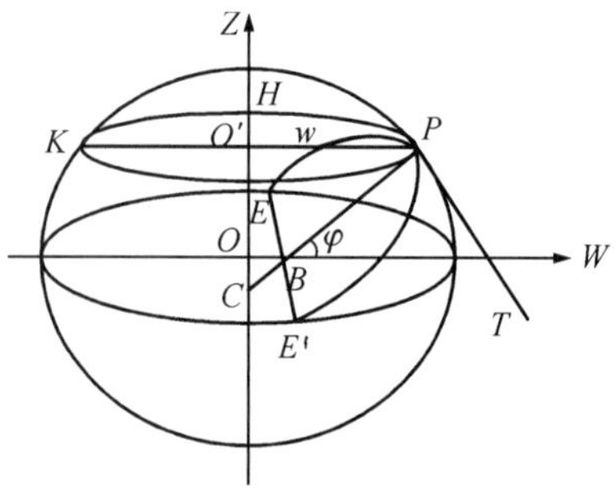

图 2.2　卯酉圈曲率半径

为了推求 R_N 的计算公式，过 P 点作以 O'为中心的平行圈 PHK 的切线 PT，该切线位于垂直于子午面的平行圈平面内。因卯酉圈也垂直于子午面，故 PT 也是卯酉圈在 P 点处的切线，即 PT 垂直

于 PC。所以 PT 是平行圈 PHK 及卯酉圈 EPE' 在 P 点处的公切线。

由麦尼尔定理可知，假设通过曲面上一点引两条截弧，一为法截弧，一为斜截弧，且在该点上这两条截弧具有公共切线，这时斜截弧(平行圈)在该点处的曲率半径等于法截弧(卯酉圈)的曲率半径乘以两截弧平面夹角的余弦。

由图 2.2 可知，平行圈平面与卯酉圈平面之间的夹角，即为大地纬度 φ，如果平行圈的半径用 w 表示，则有

$$w=R_N\cos\varphi \tag{2.33}$$

上式为用 R_N 表示的点 P 在子午面直角坐标系中的横坐标。代入式(2.31)，可以得到卯酉圈曲率半径为

$$R_N=\frac{a}{(1-e^2\sin^2\varphi)^{\frac{1}{2}}} \tag{2.34}$$

上式代到式(2.32)，得到用 R_N 表示的点 P 在子午面直角坐标系中的纵坐标

$$z=R_N(1-e^2)\sin\varphi \tag{2.35}$$

从式(2.35)可以分析得到，图 2.1 和图 2.2 中，线段 BC 的长度为 R_Ne^2。

2) 子午圈曲率半径

在如图 2.3 所示的子午椭圆的一部分上，取一微分弧长 $DK=\mathrm{d}S$，相应地有坐标增量 $\mathrm{d}w$，点 n 是微分弧 $\mathrm{d}S$ 的曲率中心，于是线段 Dn 及 Kn 便是子午圈曲率半径 R_M。

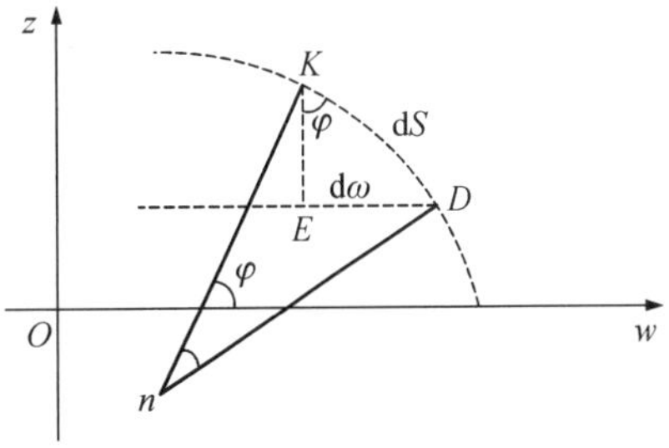

图 2.3　子午圈曲率半径

由任意平面曲线的曲率半径的定义公式，易知

$$R_M=\frac{\mathrm{d}S}{\mathrm{d}\varphi} \tag{2.36}$$

从微分三角形 DKE 可求得

$$\mathrm{d}S=-\frac{\mathrm{d}w}{\sin\varphi} \tag{2.37}$$

式中 $\mathrm{d}w$ 之所以取负号，是因为子午椭圆上点的横坐标随着纬度 φ 的增加而减小。

将式(2.37)代到式(2.36)，得

$$R_M=-\frac{\mathrm{d}w}{\mathrm{d}\varphi}\cdot\frac{1}{\sin\varphi} \tag{2.38}$$

由式(2.31)得

$$\frac{\mathrm{d}w}{\mathrm{d}\varphi}=\frac{\mathrm{d}\left[(a\cos\varphi)(1-e^2\sin^2\varphi)^{-\frac{1}{2}}\right]}{\mathrm{d}\varphi}=$$

$$(-a\sin\varphi)(1-e^2\sin^2\varphi)^{-\frac{1}{2}}+(a\cos\varphi)\left(-\frac{1}{2}\right)(1-e^2\sin^2\varphi)^{-\frac{3}{2}}(-e^2 2\sin\varphi\cos\varphi)=$$

$$-a\sin\varphi(1-e^2\sin^2\varphi)^{-\frac{3}{2}}[(1-e^2\sin^2\varphi)-e^2\cos^2\varphi]=$$

$$-a\sin\varphi(1-e^2\sin^2\varphi)^{-\frac{3}{2}}(1-e^2) \tag{2.39}$$

代到式(2.38),得子午圈曲率半径

$$R_M=\frac{a(1-e^2)}{(1-e^2\sin^2\varphi)^{\frac{3}{2}}} \tag{2.40}$$

2.2.4 大地坐标与空间直角坐标转换

地面点可以分别用空间直角坐标和大地坐标来表示。空间直角坐标系即传统的笛卡儿坐标系,使用矢量$[x \quad y \quad z]$表示一个点的位置。大地坐标系一般用矢量$[\varphi \quad \lambda \quad h]$来表示一个点的位置,分别为纬度、经度、高度。

1) 由大地坐标$[\boldsymbol{\varphi} \quad \boldsymbol{\lambda} \quad \boldsymbol{h}]$求解空间直角坐标$[\boldsymbol{x} \quad \boldsymbol{y} \quad \boldsymbol{z}]$

根据图 2.4 和式(2.32)、式(2.34),不难求得

$$\begin{bmatrix} x^e \\ y^e \\ z^e \end{bmatrix}=\begin{bmatrix} (R_N+h)\cos\varphi\cos\lambda \\ (R_N+h)\cos\varphi\sin\lambda \\ [R_N(1-e^2)+h]\sin\varphi \end{bmatrix} \tag{2.41}$$

式中,$[x^e \quad y^e \quad z^e]^{\mathrm{T}}$ 是 e 系中的空间直角坐标;R_N 是卯酉圈曲率半径;φ 是纬度;λ 是经度;h 是高度;e 是偏心率。

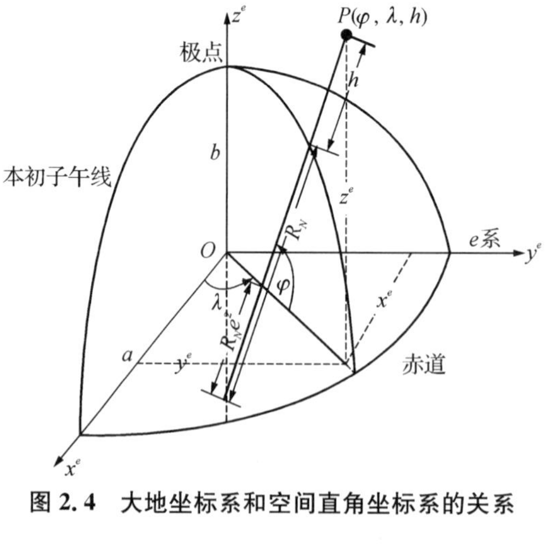

图 2.4　大地坐标系和空间直角坐标系的关系

2）由空间直角坐标 $[x \quad y \quad z]$ 求解大地坐标 $[\varphi \quad \lambda \quad h]$

空间直角坐标向大地坐标的转换不能直接进行，因为分析结果是一个四阶方程。一般使用迭代方法计算。

首先，当 x 和 y 不同时为 0 时（非极点处），由式（2.41）中第二式除以第一式，可得大地经度

$$\lambda=\arctan\frac{y^e}{x^e} \tag{2.42}$$

其次，对于纬度，不能求得其显式表示，通常采用迭代算法，推导过程如下：

由式（2.41）中第一式和第二式平方相加得

$$(R_N+h)\cos\varphi=\sqrt{(x^e)^2+(y^e)^2} \tag{2.43}$$

由（2.41）中第三式移项整理，可得

$$(R_N+h)\sin\varphi=z^e+R_Ne^2\sin\varphi \tag{2.44}$$

当 $(x^e)^2+(y^e)^2\neq 0$ 时，即在非极点处，由式（2.44）除以式（2.43），得

$$\tan\varphi=\frac{z^e+R_Ne^2\sin\varphi}{\sqrt{(x^e)^2+(y^e)^2}} \tag{2.45}$$

由式（2.34）得

$$R_N=\frac{a}{\sqrt{(1-e^2\sin^2\varphi)}}=\frac{a}{\cos\varphi\sqrt{\left(\frac{1}{\cos^2\varphi}-e^2\frac{\sin^2\varphi}{\cos^2\varphi}\right)}}=\frac{a}{\cos\varphi\sqrt{(1+\tan^2\varphi-e^2\tan^2\varphi)}} \tag{2.46}$$

再代到（2.45），得

$$\tan\varphi=\frac{1}{\sqrt{(x^e)^2+(y^e)^2}}\left[z^e+\frac{ae^2\tan\varphi}{\sqrt{1+(1-e^2)\tan^2\varphi}}\right] \tag{2.47}$$

如记 $t=\tan\varphi$，则由式（2.47）可构造出求解纬度正切值的迭代公式如下：

$$t_{i+1}=\frac{1}{\sqrt{(x^e)^2+(y^e)^2}}\left[z^e+\frac{ae^2t_i}{\sqrt{1+(1-e^2)t_i^2}}\right] \tag{2.48}$$

令迭代初值 $t_0=0$，一般经过 5～6 次迭代便可达到足够的数值计算精度，再由 t_{i+1} 求反正切，即可获得纬度 φ。

最后，根据式（2.43）求解高度，可得

$$h=\frac{\sqrt{(x^e)^2+(y^e)^2}}{\cos\varphi}-R_N \tag{2.49}$$

2.3 坐标系转换方法

矢量从一个坐标系转换到另一个坐标系，可以使用欧拉角、方向余弦矩阵、四元数和等效旋转矢量等方法。

2.3.1 欧拉角和方向余弦矩阵

通过三次坐标轴的旋转可以实现两个坐标系的转换。例如，将一个矢量 $\boldsymbol{r}^a = [x^a \quad y^a \quad z^a]^{\mathrm{T}}$ 从参考系 a 到坐标系 d 的转换，可以表示为

$$a \xrightarrow{\text{绕 } z^+ \text{ 轴旋转 } \gamma} b \xrightarrow{\text{绕 } x^+ \text{ 轴旋转 } \beta} c \xrightarrow{\text{绕 } y^+ \text{ 轴旋转 } \alpha} d$$

其中 α,β,γ 称为欧拉角，每次旋转都对应一个方向余弦矩阵。

(1) 第一步旋转：假设矢量 $\boldsymbol{r}$ 在 a 系的 xOy 平面的投影(记为 $\boldsymbol{r}_1$)与 Ox 轴的夹角为 θ_1。将 a 系绕其 Oz 轴正向旋转 γ 角获得中间坐标系 b，如图 2.5 所示。

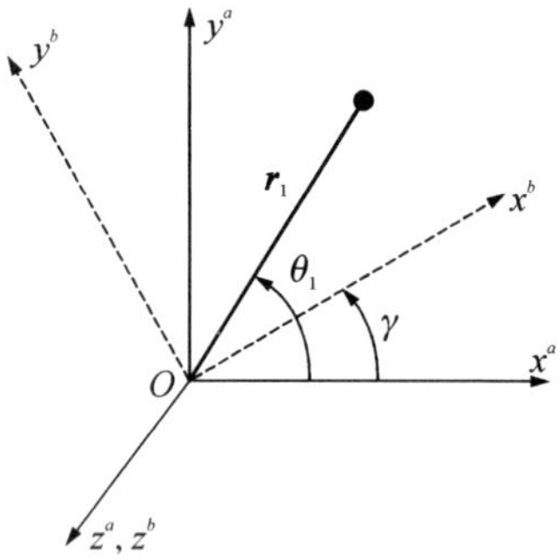

图 2.5　a 系绕其 z 轴的第一次旋转

矢量 $\boldsymbol{r}_1$ 在 a 系的 x、y 坐标为

$$\begin{cases} x^a = \boldsymbol{r}_1 \cos\theta_1 \\ y^a = \boldsymbol{r}_1 \sin\theta_1 \end{cases} \tag{2.50}$$

矢量 $\boldsymbol{r}_1$ 在 b 系的 x、y 坐标为

$$\begin{cases} x^b = \boldsymbol{r}_1 \cos(\theta_1 - \gamma) = \boldsymbol{r}_1 \cos\theta_1 \cos\gamma + \boldsymbol{r}_1 \sin\theta_1 \sin\gamma \\ y^b = \boldsymbol{r}_1 \sin(\theta_1 - \gamma) = \boldsymbol{r}_1 \sin\theta_1 \cos\gamma - \boldsymbol{r}_1 \cos\theta_1 \sin\gamma \end{cases} \tag{2.51}$$

代入式(2.50)得

$$\begin{cases} x^b = x^a \cos\gamma + y^a \sin\gamma \\ y^b = -x^a \sin\gamma + y^a \cos\gamma \end{cases} \tag{2.52}$$

因为绕 Oz 轴旋转，所以

$$z^b = z^a \tag{2.53}$$

将上述方程写成矩阵形式

$$\begin{bmatrix} x^b \\ y^b \\ z^b \end{bmatrix} = \begin{bmatrix} \cos\gamma & \sin\gamma & 0 \\ -\sin\gamma & \cos\gamma & 0 \\ 0 & 0 & 1 \end{bmatrix} \begin{bmatrix} x^a \\ y^a \\ z^a \end{bmatrix} = \boldsymbol{R}_a^b \begin{bmatrix} x^a \\ y^a \\ z^a \end{bmatrix} = \boldsymbol{R}_z(\gamma) \begin{bmatrix} x^a \\ y^a \\ z^a \end{bmatrix} \tag{2.54}$$

式中，$\boldsymbol{R}_a^b$ 是初等方向余弦矩阵，代表将 a 系绕 Oz 轴正向旋转 γ 角转换到 b 系的转换

关系,可表示为 $\boldsymbol{R}_z(\gamma)$。

(2) 第二步旋转:将 b 系的 yOz 平面绕 Ox 轴正向旋转 β 角得到中间系 c 系。采用与第一次旋转类似的方式,可以获得用坐标 $[x^b \quad y^b \quad z^b]^{\mathrm{T}}$ 表示的新坐标 $[x^c \quad y^c \quad z^c]^{\mathrm{T}}$,即

$$\begin{bmatrix} x^c \\ y^c \\ z^c \end{bmatrix} = \begin{bmatrix} 1 & 0 & 0 \\ 0 & \cos\beta & \sin\beta \\ 0 & -\sin\beta & \cos\beta \end{bmatrix} \begin{bmatrix} x^b \\ y^b \\ z^b \end{bmatrix} = \boldsymbol{R}_b^c \begin{bmatrix} x^b \\ y^b \\ z^b \end{bmatrix} = \boldsymbol{R}_x(\beta) \begin{bmatrix} x^b \\ y^b \\ z^b \end{bmatrix} \tag{2.55}$$

式中,$\boldsymbol{R}_b^c$ 是初等方向余弦矩阵,代表将 b 系绕 Ox 轴正向旋转 β 角转换到 c 系的转换关系,可表示为 $\boldsymbol{R}_x(\beta)$。

(3) 第三步旋转:将 c 系的 xOz 平面绕 Oy 轴正向旋转 α 角得到 d 系。用坐标 $[x^d \quad y^d \quad z^d]^{\mathrm{T}}$ 表示最终坐标,则

$$\begin{bmatrix} x^d \\ y^d \\ z^d \end{bmatrix} = \begin{bmatrix} \cos\alpha & 0 & -\sin\alpha \\ 0 & 1 & 0 \\ \sin\alpha & 0 & \cos\alpha \end{bmatrix} \begin{bmatrix} x^c \\ y^c \\ z^c \end{bmatrix} = \boldsymbol{R}_c^d \begin{bmatrix} x^c \\ y^c \\ z^c \end{bmatrix} = \boldsymbol{R}_y(\alpha) \begin{bmatrix} x^c \\ y^c \\ z^c \end{bmatrix} \tag{2.56}$$

式中,$\boldsymbol{R}_c^d$ 是初等方向余弦矩阵,代表将 c 系绕 Oy 轴正向旋转 α 角转换到 d 系的转换关系,可表示为 $\boldsymbol{R}_y(\alpha)$。

将三次转换的余弦矩阵相乘,得到一个单独的转换矩阵 $\boldsymbol{R}_a^d$,即

$$\boldsymbol{R}_a^d = \boldsymbol{R}_c^d \boldsymbol{R}_b^c \boldsymbol{R}_a^b = \boldsymbol{R}_y(\alpha) \boldsymbol{R}_x(\beta) \boldsymbol{R}_z(\gamma) \tag{2.57}$$

两坐标系间任何复杂的角位置关系都可以看做有限次基本旋转的复合,变换矩阵等于基本旋转确定的变换矩阵的连乘,连乘顺序依基本旋转的先后次序由右向左排列。由于 $\boldsymbol{R}_b^c \boldsymbol{R}_a^b \neq \boldsymbol{R}_a^b \boldsymbol{R}_b^c$,这说明了旋转顺序的不可交换性。

最终的方向余弦矩阵 $\boldsymbol{R}_a^d$ 为

$$\boldsymbol{R}_a^d = \begin{bmatrix} \cos\alpha & 0 & -\sin\alpha \\ 0 & 1 & 0 \\ \sin\alpha & 0 & \cos\alpha \end{bmatrix} \begin{bmatrix} 1 & 0 & 0 \\ 0 & \cos\beta & \sin\beta \\ 0 & -\sin\beta & \cos\beta \end{bmatrix} \begin{bmatrix} \cos\gamma & \sin\gamma & 0 \\ -\sin\gamma & \cos\gamma & 0 \\ 0 & 0 & 1 \end{bmatrix} \tag{2.58}$$

$$\boldsymbol{R}_a^d = \begin{bmatrix} \cos\alpha\cos\gamma - \sin\alpha\sin\beta\sin\gamma & \cos\alpha\sin\gamma + \cos\gamma\sin\alpha\sin\beta & -\cos\beta\sin\alpha \\ -\cos\beta\sin\gamma & \cos\beta\cos\gamma & \sin\beta \\ \cos\gamma\sin\alpha + \cos\alpha\sin\beta\sin\gamma & \sin\alpha\sin\gamma - \cos\alpha\cos\gamma\sin\beta & \cos\alpha\cos\beta \end{bmatrix} \tag{2.59}$$

d 系到 a 系的变换矩阵为

$$\boldsymbol{R}_d^a = (\boldsymbol{R}_a^d)^{-1} = (\boldsymbol{R}_a^d)^{\mathrm{T}} = (\boldsymbol{R}_c^d \boldsymbol{R}_b^c \boldsymbol{R}_a^b)^{\mathrm{T}} = (\boldsymbol{R}_a^b)^{\mathrm{T}} (\boldsymbol{R}_b^c)^{\mathrm{T}} (\boldsymbol{R}_c^d)^{\mathrm{T}} \tag{2.60}$$

方向余弦矩阵是正交阵,其逆与转置相等。

当 α、β、γ 均为小值时,$\cos\theta \approx 1$,$\sin\theta \approx \theta$,忽略小角间的高阶小量,则

$$\boldsymbol{R}_a^d \approx \begin{bmatrix} 1 & \gamma & -\alpha \\ -\gamma & 1 & \beta \\ \alpha & -\beta & 1 \end{bmatrix} = \begin{bmatrix} 1 & 0 & 0 \\ 0 & 1 & 0 \\ 0 & 0 & 1 \end{bmatrix} - \begin{bmatrix} 0 & -\gamma & \alpha \\ \gamma & 0 & -\beta \\ -\alpha & \beta & 0 \end{bmatrix} = \boldsymbol{I} - \boldsymbol{\Psi} \tag{2.61}$$

式中，$\boldsymbol{\Psi}$ 是小欧拉角的反对称矩阵，应用小角度假设以后，旋转的顺序不再影响最终的转换结果。

同样可以得到

$$\boldsymbol{R}_d^a \approx \begin{bmatrix} 1 & \gamma & -\alpha \\ -\gamma & 1 & \beta \\ \alpha & -\beta & 1 \end{bmatrix}^{\mathrm{T}} = \boldsymbol{I} + \boldsymbol{\Psi} = \boldsymbol{I} - \boldsymbol{\Psi}^{\mathrm{T}} \tag{2.62}$$

式(2.61)和式(2.62)中，各分量正负号的规定为：当产生小角的旋转方向与坐标轴指向相同时，该小角取正，否则取负。

2.3.2 等效旋转矢量法

两个直角坐标系之间的旋转变换关系可用方向余弦矩阵描述。欧拉转动定理表明，刚体(可视为直角坐标系)从一个角位置到另一个角位置的任意转动，总能够等效于绕某一固定轴的一次转动，实际上这一固定轴与转角一起就构成了等效旋转矢量的概念。

1) 等效旋转矩阵

参见图 2.6，三维空间中的某矢量 $\boldsymbol{r}$ 绕另一单位矢量 $\boldsymbol{u}$ 转动 φ(设 $\varphi \geqslant 0$)角度，得矢量 $\boldsymbol{r}'$，以下求解转动前后两矢量 $\boldsymbol{r}$ 与 $\boldsymbol{r}'$ 之间的几何运算关系。

不妨假设矢量 $\boldsymbol{r}$ 和单位矢量 $\boldsymbol{u}$ 具有共同的起始点 O，记 $\boldsymbol{r}$ 的矢端 A 在 $\boldsymbol{u}$ 上的投影为 O'。以 O' 为圆心、$O'A$ 为半径作圆，使 $\boldsymbol{r}'$ 的矢端 A' 也在该圆周上。在圆上取一点 B，使得 $O'B \perp O'A$，则有

$$\overrightarrow{O'B} = \boldsymbol{u} \times \boldsymbol{r} \tag{2.63}$$

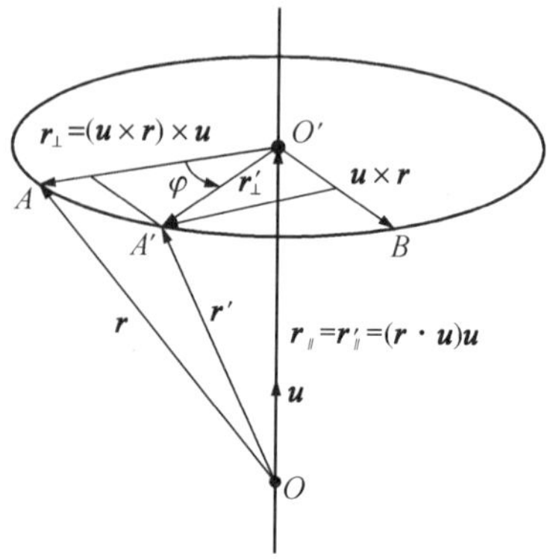

图 2.6　等效旋转矢量

转动前的矢量 $\boldsymbol{r}$ 相对于单位矢量 $\boldsymbol{u}$ 可分解为平行于 $\boldsymbol{u}$ 的分量 $\boldsymbol{r}_{/\!/}$ 和垂直于 $\boldsymbol{u}$ 的分量 $\boldsymbol{r}_\perp$，即

$$\boldsymbol{r} = \overrightarrow{OO'} + \overrightarrow{O'A},\quad \boldsymbol{r} = \boldsymbol{r}_{/\!/} + \boldsymbol{r}_\perp \tag{2.64}$$

其中

$$\boldsymbol{r}_{/\!/}=(\boldsymbol{r}\cdot\boldsymbol{u})\boldsymbol{u} \tag{2.65}$$

$$\boldsymbol{r}_{\perp}=\overrightarrow{O'B}\times\boldsymbol{u}=(\boldsymbol{u}\times\boldsymbol{r})\times\boldsymbol{u} \tag{2.66}$$

同理,转动后的矢量 $\boldsymbol{r}'$ 相对于 $\boldsymbol{u}$ 也可以分解为平行分量 $\boldsymbol{r}'_{/\!/}$ 和垂直分量 $\boldsymbol{r}'_{\perp}$,即

$$\boldsymbol{r}'=\overrightarrow{OO'}+\overrightarrow{O'A'},\ \boldsymbol{r}'=\boldsymbol{r}'_{/\!/}+\boldsymbol{r}'_{\perp} \tag{2.67}$$

其中

$$\boldsymbol{r}'_{/\!/}=\boldsymbol{r}_{/\!/} \tag{2.68}$$

$$\boldsymbol{r}'_{\perp}=\overrightarrow{O'A}\cos\varphi+\overrightarrow{O'B}\sin\varphi=(\boldsymbol{u}\times\boldsymbol{r})\times\boldsymbol{u}\cos\varphi+\boldsymbol{u}\times\boldsymbol{r}\sin\varphi \tag{2.69}$$

至此,将式(2.65)和式(2.69)代入式(2.67),可详细展开为

$$\boldsymbol{r}'=(\boldsymbol{r}\cdot\boldsymbol{u})\boldsymbol{u}+(\boldsymbol{u}\times\boldsymbol{r})\times\boldsymbol{u}\cos\varphi+\boldsymbol{u}\times\boldsymbol{r}\sin\varphi \tag{2.70}$$

此外,由三重矢积公式(2.24),可得

$$(\boldsymbol{r}\cdot\boldsymbol{u})\boldsymbol{u}=(\boldsymbol{u}\cdot\boldsymbol{r})\boldsymbol{u}=\boldsymbol{u}\times(\boldsymbol{u}\times\boldsymbol{r})+|\boldsymbol{u}|^2\boldsymbol{r}=[\boldsymbol{I}+(\boldsymbol{u}\times)^2]\boldsymbol{r} \tag{2.71}$$

再将式(2.71)代入式(2.70),得

$$\begin{aligned}\boldsymbol{r}'=&[\boldsymbol{I}+(\boldsymbol{u}\times)^2]\boldsymbol{r}-(\boldsymbol{u}\times)^2\boldsymbol{r}\cos\varphi+\boldsymbol{u}\times\boldsymbol{r}\sin\varphi=\\&[\boldsymbol{I}+\sin\varphi(\boldsymbol{u}\times)+(1-\cos\varphi)(\boldsymbol{u}\times)]\boldsymbol{r}=\boldsymbol{D}\boldsymbol{r}\end{aligned} \tag{2.72}$$

其中,记

$$\boldsymbol{D}=\boldsymbol{I}+\sin\varphi(\boldsymbol{u}\times)+(1-\cos\varphi)(\boldsymbol{u}\times)^2 \tag{2.73}$$

式(2.72)称为罗德里格斯(Rodrigues)旋转公式,它建立了转动前后两矢量 $\boldsymbol{r}$ 与 $\boldsymbol{r}'$ 之间的线性变换关系,该变换是转轴 $\boldsymbol{u}$ 及转角 φ 的函数。

进一步,若记 $\boldsymbol{\varphi}=\varphi\boldsymbol{u}$ 和 $\varphi=|\boldsymbol{\varphi}|$,则有 $\boldsymbol{u}=\boldsymbol{\varphi}/\varphi$,将其代入式(2.73),可得

$$\boldsymbol{D}=\boldsymbol{I}+\frac{\sin\varphi}{\varphi}(\boldsymbol{\varphi}\times)+\frac{1-\cos\varphi}{\varphi^2}(\boldsymbol{\varphi}\times)^2 \tag{2.74}$$

这里称 $\boldsymbol{\varphi}$ 为等效旋转矢量(equivalent Rotation Vector,RV,简称旋转矢量),根据图 2.6,等效旋转矢量的矢量方向表示转轴方向,而模值大小表示旋转角度大小。

2）等效旋转矩阵与方向余弦矩阵的关系

设单位转轴矢量 $\boldsymbol{u}$ 和单位转轴矢量的反对称矩阵 $\boldsymbol{U}$ 为

$$\boldsymbol{u}=\begin{bmatrix}l\\m\\n\end{bmatrix},\ \boldsymbol{U}=\boldsymbol{u}\times=\begin{bmatrix}0&-n&m\\n&0&-l\\-m&l&0\end{bmatrix} \tag{2.75}$$

则式(2.73)可转变为

$$\boldsymbol{D}=\boldsymbol{I}+2\boldsymbol{U}\sin\frac{\varphi}{2}\cos\frac{\varphi}{2}+2\sin^2\frac{\varphi}{2}\boldsymbol{U}\cdot\boldsymbol{U}=$$

$$\begin{bmatrix} 1-2\left[\left(m\sin\frac{\varphi}{2}\right)^2+\left(n\sin\frac{\varphi}{2}\right)^2\right] & 2\left(l\sin\frac{\varphi}{2}\cdot m\sin\frac{\varphi}{2}-\cos\frac{\varphi}{2}\cdot n\sin\frac{\varphi}{2}\right) & 2\left(l\sin\frac{\varphi}{2}\cdot n\sin\frac{\varphi}{2}+\cos\frac{\varphi}{2}\cdot m\sin\frac{\varphi}{2}\right) \\ 2\left(l\sin\frac{\varphi}{2}\cdot m\sin\frac{\varphi}{2}+\cos\frac{\varphi}{2}\cdot n\sin\frac{\varphi}{2}\right) & 1-2\left[\left(l\sin\frac{\varphi}{2}\right)^2+\left(n\sin\frac{\varphi}{2}\right)^2\right] & 2\left(m\sin\frac{\varphi}{2}\cdot n\sin\frac{\varphi}{2}-\cos\frac{\varphi}{2}\cdot l\sin\frac{\varphi}{2}\right) \\ 2\left(l\sin\frac{\varphi}{2}\cdot n\sin\frac{\varphi}{2}-\cos\frac{\varphi}{2}\cdot m\sin\frac{\varphi}{2}\right) & 2\left(m\sin\frac{\varphi}{2}\cdot n\sin\frac{\varphi}{2}+\cos\frac{\varphi}{2}\cdot l\sin\frac{\varphi}{2}\right) & 1-2\left[\left(l\sin\frac{\varphi}{2}\right)^2+\left(m\sin\frac{\varphi}{2}\right)^2\right] \end{bmatrix} \tag{2.76}$$

令

$$q_0=\cos\frac{\varphi}{2},\ q_1=l\sin\frac{\varphi}{2},\ q_2=m\sin\frac{\varphi}{2},\ q_3=n\sin\frac{\varphi}{2} \tag{2.77}$$

此时

$$q_0^2+q_1^2+q_2^2+q_3^2=\cos^2\frac{\varphi}{2}+\sin^2\frac{\varphi}{2}(l^2+m^2+n^2)=1 \tag{2.78}$$

则式(2.76)转化为

$$\boldsymbol{D}=\begin{bmatrix} q_0^2+q_1^2-q_2^2-q_3^2 & 2(q_1q_2-q_0q_3) & 2(q_1q_3+q_0q_2) \\ 2(q_1q_2+q_0q_3) & q_0^2-q_1^2+q_2^2-q_3^2 & 2(q_2q_3-q_0q_1) \\ 2(q_1q_3-q_0q_2) & 2(q_2q_3+q_0q_1) & q_0^2-q_1^2-q_2^2+q_3^2 \end{bmatrix} \tag{2.79}$$

可以看出，如果限定转角的取值范围 $0\leqslant\varphi<2\pi$，则等效旋转矢量(式 2.79)和方向余弦矩阵(式 2.59)之间存在一一对应关系。从坐标系的定轴转动中可以看出，等效旋转矢量(或单位转轴)是一种比较特殊的矢量，它在不同坐标系下的坐标值完全相等。

2.3.3 四元数法

四元数(quaternion)的概念最早于 1843 年由数学家哈密顿(W. R. Hamilton)提出，它可用于描述刚体(可视为直角坐标系)转动或姿态变换。直到 20 世纪 60 年代，随着空间技术、计算机技术，特别是捷联惯导技术的发展，四元数的优越性才日渐引起人们的重视。与方向余弦矩阵相比，四元数的表示方法虽然比较抽象，但十分简洁。

1) 四元数的基本知识

四元数就是包含四个元的一种数，它可表示为

$$\boldsymbol{Q}=q_0 1+q_1\boldsymbol{i}+q_2\boldsymbol{j}+q_3\boldsymbol{k} \tag{2.80}$$

式中，q_0、q_1、q_2、q_3 为四个实数；q_0 称为实部，$q_1\boldsymbol{i}+q_2\boldsymbol{j}+q_3\boldsymbol{k}$ 称为虚部；1 是实数部分的基；$\boldsymbol{i}$、$\boldsymbol{j}$、$\boldsymbol{k}$ 为虚数部分的三个基。四元数可以看作是复数概念的扩充，因此又称为

超复数。

四元数的基满足下列关系：

$$\begin{cases} \boldsymbol{i}^2=\boldsymbol{j}^2=\boldsymbol{k}^2=-1 \\ \boldsymbol{ij}=\boldsymbol{k},\boldsymbol{ji}=-\boldsymbol{k} \\ \boldsymbol{jk}=\boldsymbol{i},\boldsymbol{kj}=-\boldsymbol{i} \\ \boldsymbol{ki}=\boldsymbol{j},\boldsymbol{ik}=-\boldsymbol{j} \end{cases} \tag{2.81}$$

四元数可以看作是四维空间中的一种数，因其虚部单位矢量的叉乘运算特点，也可将四元数的虚数部分 $q_1\boldsymbol{i}+q_2\boldsymbol{j}+q_3\boldsymbol{k}$ 看成是在三维空间中的映像。反之，一个三维矢量可以看作是一个零标量四元数。

2）四元数的表示方法

四元数主要有下列几种表示方法：

（1）矢量形式：$\boldsymbol{Q}=q_0+\boldsymbol{q}$。

（2）复数形式：$\boldsymbol{Q}=q_0 1+q_1\boldsymbol{i}+q_2\boldsymbol{j}+q_3\boldsymbol{k}$。其共轭复数为：$\boldsymbol{Q}^*=q_0 1-q_1\boldsymbol{i}-q_2\boldsymbol{j}-q_3\boldsymbol{k}$。

（3）三角形式：$\boldsymbol{Q}=\cos\frac{\varphi}{2}+\boldsymbol{u}\sin\frac{\varphi}{2}$。

（4）指数形式：$\boldsymbol{Q}=\mathrm{e}^{\boldsymbol{u}\frac{\varphi}{2}}$。

（5）矩阵形式：$\boldsymbol{Q}=[q_0 \quad q_1 \quad q_2 \quad q_3]^{\mathrm{T}}$。

四元数的大小用矩阵的范数表示：$\|\boldsymbol{Q}\|=\sqrt{q_0^2+q_1^2+q_2^2+q_3^2}$ 或 $\|\boldsymbol{Q}\|=\sqrt{\boldsymbol{Q}\otimes\boldsymbol{Q}^*}$；若 $\|\boldsymbol{Q}\|=1$，则称 $\boldsymbol{Q}$ 为规范四元数。

3）四元数的运算

设 $\boldsymbol{Q}=q_0+q_1\boldsymbol{i}+q_2\boldsymbol{j}+q_3\boldsymbol{k}$，$\boldsymbol{P}=p_0+p_1\boldsymbol{i}+p_2\boldsymbol{j}+p_3\boldsymbol{k}$ 表示两个四元数，a 为标量，则

$$\boldsymbol{Q}\pm\boldsymbol{P}=(q_0\pm p_0)+(q_1\pm p_1)\boldsymbol{i}+(q_2\pm p_2)\boldsymbol{j}+(q_3\pm p_3)\boldsymbol{k}$$

$$a\boldsymbol{Q}=aq_0+aq_1\boldsymbol{i}+aq_2\boldsymbol{j}+aq_3\boldsymbol{k}$$

$$\begin{aligned} \boldsymbol{P}\otimes\boldsymbol{Q}=&(p_0+p_1\boldsymbol{i}+p_2\boldsymbol{j}+p_3\boldsymbol{k})\otimes(q_0+q_1\boldsymbol{i}+q_2\boldsymbol{j}+q_3\boldsymbol{k})= \\ &(p_0q_0-p_1q_1-p_2q_2-p_3q_3)+(p_0q_1+p_1q_0+p_2q_3-p_2q_2)\boldsymbol{i}+ \\ &(p_0q_2+p_2q_0+p_3q_1-p_1q_3)\boldsymbol{j}+(p_0q_3+p_3q_0+p_1q_2-p_2q_1)\boldsymbol{k}= \\ &r_0+r_1\boldsymbol{i}+r_2\boldsymbol{j}+r_3\boldsymbol{k} \end{aligned}$$

四元数相乘写成矩阵形式为

$$\boldsymbol{P}\otimes\boldsymbol{Q}=\begin{bmatrix}r_0\\r_1\\r_2\\r_3\end{bmatrix}=\begin{bmatrix}p_0&-p_1&-p_2&-p_3\\p_1&p_0&-p_3&p_2\\p_2&p_3&p_0&-p_1\\p_3&-p_2&p_1&p_0\end{bmatrix}\begin{bmatrix}q_0\\q_1\\q_2\\q_3\end{bmatrix}=\boldsymbol{M}(\boldsymbol{P})\boldsymbol{Q} \tag{2.82}$$

或

$$\boldsymbol{P}\otimes\boldsymbol{Q}=\begin{bmatrix}r_0\\r_1\\r_2\\r_3\end{bmatrix}=\begin{bmatrix}q_0&-q_1&-q_2&-q_3\\q_1&q_0&q_3&-q_2\\q_2&-q_3&q_0&q_1\\q_3&q_2&-q_1&q_0\end{bmatrix}\begin{bmatrix}p_0\\p_1\\p_2\\p_3\end{bmatrix}=\boldsymbol{M}'(\boldsymbol{Q})\boldsymbol{P} \tag{2.83}$$

式中，$\boldsymbol{M}(\boldsymbol{P})$的构成形式是：第一列是四元数 $\boldsymbol{P}$ 的本身，第一行是 $\boldsymbol{P}$ 的共轭四元数的转置；划去第一行和第一列余下的部分为

$$\boldsymbol{V}_P=\begin{bmatrix}p_0&-p_3&p_2\\p_3&p_0&-p_1\\-p_2&p_1&p_0\end{bmatrix}=p_0\boldsymbol{I}+\begin{bmatrix}p_1\\p_2\\p_3\end{bmatrix}\times$$

将其称作 $\boldsymbol{M}(\boldsymbol{P})$的核，它是由四元数 $\boldsymbol{P}$ 的元构成的反对称矩阵。同理，$\boldsymbol{M}'(\boldsymbol{Q})$的核为

$$\boldsymbol{V}'_Q=\begin{bmatrix}q_0&q_3&-q_2\\-q_3&q_0&q_1\\q_2&-q_1&q_0\end{bmatrix}=q_0\boldsymbol{I}-\begin{bmatrix}q_1\\q_2\\q_3\end{bmatrix}\times$$

可见 $\boldsymbol{M}(\boldsymbol{Q})$与 $\boldsymbol{M}'(\boldsymbol{Q})$构成相似，但核不同。

由于两者的核不同，所以四元数的乘法不满足交换律，即

$$\boldsymbol{P}\otimes\boldsymbol{Q}=\boldsymbol{M}(\boldsymbol{P})\boldsymbol{Q}\neq\boldsymbol{M}'(\boldsymbol{P})\boldsymbol{Q}=\boldsymbol{Q}\otimes\boldsymbol{P} \tag{2.84}$$

四元数乘法满足分配律和结合律，即

$$\begin{cases}\boldsymbol{P}\otimes(\boldsymbol{Q}+\boldsymbol{R})=\boldsymbol{P}\otimes\boldsymbol{Q}+\boldsymbol{P}\otimes\boldsymbol{R}\\\boldsymbol{P}\otimes\boldsymbol{Q}\otimes\boldsymbol{R}=(\boldsymbol{P}\otimes\boldsymbol{Q})\otimes\boldsymbol{R}=\boldsymbol{P}\otimes(\boldsymbol{Q}\otimes\boldsymbol{R})\end{cases} \tag{2.85}$$

四元数的除法即为求逆。

如果 $\boldsymbol{P}\otimes\boldsymbol{R}=1$，则称 $\boldsymbol{R}$ 为 $\boldsymbol{P}$ 的逆，记作 $\boldsymbol{R}=\boldsymbol{P}^{-1}$。根据四元数的定义可知：

$$\boldsymbol{P}\otimes\boldsymbol{P}^*=\|\boldsymbol{P}\|^2$$

因此 $\boldsymbol{P}\otimes\dfrac{\boldsymbol{P}^*}{\|\boldsymbol{P}\|^2}=1$，则 $\boldsymbol{P}$ 的逆

$$\boldsymbol{P}^{-1}=\frac{\boldsymbol{P}^*}{\|\boldsymbol{P}\|^2} \tag{2.86}$$

如果 $\boldsymbol{P}$ 为规范化四元数，即 $\|\boldsymbol{P}\|=1$，此时 $\boldsymbol{P}^{-1}=\boldsymbol{P}^*$。

4）转动四元数定理

设 $\boldsymbol{Q}$ 和 $\boldsymbol{R}$ 为两个非标量的四元数：

$$\begin{aligned}\boldsymbol{Q}&=q_0+\boldsymbol{q}=q_0+q_1\boldsymbol{i}+q_2\boldsymbol{j}+q_3\boldsymbol{k}\\ \boldsymbol{R}&=r_0+\boldsymbol{r}=r_0+r_1\boldsymbol{i}+r_2\boldsymbol{j}+r_3\boldsymbol{k}\end{aligned}\tag{2.87}$$

则

$$\boldsymbol{R}'=\boldsymbol{Q}\otimes\boldsymbol{R}\otimes\boldsymbol{Q}^{-1}=r'_0+\boldsymbol{r}'\tag{2.88}$$

表示另一四元数。该四元数的向量部分是将 $\boldsymbol{r}$ 的向量部分绕 $\boldsymbol{q}$ 方向沿锥面转过 θ 角，且 $\boldsymbol{R}$ 与 $\boldsymbol{R}'$ 的范数及它们的标量部分相等。式中，$\boldsymbol{Q}$ 称为 $\boldsymbol{r}$ 到 $\boldsymbol{r}'$ 的旋转四元数（又称转动四元数）。

为简化问题，设 $\boldsymbol{R}=0+\boldsymbol{r}$，则转动四元数定理证明如下：

$$\boldsymbol{Q}\otimes\boldsymbol{R}\otimes\boldsymbol{Q}^{-1}=\boldsymbol{M}(\boldsymbol{Q})\boldsymbol{M}'(\boldsymbol{Q}^{-1})\begin{bmatrix}0\\ \boldsymbol{r}\end{bmatrix}=$$

$$\begin{bmatrix}q_0 & -q_1 & -q_2 & -q_3\\ q_1 & q_0 & -q_3 & q_2\\ q_2 & q_3 & q_0 & -q_1\\ q_3 & -q_2 & q_1 & q_0\end{bmatrix}\begin{bmatrix}q_0 & q_1 & q_2 & q_3\\ -q_1 & q_0 & -q_3 & q_2\\ -q_2 & q_3 & q_0 & -q_1\\ -q_3 & -q_2 & q_1 & q_0\end{bmatrix}\begin{bmatrix}0\\ r_x\\ r_y\\ r_z\end{bmatrix}=$$

$$\begin{bmatrix}\times & 0 & 0 & 0\\ \times & q_0^2+q_1^2-q_2^2-q_3^2 & 2(q_1q_2-q_0q_3) & 2(q_1q_3+q_0q_2)\\ \times & 2(q_1q_2+q_0q_3) & q_0^2-q_1^2+q_2^2-q_3^2 & 2(q_2q_3-q_0q_1)\\ \times & 2(q_1q_3-q_0q_2) & 2(q_2q_3+q_0q_1) & q_0^2-q_1^2-q_2^2+q_3^2\end{bmatrix}\begin{vmatrix}0\\ r_x\\ r_y\\ r_z\end{vmatrix}$$

对比式(2.79)，知上式矩阵中右下角的 3×3 方块即为 $\boldsymbol{D}$，所以

$$\boldsymbol{R}'=\begin{bmatrix}0\\ \boldsymbol{r}'\end{bmatrix}=\begin{bmatrix}\times & 0 & 0 & 0\\ \times & & & \\ \times & & \boldsymbol{D} & \\ \times & & & \end{bmatrix}\begin{bmatrix}0\\ \boldsymbol{r}\end{bmatrix}\tag{2.89}$$

即

$$\boldsymbol{r}'=\boldsymbol{D}\boldsymbol{r}\tag{2.90}$$

该式称为坐标变换的矩阵表示法。所以式(2.88)坐标变换的四元数乘表示法，与式(2.90)所示矩阵表示法是等价的，与式(2.79)所示等效旋转矢量表示法也是相同的。

综合等效旋转矢量法和四元数法知识，可以看出，描述刚体定点转动的四元数

$$Q=q_0+q_1\boldsymbol{i}+q_2\boldsymbol{j}+q_3\boldsymbol{k}=\cos\frac{\varphi}{2}+(l\boldsymbol{i}+m\boldsymbol{j}+n\boldsymbol{k})\sin\frac{\varphi}{2}=\cos\frac{\varphi}{2}+\boldsymbol{u}\sin\frac{\varphi}{2} \tag{2.91}$$

是规范化四元数，$q_0^2+q_1^2+q_2^2+q_3^2=1$，其包含了刚体等效旋转的全部信息。当 φ 为小角度时，$\cos\varphi\approx1$，$\sin\varphi\approx\varphi$，有

$$Q=\cos\frac{\varphi}{2}+\boldsymbol{u}\sin\frac{\varphi}{2}=\cos\frac{\varphi}{2}+\frac{\boldsymbol{\varphi}}{\varphi}\sin\frac{\varphi}{2}\approx1+\frac{\boldsymbol{\varphi}}{2} \tag{2.92}$$

2.4 坐标系转换

本节介绍导航定位中几种主要坐标系的坐标转换矩阵。

2.4.1 地心惯性坐标系和地心地固坐标系之间的转换

由于地球的自转，e 系相对于 i 系的角速度矢量为

$$\boldsymbol{\omega}_{ie}^{e}=[0\quad 0\quad \omega_e]^{\mathrm{T}} \tag{2.93}$$

式中，ω_e 是地球自转速率。

如图 2.7 所示，i 系到 e 系的转换，可以表示为

$$i\xrightarrow{\text{绕 } z^{+} \text{ 轴旋转 } \omega_e t}e$$

即只需绕 i 系 z 轴旋转一次，旋转角为 $\omega_e t$，t 为间隔时间。

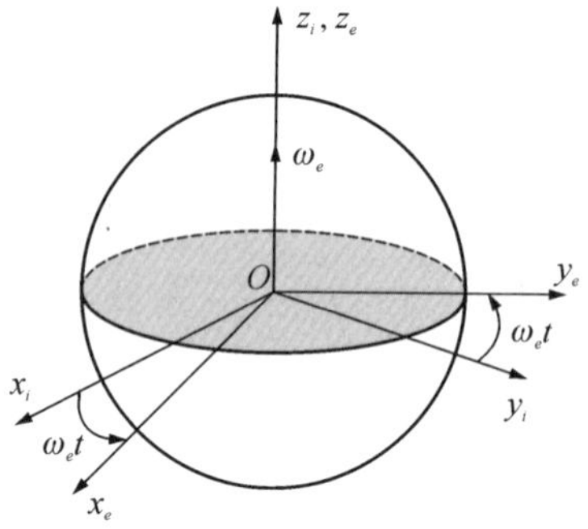

图 2.7　地心惯性坐标系和地心地固坐标系的关系

旋转矩阵为初等转换矩阵 $\boldsymbol{R}_i^e$，即

$$\boldsymbol{R}_i^e=\boldsymbol{R}_z(\omega_e t)=\begin{bmatrix}\cos\omega_e t & \sin\omega_e t & 0\\ -\sin\omega_e t & \cos\omega_e t & 0\\ 0 & 0 & 1\end{bmatrix} \tag{2.94}$$

反之，从 e 系到 i 系的转换可以通过转换矩阵 $\boldsymbol{R}_e^i$ 实现，$\boldsymbol{R}_e^i$ 是 $\boldsymbol{R}_i^e$ 的逆，又因为转换矩阵是正交的，所以有

$$\boldsymbol{R}_e^i=(\boldsymbol{R}_i^e)^{-1}=(\boldsymbol{R}_i^e)^{\mathrm{T}} \tag{2.95}$$

2.4.2　地心地固坐标系和当地水平坐标系之间的转换

如图 2.8 所示，相对于空间直角坐标系，大地坐标系可以更直观地描述在地球表面或其附近的一个点，l 系的坐标原点在大地坐标系的定义如下：

（1）纬度 φ 是子午面上赤道平面与该点椭球体法线的夹角。由赤道面算起，向北为正，向南为负，纬度的范围是 $[-90°,+90°]$。

（2）经度 λ 为该点的大地子午面与本初子午面的夹角。由本初子午面算起，向东为正，向西为负，经度范围是 $[-180°,+180°]$。

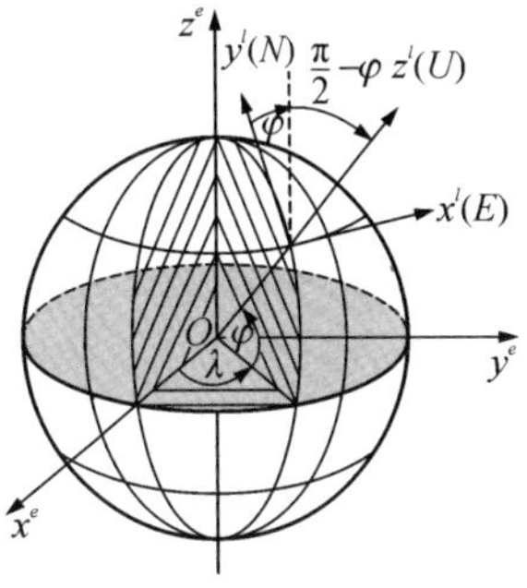

图 2.8　地心地固坐标系和当地水平坐标系的关系

（3）高度 h 是该点沿椭球体法线到椭球表面的距离。向外为正，向内为负。

要将 e 系和 l 系各轴指向对齐，可采用三次旋转得到：

$$e \xrightarrow{\text{绕 } z^+ \text{ 轴旋转 } \lambda} ① \xrightarrow{\text{绕 } y^+ \text{ 轴旋转 } \frac{\pi}{2}-\varphi} ② \xrightarrow{\text{绕 } z^+ \text{ 轴旋转 } \frac{\pi}{2}} l$$

首先，绕 e 系的 z 轴旋转 λ，使 e 系的 xOz 面与 l 系的 NOU 面对齐；其次，绕新的 e 系的 y 轴旋转 $\frac{\pi}{2}-\varphi$，使 e 系的 Oz 轴与 l 系的 z 轴对齐；最后，绕 e 系的 z 轴旋转 $\frac{\pi}{2}$，使 e 系和 l 系的 Ox 轴和 Oy 轴各自对齐。由 e 系到 l 系的转换矩阵 $\boldsymbol{R}_e^l$ 为

$$\boldsymbol{R}_e^l=\boldsymbol{R}_z\left(\frac{\pi}{2}\right)\boldsymbol{R}_y\left(\frac{\pi}{2}-\varphi\right)\boldsymbol{R}_z(\lambda) \tag{2.96}$$

即

$$\boldsymbol{R}_e^l=\begin{bmatrix}0&1&0\\-1&0&0\\0&0&1\end{bmatrix}\begin{bmatrix}\cos\left(\frac{\pi}{2}-\varphi\right)&0&-\sin\left(\frac{\pi}{2}-\varphi\right)\\0&1&0\\\sin\left(\frac{\pi}{2}-\varphi\right)&0&\cos\left(\frac{\pi}{2}-\varphi\right)\end{bmatrix}\begin{bmatrix}\cos\lambda&\sin\lambda&0\\-\sin\lambda&\cos\lambda&0\\0&0&1\end{bmatrix}=$$

$$\begin{bmatrix}0&1&0\\-1&0&0\\0&0&1\end{bmatrix}\begin{bmatrix}\sin\varphi&0&-\cos\varphi\\0&1&0\\\cos\varphi&0&\sin\varphi\end{bmatrix}\begin{bmatrix}\cos\lambda&\sin\lambda&0\\-\sin\lambda&\cos\lambda&0\\0&0&1\end{bmatrix}=$$

$$\begin{bmatrix}0&1&0\\-\sin\varphi&0&\cos\varphi\\\cos\varphi&0&\sin\varphi\end{bmatrix}\begin{bmatrix}\cos\lambda&\sin\lambda&0\\-\sin\lambda&\cos\lambda&0\\0&0&1\end{bmatrix}=\begin{bmatrix}-\sin\lambda&\cos\lambda&0\\-\sin\varphi\cos\lambda&-\sin\varphi\sin\lambda&\cos\varphi\\\cos\varphi\cos\lambda&\cos\varphi\sin\lambda&\sin\varphi\end{bmatrix} \tag{2.97}$$

$\boldsymbol{R}_e^l$ 为正交矩阵，l 系到 e 系的变换矩阵为

$$\boldsymbol{R}_l^e=(\boldsymbol{R}_e^l)^{-1}=(\boldsymbol{R}_e^l)^{\mathrm{T}}=\begin{bmatrix}-\sin\lambda & -\sin\varphi\cos\lambda & \cos\varphi\cos\lambda\\ \cos\lambda & -\sin\varphi\sin\lambda & \cos\varphi\sin\lambda\\ 0 & \cos\varphi & \sin\varphi\end{bmatrix} \tag{2.98}$$

将 e 系和 l 系各轴指向对齐，还可以通过两次旋转得到：

$$e\xrightarrow{\text{绕 }z^{+}\text{ 轴旋转}\frac{\pi}{2}+\lambda}①\xrightarrow{\text{绕 }x^{+}\text{ 轴旋转}\frac{\pi}{2}-\varphi}l$$

即

$$\boldsymbol{R}_e^l=\boldsymbol{R}_x\left(\frac{\pi}{2}-\varphi\right)\boldsymbol{R}_z\left(\frac{\pi}{2}+\lambda\right) \tag{2.99}$$

其计算结果与式(2.97)和式(2.98)是相同的。

2.4.3 当地水平坐标系和载体坐标系之间的转换

如图 2.9 所示，由当地水平坐标系（l 系）到载体坐标系（b 系）的转换是一个在惯性导航中常用的转换矩阵，称为姿态矩阵。姿态矩阵 $\boldsymbol{R}_l^b$ 中含有俯仰角（pitch angle）θ、横滚角（roll angle）γ 和方位角（azimuth）ψ，其中，方位角 ψ 通常取为北偏东为正。姿态矩阵 $\boldsymbol{R}_l^b$ 可采用三次旋转得到

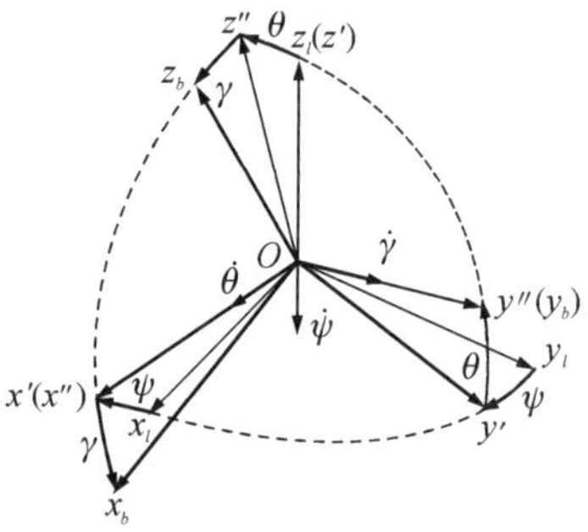

图 2.9　当地水平坐标系和载体坐标系的关系

$$l\xrightarrow{\text{绕 }z^{+}\text{ 轴旋转}-\psi}①\xrightarrow{\text{绕 }x^{+}\text{ 轴旋转 }\theta}②\xrightarrow{\text{绕 }y^{+}\text{ 轴旋转 }\gamma}b$$

首先，绕 l 系的 Oz 轴旋转 $-\psi$ 角度（即绕 $-Oz$ 轴旋转 ψ）；其次，绕新的 l 系的 Ox 轴旋转 θ；最后，绕新的 l 系的 Oy 轴旋转 γ，使两个坐标系各轴指向依次对齐，得到的姿态矩阵 $\boldsymbol{R}_l^b$ 为

$$\boldsymbol{R}_l^b=\boldsymbol{R}_y(\gamma)\boldsymbol{R}_x(\theta)\boldsymbol{R}_z(-\psi) \tag{2.100}$$

展开得到姿态矩阵为

$$\boldsymbol{R}_l^b=\begin{bmatrix}\cos\gamma & 0 & -\sin\gamma\\ 0 & 1 & 0\\ \sin\gamma & 0 & \cos\gamma\end{bmatrix}\begin{bmatrix}1 & 0 & 0\\ 0 & \cos\theta & \sin\theta\\ 0 & -\sin\theta & \cos\theta\end{bmatrix}\begin{bmatrix}\cos(-\psi) & \sin(-\psi) & 0\\ -\sin(-\psi) & \cos(-\psi) & 0\\ 0 & 0 & 1\end{bmatrix}=$$

$$\begin{bmatrix}\cos\gamma\cos\psi+\sin\gamma\sin\theta\sin\psi & -\cos\gamma\sin\psi+\sin\gamma\sin\theta\cos\psi & -\sin\gamma\cos\theta\\ \cos\theta\sin\psi & \cos\theta\cos\psi & \sin\theta\\ \sin\gamma\cos\psi-\cos\gamma\sin\theta\sin\psi & -\sin\gamma\sin\psi-\cos\gamma\sin\theta\cos\psi & \cos\gamma\cos\theta\end{bmatrix} \tag{2.101}$$

b 系到 l 系的姿态矩阵 $\boldsymbol{R}_b^l$ 为

$$\boldsymbol{R}_b^l=(\boldsymbol{R}_l^b)^{-1}=(\boldsymbol{R}_l^b)^{\mathrm{T}}=$$

$$\begin{bmatrix} \cos\gamma\cos\psi+\sin\gamma\sin\theta\sin\psi & \cos\theta\sin\psi & \sin\gamma\cos\psi-\cos\gamma\sin\theta\sin\psi \\ -\cos\gamma\sin\psi+\sin\gamma\sin\theta\cos\psi & \cos\theta\cos\psi & -\sin\gamma\sin\psi-\cos\gamma\sin\theta\cos\psi \\ -\sin\gamma\cos\theta & \sin\theta & \cos\gamma\cos\theta \end{bmatrix} \tag{2.102}$$

通常，利用 $\boldsymbol{R}_b^l$ 来计算俯仰角 θ、横滚角 γ 和方位角 ψ，公式如下：

$$\begin{cases} \theta=\arcsin[\boldsymbol{R}_b^l(3,2)] \\ \gamma=\arctan[-\boldsymbol{R}_b^l(3,1)/\boldsymbol{R}_b^l(3,3)] \\ \psi=\arctan[\boldsymbol{R}_b^l(1,2)/\boldsymbol{R}_b^l(2,2)] \end{cases} \tag{2.103}$$

2.4.4 载体坐标系向地心地固坐标系和地心惯性坐标系的转换

b 系到 e 系、b 系到 i 系的转换也是两个常用的重要转换，转换矩阵可以由前述的矩阵组合得到。由 b 系到 e 系的转换为

$$\boldsymbol{R}_b^e=\boldsymbol{R}_l^e\boldsymbol{R}_b^l \tag{2.104}$$

由 b 系到 i 系的转换为

$$\boldsymbol{R}_b^i=\boldsymbol{R}_e^i\boldsymbol{R}_b^e=\boldsymbol{R}_e^i\boldsymbol{R}_l^e\boldsymbol{R}_b^l \tag{2.105}$$

上述变换的反向变换分别为

$$\boldsymbol{R}_e^b=(\boldsymbol{R}_b^e)^{-1}=(\boldsymbol{R}_b^e)^{\mathrm{T}} \tag{2.106}$$

$$\boldsymbol{R}_i^b=(\boldsymbol{R}_b^i)^{-1}=(\boldsymbol{R}_b^i)^{\mathrm{T}} \tag{2.107}$$

2.5 姿态、位置和速度微分方程

姿态更新是捷联惯性导航解算中的一项至关重要的任务，跟 2.3 节坐标系转换方法类似，常用的解算方法也有欧拉角法、方向余弦法、四元数法和等效旋转矢量法四种。其中欧拉角法是通过求解欧拉角微分方程直接计算方位角、俯仰角和横滚角；其余三种算法是通过解算载体坐标系（b 系）至导航坐标系（n 系）的姿态矩阵 $\boldsymbol{R}_b^n$，然后从姿态矩阵中提取姿态角。本节分别对四种姿态更新算法的微分方程作介绍，最后介绍惯性系中位置和速度的微分方程。

2.5.1 欧拉角微分方程

首先根据导航坐标系(n 系)与载体坐标系(b 系)之间的关系定义欧拉角。导航坐标系做以下旋转:

$$O\text{-}X_nY_nZ_n \xrightarrow{Z_n^+\text{轴旋转}-\psi} O\text{-}X_1Y_1Z_1 \xrightarrow{\text{旋转}\ \theta} O\text{-}X_2Y_2Z_2 \xrightarrow{\text{旋转}\ \gamma} O\text{-}X_bY_bZ_b$$

可以得到载体坐标系,其中,ψ 为方位角,θ 为俯仰角,γ 为横滚角。

载体坐标系相对于当地水平系(导航坐标系)的旋转速度可用下式表示:

$$\boldsymbol{\omega}_{nb} = -\dot{\boldsymbol{\psi}} + \dot{\boldsymbol{\theta}} + \dot{\boldsymbol{\gamma}} \tag{2.108}$$

该角速度在载体坐标系下的投影为

$$\boldsymbol{\omega}_{nb}^b = \begin{bmatrix} \omega_{nbx}^b \\ \omega_{nby}^b \\ \omega_{nbz}^b \end{bmatrix} = \boldsymbol{R}_y(\gamma)\boldsymbol{R}_x(\theta)\begin{bmatrix} 0 \\ 0 \\ -\dot{\psi} \end{bmatrix} + \boldsymbol{R}_y(\gamma)\begin{bmatrix} \dot{\theta} \\ 0 \\ 0 \end{bmatrix} + \begin{bmatrix} 0 \\ \dot{\gamma} \\ 0 \end{bmatrix} =$$

$$\begin{bmatrix} \cos\gamma & 0 & -\sin\gamma \\ 0 & 1 & 0 \\ \sin\gamma & 0 & \cos\gamma \end{bmatrix}\begin{bmatrix} 1 & 0 & 0 \\ 0 & \cos\theta & \sin\theta \\ 0 & -\sin\theta & \cos\theta \end{bmatrix}\begin{bmatrix} 0 \\ 0 \\ -\dot{\psi} \end{bmatrix} + \begin{bmatrix} \cos\gamma & 0 & -\sin\gamma \\ 0 & 1 & 0 \\ \sin\gamma & 0 & \cos\gamma \end{bmatrix}\begin{bmatrix} \dot{\theta} \\ 0 \\ 0 \end{bmatrix} + \begin{bmatrix} 0 \\ \dot{\gamma} \\ 0 \end{bmatrix} =$$

$$\begin{bmatrix} \sin\gamma\cos\theta & \cos\gamma & 0 \\ -\sin\theta & 0 & 1 \\ -\cos\gamma\cos\theta & \sin\gamma & 0 \end{bmatrix}\begin{bmatrix} \dot{\psi} \\ \dot{\theta} \\ \dot{\gamma} \end{bmatrix} \tag{2.109}$$

因此,欧拉角微分方程为

$$\begin{bmatrix} \dot{\psi} \\ \dot{\theta} \\ \dot{\gamma} \end{bmatrix} = \begin{bmatrix} \sin\gamma\cos\theta & \cos\gamma & 0 \\ -\sin\theta & 0 & 1 \\ -\cos\gamma\cos\theta & \sin\gamma & 0 \end{bmatrix}^{-1}\begin{bmatrix} \omega_{nbx}^b \\ \omega_{nby}^b \\ \omega_{nbz}^b \end{bmatrix} = \begin{bmatrix} \dfrac{\sin\gamma}{\cos\theta} & 0 & -\dfrac{\cos\gamma}{\cos\theta} \\ \cos\gamma & 0 & \sin\gamma \\ \sin\gamma\tan\theta & 1 & -\cos\gamma\tan\theta \end{bmatrix}\begin{bmatrix} \omega_{nbx}^b \\ \omega_{nby}^b \\ \omega_{nbz}^b \end{bmatrix} \tag{2.110}$$

坐标系旋转角速度(即姿态速率)可以根据下式确定:

$$\boldsymbol{\omega}_{nb}^b = \boldsymbol{\omega}_{ib}^b - \boldsymbol{\omega}_{in}^b \tag{2.111}$$

式中,$\boldsymbol{\omega}_{ib}^b$ 是捷联惯导陀螺仪的输出值;$\boldsymbol{\omega}_{in}^b = \boldsymbol{R}_n^b\boldsymbol{\omega}_{in}^n = \boldsymbol{R}_n^b(\boldsymbol{\omega}_{ie}^n + \boldsymbol{\omega}_{en}^n)$,$\boldsymbol{R}_n^b$ 由姿态更新的最新值确定,当导航坐标系为当地水平系时,$(\boldsymbol{\omega}_{ie}^n + \boldsymbol{\omega}_{en}^n)$由式(4.2)和式(4.15)得到,即

$$(\boldsymbol{\omega}_{ie}^n + \boldsymbol{\omega}_{en}^n) = \begin{bmatrix} -\dot{\varphi} \\ (\dot{\lambda} + \omega_e)\cos\varphi \\ (\dot{\lambda} + \omega_e)\sin\varphi \end{bmatrix} \tag{2.112}$$

由式(2.110)可以看出,该算法只需解三个微分方程,且直接获得姿态更新信息,不需要从姿态矩阵中提取。但是,当俯仰角为 90°时,微分方程会出现奇点。因此,欧拉角法的应用有一定的局限性。

2.5.2 方向余弦矩阵微分方程

如果一个坐标系 k 相对于另一个坐标系 m 以角速度 ω 转动,两个坐标系之间的转换矩阵由一组时变函数组成。转换矩阵的时间变化率 $\dot{\boldsymbol{R}}_k^m$ 可以用一组微分方程描述。

在 t 时刻,两个坐标系 m 系和 k 系之间的方向余弦矩阵是 $\boldsymbol{R}_k^m(t)$,在 δt 时间后,k 系旋转到新的位置,得到时刻 $t+\delta t$ 时的方向余弦矩阵 $\boldsymbol{R}_k^m(t+\delta t)$,则 $\boldsymbol{R}_k^m$ 的微分为

$$\dot{\boldsymbol{R}}_k^m=\lim_{\delta t\to 0}\frac{\delta\boldsymbol{R}_k^m}{\delta t}=\lim_{\delta t\to 0}\frac{\boldsymbol{R}_k^m(t+\delta t)-\boldsymbol{R}_k^m(t)}{\delta t} \tag{2.113}$$

k 系在时刻 $t+\delta t$ 的变换是时刻 t 的变换微变后得到的,时间间隔为 δt,微变既可以看成微小的差值,也可以看成微小的变化率。因此 $\boldsymbol{R}_k^m(t+\delta t)$ 可以写成时刻 t 的转换矩阵乘以一个微小的变化率,即

$$\boldsymbol{R}_k^m(t+\delta t)=\delta\boldsymbol{R}^m\boldsymbol{R}_k^m(t) \tag{2.114}$$

由式(2.61)可得小角度变换的公式:

$$\delta\boldsymbol{R}^m=\boldsymbol{I}-\boldsymbol{\Psi}^m \tag{2.115}$$

将式(2.115)代到式(2.114)得

$$\boldsymbol{R}_k^m(t+\delta t)=(\boldsymbol{I}-\boldsymbol{\Psi}^m)\boldsymbol{R}_k^m(t) \tag{2.116}$$

然后将式(2.116)代到式(2.113)得

$$\dot{\boldsymbol{R}}_k^m=\lim_{\delta t\to 0}\frac{(\boldsymbol{I}-\boldsymbol{\Psi}^m)\boldsymbol{R}_k^m(t)-\boldsymbol{R}_k^m(t)}{\delta t}=\lim_{\delta t\to 0}\frac{-\boldsymbol{\Psi}^m\boldsymbol{R}_k^m(t)}{\delta t}=-\left(\lim_{\delta t\to 0}\frac{\boldsymbol{\Psi}^m}{\delta t}\right)\boldsymbol{R}_k^m(t) \tag{2.117}$$

当 $\delta t\to 0$ 时,$\boldsymbol{\Psi}^m/\delta t$ 是 m 系相对于 k 系在时间增量 δt 内角速度的反对称矩阵形式。由于取极限,角速度也可以被引用到 k 系,则

$$\lim_{\delta t\to 0}\frac{\boldsymbol{\Psi}^m}{\delta t}=\boldsymbol{\Omega}_{km}^m \tag{2.118}$$

将式(2.118)代到式(2.117),得

$$\dot{\boldsymbol{R}}_k^m=-\boldsymbol{\Omega}_{km}^m\boldsymbol{R}_k^m \tag{2.119}$$

由于 $\boldsymbol{\Omega}_{km}^m=-\boldsymbol{\Omega}_{mk}^m$,则

$$\dot{\boldsymbol{R}}_k^m=\boldsymbol{\Omega}_{mk}^m\boldsymbol{R}_k^m \tag{2.120}$$

由式(2.16)得

$$\boldsymbol{\Omega}_{mk}^{m}=\boldsymbol{R}_{k}^{m}\boldsymbol{\Omega}_{mk}^{k}\boldsymbol{R}_{m}^{k} \tag{2.121}$$

将式(2.121)代到式(2.120)得

$$\dot{\boldsymbol{R}}_{k}^{m}=\boldsymbol{R}_{k}^{m}\boldsymbol{\Omega}_{mk}^{k}\boldsymbol{R}_{m}^{k}\boldsymbol{R}_{k}^{m} \tag{2.122}$$

最终,得到方向余弦矩阵变化率公式为

$$\dot{\boldsymbol{R}}_{k}^{m}=\boldsymbol{R}_{k}^{m}\boldsymbol{\Omega}_{mk}^{k} \tag{2.123}$$

式(2.123)表明:转换矩阵的微分与两个坐标系之间的相对旋转角速度 ω 有关。例如:若已知载体坐标系和惯性系之间的初始姿态矩阵 $\boldsymbol{R}_{b}^{i}$,就可以利用陀螺仪的输出 $\boldsymbol{\omega}_{ib}^{b}$ 更新姿态矩阵,即 $\dot{\boldsymbol{R}}_{b}^{i}=\boldsymbol{R}_{b}^{i}\boldsymbol{\Omega}_{ib}^{b}$。

姿态更新的方向余弦法实质就是求解姿态矩阵的微分方程,由式(2.123)可知载体坐标系到导航坐标系(一般为当地水平坐标系)的姿态矩阵微分方程为

$$\dot{\boldsymbol{R}}_{b}^{n}=\boldsymbol{R}_{b}^{n}\boldsymbol{\Omega}_{nb}^{b}=\boldsymbol{R}_{b}^{n}(\boldsymbol{\omega}_{nb}^{b}\times)=\boldsymbol{R}_{b}^{n}\begin{bmatrix}0 & -\omega_{nbz}^{b} & \omega_{nby}^{b}\\ \omega_{nbz}^{b} & 0 & -\omega_{nbx}^{b}\\ -\omega_{nby}^{b} & \omega_{nbx}^{b} & 0\end{bmatrix} \tag{2.124}$$

用方向余弦法进行姿态更新时,需要求解 9 个微分方程,只需进行加减与乘法运算。

2.5.3 四元数微分方程

绕定点转动的刚体的角位置可以通过转过三个欧拉角的三次转动获得,也可以通过绕某一瞬时轴转过某个角度的一次转动获得。对于前者可以采用方向余弦法解决定点转动的刚体的定位问题,对于后者可以采用四元数法来解决定位问题。

若设 t 时刻动系 $Oxyz$ 相对于定系 $Ox_iy_iz_i$ 的转动为 $\boldsymbol{Q}_1$ 转动,则

$$\boldsymbol{R}_i(t)=\boldsymbol{Q}_1\otimes\boldsymbol{R}(t)\otimes\boldsymbol{Q}_1^{-1} \tag{2.125}$$

那么在 $t+\Delta t$ 时刻,动系角速度 $\boldsymbol{\omega}$ 的存在使两坐标系相对位置发生变化,此时,动系相对定系的转动为 $\boldsymbol{Q}_2$ 转动,即

$$\boldsymbol{R}_i(t+\Delta t)=\boldsymbol{Q}_2\otimes\boldsymbol{R}(t+\Delta t)\otimes\boldsymbol{Q}_2^{-1} \tag{2.126}$$

于是,在 t 至 $t+\Delta t$ 期间,动系位置变化可用转动四元数 $\boldsymbol{Q}_1^{-1}\otimes\boldsymbol{Q}_2$ 来表示。

因为 Δt 时间很小,在这段小时间段内可以近似将动系角速率看作为常数,因此,动系的角位移可以写成

$$\Delta\boldsymbol{\theta}=|\boldsymbol{\omega}|\Delta t \tag{2.127}$$

设单位向量 $\boldsymbol{\xi}=\dfrac{\boldsymbol{\omega}}{|\boldsymbol{\omega}|}$,于是有

$$\boldsymbol{Q}_1^{-1}\otimes\boldsymbol{Q}_2=\cos\frac{|\boldsymbol{\omega}|\Delta t}{2}+\boldsymbol{\xi}\sin\frac{|\boldsymbol{\omega}|\Delta t}{2} \tag{2.128}$$

所以

$$\boldsymbol{Q}_2=\boldsymbol{Q}_1\otimes\left(\cos\frac{|\boldsymbol{\omega}|\Delta t}{2}+\boldsymbol{\xi}\sin\frac{|\boldsymbol{\omega}|\Delta t}{2}\right) \tag{2.129}$$

四元数 $\boldsymbol{Q}(t)$ 对时间的导数 $\dot{\boldsymbol{Q}}(t)$ 可以写成

$$\dot{\boldsymbol{Q}}(t)=\lim_{\Delta t\to 0}\frac{\boldsymbol{Q}_2-\boldsymbol{Q}_1}{\Delta t}=\lim_{\Delta t\to 0}\frac{\boldsymbol{Q}_1}{\Delta t}\left(\cos\frac{|\boldsymbol{\omega}|\Delta t}{2}+\boldsymbol{\xi}\sin\frac{|\boldsymbol{\omega}|\Delta t}{2}-1\right)=$$

$$\lim_{\Delta t\to 0}\frac{\boldsymbol{Q}_1}{\Delta t}\left[1-\left(\frac{|\boldsymbol{\omega}|\Delta t}{2}\right)^2/2+\cdots-1+\xi\left(\frac{|\boldsymbol{\omega}|\Delta t}{2}\right)-\cdots\right] \tag{2.130}$$

可得四元数的微分方程为

$$\dot{\boldsymbol{Q}}=\frac{1}{2}\boldsymbol{Q}\otimes\boldsymbol{\omega} \tag{2.131}$$

根据四元数的乘法规则，上式可写成

$$\dot{\boldsymbol{Q}}=\frac{1}{2}\boldsymbol{M}'(\boldsymbol{\omega})\boldsymbol{Q} \tag{2.132}$$

在捷联惯导系统中，姿态矩阵的更新可以从四元数的微分方程开始，此时 $\boldsymbol{\omega}$ 为 $\boldsymbol{\omega}_{nb}^b$，则四元数微分方程写成矩阵的形式如下：

$$\begin{bmatrix}\dot{q}_0\\\dot{q}_1\\\dot{q}_2\\\dot{q}_3\end{bmatrix}=\frac{1}{2}\begin{bmatrix}0&-\omega_x&-\omega_y&-\omega_z\\\omega_x&0&\omega_z&-\omega_y\\\omega_y&-\omega_z&0&\omega_x\\\omega_z&\omega_y&-\omega_x&0\end{bmatrix}\begin{bmatrix}q_0\\q_1\\q_2\\q_3\end{bmatrix} \tag{2.133}$$

四元数微分方程建立了变换四元数和旋转角速度之间的关系。求解四元数微分方程需要求解四个微分方程，虽然要解的方程数比欧拉角法多一个，但在进行数值积分求解时，只需进行加减与乘法运算，求解的计算量要比欧拉角法少。

2.5.4　等效旋转矢量微分方程

在力学中，刚体的有限转动是不可交换的。例如刚体先绕 x 轴转动 90°，再绕 y 轴转动 90°与先绕 y 轴转动 90°，再绕 x 轴转动 90°，两种情况的结果是不同的，这就是转动的不可交换性。转动的不可交换性决定了转动不是矢量，两次以上的转动不能相加。姿态更新中的方向余弦矩阵更新和四元数更新两种算法，都是假设在更新周期内动坐标系做定轴转动时才能严格成立的。如果不是定轴转动，由角增量直接求解变化矩阵或四元数，会引入转动不可交换误差。为了减小不可交换误差的影响，可以先通过角增量求解等效旋转矢量，再利用等效旋转矢量更新方向余弦矩阵或四元数。

如果动坐标系做定轴转动，角度是角速度矢量的积分，即 $\Delta\boldsymbol{\theta}=\int_{t_{k-1}}^{t_k}\boldsymbol{\omega}\,\mathrm{d}t$。当不是绕定轴转动时，给 $\boldsymbol{\omega}$ 加一个修正量 $\boldsymbol{\sigma}$，使 $\boldsymbol{\Phi}=\int(\boldsymbol{\omega}+\boldsymbol{\sigma})\mathrm{d}t$ 成立，这里 $\boldsymbol{\Phi}$ 称作等效旋转矢量。

(1) 等效旋转矢量与姿态四元数之间的关系

如图 2.10 所示，设 t_{k-1} 时刻的载体坐标系为 $b(k-1)$，导航坐标系为 $n(k-1)$，t_k 时刻的载体坐标系为 $b(k)$，导航坐标系为 $n(k)$。记 $b(k-1)$ 至 $b(k)$ 的旋转四元数为 $\boldsymbol{q}(h)$，$n(k-1)$ 至 $n(k)$ 的旋转四元数为 $\boldsymbol{p}(h)$，$n(k-1)$ 至 $b(k-1)$ 的旋转四元数为 $\boldsymbol{Q}(t_{k-1})$，$n(k)$ 至 $b(k)$ 的旋转四元数为 $\boldsymbol{Q}(t_k)$，其中 $h=t_k-t_{k-1}$。用旋转矩阵表示坐标系之间的转换关系为

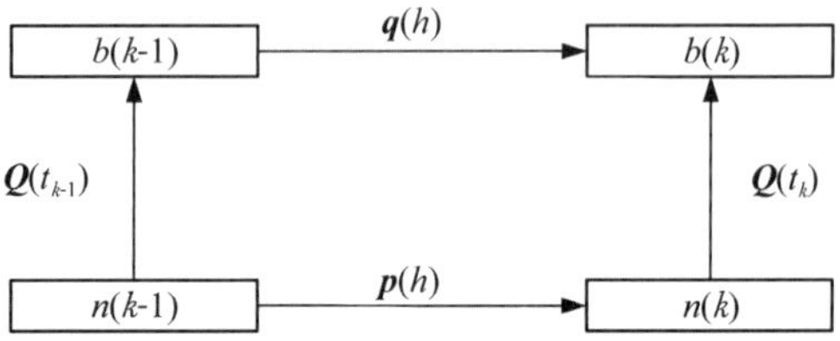

图 2.10　坐标系及其对应的旋转四元数

$$\boldsymbol{r}^{n(k)}=\boldsymbol{R}_{b(k)}^{n(k)}\boldsymbol{r}^{b(k)} \tag{2.134}$$

$$\boldsymbol{r}^{n(k)}=\boldsymbol{R}_{n(k-1)}^{n(k)}\boldsymbol{R}_{b(k-1)}^{n(k-1)}\boldsymbol{R}_{b(k)}^{b(k-1)}\boldsymbol{r}^{b(k)} \tag{2.135}$$

根据向量坐标变换的四元数乘表示法和变换矩阵表示法之间的等价关系，式(2.134)等价于如下四元数乘表达式：

$$\boldsymbol{r}^{n(k)}=\boldsymbol{Q}^*(t_k)\otimes\boldsymbol{r}^{b(k)}\otimes\boldsymbol{Q}(t_k) \tag{2.136}$$

式(2.135)等价于如下四元数乘表达式：

$$\boldsymbol{r}^{n(k)}=\boldsymbol{p}(h)\otimes\{\boldsymbol{Q}^*(t_{k-1})\otimes[\boldsymbol{q}^*(h)\otimes\boldsymbol{r}^{b(k)}\otimes\boldsymbol{q}(h)]\otimes\boldsymbol{Q}(t_{k-1})\}\otimes\boldsymbol{p}^*(h) \tag{2.137}$$

根据四元数乘法结合律，上式可写为

$$\boldsymbol{r}^{n(k)}=[\boldsymbol{p}^*(h)\otimes\boldsymbol{Q}(t_{k-1})\otimes\boldsymbol{q}(h)]^*\otimes\boldsymbol{r}^{b(k)}\otimes[\boldsymbol{p}^*(h)\otimes\boldsymbol{Q}(t_{k-1})\otimes\boldsymbol{q}(h)] \tag{2.138}$$

比较式(2.136)和式(2.138)，得

$$\boldsymbol{Q}(t_k)=\boldsymbol{p}^*(h)\otimes\boldsymbol{Q}(t_{k-1})\otimes\boldsymbol{q}(h) \tag{2.139}$$

在姿态更新周期 $h=t_k-t_{k-1}$ 内，导航坐标系(一般为当地水平坐标系)的变化十分缓慢，$\boldsymbol{p}(h)\approx1+\boldsymbol{0}$，因此上式可写成

$$\boldsymbol{Q}(t_k)=\boldsymbol{Q}(t_{k-1})\otimes\boldsymbol{q}(h) \tag{2.140}$$

其中

$$\boldsymbol{q}(h)=\cos\frac{\Phi}{2}+\frac{\boldsymbol{\Phi}}{\Phi}\sin\frac{\Phi}{2} \tag{2.141}$$

$\boldsymbol{\Phi}$ 为 $b(k-1)$ 至 $b(k)$ 的等效旋转矢量，$\Phi=|\boldsymbol{\Phi}|$。为便于叙述，将 $\boldsymbol{Q}(t_{k-1})$ 和 $\boldsymbol{Q}(t_k)$ 称

为 t_{k-1} 时刻和 t_k 时刻的姿态四元数，$\boldsymbol{q}(h)$ 称为 $[t_{k-1},t_k]$ 时间段内的姿态变化四元数。

姿态四元数更新理应按式(2.139)进行，但由于导航坐标系的旋转十分缓慢，并且姿态更新的周期又十分短，所以实际解算过程中可按式(2.140)进行姿态更新。但若干步后需要作适当的修正，具体方法分析如下。

设对姿态计算作修正的周期为

$$t_j - t_{j-1} = Nh \tag{2.142}$$

式中，h 为姿态更新周期，N 为某一正整数，则根据式(2.140)得

$$\boldsymbol{Q}(t_j) = \boldsymbol{Q}[t_{j-1} + (N-1)h] \otimes \boldsymbol{q}(h) \tag{2.143}$$

此姿态四元数对应的姿态阵为 $\boldsymbol{R}_{b(j)}^{n(j-1)}$，因此，$t_j$ 时刻正确的姿态阵应为

$$\boldsymbol{R}_{b(j)}^{n(j)} = \boldsymbol{R}_{n(j-1)}^{n(j)} \boldsymbol{R}_{b(j)}^{n(j-1)} \tag{2.144}$$

其中，$\boldsymbol{R}_{b(j)}^{n(j-1)}$ 根据 $\boldsymbol{Q}(t_j)$ 确定，$\boldsymbol{R}_{n(j-1)}^{n(j)}$ 可按下面方法近似确定。

设 t_{j-1} 至 t_j 时刻载体的经纬度增量分别为 $\Delta\lambda$ 和 $\Delta\varphi$，并假设选取 Nh 时确保 $\Delta\lambda$ 和 $\Delta\varphi$ 均为微小角。根据式(2.97)得

$$\boldsymbol{R}_e^n = \boldsymbol{R}_e^l = \begin{bmatrix} -\sin\lambda & \cos\lambda & 0 \\ -\sin\varphi\cos\lambda & -\sin\varphi\sin\lambda & \cos\varphi \\ \cos\varphi\cos\lambda & \cos\varphi\sin\lambda & \sin\varphi \end{bmatrix} \tag{2.145}$$

则 $n(j-1)$ 至 $n(j)$ 的旋转矢量为

$$\boldsymbol{\eta}^n = \begin{bmatrix} -\Delta\varphi \\ 0 \\ 0 \end{bmatrix} + \boldsymbol{R}_e^n \begin{bmatrix} 0 \\ 0 \\ \Delta\lambda \end{bmatrix} = \begin{bmatrix} -\Delta\varphi \\ \Delta\lambda\cos\varphi \\ \Delta\lambda\sin\varphi \end{bmatrix} \tag{2.146}$$

所以

$$\boldsymbol{R}_{n(j-1)}^{n(j)} = \begin{bmatrix} 1 & \Delta\lambda\sin\varphi & -\Delta\lambda\cos\varphi \\ -\Delta\lambda\sin\varphi & 1 & -\Delta\varphi \\ \Delta\lambda\cos\varphi & \Delta\varphi & 1 \end{bmatrix} \tag{2.147}$$

(2) 旋转矢量的微分方程

对于 $t_{k-1} \leqslant t \leqslant t_k$，根据式(2.140)有

$$\boldsymbol{Q}(t) = \boldsymbol{Q}(t_{k-1}) \otimes \boldsymbol{q}(t - t_{k-1}) \tag{2.148}$$

式(2.148)两边对时间求导得

$$\frac{\mathrm{d}\boldsymbol{Q}(t)}{\mathrm{d}t} = \boldsymbol{Q}(t_{k-1}) \otimes \frac{\mathrm{d}\boldsymbol{q}(t - t_{k-1})}{\mathrm{d}t} \tag{2.149}$$

根据式(2.131)，有

$$\frac{\mathrm{d}\boldsymbol{Q}(t)}{\mathrm{d}t} = \frac{1}{2}\boldsymbol{Q}(t) \otimes \boldsymbol{\omega}_{nb}^b = \frac{1}{2}\boldsymbol{Q}(t_{k-1}) \otimes \boldsymbol{q}(t - t_{k-1}) \otimes \boldsymbol{\omega}_{nb}^b \tag{2.150}$$

比较上面两式，得

$$\boldsymbol{Q}(t_{k-1})\otimes\frac{\mathrm{d}\boldsymbol{q}}{\mathrm{d}t}=\frac{1}{2}\boldsymbol{Q}(t_{k-1})\otimes\boldsymbol{q}\otimes\boldsymbol{\omega}_{nb}^{b} \tag{2.151}$$

上式两边左乘 $\boldsymbol{Q}^{*}(t_{k-1})$，注意到姿态四元数为规范化四元数，即 $\boldsymbol{Q}^{*}(t_{k-1})\otimes\boldsymbol{Q}(t_{k-1})=1$，因此有

$$\frac{\mathrm{d}\boldsymbol{q}}{\mathrm{d}t}=\frac{1}{2}\boldsymbol{q}\otimes\boldsymbol{\omega}_{nb}^{b} \tag{2.152}$$

此即姿态变化四元数满足的微分方程，与式(2.131)四元数微分方程类似。

下面构造等效旋转矢量，并分析等效旋转矢量微分方程。

设

$$\boldsymbol{q}=\cos\frac{\Phi}{2}+\boldsymbol{u}\sin\frac{\Phi}{2} \tag{2.153}$$

由于表征旋转的四元数是规范化四元数，即有

$$\boldsymbol{q}^{-1}=\boldsymbol{q}^{*} \tag{2.154}$$

所以式(2.152)可以写成

$$\boldsymbol{\omega}_{nb}^{b}=2\boldsymbol{q}^{*}\otimes\dot{\boldsymbol{q}} \tag{2.155}$$

记

$$q_0=\cos\frac{\Phi}{2},\ \boldsymbol{q}_1=\boldsymbol{u}\sin\frac{\Phi}{2} \tag{2.156}$$

则

$$\dot{q}_0=-\frac{\dot{\Phi}}{2}\sin\frac{\Phi}{2},\ \dot{\boldsymbol{q}}_1=\dot{\boldsymbol{u}}\sin\frac{\Phi}{2}+\frac{\dot{\Phi}}{2}\boldsymbol{u}\cos\frac{\Phi}{2} \tag{2.157}$$

$$\begin{aligned}\boldsymbol{\omega}_{nb}^{b}=&2(q_0-\boldsymbol{q}_1)\otimes(\dot{q}_0+\dot{\boldsymbol{q}}_1)=2(q_0\dot{q}_0+q_0\dot{\boldsymbol{q}}_1-\dot{q}_0\boldsymbol{q}_1-\boldsymbol{q}_1\otimes\dot{\boldsymbol{q}}_1)=\\&2\Big[\cos\frac{\Phi}{2}\Big(-\frac{\dot{\Phi}}{2}\sin\frac{\Phi}{2}\Big)+\cos\frac{\Phi}{2}\Big(\dot{\boldsymbol{u}}\sin\frac{\Phi}{2}+\frac{\dot{\Phi}}{2}\boldsymbol{u}\cos\frac{\Phi}{2}\Big)+\\&\frac{\dot{\Phi}}{2}\sin\frac{\Phi}{2}\boldsymbol{u}\sin\frac{\Phi}{2}-\boldsymbol{u}\sin\frac{\Phi}{2}\otimes\Big(\dot{\boldsymbol{u}}\sin\frac{\Phi}{2}+\frac{\dot{\Phi}}{2}\boldsymbol{u}\cos\frac{\Phi}{2}\Big)\Big]=\\&-\frac{\dot{\Phi}}{2}\sin\Phi+\dot{\boldsymbol{u}}\sin\Phi+\frac{\dot{\Phi}}{2}\boldsymbol{u}(1+\cos\Phi)+\frac{\dot{\Phi}}{2}\boldsymbol{u}(1-\cos\Phi)-\\&\boldsymbol{u}\otimes\dot{\boldsymbol{u}}(1-\cos\Phi)-\boldsymbol{u}\otimes\boldsymbol{u}\,\frac{\dot{\Phi}}{2}\sin\Phi\end{aligned} \tag{2.158}$$

根据四元数乘法规则：相同单位向量相乘时呈虚单位特性($\boldsymbol{u}\otimes\boldsymbol{u}=-1$)，相异单位向量相乘时呈向量特性，乘法为叉乘($\boldsymbol{u}\otimes\dot{\boldsymbol{u}}=-\dot{\boldsymbol{u}}\times\boldsymbol{u}$)，代到上式，有

$$\boldsymbol{\omega}_{nb}^{b}=-\frac{\dot{\Phi}}{2}\sin\Phi+\dot{\boldsymbol{u}}\sin\Phi+\dot{\Phi}\boldsymbol{u}+\dot{\boldsymbol{u}}\times\boldsymbol{u}(1-\cos\Phi)+\frac{\dot{\Phi}}{2}\sin\Phi=$$

$$\dot{\boldsymbol{u}}\sin\Phi+\dot{\Phi}\boldsymbol{u}+\dot{\boldsymbol{u}}\times\boldsymbol{u}(1-\cos\Phi) \tag{2.159}$$

下面确定上式右边各项。

构造旋转矢量

$$\boldsymbol{\Phi}=\Phi\boldsymbol{u} \tag{2.160}$$

则

$$\dot{\boldsymbol{\Phi}}=\dot{\Phi}\boldsymbol{u}+\Phi\dot{\boldsymbol{u}} \tag{2.161}$$

由于 $\boldsymbol{u}$ 是单位向量，$|\boldsymbol{u}|=1$ 是恒定值，$\boldsymbol{u}$ 在空间旋转时其矢端速度 $\dot{\boldsymbol{u}}$ 始终与 $\boldsymbol{u}$ 垂直，所以有

$$\dot{\boldsymbol{u}}\cdot\boldsymbol{u}=0,\ \boldsymbol{u}\cdot\boldsymbol{u}=1 \tag{2.162}$$

因此在式(2.161)两边右点乘 $\boldsymbol{u}$ 可得

$$\dot{\Phi}=\dot{\boldsymbol{\Phi}}\cdot\boldsymbol{u} \tag{2.163}$$

由于

$$\boldsymbol{u}=\frac{\boldsymbol{\Phi}}{\Phi} \tag{2.164}$$

上式两边对时间求导得

$$\dot{\boldsymbol{u}}=\frac{\dot{\boldsymbol{\Phi}}\Phi-\boldsymbol{\Phi}\dot{\Phi}}{\Phi^2} \tag{2.165}$$

考虑到式(2.163)和式(2.164)，有

$$\dot{\boldsymbol{u}}=\frac{\dot{\boldsymbol{\Phi}}\Phi-\boldsymbol{\Phi}\left(\dot{\boldsymbol{\Phi}}\cdot\dfrac{\boldsymbol{\Phi}}{\Phi}\right)}{\Phi^2}=\frac{\dot{\boldsymbol{\Phi}}}{\Phi}-\frac{\boldsymbol{\Phi}(\dot{\boldsymbol{\Phi}}\cdot\boldsymbol{\Phi})}{\Phi^3} \tag{2.166}$$

由式(2.22)三重矢积计算公式 $\boldsymbol{a}\times(\boldsymbol{b}\times\boldsymbol{c})=\boldsymbol{ABc}=\boldsymbol{b}(\boldsymbol{a}\cdot\boldsymbol{c})-\boldsymbol{c}(\boldsymbol{a}\cdot\boldsymbol{b})$得

$$\boldsymbol{\Phi}\times(\boldsymbol{\Phi}\times\dot{\boldsymbol{\Phi}})=\boldsymbol{\Phi}(\boldsymbol{\Phi}\cdot\dot{\boldsymbol{\Phi}})-\dot{\boldsymbol{\Phi}}\Phi^2 \tag{2.167}$$

即

$$\boldsymbol{\Phi}(\boldsymbol{\Phi}\cdot\dot{\boldsymbol{\Phi}})=\boldsymbol{\Phi}\times(\boldsymbol{\Phi}\times\dot{\boldsymbol{\Phi}})-\dot{\boldsymbol{\Phi}}\Phi^2 \tag{2.168}$$

将上式代到式(2.166)得

$$\dot{\boldsymbol{u}}=-\frac{\boldsymbol{\Phi}\times(\boldsymbol{\Phi}\times\dot{\boldsymbol{\Phi}})}{\Phi^3} \tag{2.169}$$

将式(2.169)代到式(2.161)得

$$\dot{\Phi}\boldsymbol{u}=\dot{\boldsymbol{\Phi}}+\frac{\boldsymbol{\Phi}\times(\boldsymbol{\Phi}\times\dot{\boldsymbol{\Phi}})}{\Phi^2} \tag{2.170}$$

根据式(2.164)和式(2.165)，考虑到 $\boldsymbol{\Phi}\times\boldsymbol{\Phi}=\boldsymbol{0}$，有

$$\dot{\boldsymbol{u}}\times\boldsymbol{u}=\left(\frac{\dot{\boldsymbol{\Phi}}}{\Phi}-\frac{\boldsymbol{\Phi}\dot{\Phi}}{\Phi^2}\right)\times\frac{\boldsymbol{\Phi}}{\Phi}=\frac{\dot{\boldsymbol{\Phi}}\times\boldsymbol{\Phi}}{\Phi^2} \tag{2.171}$$

将上面三个式子代到式(2.159)，整理得

$$\boldsymbol{\omega}_{nb}^{b}=\dot{\boldsymbol{\Phi}}+\left(1-\frac{\sin\Phi}{\Phi}\right)\frac{\boldsymbol{\Phi}\times(\boldsymbol{\Phi}\times\dot{\boldsymbol{\Phi}})}{\Phi^{2}}+(1-\cos\Phi)\frac{\dot{\boldsymbol{\Phi}}\times\boldsymbol{\Phi}}{\Phi^{2}} \tag{2.172}$$

因此

$$\dot{\boldsymbol{\Phi}}=\boldsymbol{\omega}_{nb}^{b}+(1-\cos\Phi)\frac{\boldsymbol{\Phi}\times\dot{\boldsymbol{\Phi}}}{\Phi^{2}}-\left(1-\frac{\sin\Phi}{\Phi}\right)\frac{\boldsymbol{\Phi}\times(\boldsymbol{\Phi}\times\dot{\boldsymbol{\Phi}})}{\Phi^{2}} \tag{2.173}$$

用 $\boldsymbol{\Phi}$ 同时叉乘上式两边，有

$$\boldsymbol{\Phi}\times\dot{\boldsymbol{\Phi}}=\boldsymbol{\Phi}\times\boldsymbol{\omega}_{nb}^{b}+(1-\cos\Phi)\frac{\boldsymbol{\Phi}\times(\boldsymbol{\Phi}\times\dot{\boldsymbol{\Phi}})}{\Phi^{2}}-\left(1-\frac{\sin\Phi}{\Phi}\right)\frac{\boldsymbol{\Phi}\times[\boldsymbol{\Phi}\times(\boldsymbol{\Phi}\times\dot{\boldsymbol{\Phi}})]}{\Phi^{2}} \tag{2.174}$$

由式(2.167)，有

$$\boldsymbol{\Phi}\times[\boldsymbol{\Phi}\times(\boldsymbol{\Phi}\times\dot{\boldsymbol{\Phi}})]=\boldsymbol{\Phi}\times[\boldsymbol{\Phi}(\boldsymbol{\Phi}\cdot\dot{\boldsymbol{\Phi}})-\dot{\boldsymbol{\Phi}}\Phi^{2}]=-\Phi^{2}\boldsymbol{\Phi}\times\dot{\boldsymbol{\Phi}} \tag{2.175}$$

所以式(2.174)为

$$\boldsymbol{\Phi}\times\dot{\boldsymbol{\Phi}}=\boldsymbol{\Phi}\times\boldsymbol{\omega}_{nb}^{b}+(1-\cos\Phi)\frac{\boldsymbol{\Phi}\times(\boldsymbol{\Phi}\times\dot{\boldsymbol{\Phi}})}{\boldsymbol{\Phi}^{2}}+\left(1-\frac{\sin\Phi}{\Phi}\right)\boldsymbol{\Phi}\times\dot{\boldsymbol{\Phi}} \tag{2.176}$$

即

$$\boldsymbol{\Phi}\times\boldsymbol{\omega}_{nb}^{b}=\frac{\sin\Phi}{\Phi}\boldsymbol{\Phi}\times\dot{\boldsymbol{\Phi}}-\frac{1-\cos\Phi}{\Phi^{2}}\boldsymbol{\Phi}\times(\boldsymbol{\Phi}\times\dot{\boldsymbol{\Phi}}) \tag{2.177}$$

用 $\boldsymbol{\Phi}$ 同时叉乘上式两边，并由式(2.175)得

$$\begin{aligned}\boldsymbol{\Phi}\times(\boldsymbol{\Phi}\times\boldsymbol{\omega}_{nb}^{b})&=\frac{\sin\Phi}{\Phi}\boldsymbol{\Phi}\times(\boldsymbol{\Phi}\times\dot{\boldsymbol{\Phi}})-\frac{1-\cos\Phi}{\Phi^{2}}\boldsymbol{\Phi}\times[\boldsymbol{\Phi}\times(\boldsymbol{\Phi}\times\dot{\boldsymbol{\Phi}})]=\\&\frac{\sin\Phi}{\Phi}\boldsymbol{\Phi}\times(\boldsymbol{\Phi}\times\dot{\boldsymbol{\Phi}})+(1-\cos\Phi)\boldsymbol{\Phi}\times\dot{\boldsymbol{\Phi}}\end{aligned} \tag{2.178}$$

联立求解上面两式，可得用 $\boldsymbol{\Phi}$ 和 $\boldsymbol{\omega}_{nb}^{b}$ 表示的 $\boldsymbol{\Phi}\times\dot{\boldsymbol{\Phi}}$ 和 $\boldsymbol{\Phi}\times\boldsymbol{\omega}_{nb}^{b}$。为此，将式(2.177)乘 $\sin\Phi$，式(2.178)乘$\frac{1-\cos\Phi}{\Phi}$后，两式相加得

$$\boldsymbol{\Phi}\times\boldsymbol{\omega}_{nb}^{b}\sin\Phi+\frac{1-\cos\Phi}{\Phi}\boldsymbol{\Phi}\times(\boldsymbol{\Phi}\times\boldsymbol{\omega}_{nb}^{b})=\frac{\sin^{2}\Phi}{\Phi}\boldsymbol{\Phi}\times\dot{\boldsymbol{\Phi}}+\frac{(1-\cos\Phi)^{2}}{\Phi}\boldsymbol{\Phi}\times\dot{\boldsymbol{\Phi}} \tag{2.179}$$

所以

$$\begin{aligned}\boldsymbol{\Phi}\times\dot{\boldsymbol{\Phi}}&=\frac{\Phi}{2(1-\cos\Phi)}\left[\boldsymbol{\Phi}\times\boldsymbol{\omega}_{nb}^{b}\sin\Phi+\frac{1-\cos\Phi}{\Phi}\boldsymbol{\Phi}\times(\boldsymbol{\Phi}\times\boldsymbol{\omega}_{nb}^{b})\right]=\\&\frac{\Phi\sin\Phi}{2(1-\cos\Phi)}\boldsymbol{\Phi}\times\boldsymbol{\omega}_{nb}^{b}+\frac{1}{2}\boldsymbol{\Phi}\times(\boldsymbol{\Phi}\times\boldsymbol{\omega}_{nb}^{b})\end{aligned} \tag{2.180}$$

将式(2.180)代到式(2.177)，得

$$\frac{1-\cos\Phi}{\Phi^{2}}\boldsymbol{\Phi}\times(\boldsymbol{\Phi}\times\dot{\boldsymbol{\Phi}})=\frac{\sin^{2}\Phi}{2(1-\cos\Phi)}\boldsymbol{\Phi}\times\boldsymbol{\omega}_{nb}^{b}+\frac{\sin\Phi}{2\Phi}\boldsymbol{\Phi}\times(\boldsymbol{\Phi}\times\boldsymbol{\omega}_{nb}^{b})-\boldsymbol{\Phi}\times\boldsymbol{\omega}_{nb}^{b}=$$

$$\frac{\sin^2\Phi-2+2\cos\Phi}{2(1-\cos\Phi)}\boldsymbol{\Phi}\times\boldsymbol{\omega}_{nb}^{b}+\frac{\sin\Phi}{2\Phi}\boldsymbol{\Phi}\times(\boldsymbol{\Phi}\times\boldsymbol{\omega}_{nb}^{b})=$$

$$\frac{-\cos^2\Phi-1+2\cos\Phi}{2(1-\cos\Phi)}\boldsymbol{\Phi}\times\boldsymbol{\omega}_{nb}^{b}+\frac{\sin\Phi}{2\Phi}\boldsymbol{\Phi}\times(\boldsymbol{\Phi}\times\boldsymbol{\omega}_{nb}^{b})=$$

$$-\frac{1}{2}(1-\cos\Phi)\boldsymbol{\Phi}\times\boldsymbol{\omega}_{nb}^{b}+\frac{\sin\Phi}{2\Phi}\boldsymbol{\Phi}\times(\boldsymbol{\Phi}\times\boldsymbol{\omega}_{nb}^{b})\tag{2.181}$$

所以有

$$\boldsymbol{\Phi}\times(\boldsymbol{\Phi}\times\dot{\boldsymbol{\Phi}})=-\frac{\Phi^2}{2}\boldsymbol{\Phi}\times\boldsymbol{\omega}_{nb}^{b}+\frac{\Phi\sin\Phi}{2(1-\cos\Phi)}\boldsymbol{\Phi}\times(\boldsymbol{\Phi}\times\boldsymbol{\omega}_{nb}^{b})\tag{2.182}$$

将式(2.180)和式(2.182)代入式(2.173)，得

$$\dot{\boldsymbol{\Phi}}=\boldsymbol{\omega}_{nb}^{b}+\frac{(1-\cos\Phi)}{\Phi^2}\left[\frac{\Phi\sin\Phi}{2(1-\cos\Phi)}\boldsymbol{\Phi}\times\boldsymbol{\omega}_{nb}^{b}+\frac{1}{2}\boldsymbol{\Phi}\times(\boldsymbol{\Phi}\times\boldsymbol{\omega}_{nb}^{b})\right]-$$

$$\frac{1}{\Phi^2}\left(1-\frac{\sin\Phi}{\Phi}\right)\left[-\frac{\Phi^2}{2}\boldsymbol{\Phi}\times\boldsymbol{\omega}_{nb}^{b}+\frac{\Phi\sin\Phi}{2(1-\cos\Phi)}\boldsymbol{\Phi}\times(\boldsymbol{\Phi}\times\boldsymbol{\omega}_{nb}^{b})\right]=$$

$$\boldsymbol{\omega}_{nb}^{b}+\frac{\sin\Phi}{2\Phi}\boldsymbol{\Phi}\times\boldsymbol{\omega}_{nb}^{b}+\frac{1-\cos\Phi}{2\Phi^2}\boldsymbol{\Phi}\times(\boldsymbol{\Phi}\times\boldsymbol{\omega}_{nb}^{b})+$$

$$\frac{1}{2}\left(1-\frac{\sin\Phi}{\Phi}\right)\boldsymbol{\Phi}\times\boldsymbol{\omega}_{nb}^{b}-\frac{\left(1-\frac{\sin\Phi}{\Phi}\right)\sin\Phi}{2\Phi(1-\cos\Phi)}\boldsymbol{\Phi}\times(\boldsymbol{\Phi}\times\boldsymbol{\omega}_{nb}^{b})=$$

$$\boldsymbol{\omega}_{nb}^{b}+\frac{1}{2}\boldsymbol{\Phi}\times\boldsymbol{\omega}_{nb}^{b}+\frac{1-2\cos\Phi+\cos^2\Phi-\Phi\sin\Phi+\sin^2\Phi}{2\Phi^2(1-\cos\Phi)}\boldsymbol{\Phi}\times(\boldsymbol{\Phi}\times\boldsymbol{\omega}_{nb}^{b})=$$

$$\boldsymbol{\omega}_{nb}^{b}+\frac{1}{2}\boldsymbol{\Phi}\times\boldsymbol{\omega}_{nb}^{b}+\frac{2(1-\cos\Phi)-\Phi\sin\Phi}{2\Phi^2(1-\cos\Phi)}\boldsymbol{\Phi}\times(\boldsymbol{\Phi}\times\boldsymbol{\omega}_{nb}^{b})=$$

$$\boldsymbol{\omega}_{nb}^{b}+\frac{1}{2}\boldsymbol{\Phi}\times\boldsymbol{\omega}_{nb}^{b}+\frac{1}{\Phi^2}\left[1-\frac{\Phi\sin\Phi}{2(1-\cos\Phi)}\right]\boldsymbol{\Phi}\times(\boldsymbol{\Phi}\times\boldsymbol{\omega}_{nb}^{b})\tag{2.183}$$

式(2.183)即为旋转矢量微分方程，即 Bortz 方程。对该式中的三角函数作级数展开，可以得到更为简洁的近似方程。

由于

$$\frac{\Phi\sin\Phi}{2(1-\cos\Phi)}=\frac{\Phi\cdot 2\sin\frac{\Phi}{2}\cos\frac{\Phi}{2}}{2\cdot 2\sin^2\frac{\Phi}{2}}=\frac{\Phi}{2}\cot\frac{\Phi}{2}=$$

$$\frac{\Phi}{2}\left[\frac{2}{\Phi}-\frac{1}{3}\frac{\Phi}{2}-\frac{1}{45}\left(\frac{\Phi}{2}\right)^3-\frac{1}{945}\left(\frac{\Phi}{2}\right)^5-\frac{1}{4\ 725}\left(\frac{\Phi}{2}\right)^7-\cdots\right]=$$

$$1-\frac{\Phi^2}{12}-\frac{\Phi^4}{720}-\frac{\Phi^6}{30\ 240}-\frac{\Phi^8}{1\ 209\ 600}-\cdots\tag{2.184}$$

将上式代到式(2.183)，由于姿态更新周期一般都很短，Φ 很小，其高次项可以忽略不

计，得近似方程：

$$\dot{\boldsymbol{\Phi}} \approx \boldsymbol{\omega}_{nb}^{b} + \frac{1}{2}\boldsymbol{\Phi} \times \boldsymbol{\omega}_{nb}^{b} + \frac{1}{12}\boldsymbol{\Phi} \times (\boldsymbol{\Phi} \times \boldsymbol{\omega}_{nb}^{b}) \tag{2.185}$$

式中，$\boldsymbol{\Phi}$ 是载体坐标系从 t_{k-1} 时刻至 t_k 时刻角位置变化所对应的等效旋转矢量，$\boldsymbol{\omega}_{nb}^{b}$ 是该时间段内的载体角速度。

2.5.5 惯性系中位置矢量的微分

对于一个位置矢量 $\boldsymbol{r}^b$，从载体坐标系 b 系到惯性系 i 系的转换为

$$\boldsymbol{r}^i = \boldsymbol{R}_b^i \boldsymbol{r}^b \tag{2.186}$$

对等号两侧分别微分得

$$\dot{\boldsymbol{r}}^i = \dot{\boldsymbol{R}}_b^i \boldsymbol{r}^b + \boldsymbol{R}_b^i \dot{\boldsymbol{r}}^b \tag{2.187}$$

将式(2.123)代入式(2.187)得

$$\dot{\boldsymbol{r}}^i = (\boldsymbol{R}_b^i \boldsymbol{\Omega}_{ib}^b)\boldsymbol{r}^b + \boldsymbol{R}_b^i \dot{\boldsymbol{r}}^b \tag{2.188}$$

整理后得

$$\dot{\boldsymbol{r}}^i = \boldsymbol{R}_b^i (\dot{\boldsymbol{r}}^b + \boldsymbol{\Omega}_{ib}^b \boldsymbol{r}^b) \tag{2.189}$$

式(2.189)描述了速度矢量从载体坐标系到惯性坐标系的变换，称为哥氏方程。哥氏方程反映了绝对速度 $\dot{\boldsymbol{r}}^i$、相对速度 $\dot{\boldsymbol{r}}^b$ 和牵连速度 $\boldsymbol{\Omega}_{ib}^b$、位置 $\boldsymbol{r}^b$ 之间的相互关系。式中，牵连速度 $\boldsymbol{\Omega}_{ib}^b$ 是角速度 $\boldsymbol{\omega}_{ib}^b$ 的反对称矩阵：

$$\boldsymbol{\Omega}_{ib}^b = \boldsymbol{\omega}_{ib}^b \times = \begin{bmatrix} 0 & -\omega_{ibz}^b & \omega_{iby}^b \\ \omega_{ibz}^b & 0 & -\omega_{ibx}^b \\ -\omega_{iby}^b & \omega_{ibx}^b & 0 \end{bmatrix} = \lim_{\Delta t \to 0} \begin{bmatrix} 0 & -\Delta\theta_z/\Delta t & \Delta\theta_y/\Delta t \\ \Delta\theta_z/\Delta t & 0 & -\Delta\theta_x/\Delta t \\ -\Delta\theta_y/\Delta t & \Delta\theta_x/\Delta t & 0 \end{bmatrix} \tag{2.190}$$

2.5.6 惯性系中速度矢量的微分

速度矢量的微分可以通过式(2.189)获得，对该式微分得

$$\begin{aligned} \ddot{\boldsymbol{r}}^i &= \dot{\boldsymbol{R}}_b^i \dot{\boldsymbol{r}}^b + \boldsymbol{R}_b^i \ddot{\boldsymbol{r}}^b + \dot{\boldsymbol{R}}_b^i \boldsymbol{\Omega}_{ib}^b \boldsymbol{r}^b + \boldsymbol{R}_b^i (\dot{\boldsymbol{\Omega}}_{ib}^b \boldsymbol{r}^b + \boldsymbol{\Omega}_{ib}^b \dot{\boldsymbol{r}}^b) = \\ &\dot{\boldsymbol{R}}_b^i \dot{\boldsymbol{r}}^b + \boldsymbol{R}_b^i \ddot{\boldsymbol{r}}^b + \dot{\boldsymbol{R}}_b^i \boldsymbol{\Omega}_{ib}^b \boldsymbol{r}^b + \boldsymbol{R}_b^i \dot{\boldsymbol{\Omega}}_{ib}^b \boldsymbol{r}^b + \boldsymbol{R}_b^i \boldsymbol{\Omega}_{ib}^b \dot{\boldsymbol{r}}^b \end{aligned} \tag{2.191}$$

将式(2.123)代入式(2.191)得

$$\begin{aligned} \ddot{\boldsymbol{r}}^i &= \boldsymbol{R}_b^i \boldsymbol{\Omega}_{ib}^b \dot{\boldsymbol{r}}^b + \boldsymbol{R}_b^i \ddot{\boldsymbol{r}}^b + \boldsymbol{R}_b^i \boldsymbol{\Omega}_{ib}^b \boldsymbol{\Omega}_{ib}^b \boldsymbol{r}^b + \boldsymbol{R}_b^i \dot{\boldsymbol{\Omega}}_{ib}^b \boldsymbol{r}^b + \boldsymbol{R}_b^i \boldsymbol{\Omega}_{ib}^b \dot{\boldsymbol{r}}^b = \\ &\boldsymbol{R}_b^i (\boldsymbol{\Omega}_{ib}^b \dot{\boldsymbol{r}}^b + \ddot{\boldsymbol{r}}^b + \boldsymbol{\Omega}_{ib}^b \boldsymbol{\Omega}_{ib}^b \boldsymbol{r}^b + \dot{\boldsymbol{\Omega}}_{ib}^b \boldsymbol{r}^b + \boldsymbol{\Omega}_{ib}^b \dot{\boldsymbol{r}}^b) = \\ &\boldsymbol{R}_b^i (2\boldsymbol{\Omega}_{ib}^b \dot{\boldsymbol{r}}^b + \ddot{\boldsymbol{r}}^b + \boldsymbol{\Omega}_{ib}^b \boldsymbol{\Omega}_{ib}^b \boldsymbol{r}^b + \dot{\boldsymbol{\Omega}}_{ib}^b \boldsymbol{r}^b) \end{aligned} \tag{2.192}$$

整理后得

$$\ddot{\boldsymbol{r}}^i=\boldsymbol{R}_b^i(\ddot{\boldsymbol{r}}^b+2\boldsymbol{\Omega}_{ib}^b\dot{\boldsymbol{r}}^b+\dot{\boldsymbol{\Omega}}_{ib}^b\boldsymbol{r}^b+\boldsymbol{\Omega}_{ib}^b\boldsymbol{\Omega}_{ib}^b\boldsymbol{r}^b) \tag{2.193}$$

式中，$\ddot{\boldsymbol{r}}^b$ 是运动载体在 b 系中的加速度，$\boldsymbol{\Omega}_{ib}^b$ 是载体的陀螺仪测得的角速度的反对称阵，$2\boldsymbol{\Omega}_{ib}^b\dot{\boldsymbol{r}}^b$ 是哥氏加速度，$\dot{\boldsymbol{\Omega}}_{ib}^b\boldsymbol{r}^b$ 是切向加速度，$\boldsymbol{\Omega}_{ib}^b\boldsymbol{\Omega}_{ib}^b\boldsymbol{r}^b$ 是向心加速度。

2.6　最优估计

所谓最优估计，是指在某一估计准则(指标函数)条件下，按照统计意义使估计达到最优。准则不同，估计方法就不同，估计结果往往也不相同。

2.6.1　最小二乘估计

假设观测模型是线性的，即观测 $\boldsymbol{Z}$ 与状态 $\boldsymbol{X}$ 之间具有线性函数关系

$$\boldsymbol{Z}=\boldsymbol{HX}+\boldsymbol{V} \tag{2.194}$$

式中，$\boldsymbol{H}$ 是 $m\times n$ 阶的常值系数矩阵；$\boldsymbol{V}$ 为 m 维干扰噪声向量，且假设均值 $E[\boldsymbol{V}]=\boldsymbol{0}$ 和正定方差阵 $E[\boldsymbol{VV}^{\mathrm{T}}]=\boldsymbol{C}_V$。

加权最小二乘(Weighted Least Squares，WLS)估计的优化指标是，使观测 $\boldsymbol{Z}$ 与由状态估计 $\hat{\boldsymbol{X}}$ 确定的观测估计 $\boldsymbol{Z}=\boldsymbol{H}\hat{\boldsymbol{X}}$ 之间的加权误差平方和达到最小，即

$$J(\hat{\boldsymbol{X}})=(\boldsymbol{Z}-\boldsymbol{H}\hat{\boldsymbol{X}})^{\mathrm{T}}\boldsymbol{W}(\boldsymbol{Z}-\boldsymbol{H}\hat{\boldsymbol{X}})\big|_{\hat{\boldsymbol{X}}=\hat{\boldsymbol{X}}_{WLS}}=\min \tag{2.195}$$

式中，$\boldsymbol{W}$ 是 m 阶对称正定的加权矩阵。

为使 $J(\hat{\boldsymbol{X}})$ 达到最小，将其对 $\hat{\boldsymbol{X}}$ 求导，并令导数值等于零，可得

$$\begin{aligned}\frac{\partial J(\hat{\boldsymbol{X}})}{\partial\hat{\boldsymbol{X}}}&=\frac{\partial}{\partial\hat{\boldsymbol{X}}}(\boldsymbol{Z}^{\mathrm{T}}\boldsymbol{WZ}-\hat{\boldsymbol{X}}^{\mathrm{T}}\boldsymbol{H}^{\mathrm{T}}\boldsymbol{WZ}-\boldsymbol{Z}^{\mathrm{T}}\boldsymbol{WH}\hat{\boldsymbol{X}}+\hat{\boldsymbol{X}}^{\mathrm{T}}\boldsymbol{H}^{\mathrm{T}}\boldsymbol{WH}\hat{\boldsymbol{X}})=\\&\boldsymbol{0}-\boldsymbol{H}^{\mathrm{T}}\boldsymbol{WZ}-\boldsymbol{H}^{\mathrm{T}}\boldsymbol{WZ}+2\boldsymbol{H}^{\mathrm{T}}\boldsymbol{WH}\hat{\boldsymbol{X}}=2(\boldsymbol{H}^{\mathrm{T}}\boldsymbol{WH}\hat{\boldsymbol{X}}-\boldsymbol{H}^{\mathrm{T}}\boldsymbol{WZ})=\boldsymbol{0}\end{aligned} \tag{2.196}$$

假设 $\boldsymbol{H}^{\mathrm{T}}\boldsymbol{WH}$ 可逆，由式(2.196)可求得加权最小二乘估计

$$\hat{\boldsymbol{X}}_{WLS}=(\boldsymbol{H}^{\mathrm{T}}\boldsymbol{WH})^{-1}\boldsymbol{H}^{\mathrm{T}}\boldsymbol{WZ} \tag{2.197}$$

显然，估计的均值为

$$\begin{aligned}E[\hat{\boldsymbol{X}}_{WLS}]&=(\boldsymbol{H}^{\mathrm{T}}\boldsymbol{WH})^{-1}\boldsymbol{H}^{\mathrm{T}}\boldsymbol{W}E[\boldsymbol{Z}]=(\boldsymbol{H}^{\mathrm{T}}\boldsymbol{WH})^{-1}\boldsymbol{H}^{\mathrm{T}}\boldsymbol{W}E[\boldsymbol{HX}+\boldsymbol{V}]=\\&(\boldsymbol{H}^{\mathrm{T}}\boldsymbol{WH})^{-1}\boldsymbol{H}^{\mathrm{T}}\boldsymbol{W}(\boldsymbol{H}E[\boldsymbol{X}]+E[\boldsymbol{V}])=E[\boldsymbol{X}]\end{aligned} \tag{2.198}$$

这说明，只要噪声 $\boldsymbol{V}$ 是零均值的，加权最小二乘估计就是无偏的。

$\hat{\boldsymbol{X}}_{WLS}$ 的估计误差为

$$\begin{aligned}\tilde{\boldsymbol{X}}_{WLS}=\boldsymbol{X}-\hat{\boldsymbol{X}}_{WLS}&=(\boldsymbol{H}^{\mathrm{T}}\boldsymbol{WH})^{-1}\boldsymbol{H}^{\mathrm{T}}\boldsymbol{WHX}-(\boldsymbol{H}^{\mathrm{T}}\boldsymbol{WH})^{-1}\boldsymbol{H}^{\mathrm{T}}\boldsymbol{WZ}=\\&(\boldsymbol{H}^{\mathrm{T}}\boldsymbol{WH})^{-1}\boldsymbol{H}^{\mathrm{T}}\boldsymbol{W}(\boldsymbol{HX}-\boldsymbol{Z})=-(\boldsymbol{H}^{\mathrm{T}}\boldsymbol{WH})^{-1}\boldsymbol{H}^{\mathrm{T}}\boldsymbol{WV}\end{aligned} \tag{2.199}$$

$\hat{\boldsymbol{X}}_{WLS}$ 的均方误差阵为

$$E[\tilde{\boldsymbol{X}}_{WLS}\tilde{\boldsymbol{X}}_{WLS}^{\mathrm{T}}]=E[(\boldsymbol{H}^{\mathrm{T}}\boldsymbol{W}\boldsymbol{H})^{-1}\boldsymbol{H}^{\mathrm{T}}\boldsymbol{W}\boldsymbol{V}[(\boldsymbol{H}^{\mathrm{T}}\boldsymbol{W}\boldsymbol{H})^{-1}\boldsymbol{H}^{\mathrm{T}}\boldsymbol{W}\boldsymbol{V}]^{\mathrm{T}}]=$$
$$(\boldsymbol{H}^{\mathrm{T}}\boldsymbol{W}\boldsymbol{H})^{-1}\boldsymbol{H}^{\mathrm{T}}\boldsymbol{W}E[\boldsymbol{V}\boldsymbol{V}^{\mathrm{T}}][(\boldsymbol{H}^{\mathrm{T}}\boldsymbol{W}\boldsymbol{H})^{-1}\boldsymbol{H}^{\mathrm{T}}\boldsymbol{W}]^{\mathrm{T}}=$$
$$(\boldsymbol{H}^{\mathrm{T}}\boldsymbol{W}\boldsymbol{H})^{-1}\boldsymbol{H}^{\mathrm{T}}\boldsymbol{W}\boldsymbol{C}_V\boldsymbol{W}\boldsymbol{H}(\boldsymbol{H}^{\mathrm{T}}\boldsymbol{W}\boldsymbol{H})^{-1} \tag{2.200}$$

由于噪声方差阵 $\boldsymbol{C}_V$ 是正定的，它总可以进行平方根分解 $\boldsymbol{C}_V=\boldsymbol{S}^{\mathrm{T}}\boldsymbol{S}$，且 $\boldsymbol{S}$ 可逆，记

$$\boldsymbol{A}=\boldsymbol{H}^{\mathrm{T}}\boldsymbol{S}^{-1} \tag{2.201}$$

$$\boldsymbol{B}=\boldsymbol{S}\boldsymbol{W}\boldsymbol{H}(\boldsymbol{H}^{\mathrm{T}}\boldsymbol{W}\boldsymbol{H})^{-1} \tag{2.202}$$

显然有 $\boldsymbol{AB}=\boldsymbol{I}$，再考虑如下矩阵不等式(施瓦茨不等式)：

$$[\boldsymbol{B}-\boldsymbol{A}^{\mathrm{T}}(\boldsymbol{A}\boldsymbol{A}^{\mathrm{T}})^{-1}\boldsymbol{AB}]^{\mathrm{T}}[\boldsymbol{B}-\boldsymbol{A}^{\mathrm{T}}(\boldsymbol{A}\boldsymbol{A}^{\mathrm{T}})^{-1}\boldsymbol{AB}]=$$
$$\boldsymbol{B}^{\mathrm{T}}\boldsymbol{B}-2\boldsymbol{B}^{\mathrm{T}}\boldsymbol{A}^{\mathrm{T}}(\boldsymbol{A}\boldsymbol{A}^{\mathrm{T}})^{-1}\boldsymbol{AB}+\boldsymbol{B}^{\mathrm{T}}\boldsymbol{A}^{\mathrm{T}}(\boldsymbol{A}\boldsymbol{A}^{\mathrm{T}})^{-1}\boldsymbol{A}\boldsymbol{A}^{\mathrm{T}}(\boldsymbol{A}\boldsymbol{A}^{\mathrm{T}})^{-1}\boldsymbol{AB}=$$
$$\boldsymbol{B}^{\mathrm{T}}\boldsymbol{B}-(\boldsymbol{AB})^{\mathrm{T}}(\boldsymbol{A}\boldsymbol{A}^{\mathrm{T}})^{-1}\boldsymbol{AB}\geqslant 0 \tag{2.203}$$

即

$$\boldsymbol{B}^{\mathrm{T}}\boldsymbol{B}\geqslant(\boldsymbol{AB})^{\mathrm{T}}(\boldsymbol{A}\boldsymbol{A}^{\mathrm{T}})^{-1}\boldsymbol{AB}=(\boldsymbol{A}\boldsymbol{A}^{\mathrm{T}})^{-1} \tag{2.204}$$

因此，由均方误差阵式(2.200)可得

$$\boldsymbol{E}[\tilde{\boldsymbol{X}}_{WLS}\tilde{\boldsymbol{X}}_{WLS}^{\mathrm{T}}]=(\boldsymbol{H}^{\mathrm{T}}\boldsymbol{W}\boldsymbol{H})^{-1}\boldsymbol{H}^{\mathrm{T}}\boldsymbol{W}\boldsymbol{S}^{\mathrm{T}}\boldsymbol{S}\boldsymbol{W}\boldsymbol{H}(\boldsymbol{H}^{\mathrm{T}}\boldsymbol{W}\boldsymbol{H})^{-1}=\boldsymbol{B}^{\mathrm{T}}\boldsymbol{B}\geqslant$$
$$(\boldsymbol{A}\boldsymbol{A}^{\mathrm{T}})^{-1}=(\boldsymbol{H}^{\mathrm{T}}\boldsymbol{C}_V^{-1}\boldsymbol{H})^{-1} \tag{2.205}$$

此即

$$E[\tilde{\boldsymbol{X}}_{WLS}\tilde{\boldsymbol{X}}_{WLS}^{\mathrm{T}}]=(\boldsymbol{H}^{\mathrm{T}}\boldsymbol{W}\boldsymbol{H})^{-1}\boldsymbol{H}^{\mathrm{T}}\boldsymbol{W}\boldsymbol{C}_V\boldsymbol{W}\boldsymbol{H}(\boldsymbol{H}^{\mathrm{T}}\boldsymbol{W}\boldsymbol{H})^{-1}\geqslant(\boldsymbol{H}^{\mathrm{T}}\boldsymbol{C}_V^{-1}\boldsymbol{H})^{-1} \tag{2.206}$$

不难验证，式(2.206)等号成立的条件是 $\boldsymbol{W}=\boldsymbol{C}_V^{-1}\sigma^2$($\sigma^2$ 为任意正常数)。当取加权矩阵 $\boldsymbol{W}=\boldsymbol{C}_V^{-1}\sigma^2$ 时，加权最小二乘估计的均方误差阵最小，即精度最高，称为最优加权最小二乘估计或称马尔可夫估计。

从前面分析可以看出，加权最小二乘估计要求状态与观测之间为线性关系，噪声 $\boldsymbol{V}$ 是零均值且方差已知，而对观测 $\boldsymbol{Z}$ 和状态 $\boldsymbol{X}$ 的统计特性不作任何要求。过去有的文献要求噪声 $\boldsymbol{V}$ 满足正态分布，才能应用最小二乘，是不需要的。如果状态与观测之间不是线性关系，可在估计值处泰勒展开，省略高次项，进行线性化处理。

如果噪声 $\boldsymbol{V}$ 的方差阵 $\boldsymbol{C}_V$ 未知，通常只能假设加权矩阵 $\boldsymbol{W}$ 为单位阵 $\boldsymbol{I}$(等权)，则对应的最小二乘(Least Squares，LS)估计及其均方误差阵分别为

$$\hat{\boldsymbol{X}}_{LS}=(\boldsymbol{H}^{\mathrm{T}}\boldsymbol{H})^{-1}\boldsymbol{H}^{\mathrm{T}}\boldsymbol{Z} \tag{2.207}$$

$$E[\tilde{\boldsymbol{X}}_{LS}\tilde{\boldsymbol{X}}_{LS}^{\mathrm{T}}]=(\boldsymbol{H}^{\mathrm{T}}\boldsymbol{H})^{-1}\boldsymbol{H}^{\mathrm{T}}\boldsymbol{C}_V\boldsymbol{H}(\boldsymbol{H}^{\mathrm{T}}\boldsymbol{H})^{-1} \tag{2.208}$$

2.6.2 最小方差估计

1）最小方差估计

最小方差（Minimum Variance，MV）估计也称为最小均方误差估计（Minimum Mean Square Error，MMSE），该估计是无偏估计，估计误差的方差与估计值的均方误差相等，两种称谓是等价的。

最小方差估计就是使如下均方误差指标函数达到最小的一种估计：

$$J(\hat{\boldsymbol{X}})=E[\tilde{\boldsymbol{X}}^{\mathrm{T}}\tilde{\boldsymbol{X}}]\big|_{\hat{\boldsymbol{X}}=\hat{\boldsymbol{X}}_{MV}}=\min \tag{2.209}$$

它有如下特点：

（1）最小方差估计等于量测为某一具体实现（观测 $\boldsymbol{Z}$）条件下的条件均值，即

$$\hat{\boldsymbol{X}}_{MV}(\boldsymbol{Z})=E[\boldsymbol{X}|\boldsymbol{Z}] \tag{2.210}$$

（2）最小方差估计是 $\boldsymbol{X}$ 的无偏估计，即

$$E[\hat{\boldsymbol{X}}_{MV}(\boldsymbol{Z})]=E[\boldsymbol{X}] \tag{2.211}$$

最小方差估计 $\hat{\boldsymbol{X}}_{MV}(\boldsymbol{Z})$ 的均方误差阵为

$$\begin{aligned}E[\tilde{\boldsymbol{X}}_{MV}\tilde{\boldsymbol{X}}_{MV}^{\mathrm{T}}]=&\int_{-\infty}^{+\infty}\int_{-\infty}^{+\infty}[\boldsymbol{x}-\hat{\boldsymbol{X}}_{MV}(\boldsymbol{Z})][\boldsymbol{x}-\hat{\boldsymbol{X}}_{MV}(\boldsymbol{Z})]^{\mathrm{T}}p(\boldsymbol{x},\boldsymbol{z})\mathrm{d}\boldsymbol{x}\,\mathrm{d}\boldsymbol{z}=\\&\int_{-\infty}^{+\infty}\int_{-\infty}^{+\infty}(\boldsymbol{x}-E[\boldsymbol{X}\mid\boldsymbol{z}])(\boldsymbol{x}-E[\boldsymbol{X}\mid\boldsymbol{z}])^{\mathrm{T}}p(\boldsymbol{x}\mid\boldsymbol{z})\mathrm{d}\boldsymbol{x}\,p_Z(\boldsymbol{z})\mathrm{d}\boldsymbol{z}=\\&\int_{-\infty}^{+\infty}\boldsymbol{C}_{X|Z}\,p_Z(\boldsymbol{z})\mathrm{d}\boldsymbol{z}\end{aligned} \tag{2.212}$$

式中，$\boldsymbol{C}_{X|Z}$ 是条件方差阵，$p_Z(\boldsymbol{z})$ 为边缘密度函数。

（3）若被估计向量 $\boldsymbol{X}$ 和量测向量 $\boldsymbol{Z}$ 都服从正态分布，且

$$E[\boldsymbol{X}]=\boldsymbol{m}_X,\ E[\boldsymbol{Z}]=\boldsymbol{m}_Z$$

$$\mathrm{Cov}[\boldsymbol{X},\boldsymbol{Z}]=E[(\boldsymbol{X}-\boldsymbol{m}_X)(\boldsymbol{Z}-\boldsymbol{m}_Z)^{\mathrm{T}}]=\boldsymbol{C}_{XZ}$$

$$\mathrm{Var}[\boldsymbol{Z}]=E[(\boldsymbol{Z}-\boldsymbol{m}_Z)(\boldsymbol{Z}-\boldsymbol{m}_Z)^{\mathrm{T}}]=\boldsymbol{C}_Z$$

则 $\boldsymbol{X}$ 的最小方差估计为

$$\hat{\boldsymbol{X}}_{MV}(\boldsymbol{Z})=\boldsymbol{m}_X+\boldsymbol{C}_{XZ}\boldsymbol{C}_Z^{-1}(\boldsymbol{Z}-\boldsymbol{m}_Z) \tag{2.213}$$

该估计的均方误差为

$$\mathrm{Var}[\boldsymbol{X}-\hat{\boldsymbol{X}}_{MV}(\boldsymbol{Z})]=\boldsymbol{C}_X-\boldsymbol{C}_{XZ}\boldsymbol{C}_Z^{-1}\boldsymbol{C}_{ZX} \tag{2.214}$$

由上述可知，最小方差估计需要知道联合密度函数 $p(\boldsymbol{x},\boldsymbol{z})$ 或条件概率密度函数 $p(\boldsymbol{x}|\boldsymbol{z})$，这在很多情况下是得不到的，或者是难以计算的。但是，如果被估计量和观测量都服从正态分布，则只需使用一、二阶矩参数就能很容易地求得，问题的求解会得到极大简化。

2）线性最小方差估计

线性最小方差估计(Linear Minimum Variance，LMV)属于一种特殊的最小方差估计，不论理论观测模型是线性的还是非线性的，它都采用观测量的线性组合建模来对状态进行估计，表示为

$$\hat{\boldsymbol{X}}=\boldsymbol{AZ}+\boldsymbol{b} \tag{2.215}$$

式中，$\boldsymbol{A}$ 为 $n\times m$ 阶的待定常值矩阵，$\boldsymbol{b}$ 为 n 维待定常值向量。由于限定了观测量的线性构造方式，线性最小方差估计的精度一般不如最小方差估计，但是线性建模相对简单，所以线性最小方差估计的应用十分广泛。

线性最小方差估计的性能指标函数为

$$J(\hat{\boldsymbol{X}})=E[\tilde{\boldsymbol{X}}^{\mathrm{T}}\tilde{\boldsymbol{X}}]|_{\hat{\boldsymbol{X}}=\hat{\boldsymbol{X}}_{LMV}}=\min \tag{2.216}$$

对指标函数作如下变换：

$$\begin{aligned}
J(\hat{\boldsymbol{X}})=&E[\tilde{\boldsymbol{X}}^{\mathrm{T}}\tilde{\boldsymbol{X}}]=\mathrm{tr}\{E[\tilde{\boldsymbol{X}}\tilde{\boldsymbol{X}}^{\mathrm{T}}]\}=\mathrm{tr}\{E[(\boldsymbol{X}-\boldsymbol{AZ}-\boldsymbol{b})(\boldsymbol{X}-\boldsymbol{AZ}-\boldsymbol{b})^{\mathrm{T}}]\}=\\
&\mathrm{tr}\{E[\boldsymbol{XX}^{\mathrm{T}}+\boldsymbol{AZZ}^{\mathrm{T}}\boldsymbol{A}^{\mathrm{T}}+\boldsymbol{bb}^{\mathrm{T}}-\boldsymbol{XZ}^{\mathrm{T}}\boldsymbol{A}^{\mathrm{T}}-\boldsymbol{AZX}^{\mathrm{T}}-\boldsymbol{Xb}^{\mathrm{T}}-\boldsymbol{bX}^{\mathrm{T}}+\boldsymbol{bZ}^{\mathrm{T}}\boldsymbol{A}^{\mathrm{T}}+\boldsymbol{AZb}^{\mathrm{T}}]\}=\\
&\mathrm{tr}\{(\boldsymbol{C}_X+\boldsymbol{m}_X\boldsymbol{m}_X^{\mathrm{T}})+\boldsymbol{A}(\boldsymbol{C}_Z+\boldsymbol{m}_Z\boldsymbol{m}_Z^{\mathrm{T}})\boldsymbol{A}^{\mathrm{T}}+\boldsymbol{bb}^{\mathrm{T}}-(\boldsymbol{C}_{XZ}+\boldsymbol{m}_X\boldsymbol{m}_Z^{\mathrm{T}})\boldsymbol{A}^{\mathrm{T}}-\\
&\boldsymbol{A}(\boldsymbol{C}_{ZX}+\boldsymbol{m}_Z\boldsymbol{m}_X^{\mathrm{T}})-\boldsymbol{m}_X\boldsymbol{b}^{\mathrm{T}}-\boldsymbol{bm}_X^{\mathrm{T}}+\boldsymbol{bm}_Z^{\mathrm{T}}\boldsymbol{A}^{\mathrm{T}}+\boldsymbol{Am}_Z\boldsymbol{b}^{\mathrm{T}}\}=\\
&\mathrm{tr}\{(\boldsymbol{A}-\boldsymbol{C}_{XZ}\boldsymbol{C}_Z^{-1})\boldsymbol{C}_Z(\boldsymbol{A}-\boldsymbol{C}_{XZ}\boldsymbol{C}_Z^{-1})^{\mathrm{T}}+(\boldsymbol{C}_X-\boldsymbol{C}_{XZ}\boldsymbol{C}_Z^{-1}\boldsymbol{C}_{ZX})+\\
&(\boldsymbol{m}_X-\boldsymbol{Am}_Z-\boldsymbol{b})(\boldsymbol{m}_X-\boldsymbol{Am}_Z-\boldsymbol{b})^{\mathrm{T}}\}=\\
&\mathrm{tr}\{(\boldsymbol{A}-\boldsymbol{C}_{XZ}\boldsymbol{C}_Z^{-1})\boldsymbol{C}_Z(\boldsymbol{A}-\boldsymbol{C}_{XZ}\boldsymbol{C}_Z^{-1})^{\mathrm{T}}\}+\mathrm{tr}(\boldsymbol{C}_X-\boldsymbol{C}_{XZ}\boldsymbol{C}_Z^{-1}\boldsymbol{C}_{ZX})+\\
&\mathrm{tr}\{(\boldsymbol{m}_X-\boldsymbol{Am}_Z-\boldsymbol{b})(\boldsymbol{m}_X-\boldsymbol{Am}_Z-\boldsymbol{b})^{\mathrm{T}}\}
\end{aligned} \tag{2.217}$$

不难发现，式(2.217)最后等号的右端第二项与待定参数 $\boldsymbol{A}$、$\boldsymbol{b}$ 无关；第一和第三项必定非负。欲使指标函数 $J(\hat{\boldsymbol{X}})$ 达到最小，只需使第一和第三项同时为零，即满足

$$\begin{cases}\boldsymbol{A}-\boldsymbol{C}_{XZ}\boldsymbol{C}_Z^{-1}=\boldsymbol{0}\\ \boldsymbol{m}_X-\boldsymbol{Am}_Z-\boldsymbol{b}=\boldsymbol{0}\end{cases} \tag{2.218}$$

可以求得

$$\begin{cases}\boldsymbol{A}=\boldsymbol{C}_{XZ}\boldsymbol{C}_Z^{-1}\\ \boldsymbol{b}=\boldsymbol{m}_X-\boldsymbol{C}_{XZ}\boldsymbol{C}_Z^{-1}\boldsymbol{m}_Z\end{cases} \tag{2.219}$$

式(2.219)代到式(2.215)便得线性最小方差估计

$$\hat{\boldsymbol{X}}_{LMV}=\boldsymbol{AZ}+\boldsymbol{b}=\boldsymbol{m}_X+\boldsymbol{C}_{XZ}\boldsymbol{C}_Z^{-1}(\boldsymbol{Z}-\boldsymbol{m}_Z) \tag{2.220}$$

可见，只需已知状态 $\boldsymbol{X}$ 和观测 $\boldsymbol{Z}$ 的一、二阶矩，即可求得线性最小方差估计，与最小方差估计需已知联合密度函数或条件概率密度函数相比，线性最小方差估计的求解条件更加宽松，更容易实现。

对式(2.220)求数学期望,有

$$E_Z[\hat{\boldsymbol{X}}_{LMV}]=E_Z[\boldsymbol{m}_X+\boldsymbol{C}_{XZ}\boldsymbol{C}_Z^{-1}(\boldsymbol{Z}-\boldsymbol{m}_Z)]=\boldsymbol{m}_X+\boldsymbol{C}_{XZ}\boldsymbol{C}_Z^{-1}[E_Z(\boldsymbol{Z})-\boldsymbol{m}_Z]= \boldsymbol{m}_X+\boldsymbol{C}_{XZ}\boldsymbol{C}_Z^{-1}(\boldsymbol{m}_Z-\boldsymbol{m}_Z)=\boldsymbol{m}_X=E[\boldsymbol{X}] \tag{2.221}$$

这说明线性最小方差估计也是无偏估计。

计算估计误差 $\tilde{\boldsymbol{X}}_{LMV}$ 的方差阵,有

$$\begin{aligned}E[\tilde{\boldsymbol{X}}_{LMV}\tilde{\boldsymbol{X}}_{LMV}^{\mathrm{T}}]=&E[\{\boldsymbol{X}-[\boldsymbol{m}_X+\boldsymbol{C}_{XZ}\boldsymbol{C}_Z^{-1}(\boldsymbol{Z}-\boldsymbol{m}_Z)]\}\{\boldsymbol{X}-[\boldsymbol{m}_X+\boldsymbol{C}_{XZ}\boldsymbol{C}_Z^{-1}(\boldsymbol{Z}-\boldsymbol{m}_Z)]\}^{\mathrm{T}}]=\\&E[\{(\boldsymbol{X}-\boldsymbol{m}_X)-\boldsymbol{C}_{XZ}\boldsymbol{C}_Z^{-1}(\boldsymbol{Z}-\boldsymbol{m}_Z)\}\{(\boldsymbol{X}-\boldsymbol{m}_X)-\boldsymbol{C}_{XZ}\boldsymbol{C}_Z^{-1}(\boldsymbol{Z}-\boldsymbol{m}_Z)\}^{\mathrm{T}}]=\\&E[(\boldsymbol{X}-\boldsymbol{m}_X)(\boldsymbol{X}-\boldsymbol{m}_X)^{\mathrm{T}}]-E[(\boldsymbol{X}-\boldsymbol{m}_X)[\boldsymbol{C}_{XZ}\boldsymbol{C}_Z^{-1}(\boldsymbol{Z}-\boldsymbol{m}_Z)]^{\mathrm{T}}]-\\&E[\boldsymbol{C}_{XZ}\boldsymbol{C}_Z^{-1}(\boldsymbol{Z}-\boldsymbol{m}_Z)(\boldsymbol{X}-\boldsymbol{m}_X)^{\mathrm{T}}]+\\&E[\boldsymbol{C}_{XZ}\boldsymbol{C}_Z^{-1}(\boldsymbol{Z}-\boldsymbol{m}_Z)[\boldsymbol{C}_{XZ}\boldsymbol{C}_Z^{-1}(\boldsymbol{Z}-\boldsymbol{m}_Z)]^{\mathrm{T}}]=\\&\boldsymbol{C}_X-\boldsymbol{C}_{XZ}\boldsymbol{C}_Z^{-1}\boldsymbol{C}_{ZX}-\boldsymbol{C}_{XZ}\boldsymbol{C}_Z^{-1}\boldsymbol{C}_{ZX}+\boldsymbol{C}_{XZ}\boldsymbol{C}_Z^{-1}\boldsymbol{C}_Z\boldsymbol{C}_Z^{-1}\boldsymbol{C}_{ZX}=\boldsymbol{C}_X-\boldsymbol{C}_{XZ}\boldsymbol{C}_Z^{-1}\boldsymbol{C}_{ZX}\end{aligned} \tag{2.222}$$

比较式(2.213)、式(2.214)和式(2.220)、式(2.222)可知,对于正态分布而言,最小方差估计等价于线性最小方差估计,究其原因在于两正态分布变量之间的关系总可以用线性关系来描述。但是,在任意概率分布情况下,线性最小方差估计的精度一般不如最小方差估计。

最后,计算线性最小方差估计的误差 $\tilde{\boldsymbol{X}}_{LMV}$ 与观测量 $\boldsymbol{Z}$ 之间的协相关矩阵,有

$$\begin{aligned}\mathrm{Cov}(\tilde{\boldsymbol{X}}_{LMV},\boldsymbol{Z})=&E[\{\boldsymbol{X}-[\boldsymbol{m}_X+\boldsymbol{C}_{XZ}\boldsymbol{C}_Z^{-1}(\boldsymbol{Z}-\boldsymbol{m}_Z)]\}(\boldsymbol{Z}-\boldsymbol{m}_Z)^{\mathrm{T}}]=\\&E[(\boldsymbol{X}-\boldsymbol{m}_X)(\boldsymbol{Z}-\boldsymbol{m}_Z)^{\mathrm{T}}]-\boldsymbol{C}_{XZ}\boldsymbol{C}_Z^{-1}E[(\boldsymbol{Z}-\boldsymbol{m}_Z)(\boldsymbol{Z}-\boldsymbol{m}_Z)^{\mathrm{T}}]=\\&\boldsymbol{C}_{XZ}-\boldsymbol{C}_{XZ}\boldsymbol{C}_Z^{-1}\boldsymbol{C}_Z=\boldsymbol{0}\end{aligned} \tag{2.223}$$

式(2.223)表明,估计误差 $\tilde{\boldsymbol{X}}_{LMV}$ 与观测量 $\boldsymbol{Z}$ 之间互不相关。

2.6.3 极大似然估计

已知在 $\boldsymbol{X}=\boldsymbol{x}$ 条件下观测量 $\boldsymbol{Z}$ 的条件密度函数为 $p(\boldsymbol{z}|\boldsymbol{x})$。为了估计 $\boldsymbol{X}$,对 $\boldsymbol{Z}$ 进行观测,设观测值为 $\boldsymbol{z}$,则出现该值的概率密度为 $L(\boldsymbol{x})=p(\boldsymbol{z}|\boldsymbol{x})$。对于某一具体观测值 $\boldsymbol{z}$ 而言,$L(\boldsymbol{x})$ 只是 $\boldsymbol{x}$ 的函数,对于 $\boldsymbol{x}$ 的两个不同取值 $\boldsymbol{x}_1$ 和 $\boldsymbol{x}_2$,如果有概率密度 $L(\boldsymbol{x}_1)>L(\boldsymbol{x}_2)$,则认为选取估计值 $\hat{\boldsymbol{X}}=\boldsymbol{x}_1$ 时出现观测值 $\boldsymbol{z}$ 的可能性比选取估计值 $\hat{\boldsymbol{X}}=\boldsymbol{x}_2$ 时更大。因此,可将使 $L(\boldsymbol{x})=p(\boldsymbol{z}|\boldsymbol{x})$ 取得最大值时的 $\boldsymbol{x}$ 作为 $\hat{\boldsymbol{X}}$ 的最优估计,这时 $\hat{\boldsymbol{X}}$ 是准确值的可能性最大,应用这一思路的估计方法称为极大似然估计(Maximum Likelihood Estimate,MLE),记为

$$L(\boldsymbol{x})|_{\boldsymbol{x}=\hat{\boldsymbol{X}}_{ML}}=\max \tag{2.224}$$

常称 $L(\boldsymbol{x})=p(\boldsymbol{z}|\boldsymbol{x})$为似然函数。

为求式(2.224)的极值,令

$$\left.\frac{\partial L(\boldsymbol{x})}{\partial \boldsymbol{x}}\right|_{\boldsymbol{x}=\hat{\boldsymbol{X}}_{ML}}=0 \tag{2.225}$$

式(2.225)称为似然方程,如果极值存在且唯一,由它可求得极大似然估计值 $\hat{\boldsymbol{X}}_{ML}$。

如果对观测量 $\boldsymbol{Z}$ 进行了 k 次观测(独立抽样),观测序列分别为$\{\boldsymbol{z}_1,\boldsymbol{z}_2,\cdots,\boldsymbol{z}_k\}$,则出现该观测序列的概率密度为

$$L(\boldsymbol{x})=p(\boldsymbol{z}_1 \mid \boldsymbol{x})p(\boldsymbol{z}_2 \mid \boldsymbol{x})\cdots p(\boldsymbol{z}_k \mid \boldsymbol{x})=\prod_{i=1}^{k} p(\boldsymbol{z}_i \mid \boldsymbol{x}) \tag{2.226}$$

考虑到似然函数为若干个概率密度乘积形式,似然函数一般为正,且对数函数是单调函数,为求式(2.224)或式(2.226)的极值,也可令

$$\left.\frac{\partial \ln L(\boldsymbol{x})}{\partial \boldsymbol{x}}\right|_{\boldsymbol{x}=\hat{\boldsymbol{X}}_{ML}}=0 \tag{2.227}$$

该式称为对数似然方程,由它亦可求得极大似然估计值$\hat{\boldsymbol{X}}_{ML}$。显然,按极大似然估计法求取$\hat{\boldsymbol{X}}_{ML}$,无须了解状态 $\boldsymbol{X}$ 的任何先验知识。

2.6.4 极大验后估计

类似于极大似然估计准则 $L(\boldsymbol{x})|_{\boldsymbol{x}=\hat{\boldsymbol{X}}_{ML}}=p(\boldsymbol{z}|\boldsymbol{x})=\max$,若已知条件概率密度函数 $p(\boldsymbol{x}|\boldsymbol{z})$且以 $p(\boldsymbol{x}|\boldsymbol{z})=\max$ 作为准则,也可得到状态 X 的一种最优估计方法,称为极大验后估计(Maximum A Posteriori,MAP),其含义是:给定某一观测值 $\boldsymbol{Z}=\boldsymbol{z}$,使条件密度函数 $p(\boldsymbol{x}|\boldsymbol{z})$达到极大的那个 $\boldsymbol{x}$ 值,就是最可能的估计值,记作

$$p(\boldsymbol{x}|\boldsymbol{z})|_{\boldsymbol{x}=\hat{\boldsymbol{X}}_{MAP}}=\max \tag{2.228}$$

式(2.228)取极值的必要条件为

$$\left.\frac{\partial p(\boldsymbol{x}|\boldsymbol{z})}{\partial \boldsymbol{x}}\right|_{\boldsymbol{x}=\hat{\boldsymbol{X}}_{MAP}}=0 \text{ 或} \left.\frac{\partial \ln p(\boldsymbol{x}|\boldsymbol{z})}{\partial \boldsymbol{x}}\right|_{\boldsymbol{x}=\hat{\boldsymbol{X}}_{MAP}}=0 \tag{2.229}$$

如果 $p(\boldsymbol{x}|\boldsymbol{z})$未知,而已知 $p(\boldsymbol{z}|\boldsymbol{x})$和 $p_X(\boldsymbol{x})$,则根据贝叶斯公式可得

$$p(\boldsymbol{x}|\boldsymbol{z})=\frac{p(\boldsymbol{z}|\boldsymbol{x})p_X(\boldsymbol{x})}{p_Z(\boldsymbol{z})} \tag{2.230}$$

式中,由于右端分子中边缘密度函数 $p_X(\boldsymbol{x})$已知,它表示在未作观测之前就已经知道了状态 $\boldsymbol{X}$ 的概率密度函数,所以又称 $p_X(\boldsymbol{x})$为验前概率密度函数;相对而言,左端条件概率密度函数 $p(\boldsymbol{x}|\boldsymbol{z})$意为作出观测 $\boldsymbol{Z}=\boldsymbol{z}$ 之后的状态 $\boldsymbol{X}$ 的概率密度函数,因此 $p(\boldsymbol{x}|\boldsymbol{z})$通常被称为验后概率密度函数,式(2.229)称为验后方程或对数验后方程。

若将式(2.230)先取对数再对 $\boldsymbol{x}$ 求偏导数,注意到 $p_Z(\boldsymbol{z})$与 $\boldsymbol{x}$ 无关,则可得

$$\frac{\partial \ln p(\boldsymbol{x}|\boldsymbol{z})}{\partial \boldsymbol{x}}=\frac{\partial \ln p(\boldsymbol{z}|\boldsymbol{x})}{\partial \boldsymbol{x}}+\frac{\ln p_X(\boldsymbol{x})}{\partial \boldsymbol{x}} \tag{2.231}$$

如果验前概率密度函数 $p_X(\boldsymbol{x})$未知，可认为状态 $\boldsymbol{X}$ 是服从均值为 $\boldsymbol{m}_X$(有限)且方差非常大($\boldsymbol{C}_X \to \infty$)的正态分布，即有如下密度函数：

$$p_X(\boldsymbol{x})=\frac{1}{(2\pi)^{\frac{n}{2}}|\boldsymbol{C}_X|^{\frac{1}{2}}}\exp\left\{-\frac{1}{2}(\boldsymbol{x}-\boldsymbol{m}_X)^{\mathrm{T}}\boldsymbol{C}_X^{-1}(\boldsymbol{x}-\boldsymbol{m}_X)\right\} \tag{2.232}$$

从而有

$$\frac{\partial \ln p_X(\boldsymbol{x})}{\partial \boldsymbol{x}}=\frac{\partial}{\partial \boldsymbol{x}}\left\{-\ln[(2\pi)^{\frac{n}{2}}|\boldsymbol{C}_X|^{\frac{1}{2}}]-\frac{1}{2}(\boldsymbol{x}-\boldsymbol{m}_X)^{\mathrm{T}}\boldsymbol{C}_X^{-1}(\boldsymbol{x}-\boldsymbol{m}_X)\right\}=$$
$$-\boldsymbol{C}_X^{-1}(\boldsymbol{x}-\boldsymbol{m}_X)\to\boldsymbol{0} \tag{2.233}$$

代到式(2.231)得$\frac{\partial \ln p(\boldsymbol{x}|\boldsymbol{z})}{\partial \boldsymbol{x}}=\frac{\partial \ln p(\boldsymbol{z}|\boldsymbol{x})}{\partial \boldsymbol{x}}$，这说明，在状态 $\boldsymbol{X}$ 缺乏先验知识的情况下，极大验后估计等价于极大似然估计。

2.6.5 贝叶斯估计

针对通用观测模型 $\boldsymbol{Z}=\boldsymbol{h}(\boldsymbol{X},\boldsymbol{V})$的状态估计问题，定义损失函数(Loss Function，又称代价函数)为

$$L(\tilde{\boldsymbol{X}})=L(\boldsymbol{X}-\hat{\boldsymbol{X}}(\boldsymbol{Z})) \tag{2.234}$$

损失函数是一标量函数，它须满足如下 3 个条件；

(1) 当 $\|\tilde{\boldsymbol{X}}_1\|\geqslant\|\tilde{\boldsymbol{X}}_2\|$ 时，有 $L(\tilde{\boldsymbol{X}}_1)\geqslant L(\tilde{\boldsymbol{X}}_2)\geqslant 0$；

(2) 当 $\|\tilde{\boldsymbol{X}}\|=0$ 时，有 $L(\tilde{\boldsymbol{X}})=0$；

(3) $L(\tilde{\boldsymbol{X}})=L(-\tilde{\boldsymbol{X}})$。

其中，$\|\cdot\|$ 表示向量范数。显然，损失函数具有非负性和对称性，且估计误差为零时取最小值。

损失函数 $L(\tilde{\boldsymbol{X}})$是观测样本的函数，当样本取值不同时，带来的损失一般也不相同。为了从整体上评价损失函数的性能，定义平均损失函数即贝叶斯风险(Bayes Risk)为

$$R(\hat{\boldsymbol{X}})=E[L(\tilde{\boldsymbol{X}})]=E[L(\boldsymbol{X}-\hat{\boldsymbol{X}}(\boldsymbol{Z}))]=\int_{-\infty}^{+\infty}\int_{-\infty}^{+\infty}L(\boldsymbol{x}-\hat{\boldsymbol{X}}(\boldsymbol{z}))p(\boldsymbol{x},\boldsymbol{z})\mathrm{d}\boldsymbol{x}\,\mathrm{d}\boldsymbol{z}=$$
$$\int_{-\infty}^{+\infty}\left[\int_{-\infty}^{+\infty}L(\boldsymbol{x}-\hat{\boldsymbol{X}}(\boldsymbol{z}))p(\boldsymbol{x}\mid\boldsymbol{z})\mathrm{d}\boldsymbol{x}\right]p_Z(\boldsymbol{z})\mathrm{d}\boldsymbol{z} \tag{2.235}$$

使贝叶斯风险达到最小的估计称为贝叶斯估计，记为 $\hat{\boldsymbol{X}}_B$。式(2.235)右端内层积分及 $p_Z(\boldsymbol{z})$都是非负的，欲使 $R(\hat{\boldsymbol{X}})$最小的充要条件是使内层积分在任意观测

$\boldsymbol{Z}=\boldsymbol{z}$ 时都取最小,即有

$$R(\hat{\boldsymbol{X}} \mid \boldsymbol{z})=\int_{-\infty}^{+\infty} L(\boldsymbol{x}-\hat{\boldsymbol{X}}(\boldsymbol{z})) p(\boldsymbol{x} \mid \boldsymbol{z}) \mathrm{d} \boldsymbol{x}\Big|_{\hat{\boldsymbol{X}}=\hat{\boldsymbol{X}}_B}=\min \tag{2.236}$$

在实际应用贝叶斯估计时,如何选取合适的损失函数很重要,多数时候可以选择平方损失函数,比如前面介绍的最小方差估计实际上就是贝叶斯估计的一个特例,即有 $L(\widetilde{\boldsymbol{X}})=\widetilde{\boldsymbol{X}}^{\mathrm{T}}\widetilde{\boldsymbol{X}}$。极大验后估计也是贝叶斯估计的一个特例,此时贝叶斯估计中选择的是均匀损失函数。

2.6.6 几种最优估计的优缺点比较

由于各种估计满足的最优指标不一样,利用的信息不一样,所以适用的对象、达到的精度和计算的复杂性各不一样。

最小二乘估计适用于对常值向量或随机向量的估计。由于使用的最优指标是使量测估计的精度达到最佳,估计中不必使用与被估计量有关的动态信息和统计信息,甚至连量测误差的统计信息也可不必使用,所以估计精度不高。这种方法的最大优点是算法简单,在对被估计量和量测误差缺乏了解的情况下仍能适用,所以至今仍被大量采用。

最小方差估计是所有估计中估计的均方误差为最小的估计,是所有估计中的最佳者。但这种最优估计中,只确定出了估计值是被估计量在量测空间上的条件均值,这是一种抽象关系。一般情况下,条件均值须通过条件概率密度求取,而条件概率密度的获取本身就非易事,所以按条件均值的一般求法求取最小方差估计是很困难的。

线性最小方差估计是所有线性估计中的最优者,只有当被估计量和量测量都服从正态分布时,线性最小方差估计才与最小方差估计等同,即在所有估计中也是最优的。线性最小方差估计可适用于随机过程的估计,估计过程中只需知道被估计量和量测量的一阶和二阶矩。对于平稳过程,这些一阶和二阶矩都为常值;但对非平稳过程,一阶和二阶矩随时间而变,必须确切知道每一个估计时刻的一、二阶矩才能求出估计值,这种要求是十分苛刻的。所以线性最小方差估计适用于平稳过程而难以适用于非平稳过程。估计过程中不同时刻的量测量使用得越多,估计精度就越高,但矩阵求逆的阶数也越高,计算量也越大。

极大似然估计、极大验后估计和贝叶斯估计都与条件概率密度有关,除一些特殊的分布外,如正态分布,计算都十分困难。这些估计常用于故障检测和识别的算法中。

2.7　卡尔曼滤波

2.6 节介绍的线性最小方差估计具有一定的实用性，不同时刻的量测信息利用得越多，估计的精度就越高。但这种算法使用了被估计量与量测量的一、二阶矩，对于非平稳过程，必须确切知道这种一、二阶矩的变化规律，这种要求是十分苛刻的，一般无法办到。此外，算法中采用对不同时刻的量测值作集中处理的办法，这使计算随着估计过程的推移而逐渐加重。所以线性最小方差估计并不是实用的估计算法，特别是对非平稳过程的处理更是困难重重。那么，能否找到一种实用的线性最小方差估计算法，适用于非平稳过程，且算法采用递推，从量测信息中实时提取出被估计量信息，并积存在估计值中呢？这种新型算法就是卡尔曼滤波。

1960 年由卡尔曼（R. E. Kalman）首次提出的卡尔曼滤波是一种线性最小方差估计，相对 2.6 节介绍的几种最优估计，卡尔曼滤波具有如下特点：

（1）算法是递推的，且使用状态空间法在时域内设计滤波器，所以卡尔曼滤波适用于对多维随机过程的估计。

（2）采用动力学方程（即状态方程）描述被估计量的动态变化规律，被估计量的动态统计信息由激励白噪声的统计信息和动力学方程确定。由于激励白噪声是平稳过程，动力学方程已知，所以被估计量既可以是平稳的，也可以是非平稳的，即卡尔曼滤波也适用于非平稳过程。

（3）卡尔曼滤波具有离散型和连续型两类算法，离散型算法可直接在数字计算机上实现，连续型可以离散化处理后，采用离散型进行计算。

2.7.1　离散型卡尔曼滤波基本方程

设 t_k 时刻的被估计状态 $\boldsymbol{X}_k$，受系统噪声序列 $\boldsymbol{W}_{k-1}$ 驱动，驱动机理由下述状态方程描述：

$$\boldsymbol{X}_k=\boldsymbol{\Phi}_{k,k-1}\boldsymbol{X}_{k-1}+\boldsymbol{\Gamma}_{k-1}\boldsymbol{W}_{k-1} \tag{2.237}$$

对 $\boldsymbol{X}_k$ 的量测满足呈线性关系，量测方程为

$$\boldsymbol{Z}_k=\boldsymbol{H}_k\boldsymbol{X}_k+\boldsymbol{V}_k \tag{2.238}$$

式中，$\boldsymbol{\Phi}_{k,k-1}$ 为 t_{k-1} 时刻至 t_k 时刻的一步转移阵，$\boldsymbol{\Gamma}_{k-1}$ 为系统噪声驱动阵，$\boldsymbol{H}_k$ 为量测阵，$\boldsymbol{V}_k$ 为量测噪声序列，$\boldsymbol{W}_{k-1}$ 为系统激励噪声序列。

同时，$\boldsymbol{W}_k$ 和 $\boldsymbol{V}_k$ 满足

$$\begin{cases}E[\boldsymbol{W}_k]=\boldsymbol{0},\ \mathrm{Cov}[\boldsymbol{W}_k,\boldsymbol{W}_j]=E[\boldsymbol{W}_k\boldsymbol{W}_j^{\mathrm{T}}]=\boldsymbol{Q}_k\delta_{kj}\\E[\boldsymbol{V}_k]=\boldsymbol{0},\ \mathrm{Cov}[\boldsymbol{V}_k,\boldsymbol{V}_j]=E[\boldsymbol{V}_k\boldsymbol{V}_j^{\mathrm{T}}]=\boldsymbol{R}_k\delta_{kj}\\\mathrm{Cov}[\boldsymbol{W}_k,\boldsymbol{V}_j]=E[\boldsymbol{W}_k\boldsymbol{V}_j^{\mathrm{T}}]=\boldsymbol{0}\end{cases} \tag{2.239}$$

式中，$\boldsymbol{Q}_k$ 为系统噪声序列的方差阵，假设为非负定阵；$\boldsymbol{R}_k$ 为量测噪声序列的方差阵，假设为正定阵。

如果被估计状态 $\boldsymbol{X}_k$ 满足式(2.237)，对 $\boldsymbol{X}_k$ 的量测量 $\boldsymbol{Z}_k$ 满足式(2.238)，系统噪声 $\boldsymbol{W}_k$ 和量测噪声 $\boldsymbol{V}_k$ 满足式(2.239)，系统噪声方差阵 $\boldsymbol{Q}_k$ 非负定，量测噪声方差阵 $\boldsymbol{R}_k$ 正定，k 时刻的量测为 $\boldsymbol{Z}_k$，则 $\boldsymbol{X}_k$ 的估计 $\hat{\boldsymbol{X}}_k$ 按下述方程求解：

状态一步预测(时间更新，预报值)

$$\hat{\boldsymbol{X}}_{k/k-1}=\boldsymbol{\Phi}_{k,k-1}\hat{\boldsymbol{X}}_{k-1} \tag{2.240}$$

状态估计(量测更新，滤波值)

$$\hat{\boldsymbol{X}}_k=\hat{\boldsymbol{X}}_{k/k-1}+\boldsymbol{K}_k(\boldsymbol{Z}_k-\boldsymbol{H}_k\hat{\boldsymbol{X}}_{k/k-1}) \tag{2.241}$$

滤波增益(观测信息在状态更新时的权重)

$$\boldsymbol{K}_k=\boldsymbol{P}_{k/k-1}\boldsymbol{H}_k^{\mathrm{T}}(\boldsymbol{H}_k\boldsymbol{P}_{k/k-1}\boldsymbol{H}_k^{\mathrm{T}}+\boldsymbol{R}_k)^{-1}=\boldsymbol{P}_k\boldsymbol{H}_k^{\mathrm{T}}\boldsymbol{R}_k^{-1} \tag{2.242}$$

一步预测均方误差

$$\boldsymbol{P}_{k/k-1}=\boldsymbol{\Phi}_{k,k-1}\boldsymbol{P}_{k-1}\boldsymbol{\Phi}_{k,k-1}^{\mathrm{T}}+\boldsymbol{\Gamma}_{k-1}\boldsymbol{Q}_{k-1}\boldsymbol{\Gamma}_{k-1}^{\mathrm{T}} \tag{2.243}$$

估计均方误差

$$\boldsymbol{P}_k=(\boldsymbol{I}-\boldsymbol{K}_k\boldsymbol{H}_k)\boldsymbol{P}_{k/k-1}(\boldsymbol{I}-\boldsymbol{K}_k\boldsymbol{H}_k)^{\mathrm{T}}+\boldsymbol{K}_k\boldsymbol{R}_k\boldsymbol{K}_k^{\mathrm{T}}=(\boldsymbol{I}-\boldsymbol{K}_k\boldsymbol{H}_k)\boldsymbol{P}_{k/k-1} \tag{2.244}$$

式(2.240)到式(2.244)即为离散型卡尔曼滤波基本方程。只要给定初值 $\hat{\boldsymbol{X}}_0$ 和 $\boldsymbol{P}_0$，根据 k 时刻的量测 $\boldsymbol{Z}_k$，就可递推计算得 k 时刻的状态估计 $\hat{\boldsymbol{X}}_k(k=1,2,\cdots)$。

上述算法可用图 2.11 来表示。从图中可以看出卡尔曼滤波有两个计算回路：增益计算回路和滤波计算回路。其中增益计算回路是独立计算回路，而滤波计算回路依赖于增益计算回路。

在一个滤波周期内，从卡尔曼滤波在使用系统信息和量测信息的先后次序来看，卡尔曼滤波具有两个信息更新过程：时间更新和量测更新。式(2.240)说明了根据 $k-1$ 时刻的状态估计预测 k 时刻状态估计的方法，式(2.243)对这种预测的质量作了定量描述。在该两式的计算中，仅使用了与系统动态特性有关的信息，如一步转移阵、噪声驱动阵、驱动噪声的方差阵。从时间的推移过程来看，该两式将时间从 $k-1$ 时刻推进到 k 时刻，所以该两式描述了卡尔曼滤波的时间更新过程。式(2.241)、式(2.242)和式(2.244)用来计算对时间更新值的修正量，该修正量由时间更新的质量 $\boldsymbol{P}_{k/k-1}$、量测信息的质量 $\boldsymbol{R}_k$、量测与状态的关系 $\boldsymbol{H}_k$ 以及量测值 $\boldsymbol{Z}_k$ 确定。所有这些方程围绕一个目的，即正确合理地利用量测值 $\boldsymbol{Z}_k$，所以这一过程描述了卡尔曼滤波的量测更新过程。

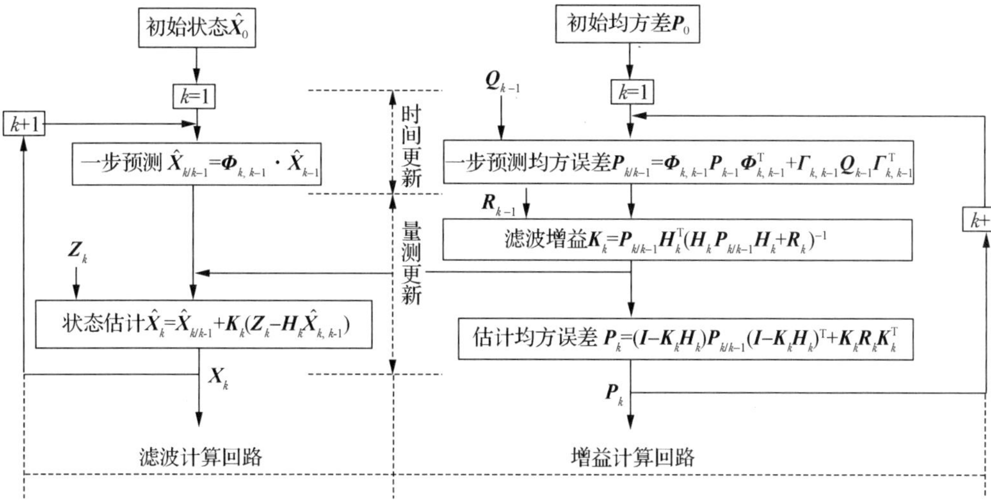

图 2.11　卡尔曼滤波的两个计算回路和两个更新过程

2.7.2　离散型卡尔曼滤波基本方程推导

1）一步预测方程的推导

一步预测是根据 $k-1$ 时刻的状态估计预测 k 时刻的状态，即根据 $k-1$ 个量测 $\boldsymbol{Z}_1,\boldsymbol{Z}_2,\cdots,\boldsymbol{Z}_{k-1}$，对 $\boldsymbol{X}_k$ 作线性最小方差估计(用符号 $E^*[\boldsymbol{X}/\boldsymbol{Z}]$表示，* 表示与条件均值的区别)。

$$\hat{\boldsymbol{X}}_{k/k-1}=E^*[\boldsymbol{X}_k/\boldsymbol{Z}_1\boldsymbol{Z}_2\cdots\boldsymbol{Z}_{k-1}]=E^*[(\boldsymbol{\Phi}_{k,k-1}\boldsymbol{X}_{k-1}+\boldsymbol{\Gamma}_{k-1}\boldsymbol{W}_{k-1})/\boldsymbol{Z}_1\boldsymbol{Z}_2\cdots\boldsymbol{Z}_{k-1}] \tag{2.245}$$

根据线性最小方差估计的线性性质，有

$$\hat{\boldsymbol{X}}_{k/k-1}=\boldsymbol{\Phi}_{k,k-1}E^*[\boldsymbol{X}_{k-1}/\boldsymbol{Z}_1\boldsymbol{Z}_2\cdots\boldsymbol{Z}_{k-1}]+\boldsymbol{\Gamma}_{k-1}E^*[\boldsymbol{W}_{k-1}/\boldsymbol{Z}_1\boldsymbol{Z}_2\cdots\boldsymbol{Z}_{k-1}] \tag{2.246}$$

由式(2.237)知，$\boldsymbol{W}_{k-1}$ 只影响 $\boldsymbol{X}_k$，所以 $\boldsymbol{W}_{k-1}$ 与 $\boldsymbol{Z}_1\boldsymbol{Z}_2\cdots\boldsymbol{Z}_{k-1}$ 不相关，且 $E[\boldsymbol{W}_{k-1}]=\boldsymbol{0}$。

因为

$$E^*[\boldsymbol{W}_{k-1}/\boldsymbol{Z}_1\boldsymbol{Z}_2\cdots\boldsymbol{Z}_{k-1}]=\boldsymbol{0} \tag{2.247}$$

而

$$E^*[\boldsymbol{X}_{k-1}/\boldsymbol{Z}_1\boldsymbol{Z}_2\cdots\boldsymbol{Z}_{k-1}]=\hat{\boldsymbol{X}}_{k-1} \tag{2.248}$$

所以

$$\hat{\boldsymbol{X}}_{k/k-1}=\boldsymbol{\Phi}_{k,k-1}\hat{\boldsymbol{X}}_{k-1} \tag{2.249}$$

2）状态估计方程的推导

用一步预测代替真实状态 $\boldsymbol{X}_k$ 引起的误差为

$$\tilde{\boldsymbol{X}}_{k/k-1}=\boldsymbol{X}_k-\hat{\boldsymbol{X}}_{k/k-1} \tag{2.250}$$

引起对量测的估计误差为

$$\tilde{\boldsymbol{Z}}_{k/k-1}=\boldsymbol{Z}_k-\hat{\boldsymbol{Z}}_{k/k-1}=\boldsymbol{H}_k\boldsymbol{X}_k+\boldsymbol{V}_k-\boldsymbol{H}_k\hat{\boldsymbol{X}}_{k/k-1}=\boldsymbol{H}_k\tilde{\boldsymbol{X}}_{k/k-1}+\boldsymbol{V}_k \tag{2.251}$$

滤波理论中称 $\tilde{\boldsymbol{Z}}_{k/k-1}$ 为残差(也称新息)。

从上式可看出,残差包含有一步预测误差信息,对 $\tilde{\boldsymbol{Z}}_{k/k-1}$ 作适当的加权处理,就能将 $\tilde{\boldsymbol{X}}_{k/k-1}$ 分离出来,用来修正 $\hat{\boldsymbol{X}}_{k/k-1}$ 即可得到状态的估计:

$$\hat{\boldsymbol{X}}_k=\hat{\boldsymbol{X}}_{k/k-1}+\boldsymbol{K}_k\tilde{\boldsymbol{Z}}_{k/k-1}=\hat{\boldsymbol{X}}_{k/k-1}+\boldsymbol{K}_k(\boldsymbol{Z}_k-\boldsymbol{H}_k\hat{\boldsymbol{X}}_{k/k-1}) \tag{2.252}$$

式中,$\boldsymbol{K}_k$ 为对残差的加权阵,称为滤波增益阵。

3）估计均方误差阵的推导

增益阵的选取准则是使估计的均方误差阵 $\boldsymbol{P}_k=E[\tilde{\boldsymbol{X}}_k\tilde{\boldsymbol{X}}_k^{\mathrm{T}}]$达到最小,其中 $\tilde{\boldsymbol{X}}_k=\boldsymbol{X}_k-\hat{\boldsymbol{X}}_k$ 为估计误差。而

$$\begin{aligned}\tilde{\boldsymbol{X}}_k&=\boldsymbol{X}_k-\hat{\boldsymbol{X}}_k=\boldsymbol{X}_k-[\hat{\boldsymbol{X}}_{k/k-1}+\boldsymbol{K}_k(\boldsymbol{Z}_k-\boldsymbol{H}_k\hat{\boldsymbol{X}}_{k/k-1})]=\\&\tilde{\boldsymbol{X}}_{k/k-1}-\boldsymbol{K}_k(\boldsymbol{H}_k\tilde{\boldsymbol{X}}_{k/k-1}+\boldsymbol{V}_k)=(\boldsymbol{I}-\boldsymbol{K}_k\boldsymbol{H}_k)\tilde{\boldsymbol{X}}_{k/k-1}-\boldsymbol{K}_k\boldsymbol{V}_k\end{aligned} \tag{2.253}$$

所以

$$\begin{aligned}\boldsymbol{P}_k=E[\tilde{\boldsymbol{X}}_k\tilde{\boldsymbol{X}}_k^{\mathrm{T}}]&=E[[(\boldsymbol{I}-\boldsymbol{K}_k\boldsymbol{H}_k)\tilde{\boldsymbol{X}}_{k/k-1}-\boldsymbol{K}_k\boldsymbol{V}_k][(\boldsymbol{I}-\boldsymbol{K}_k\boldsymbol{H}_k)\tilde{\boldsymbol{X}}_{k/k-1}-\boldsymbol{K}_k\boldsymbol{V}_k]^{\mathrm{T}}]=\\&(\boldsymbol{I}-\boldsymbol{K}_k\boldsymbol{H}_k)E[\tilde{\boldsymbol{X}}_{k/k-1}\tilde{\boldsymbol{X}}_{k/k-1}^{\mathrm{T}}](\boldsymbol{I}-\boldsymbol{K}_k\boldsymbol{H}_k)^{\mathrm{T}}+\boldsymbol{K}_kE[\boldsymbol{V}_k\boldsymbol{V}_k^{\mathrm{T}}]\boldsymbol{K}_k^{\mathrm{T}}-\\&(\boldsymbol{I}-\boldsymbol{K}_k\boldsymbol{H}_k)E[\tilde{\boldsymbol{X}}_{k/k-1}\boldsymbol{V}_k^{\mathrm{T}}]\boldsymbol{K}_k^{\mathrm{T}}-\boldsymbol{K}_kE[\boldsymbol{V}_k\tilde{\boldsymbol{X}}_{k/k-1}^{\mathrm{T}}](\boldsymbol{I}-\boldsymbol{K}_k\boldsymbol{H}_k)^{\mathrm{T}}\end{aligned} \tag{2.254}$$

由于 $\hat{\boldsymbol{X}}_{k/k-1}$ 是根据 $k-1$ 时刻前的量测对 k 时刻的状态所作的估计,而 $\boldsymbol{V}_k$ 是 k 时刻的量测噪声,所以 $\boldsymbol{V}_k$ 与 $\tilde{\boldsymbol{X}}_{k/k-1}=\boldsymbol{X}_k-\hat{\boldsymbol{X}}_{k/k-1}$ 不相关,注意到 $E[\boldsymbol{V}_k]=\boldsymbol{0}$,因此有

$$E[\tilde{\boldsymbol{X}}_{k/k-1}\boldsymbol{V}_k^{\mathrm{T}}]=E[\boldsymbol{V}_k\tilde{\boldsymbol{X}}_{k/k-1}^{\mathrm{T}}]=\boldsymbol{0} \tag{2.255}$$

代入 $\boldsymbol{P}_k$ 的表达式,得

$$\boldsymbol{P}_k=(\boldsymbol{I}-\boldsymbol{K}_k\boldsymbol{H}_k)\boldsymbol{P}_{k/k-1}(\boldsymbol{I}-\boldsymbol{K}_k\boldsymbol{H}_k)^{\mathrm{T}}+\boldsymbol{K}_k\boldsymbol{R}_k\boldsymbol{K}_k^{\mathrm{T}} \tag{2.256}$$

式中

$$\boldsymbol{P}_{k/k-1}=E[\tilde{\boldsymbol{X}}_{k/k-1}\tilde{\boldsymbol{X}}_{k/k-1}^{\mathrm{T}}] \tag{2.257}$$

$$\boldsymbol{R}_k=E[\boldsymbol{V}_k\boldsymbol{V}_k^{\mathrm{T}}] \tag{2.258}$$

4）滤波增益阵的推导

下面根据极值原理从式(2.244)推导出滤波增益阵 $\boldsymbol{K}_k$。

设 $\boldsymbol{K}_k$ 是使估计的均方误差阵达到最小的最佳增益阵，并设该最小均方误差阵为 $\boldsymbol{P}_k$。显然，若滤波增益阵偏离最佳增益阵的偏离量为 $\delta\boldsymbol{K}_k$，则由式(2.244)确定的估计的均方误差将偏离最小值 $\boldsymbol{P}_k$ 而达到 $\boldsymbol{P}_k+\delta\boldsymbol{P}_k$，且 $\delta\boldsymbol{P}_k$ 为非负定阵，即 $\delta\boldsymbol{P}_k\geqslant 0$。$\boldsymbol{K}_k+\delta\boldsymbol{K}_k$ 和 $\boldsymbol{P}_k+\delta\boldsymbol{P}_k$ 满足的方程为

$$\begin{aligned}\boldsymbol{P}_k+\delta\boldsymbol{P}_k=&[\boldsymbol{I}-(\boldsymbol{K}_k+\delta\boldsymbol{K}_k)\boldsymbol{H}_k]\boldsymbol{P}_{k/k-1}[\boldsymbol{I}-(\boldsymbol{K}_k+\delta\boldsymbol{K}_k)\boldsymbol{H}_k]^{\mathrm{T}}+\\&(\boldsymbol{K}_k+\delta\boldsymbol{K}_k)\boldsymbol{R}_k(\boldsymbol{K}_k+\delta\boldsymbol{K}_k)^{\mathrm{T}}\end{aligned}\tag{2.259}$$

其中 $\boldsymbol{K}_k$ 和 $\boldsymbol{P}_k$ 满足式(2.244)。将式(2.244)代入上式，得

$$\delta\boldsymbol{P}_k=\boldsymbol{W}+\boldsymbol{W}^{\mathrm{T}}+\delta\boldsymbol{K}_k(\boldsymbol{H}_k\boldsymbol{P}_{k/k-1}\boldsymbol{H}_k^{\mathrm{T}}+\boldsymbol{R}_k)\delta\boldsymbol{K}_k^{\mathrm{T}}\tag{2.260}$$

式中

$$\begin{aligned}\boldsymbol{W}=&-\delta\boldsymbol{K}_k[\boldsymbol{H}_k\boldsymbol{P}_{k/k-1}(\boldsymbol{I}-\boldsymbol{H}_k^{\mathrm{T}}\boldsymbol{K}_k^{\mathrm{T}})-\boldsymbol{R}_k\boldsymbol{K}_k^{\mathrm{T}}]=\\&-\delta\boldsymbol{K}_k[\boldsymbol{H}_k\boldsymbol{P}_{k/k-1}-(\boldsymbol{H}_k\boldsymbol{P}_{k/k-1}\boldsymbol{H}_k^{\mathrm{T}}+\boldsymbol{R}_k)\boldsymbol{K}_k^{\mathrm{T}}]\end{aligned}\tag{2.261}$$

若取

$$\boldsymbol{H}_k\boldsymbol{P}_{k/k-1}-(\boldsymbol{H}_k\boldsymbol{P}_{k/k-1}\boldsymbol{H}_k^{\mathrm{T}}+\boldsymbol{R}_k)\boldsymbol{K}_k^{\mathrm{T}}=\boldsymbol{0}\tag{2.262}$$

即

$$\boldsymbol{K}_k=\boldsymbol{P}_{k/k-1}\boldsymbol{H}_k^{\mathrm{T}}(\boldsymbol{H}_k\boldsymbol{P}_{k/k-1}\boldsymbol{H}_k^{\mathrm{T}}+\boldsymbol{R}_k)^{-1}\tag{2.263}$$

则

$$\boldsymbol{W}=\boldsymbol{0}\tag{2.264}$$

$$\delta\boldsymbol{P}_k=\delta\boldsymbol{K}_k(\boldsymbol{H}_k\boldsymbol{P}_{k/k-1}\boldsymbol{H}_k^{\mathrm{T}}+\boldsymbol{R}_k)\delta\boldsymbol{K}_k^{\mathrm{T}}\tag{2.265}$$

由于 $\boldsymbol{R}_k$ 为正定阵，$\boldsymbol{P}_{k/k-1}$ 至少为非负定阵，所以 $\boldsymbol{H}_k\boldsymbol{P}_{k/k-1}\boldsymbol{H}_k^{\mathrm{T}}+\boldsymbol{R}_k$ 至少为非负定阵。若 $\delta\boldsymbol{K}_k$ 为非零阵，则 $\delta\boldsymbol{P}_k$ 至少为非负定阵，即 $\delta\boldsymbol{P}_k\geqslant\boldsymbol{0}$。这说明，若 $\boldsymbol{K}_k$ 按式(2.242)确定，则对于相对增益阵 $\boldsymbol{K}_k$ 的任何偏离 $\delta\boldsymbol{K}_k\neq\boldsymbol{0}$，估计的均方误差将产生非负的偏差 $\delta\boldsymbol{P}_k$，因此 $\boldsymbol{K}_k$ 是使估计的均方误差达到最小的最佳增益阵。

5）一步预测均方误差阵的推导

一步预测产生的误差为

$$\widetilde{\boldsymbol{X}}_{k/k-1}=\boldsymbol{X}_k-\hat{\boldsymbol{X}}_{k/k-1}=\boldsymbol{\Phi}_{k,k-1}\boldsymbol{X}_{k-1}+\boldsymbol{\Gamma}_{k-1}\boldsymbol{W}_{k-1}-\boldsymbol{\Phi}_{k,k-1}\hat{\boldsymbol{X}}_{k-1}=\boldsymbol{\Phi}_{k,k-1}\widetilde{\boldsymbol{X}}_{k-1}+\boldsymbol{\Gamma}_{k-1}\boldsymbol{W}_{k-1}\tag{2.266}$$

所以一步预测均方误差阵为

$$\boldsymbol{P}_{k/k-1}=E[\widetilde{\boldsymbol{X}}_{k/k-1}\widetilde{\boldsymbol{X}}_{k/k-1}^{\mathrm{T}}]=E[(\boldsymbol{\Phi}_{k,k-1}\widetilde{\boldsymbol{X}}_{k-1}+\boldsymbol{\Gamma}_{k-1}\boldsymbol{W}_{k-1})(\boldsymbol{\Phi}_{k,k-1}\widetilde{\boldsymbol{X}}_{k-1}+\boldsymbol{\Gamma}_{k-1}\boldsymbol{W}_{k-1})^{\mathrm{T}}]\tag{2.267}$$

由于 $\widetilde{\boldsymbol{X}}_{k-1}=\boldsymbol{X}_{k-1}-\hat{\boldsymbol{X}}_{k-1}$，$\boldsymbol{W}_{k-1}$ 只影响 $\boldsymbol{X}_k$，不影响 $\boldsymbol{X}_{k-1}$，所以 $\boldsymbol{W}_{k-1}$ 与 $\widetilde{\boldsymbol{X}}_{k-1}$ 不相关，又因为 $E[\boldsymbol{W}_{k-1}]=\boldsymbol{0}$，所以

$$\boldsymbol{P}_{k/k-1}=\boldsymbol{\Phi}_{k,k-1}\boldsymbol{P}_{k-1}\boldsymbol{\Phi}_{k,k-1}^{\mathrm{T}}+\boldsymbol{\Gamma}_{k-1}\boldsymbol{Q}_{k-1}\boldsymbol{\Gamma}_{k-1}^{\mathrm{T}} \tag{2.268}$$

2.7.3 离散型卡尔曼滤波算法步骤

离散型卡尔曼滤波递推算法的实施步骤：

(1) 计算状态转移矩阵 $\boldsymbol{\Phi}_{k,k-1}$。

(2) 计算系统噪声的协方差矩阵 $\boldsymbol{Q}_{k-1}$。

(3) 利用式(2.240)计算状态向量估计值的传递，即由 $\boldsymbol{\Phi}_{k,k-1}$ 和上次递推的 $\hat{\boldsymbol{X}}_{k-1}$ 计算一步状态预测 $\hat{\boldsymbol{X}}_{k/k-1}$。

(4) 利用式(2.243)计算估计均方误差矩阵的传递，即由 $\boldsymbol{\Phi}_{k,k-1}$，$\boldsymbol{Q}_{k-1}$ 和上次递推的 $\boldsymbol{P}_{k-1}$ 计算一步预测均方误差阵 $\boldsymbol{P}_{k/k-1}$。

(5) 计算观测矩阵 $\boldsymbol{H}_k$。

(6) 计算量测噪声的协方差阵 $\boldsymbol{K}_k$。

(7) 利用式(2.242)计算卡尔曼滤波增益矩阵 $\boldsymbol{K}_k$。

(8) 由最新的量测输入构建量测向量 $\boldsymbol{Z}_k$。

(9) 利用式(2.241)实现状态估计 $\hat{\boldsymbol{X}}_k$ 的更新。

(10) 利用式(2.244)更新估计均方误差矩阵 $\boldsymbol{P}_k$。

(1)～(4)步为时间更新，(5)～(10)步为量测更新。

在实际应用中，由于各种原因，可能出现量测 $\boldsymbol{Z}_k$ 暂时没有输出的情况，此时，可以不引入量测信息进行量测更新，只根据式(2.240)和式(2.243)进行时间更新，等到量测 $\boldsymbol{Z}_k$ 正常后再进行标准卡尔曼滤波。

2.7.4 连续型卡尔曼滤波的离散化

实际应用中的随机系统多数是时间连续的，为了进行计算机仿真和卡尔曼滤波估计，需要对连续时间系统进行离散化。

1) 系统方程的离散化

给定连续时间线性随机系统(即线性随机微分方程)：

$$\dot{\boldsymbol{X}}(t)=\boldsymbol{F}(t)\boldsymbol{X}(t)+\boldsymbol{G}(t)\boldsymbol{w}(t) \tag{2.269}$$

式中，$\boldsymbol{F}(t)$和$\boldsymbol{G}(t)$是关于时间参数 t 的确定性时变矩阵；$\boldsymbol{w}(t)$是零均值高斯白噪声向

量，它满足如下统计特性：

$$E[\boldsymbol{w}(t)]=\boldsymbol{0},\ E[\boldsymbol{w}(t)\boldsymbol{w}^{\mathrm{T}}(\tau)]=\boldsymbol{q}(t)\delta(t-\tau) \tag{2.270}$$

其中，$\boldsymbol{q}(t)$是白噪声的方差强度矩阵，一般为非负定的常值矩阵；$\delta(t)$是狄拉克冲激函数。对于单位冲激时间信号$\delta(t)$，由于其在整个$\boldsymbol{w}(t)$时间轴上的积分为1(无量纲单位)，因而$\delta(t)$的幅值单位为$1/s$。$\boldsymbol{q}(t)$的量纲单位与功率谱密度的单位一致，实际上$\boldsymbol{q}(t)$反映的正是噪声$\boldsymbol{w}(t)$的功率谱强度。例如，当$\boldsymbol{w}(t)$为标量时，假设单位为U，则$\sqrt{\boldsymbol{q}(t)}$的单位为$U/\sqrt{\mathrm{Hz}}$，常称$\sqrt{\boldsymbol{q}(t)}$为噪声系数或随机游走系数。

根据线性系统理论，式(2.269)的等效离散化形式为

$$\boldsymbol{X}_k=\boldsymbol{\Phi}_{k/k-1}\boldsymbol{X}_{k-1}+\boldsymbol{\eta}_{k-1} \tag{2.271}$$

其中

$$\boldsymbol{X}_k=\boldsymbol{X}(t_k) \tag{2.272}$$

$$\boldsymbol{\Phi}_{k/k-1}=\boldsymbol{\Phi}(t_k,t_{k-1})\approx e^{\int_{t_{k-1}}^{t_k}\boldsymbol{F}(\tau)\mathrm{d}\tau} \tag{2.273}$$

$$\boldsymbol{\eta}_{k-1}=\int_{t_{k-1}}^{t_k}\boldsymbol{\Phi}(t_k,\tau)\boldsymbol{G}(\tau)\boldsymbol{w}(\tau)\mathrm{d}\tau \tag{2.274}$$

记离散化时间间隔$T_s=t_k-t_{k-1}$，当$\boldsymbol{F}(t)$在较短的积分区间$[t_{k-1},t_k]$内变化不太剧烈，且设$\boldsymbol{F}(t_{k-1})T_s\ll\boldsymbol{I}$时，一步转移矩阵式(2.273)可近似为

$$\boldsymbol{\Phi}_{k/k-1}\approx e^{\boldsymbol{F}(t_{k-1})T_s}=\boldsymbol{I}+\boldsymbol{F}(t_{k-1})T_s+\boldsymbol{F}^2(t_{k-1})\frac{T_s^2}{2!}+\boldsymbol{F}^3(t_{k-1})\frac{T_s^3}{3!}+\cdots\approx\boldsymbol{I}+\boldsymbol{F}(t_{k-1})T_s \tag{2.275}$$

式(2.274)表明$\boldsymbol{\eta}_{k-1}$是关于高斯白噪声$\boldsymbol{w}(\tau)$的线性变换，其结果仍是正态分布的随机向量，因而可使用一、二阶统计特征来描述和等效$\boldsymbol{\eta}_{k-1}$。下面分析$\boldsymbol{\eta}_{k-1}$的一阶和二阶统计特征。

首先是均值，不难得出

$$E[\boldsymbol{\eta}_{k-1}]=E\left[\int_{t_{k-1}}^{t_k}\boldsymbol{\Phi}(t_k,\tau)\boldsymbol{G}(\tau)\boldsymbol{w}(\tau)\mathrm{d}\tau\right]=\int_{t_{k-1}}^{t_k}\boldsymbol{\Phi}(t_k,\tau)\boldsymbol{G}(\tau)\boldsymbol{E}[\boldsymbol{w}(\tau)]\mathrm{d}\tau=\boldsymbol{0} \tag{2.276}$$

其次，对于二阶统计特征，当$k\neq j$时，$\boldsymbol{\eta}_{k-1}$和$\boldsymbol{\eta}_{j-1}$的被积函数——噪声$\boldsymbol{w}(\tau_k)$和$\boldsymbol{w}(\tau_j)$之间的时间参数互不重叠，因此$\boldsymbol{\eta}_{k-1}$和$\boldsymbol{\eta}_{j-1}$之间必然是不相关的，即有

$$E[\boldsymbol{\eta}_{k-1}\boldsymbol{\eta}_{j-1}^{\mathrm{T}}]=\boldsymbol{0}(k\neq j)$$

而当$k=j$时，有

$$\begin{aligned}E[\boldsymbol{\eta}_{k-1}\boldsymbol{\eta}_{k-1}^{\mathrm{T}}]&=E\left[\int_{t_{k-1}}^{t_k}\boldsymbol{\Phi}(t_k,\tau)\boldsymbol{G}(\tau)\boldsymbol{w}(\tau)\mathrm{d}\tau\cdot\left[\int_{t_{k-1}}^{t_k}\boldsymbol{\Phi}(t_k,s)\boldsymbol{G}(s)\boldsymbol{w}(s)\mathrm{d}s\right]^{\mathrm{T}}\right]=\\&E\left[\int_{t_{k-1}}^{t_k}\boldsymbol{\Phi}(t_k,\tau)\boldsymbol{G}(\tau)\boldsymbol{w}(\tau)\int_{t_{k-1}}^{t_k}\boldsymbol{w}^{\mathrm{T}}(s)\boldsymbol{G}^{\mathrm{T}}(s)\boldsymbol{\Phi}^{\mathrm{T}}(t_k,s)\mathrm{d}s\,\mathrm{d}\tau\right]=\end{aligned}$$

$$\int_{t_{k-1}}^{t_k} \boldsymbol{\Phi}(t_k,\tau)\boldsymbol{G}(\tau)\int_{t_{k-1}}^{t_k} E[\boldsymbol{w}(\tau)\boldsymbol{w}^{\mathrm{T}}(s)]\boldsymbol{G}^{\mathrm{T}}(s)\boldsymbol{\Phi}^{\mathrm{T}}(t_k,s)\mathrm{d}s\mathrm{d}\tau =$$
$$\int_{t_{k-1}}^{t_k} \boldsymbol{\Phi}(t_k,\tau)\boldsymbol{G}(\tau)\int_{t_{k-1}}^{t_k} \boldsymbol{q}(\tau)\delta(\tau-s)\boldsymbol{G}^{\mathrm{T}}(s)\boldsymbol{\Phi}^{\mathrm{T}}(t_k,s)\mathrm{d}s\mathrm{d}\tau =$$
$$\int_{t_{k-1}}^{t_k} \boldsymbol{\Phi}(t_k,\tau)\boldsymbol{G}(\tau)\boldsymbol{q}(\tau)\boldsymbol{G}^{\mathrm{T}}(\tau)\boldsymbol{\Phi}^{\mathrm{T}}(t_k,\tau)\mathrm{d}\tau$$

若假设噪声分配矩阵 $\boldsymbol{G}(\tau)$ 在区间 $[t_{k-1},t_k]$ 内变化也比较平缓，继续推导上式，有

$$E[\boldsymbol{\eta}_{k-1}\boldsymbol{\eta}_{k-1}^{\mathrm{T}}] \approx$$
$$\int_{t_{k-1}}^{t_k} [\boldsymbol{I}+\boldsymbol{F}(t_{k-1})(t_k-\tau)]\boldsymbol{G}(t_{k-1})\boldsymbol{q}(t_{k-1})\boldsymbol{G}^{\mathrm{T}}(t_{k-1})[\boldsymbol{I}+\boldsymbol{F}(t_{k-1})(t_k-\tau)]^{\mathrm{T}}\mathrm{d}\tau =$$
$$\int_{t_{k-1}}^{t_k} \boldsymbol{G}(t_{k-1})\boldsymbol{q}(t_{k-1})\boldsymbol{G}^{\mathrm{T}}(t_{k-1})\mathrm{d}\tau + \int_{t_{k-1}}^{t_k} \boldsymbol{G}(t_{k-1})\boldsymbol{q}(t_{k-1})\boldsymbol{G}^{\mathrm{T}}(t_{k-1})\boldsymbol{F}^{\mathrm{T}}(t_{k-1})(t_k-\tau)\mathrm{d}\tau +$$
$$\int_{t_{k-1}}^{t_k} \boldsymbol{F}(t_{k-1})\boldsymbol{G}(t_{k-1})\boldsymbol{q}(t_{k-1})\boldsymbol{G}^{\mathrm{T}}(t_{k-1})(t_k-\tau)\mathrm{d}\tau +$$
$$\int_{t_{k-1}}^{t_k} \boldsymbol{F}(t_{k-1})\boldsymbol{G}(t_{k-1})\boldsymbol{q}(t_{k-1})\boldsymbol{G}^{\mathrm{T}}(t_{k-1})\boldsymbol{F}^{\mathrm{T}}(t_{k-1})(t_k-\tau)^2\mathrm{d}\tau =$$
$$\boldsymbol{G}(t_{k-1})\boldsymbol{q}(t_{k-1})\boldsymbol{G}^{\mathrm{T}}(t_{k-1})T_s + \frac{1}{2}\boldsymbol{G}(t_{k-1})\boldsymbol{q}(t_{k-1})\boldsymbol{G}^{\mathrm{T}}(t_{k-1})\boldsymbol{F}^{\mathrm{T}}(t_{k-1})T_s^2 +$$
$$\frac{1}{2}\boldsymbol{F}(t_{k-1})\boldsymbol{G}(t_{k-1})\boldsymbol{q}(t_{k-1})\boldsymbol{G}^{\mathrm{T}}(t_{k-1})T_s^2 + \frac{1}{3}\boldsymbol{F}(t_{k-1})\boldsymbol{G}(t_{k-1})\boldsymbol{q}(t_{k-1})\boldsymbol{G}^{\mathrm{T}}(t_{k-1})\boldsymbol{F}^{\mathrm{T}}(t_{k-1})T_s^3 =$$
$$\left[\boldsymbol{I}+\frac{1}{2}\boldsymbol{F}(t_{k-1})T_s\right]\cdot[\boldsymbol{G}(t_{k-1})\boldsymbol{q}(t_{k-1})\boldsymbol{G}^{\mathrm{T}}(t_{k-1})T_s]\cdot\left[\boldsymbol{I}+\frac{1}{2}\boldsymbol{F}(t_{k-1})T_s\right]^{\mathrm{T}} +$$
$$\frac{1}{12}\boldsymbol{F}(t_{k-1})\boldsymbol{G}(t_{k-1})\boldsymbol{q}(t_{k-1})\boldsymbol{G}^{\mathrm{T}}(t_{k-1})\boldsymbol{F}^{\mathrm{T}}(t_{k-1})T_s^3 \approx$$
$$\left\{\left[\boldsymbol{I}+\frac{1}{2}\boldsymbol{F}(t_{k-1})T_s\right]\boldsymbol{G}(t_{k-1})\right\}\cdot[\boldsymbol{q}(t_{k-1})T_s]\cdot\left\{\left[\boldsymbol{I}+\frac{1}{2}\boldsymbol{F}(t_{k-1})T_s\right]\boldsymbol{G}(t_{k-1})\right\}^{\mathrm{T}}$$

当满足 $\boldsymbol{F}(t_{k-1})T_s \ll \boldsymbol{I}$ 时，上式可进一步近似为

$$E[\boldsymbol{\eta}_{k-1}\boldsymbol{\eta}_{k-1}^{\mathrm{T}}] \approx \boldsymbol{G}(t_{k-1})\cdot[\boldsymbol{q}(t_{k-1})T_s]\cdot\boldsymbol{G}^{\mathrm{T}}(t_{k-1}) \tag{2.277}$$

因此，若令 $\boldsymbol{\eta}_{k-1}=\boldsymbol{\Gamma}_{k-1}\boldsymbol{W}_{k-1}$，则连续时间随机系统式(2.269)可进行如下近似离散化等效：

$$\boldsymbol{X}_k=\boldsymbol{\Phi}_{k/k-1}\boldsymbol{X}_{k-1}+\boldsymbol{\Gamma}_{k-1}\boldsymbol{W}_{k-1} \tag{2.278}$$

式中：$\boldsymbol{\Phi}_{k/k-1}\approx e^{\boldsymbol{F}(t_{k-1})T_s}\approx\boldsymbol{I}+\boldsymbol{F}(t_{k-1})T_s$

$$\boldsymbol{\Gamma}_{k-1}\approx\left[\boldsymbol{I}+\frac{1}{2}\boldsymbol{F}(t_{k-1})\boldsymbol{T}_s\right]\boldsymbol{G}(t_{k-1})\approx\boldsymbol{G}(t_{k-1})$$

$$E[\boldsymbol{W}_k]=0,\ E[\boldsymbol{W}_k\boldsymbol{W}_j^{\mathrm{T}}]=\boldsymbol{Q}_k\delta_{kj}=[\boldsymbol{q}(t_k)T_s]\delta_{kj}$$

其中，$\boldsymbol{Q}_k=\boldsymbol{q}(t_k)T_s$，它与等效噪声 $\boldsymbol{\eta}_k$（或 $\boldsymbol{W}_k$，或 $\boldsymbol{X}_k$）方差的量纲单位是一致的。

对式(2.278)中的噪声整体 $\boldsymbol{\Gamma}_k\boldsymbol{W}_k$ 的方差阵作变换，有

$$E[(\boldsymbol{\Gamma}_k\boldsymbol{W}_k)(\boldsymbol{\Gamma}_j\boldsymbol{W}_j)^{\mathrm{T}}]=\boldsymbol{\Gamma}_kE[\boldsymbol{W}_k\boldsymbol{W}_j^{\mathrm{T}}]\boldsymbol{\Gamma}_j^{\mathrm{T}}=\boldsymbol{G}(t_k)[\boldsymbol{q}(t_k)T_s]\boldsymbol{\delta}_{kj}\boldsymbol{G}^{\mathrm{T}}(t_j)=$$

$$[\boldsymbol{G}(t_k)T_s]\left[\frac{\boldsymbol{q}(t_k)}{T_s}\delta_{kj}\right][\boldsymbol{G}(t_j)T_s]^{\mathrm{T}}=\boldsymbol{\Gamma}'_kE[\boldsymbol{W}'_k(\boldsymbol{W}'_j)^{\mathrm{T}}](\boldsymbol{\Gamma}'_j)^{\mathrm{T}}=$$

$$E[(\boldsymbol{\Gamma}'_k\boldsymbol{W}'_k)(\boldsymbol{\Gamma}'_j\boldsymbol{W}'_j)^{\mathrm{T}}]$$

所以式(2.278)也可以等效离散化为如下形式：

$$\boldsymbol{X}_k=\boldsymbol{\Phi}_{k/k-1}\boldsymbol{X}_{k-1}+\boldsymbol{\Gamma}'_{k-1}\boldsymbol{W}'_{k-1} \tag{2.279}$$

式中

$$\boldsymbol{\Gamma}'_{k-1}=\boldsymbol{G}(t_{k-1})T_s$$

$$E[\boldsymbol{W}'_k]=0,\ E[\boldsymbol{W}'_k(\boldsymbol{W}'_j)^{\mathrm{T}}]=\boldsymbol{Q}'_k\delta_{kj}=\frac{\boldsymbol{q}(t_k)}{T_s}\delta_{kj}$$

2）量测方程的离散化

暂且考虑如下简单的状态空间模型(一维)：

$$\begin{cases}\dot{X}(t)=0\\ Z(t)=X(t)+v(t)\end{cases} \tag{2.280}$$

式中

$$E[v(t)]=0,\ E[v(t)v^{\mathrm{T}}(\tau)]=r\delta(t-\tau)$$

显然，该系统的状态 $X(t)$ 为随机常值，简记为 X_t；由于 $v(t)$ 为零均值白噪声，可见量测 $Z(t)$ 也是白噪声，且均值始终为 $X(t)=X_t$。

假设离散化间隔为 T_s，系统式(2.280)的量测方程可等效离散化为

$$Z_k=X_t+V_k \tag{2.281}$$

式中

$$E[V_k]=0, E[V_kV_j^{\mathrm{T}}]=R_{T_s}\delta_{kj}$$

方差 R_{T_s} 与连续量测噪声参数 r 和离散化间隔 T_s 都有关，下面说明它的计算方法。

如果在时间区间[0,T]内进行了 m 次离散化($m=T/T_s$)，根据式(2.281)，在[0,T]内由所有量测 Z_k 估计常值状态 X_t 的公式为

$$\hat{X}_T=\frac{1}{m}\sum_{k=1}^{m}Z_k \tag{2.282}$$

式(2.282)即为等加权平均公式，估计 $\hat{X}_T$ 的均值和均方误差分别为

$$E[\hat{X}_T]=\frac{1}{m}\sum_{k=1}^{m}E[Z_k]=X_T \tag{2.283}$$

$$P_T=E[(X_T-\hat{X}_T)(X_T-\hat{X}_T)^{\mathrm{T}}]=$$

$$E\left[\left(\frac{1}{m}\sum_{k=1}^{m}E[Z_k]-\frac{1}{m}\sum_{k=1}^{m}Z_k\right)\left(\frac{1}{m}\sum_{k=1}^{m}E[Z_k]-\frac{1}{m}\sum_{k=1}^{m}Z_k\right)^{\mathrm{T}}\right]=$$

$$\frac{1}{m^2}\sum_{k=1}^{m}E[(Z_k-E[Z_k])(Z_k-E[Z_k])^{\mathrm{T}}]=$$

$$\frac{1}{m^2}\sum_{k=1}^{m}E[V_kV_k^{\mathrm{T}}]=\frac{R_{T_s}}{m}=\frac{R_{T_s}T_s}{T} \tag{2.284}$$

在式(2.284)中,原则上 T 时刻的均方误差 P_T 应当与噪声参数 r 成正比,且应当与离散化间隔 T_s 无关。此外,当 $T_s\to0$(即 $m\to\infty$)时,均方误差 P_T 应不为 0 才有意义。由此,可令离散化噪声参数

$$R_{T_s}=\frac{r}{T_s} \tag{2.285}$$

这便是离散化噪声参数 R_{T_s} 与连续噪声参数之间的关系式,它与连续时间噪声参数 r 成正比,与采样间隔 T_s 成反比,R_{T_s} 可以看作是 r 在时间间隔 T_s 内的平均效果。将式(2.285)代入式(2.284)有

$$P_T=E[(X_T-\hat{X}_T)(X_T-\hat{X}_T)^{\mathrm{T}}]=\frac{r}{T} \tag{2.286}$$

这时,P_T 与离散化时间间隔 T_s 无关。虽然式(2.285)显示,离散化时间间隔 T_s 越小,离散化量测噪声 R_{T_s} 就越大,但在总时间区间$[0,T]$内,将离散化得到越多的量测值,因此由所有量测构造的估计误差保持不变,其结果均为式(2.286)。

对于一般的量测方程

$$\boldsymbol{Z}(t)=\boldsymbol{H}(t)\boldsymbol{X}(t)+\boldsymbol{v}(t) \tag{2.287}$$

式中

$$E[\boldsymbol{v}(t)]=\boldsymbol{0},\ E[\boldsymbol{v}(t)\boldsymbol{v}^{\mathrm{T}}(\tau)]=\boldsymbol{r}(t)\delta(t-\tau)$$

基于离散噪声视为连续噪声的时间平均的思路,将式(2.287)在离散化间隔$[t_{k-1},t_k]$内取平均,记为

$$\frac{1}{T_s}\int_{t_{k-1}}^{t_k}\boldsymbol{Z}(\tau)\mathrm{d}\tau=\frac{1}{T_s}\int_{t_{k-1}}^{t_k}[\boldsymbol{H}(\tau)\boldsymbol{X}(\tau)+\boldsymbol{v}(\tau)]\mathrm{d}\tau=$$

$$\frac{1}{T_s}\int_{t_{k-1}}^{t_k}\boldsymbol{H}(\tau)\boldsymbol{X}(\tau)\mathrm{d}\tau+\frac{1}{T_s}\int_{t_{k-1}}^{t_k}\boldsymbol{v}(\tau)\mathrm{d}\tau \tag{2.288}$$

当 $\boldsymbol{Z}(t)$变化平缓时,近似有 $\frac{1}{T_s}\int_{t_{k-1}}^{t_k}\boldsymbol{Z}(\tau)\mathrm{d}\tau\approx\boldsymbol{Z}(t_k)$,简记为 $\boldsymbol{Z}_k$;当 $\boldsymbol{H}(t)\boldsymbol{X}(t)$也变化平缓时,近似有 $\frac{1}{T_s}\int_{t_{k-1}}^{t_k}\boldsymbol{H}(\tau)\boldsymbol{X}(\tau)\mathrm{d}\tau\approx\boldsymbol{H}(t_k)\boldsymbol{X}(t_k)$,简记为 $\boldsymbol{H}_k\boldsymbol{X}_k$;再简记 $\boldsymbol{V}_k=\frac{1}{T_s}\int_{t_{k-1}}^{t_k}\boldsymbol{v}(\tau)\mathrm{d}\tau$,则式(2.288)化为

$$\boldsymbol{Z}_k \approx \boldsymbol{H}_k \boldsymbol{X}_k + \boldsymbol{V}_k \tag{2.289}$$

式中

$$E[\boldsymbol{V}_k] = E\left[\frac{1}{T_s}\int_{t_{k-1}}^{t_k} \boldsymbol{v}(\tau)\mathrm{d}\tau\right] = \frac{1}{T_s}\int_{t_{k-1}}^{t_k} E[\boldsymbol{v}(\tau)]\mathrm{d}\tau = \boldsymbol{0} \tag{2.290}$$

$$\begin{aligned} E[\boldsymbol{V}_k \boldsymbol{V}_j^{\mathrm{T}}] &= E\left[\left(\frac{1}{T_s}\int_{t_{k-1}}^{t_k} \boldsymbol{v}(\tau)\mathrm{d}\tau\right)\left(\frac{1}{T_s}\int_{t_{j-1}}^{t_j} \boldsymbol{v}(s)\mathrm{d}s\right)^{\mathrm{T}}\right] = \\ & \frac{1}{T_s^2}\int_{t_{k-1}}^{t_k}\int_{t_{j-1}}^{t_j} E[\boldsymbol{v}(\tau)\boldsymbol{v}^{\mathrm{T}}(s)]\mathrm{d}s\,\mathrm{d}\tau = \\ & \frac{1}{T_s^2}\int_{t_{k-1}}^{t_k}\int_{t_{j-1}}^{t_j} \boldsymbol{r}(\tau)\delta(s-\tau)\mathrm{d}s\,\mathrm{d}\tau = \\ & \frac{1}{T_s^2}\int_{t_{k-1}}^{t_k} \boldsymbol{r}(\tau)\delta_{kj}\mathrm{d}\tau \approx \frac{\boldsymbol{r}(t_k)}{T_s}\delta_{kj} \triangleq \boldsymbol{R}_k\delta_{kj} \end{aligned} \tag{2.291}$$

从上述分析可以看出，连续量测方程的离散化，本质上是在离散化间隔内对量测方程作平均等效处理。在离散化间隔内，假设 $\boldsymbol{H}(t)\boldsymbol{X}(t)$ 及 $\boldsymbol{r}(t)$ 变化平缓，其变化越平缓，则离散化近似程度就越高；如果 $\boldsymbol{H}(t)\boldsymbol{X}(t)$ 或 $\boldsymbol{r}(t)$ 变化比较剧烈，则应采用较短的离散化时间间隔。

在实际应用中，大多数系统的量测方程是以离散形式给出的，无须再进行离散化处理。需要说明的是，一方面，如果在一定量测频率范围内，量测噪声的方差大小基本不变，则在量测设备允许的情况下，选用较高的量测频率对提高滤波估计精度是有益的；另一方面，如果系统状态变化比较平缓，为了减小量测更新频率和计算量，则可将连续多次量测作平均处理，并相应减小量测噪声大小。此时，利用平均量测进行滤波量测更新与进行多次量测更新是基本等效的。

习　题

1. 求矢量 $\boldsymbol{\omega} = [\omega_x \quad \omega_y \quad \omega_z]^{\mathrm{T}}$ 对应的反对称矩阵。
2. 说明矩阵相乘、点乘、叉乘的区别和联系。
3. 已知 $\boldsymbol{\omega}_{mk}^{k}$ 和 $\boldsymbol{R}_k^p$，求 $\boldsymbol{\omega}_{mk}^{p}$ 及其反对称矩阵 $\boldsymbol{\Omega}_{mk}^{p}$。
4. 介绍地心惯性坐标系、地心地固坐标系、当地水平坐标系和载体坐标系。
5. 说明卯酉圈曲率半径与子午圈曲率半径，并进行其公式的推导。
6. 说明大地坐标与空间直角坐标的转换公式。
7. 介绍欧拉角、方向余弦矩阵、四元数和等效旋转矢量等方法在坐标系转换中的区别和联系。重点说明什么是四元数，有哪些描述形式，并简述四元数与姿态阵的关系。

8. 推导初等方向余弦矩阵 $\boldsymbol{R}_z(\gamma)$、$\boldsymbol{R}_x(\beta)$、$\boldsymbol{R}_y(\alpha)$，并计算 $\boldsymbol{R}_y(\alpha)\boldsymbol{R}_x(\beta)\boldsymbol{R}_z(\gamma)$。
9. 推导地心地固坐标系和当地水平坐标系的转换矩阵（位置矩阵）R_e^l，并求纬度为 32°03′、经度为 118°46′的数值。（结果保留至小数点后 5 位）
10. 推导当地水平坐标系到载体坐标系的转换矩阵（姿态矩阵）$\boldsymbol{R}_l^b$，并求当俯仰角为 12°、横滚角为 6°、航向角为 280°时的数值。（结果保留至小数点后 5 位）
11. 已知四元素 $\boldsymbol{Q}=q_0+q_1\boldsymbol{i}+q_2\boldsymbol{j}+q_3\boldsymbol{k}$，$\boldsymbol{P}=p_0+p_1\boldsymbol{i}+p_2\boldsymbol{j}+p_3\boldsymbol{k}$，有规范四元数：

$$\boldsymbol{Q}=0.999\,470+0.008\,725\boldsymbol{i}+0.017\,450\boldsymbol{j}+0.026\,175\boldsymbol{k}$$

$$\boldsymbol{P}=0.999\,772+0.008\,726\boldsymbol{i}+0.017\,452\boldsymbol{j}+0.087\,260\boldsymbol{k}$$

求两者加、减、乘、除的运算结果。（结果保留至小数点后 5 位）

12. 介绍姿态更新的四种微分方程：欧拉角微分方程、方向余弦矩阵微分方程、四元数微分方程和等效旋转矢量微分方程，分别说明它们各自的优点和缺点。
13. 介绍最小二乘估计、最小方差估计、极大似然估计、极大验后估计、贝叶斯估计的估计原理及优缺点。
14. 推导离散型卡尔曼滤波基本方程。
15. 写出卡尔曼滤波算法的步骤。
16. 介绍卡尔曼滤波的特点。

◇第三章
卫星导航

全球卫星导航系统(Global Navigation Satellite System,GNSS),是能在地球表面或近地空间的任何地点为用户提供全天候的三维坐标、速度以及时间信息的空基无线电导航定位系统。全球有四大卫星导航系统供应商,包括中国的北斗卫星导航系统(BDS)、美国的全球定位系统(GPS)、俄罗斯的格洛纳斯卫星导航系统(GLONASS)和欧盟的伽利略卫星导航系统(GALILEO)。其中 GPS 是世界上第一个建立并用于导航定位的全球系统,GLONASS 经历快速复苏后已成为全球第二大卫星导航系统,两者正处于现代化的更新进程中;GALILEO 是第一个完全民用的卫星导航系统,正在试验阶段;BDS 是中国自主建设运行的全球卫星导航系统,为全球用户提供全天候、全天时、高精度的定位、导航和授时服务。本章以 GPS 系统为例,介绍卫星导航定位的原理和方法。

3.1 GPS 系统组成

GPS 由空间星座部分、地面监控部分与用户设备部分组成。

1) 空间星座部分

GPS 空间卫星星座由 24 颗卫星组成,均匀分布在 6 个轨道面内,每个轨道面均匀分布有 4 颗卫星。卫星轨道平面相对地球赤道面的倾角均为 55°,各轨道平面升交点的赤经相差 60°,在相邻轨道上,卫星的升交距角相差 30°。轨道平均高度约为 20 200 km,卫星运行周期为 11 h 58 min。因此,同一观测站上,每天出现的卫星分布图形相同,只是每天提前约 4 min。地面观测者见到地平面上的卫星颗数随时间和地点的不同而异，最少为 4 颗，最多可达 11 颗。图 3.1 所示为 GPS 卫星星座分布。卫星播发的无线电信号中包含了导航数据和码制信息，接收机可以利用这些数据计算出伪距和多普勒参数，实现用户空间位置、运动速度和时间的估算。

在 GPS 系统中，GPS 卫星的作用是：(1) 向广大用户连续发送定位信息；(2) 接收和储存由地面监控站发来的卫星导航电文等信息，并适时发送给广大用户；(3) 接收并执行由地面监控站发来的控制指令，适时改正运行偏差或启用备用卫星等；(4) 通过星载的高精度铷钟和铯钟，提供精密的时间标准。

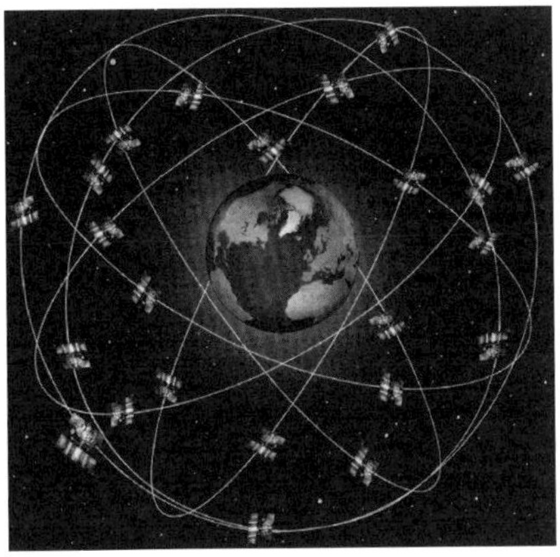

图 3.1　GPS 系统卫星星座分布

2) 地面监控部分

为了确保 GPS 系统的良好运行，地面监控系统发挥了极其重要的作用。其主要任务是：监视卫星的运行，确定 GPS 时间系统，跟踪并预报卫星星历和卫星钟状态，向每颗卫星的存储器注入卫星导航数据。

地面监控部分包括 1 个主控站、3 个注入站和 17 个监测站。

(1) 主控站

主控站设在美国本土科罗拉多州的空间联合执行中心。除负责管理和协调整个地面监控系统的工作外，其主要任务是根据本站和其他监测站的所有跟踪观测数据，计算各卫星的轨道参数、钟差参数以及大气层的修正参数，编制成导航电文并传送至各注入站；主控站还负责调整偏离轨道的卫星，使之沿预定轨道运行。

(2) 注入站

3 个注入站分别设在南大西洋的阿松森群岛、印度洋的狄哥伽西亚岛和南太平洋的卡瓦加兰岛，分别与 3 个监测站重合。其主要任务是将主控站发来的导航电文注入相应卫星的存储器，每天注入 3～4 次。此外，注入站能自动向主控站发射信号，每分钟报告一次自己的工作状态。

(3) 监测站

监测站是在主控站控制下的数据自动采集中心。全球共有 17 个监测站，分布在世界各地，主要任务是为主控站提供卫星的观测数据。每个监测站均用 GPS 接收机对可见卫星进行连续观测，以采集数据和监测卫星的工作状况。所有观测数据连同气象数据一起传送到主控站，用以确定卫星的轨道参数。目前的广播星历，是用上述 17 个站的观测资料生成的。

整个 GPS 的地面监控部分,除主控站外均无人值守。各站间用现代化的通信网络联系,在原子钟和计算机的精确控制下,各项工作实现了高度的自动化和标准化。

3) 用户设备部分

GPS 用户设备部分主要包括:GPS 接收机及其天线、微处理器及其终端设备、电源等。其中接收机及其天线是用户设备的核心部分,一般习惯上统称为 GPS 接收机。

接收机根据其结构可分为天线单元和接收单元两大部分。一般将两个单元分别装备成两个独立的部件,观测时将天线单元置于测站上,接收单元可置于测站附近适当的地方,两者之间用电缆线连成一个整机。也有的将天线单元和接收单元制成一个整体,观测时将其安置在测站点上。

接收机的主要功能是:能迅速捕获按一定卫星截止高度角所选择的待测卫星信号,并跟踪这些卫星的运行,对所接收到的卫星信号进行变换、放大和处理,以便测定出 GPS 信号从卫星到接收天线的传播时间,解译出 GPS 卫星所发送的导航电文,实时计算出测站的三维坐标、三维速度和时间等所需数据。

3.2 GPS 卫星星历与卫星轨道

3.2.1 GPS 卫星星历

卫星星历是描述卫星运动轨道的信息。也可以说卫星星历就是一组对应某一时刻的轨道根数(参数)及其变化率。有了卫星星历就可以计算出任一时刻的卫星位置及速度。GPS 卫星星历分为广播星历和精密(事后处理)星历两种。

1) GPS 卫星广播星历

广播星历通常包括相对某一参考历元的开普勒轨道根数和必要的轨道摄动改正项参数。相应参考历元的卫星开普勒轨道根数也称为参考星历。参考星历只代表卫星在参考历元的轨道根数,但是在摄动力的影响下,卫星的实际轨道随后将偏离参考轨道,偏离的程度主要取决于观测历元与所选参考历元之间的时间差。如果用轨道根数的摄动项对已知的卫星参考星历加以改正,就可以外推出任一观测历元的卫星星历。广播星历参数的选择采用了开普勒轨道根数加调和项修正的方案。GPS 卫星的运动在二体运动(仅考虑地球质心引力的情况下来研究卫星相对于地球的运动)的基础上加入了长期摄动和周期摄动。其中主要的周期摄动是周期约为 6 h 的二阶带谐项引起的短周期摄动。

GPS 广播星历参数共有 16 个，包括 1 个参考时刻、6 个对应参考时刻的开普勒轨道根数和 9 个反映摄动力影响的参数。这些参数通过 GPS 卫星导航电文传递给用户。

2）GPS 卫星精密星历

GPS 卫星向全球用户播发的星历，是调制在两种伪随机测距码上进行传送的。一种是用称为 C/A 码所传送的 GPS 卫星星历（简称 C/A 码星历），其星历精度为数十米。另一种是用 P 码所传送的 GPS 卫星星历（简称 P 码星历），其精度提高到 5 m 左右，只有工作于 P 码的接收机才能从 P 码中解译出精密的 P 码星历。精密的 P 码星历主要用于军事目的导航定位，C/A 码星历对民用用户开放。绝大多数的商用接收机，只能接收到 C/A 码，只能使用 C/A 码所携带的广播星历。由于广播星历精度较低，给用户的 GPS 定位带来了较大误差。这是非特许用户进行高精度的 GPS 测量时必须解决的一个问题。利用精密的事后处理星历能够解决这个问题。

事后处理精密星历是国家某些部门，根据各自建立的卫星跟踪站所获得的对 GPS 卫星的精密观测资料，应用与确定广播星历相似的方法而计算得到的卫星星历。它可以向用户提供在用户观测时间内的卫星星历，避免了星历外推的误差。由于这种星历是在事后向用户提供的在其观测时间内的精密轨道信息，因此称为后处理星历或精密星历。这种星历不是通过 GPS 卫星的导航电文向用户传递的，而是通过卫星通信或互联网等方式为所需要的用户提供数据服务。

3）IGS 简介

国际卫星导航定位服务机构（International GNSS Service，IGS）是由国际大地测量协会协调的一个永久性服务机构，成立于 1992 年，正式运行始于 1994 年 1 月。IGS 是一家在全球拥有 200 多个机构的志愿同盟，目的是集中尽可能多的数据，生成精确的 GNSS 产品。IGS 致力于提供最高质量的数据和产品，并为地球科学研究、多学科的应用和教育服务。IGS 向用户免费提供精度最高的 IGS 产品，包括广播星历的 N 文件、卫星精密星历、预报星历、IGS 站坐标及运动速率、IGS 跟踪站所接受的原始相位和伪距观测数据、地球自转速率等，这些产品对研究全球卫星导航定位系统及其应用具有重要的意义。

在浏览器上输入网址：igscb. jpl. nasa. gov，即可进入 IGS 网站主页。IGS 产品的下载服务中提供三种星历的下载。最终 F 星历为 14 d 以后提供；快速 R 星历为 17 h 以后提供；超快速 U 星历每天提供 4 次，分别是世界时 3 时、9 时、15 时、21 时，而且包含 48 h 的轨道信息，前一半信息通过观测计算得到，后一半是预测轨道的信息。

3.2.2 GPS卫星轨道

1）人造卫星轨道理论简介

（1）作用在卫星上的外力

卫星是在多种外力的作用下绕地球运动的。这些外力有地球对卫星的万有引力、日月对卫星的万有引力、大气阻力、太阳光压力等。为了便于研究，通常人为地把地球万有引力分为两部分：地球万有引力1和地球万有引力2。设地球的总质量为M，地球万有引力1是质量为M、密度成球形分布的一个虚拟的圆球所产生的万有引力。所谓密度成球形分布是指球内任何一点的密度ρ只与该点至地心的距离有关，而与经纬度等无关，即$\rho=f(r)$。这种分层结构与地球的实际情况是很相似的。可以证明，密度成球形分布的圆球所产生的万有引力，就相当于把全部质量都集中在球心上的一个质点所产生的万有引力，也就是说，地球万有引力1就是质量为M，且位于地心的一个质点所产生的万有引力。但实际上，地球是一个形状十分复杂、质量分布又不规则，从总体上讲，类似于旋转椭球的一个物体，它所产生的万有引力与一个简化的、近似的地球万有引力1之差，称为地球万有引力2。

在上述各种作用力中，地球万有引力1的值最大，对卫星的运动起到了决定性的作用。如果把地球万有引力1的值看成1，地球万有引力2就是一个10^{-3}量级的微小量，而日月引力、大气阻力、太阳光压力等通常都是小于等于10^{-5}量级的微小量。在人造卫星轨道理论中，把这些微小量统称为摄动力。

（2）人造卫星正常轨道与轨道摄动

如果暂且不顾及各种摄动力的影响，只考虑卫星在地球万有引力1的作用下的运动状况，即把一个复杂的力学问题简化为二体问题，卫星运动方程就能严格求解。此时，人造地球卫星的运行轨道就是一个椭圆，地球质心位于该椭圆轨道的一个焦点上。这些椭圆轨道称为人造卫星正常轨道。人造卫星正常轨道是研究人造卫星真实轨道的基础，在精度要求不高时，也可以近似地把它当作人造卫星真实轨道。

人造卫星正常轨道虽然可以从数学上严格求解，但只是在不顾及各种摄动力影响的情况下求得的近似轨道。人造卫星的真实轨道与正常轨道之差称为轨道摄动。为了确定人造卫星的真实轨道，必须研究在各种摄动力的作用下人造卫星的真实轨道与正常轨道之间的偏移。求解轨道摄动的一整套理论与方法称为人造卫星轨道摄动理论。

2）卫星轨道的不同表示方法

（1）按规定的时间间隔直接给出不同历元卫星在空间的位置(X,Y,Z)以及运动速度($\dot{X}$, $\dot{Y}$, $\dot{Z}$)。IGS 的精密星历就采用这种方式。该方法与采用数值计算的方法来确定卫星轨道时所获得的结果形式一致，较为方便，但采用这种方法时，只能给出相应历元上的离散的结果。用户要获得观测瞬间卫星的位置和速度值时，还需采用切比雪夫多项式拟合或拉格朗日多项式拟合等方法来进行拟合和内插。此外，用这种方法给出的卫星轨道几何意义不明确，不直观。

(2) Collocation 法。这种方法是用一个高阶多项式(如 10 阶)来拟合某一时间段内的卫星轨道(如 1—2 h)，在进行数值积分时直接求得多项式系数。Bernese 5.0 版软件就采用这种方法，近来也有人将其用于导航卫星的自主定轨。该方法的优点是定轨时的工作量大为节省，计算速度快，能给出连续的轨道；缺点也是几何意义不明确，不直观。

(3) 用开普勒轨道根数及其变化率来描述卫星轨道。广播星历就是采用这种方法来描述卫星轨道的。该方法的优点是有明确的几何意义，较为直观；缺点是用数值方法求得离散点上的卫星位置和速度后，还需要再进行最小二乘拟合，以求得上述参数。用户计算时，一般需先根据上述参数求得观测时段内少量离散点上的坐标值，然后进行多项式拟合，最后根据拟合出来的系数计算观测瞬间卫星的坐标(采用这种方法比直接根据开普勒轨道根数及其变化率来计算每个观测历元的卫星位置要快)，计算较麻烦。

3) 开普勒轨道根数

在人造卫星轨道理论中，通常用六个开普勒轨道根数来描述卫星椭圆轨道的形状、大小及在空间的指向，来确定任一时刻卫星在轨道上的位置。所谓轨道根数也称轨道参数。下面介绍六个开普勒轨道根数的具体含义。

先以地心 A 为球心作一个半径无穷大的天球，分别将地球赤道面及轨道面向外延伸，与天球相交得天球赤道及卫星轨道在天球上的投影(为一大圆)。

(1) 升交点赤经 Ω

一般来说，卫星轨道与赤道平面有两个交点，当卫星从赤道平面以下(南半球)穿过赤道平面进入北半球时，与赤道平面的交点称为升交点。反之，当卫星从赤道平面以上(北半球)穿过赤道平面进入南半球时，与赤道平面的交点称为降交点。升交点的赤经称为升交点赤经，用 Ω 来表示(图 3.2)，Ω 在 0°～360°范围内变动。

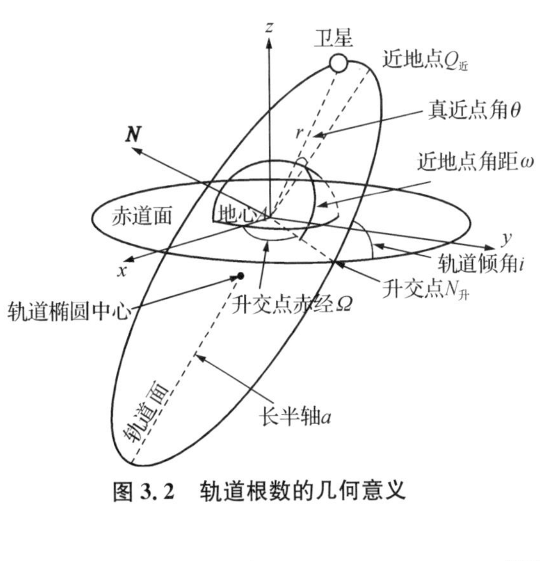

图 3.2　轨道根数的几何意义

(2) 轨道倾角 i

在升交点 $N_{升}$ 处,轨道正方向(卫星运动方向)与赤道正向(赤经增加方向)之间的夹角称为轨道倾角,用 i 表示。显然,i 即为轨道面的法线矢量 $\boldsymbol{N}$ 与 z 轴之间的夹角。i 的取值在 0°～180°之间。

用 Ω 和 i 两个轨道根数可以描述卫星轨道平面在空间的指向。

(3) 长半轴 a

从轨道椭圆中心至远地点的距离,即轨道椭圆长轴的一半,用 a 表示。a 的取值范围根据实际情况而定。

(4) 偏心率 e

$$e=\frac{\sqrt{a^2-b^2}}{a}(0\leqslant e\leqslant 1) \tag{3.1}$$

长半轴 a 和偏心率 e 给出了轨道椭圆的形状和大小。描述椭圆形状和大小的参数并非只有 a 和 e 两个,可在长半轴 a、短半轴 b、半通径 p、偏心率 e 和扁率 $\alpha=(a-b)/a$ 中任选两个,但其中至少有一个为长度元素。

(5) 近地点角距 ω

从升交点矢径 $\overrightarrow{AN_{升}}$ 起算,从 $\boldsymbol{N}$ 正方向看,逆时针旋转至近地点矢径 $\overrightarrow{AQ_{近}}$ 所经过的角度,称为近地点角距。近地点角距是在卫星轨道平面上量测的,用 ω 表示。ω 确定轨道椭圆在轨道平面内的指向。ω 的取值在 0°～360°之间。

(6) 卫星过近地点的时刻 t_0

在实际工作中,也可以用卫星的平近点角 M(或真近点角 θ,或偏近点角 E)去取代参数 t_0。第 6 个轨道根数给出了卫星在椭圆轨道上的位置。

人造卫星正常轨道的 6 个轨道根数(Ω,i,a,e,ω,t_0)均为常数。卫星绕地球旋转一圈后,过近地点的时刻 t_0 将增加 T,T 为卫星运行周期,也是一个常数。也就是说,卫星将沿着某一固定不变的椭圆轨道做周期运动。但是在各种摄动力的作用下,上述 6 个轨道根数会随着时间的变化而缓慢地发生变化,同一卫星在不同时刻的轨道根数并不相同。如果参考时刻 t_0 时的卫星轨道根数为 σ_0,那么 t 时刻的轨道根数 σ 可以写为

$$\sigma=\sigma_0+\frac{\mathrm{d}\sigma}{\mathrm{d}t}\times(t-t_0) \tag{3.2}$$

为计算方便,式(3.2)中略去了高阶导数项,因此($t-t_0$)的数值不能过大。也就是说,式(3.2)只是在一定的时间段中才适用,该时间段就是导航电文的有效时间段。

4）几个角度参数的定义与计算

（1）真近点角 θ：卫星与近地点的实时夹角。真近点角是确定卫星在运行轨道位置的参数，卫星的运行轨道不是圆，因此真近点角参数变化不是线性时变的。

（2）升交角距 Φ：卫星与升交点的实时夹角，等于近地点角距加真近点角，即

$$\Phi=\omega+\theta \tag{3.3}$$

（3）偏近点角 E：卫星在半径为 a 的圆上的投影点、近地点到圆心的夹角。将真近点角转换为偏近点角的公式为

$$E=2\arctan\left(\sqrt{\frac{1-e}{1+e}}\tan\frac{\theta}{2}\right) \tag{3.4}$$

（4）平近点角 M：假设卫星运行在椭圆形轨道，其焦点与周期都与真实卫星轨道相同，但是它具有恒定的速度（称为平均速度），则它与近地点的夹角称为平近点角。平近点角将真近点角转换为线性时变的参数。采用开普勒方程可以推出平近点角的公式为

$$M=E-e\sin E \tag{3.5}$$

3.3　GPS 卫星导航电文

导航电文是由 GPS 卫星向用户播发的一组反映卫星在空间的运行轨道、卫星钟的改正参数、电离层延迟修正参数及卫星的工作状态等信息的二进制代码，也称数据码（D 码）。它是用户利用全球定位系统进行导航定位时一组十分重要的数据。

3.3.1　导航电文的总体结构

导航电文以帧为单位向外播发。1 个主帧的长度为 1 500 b，发送速率为 50 b/s，播发 1 帧电文需要 30 s。1 个主帧包含 5 个子帧，每个子帧均为 300 b，播发时间为 6 s。每个子帧都是由 10 个字组成，每个字均含 30 b，播发时间为 0.6 s。其中第 4、5 两个子帧各有 25 个不同的页面。用户需花费 750 s 才能接收到一组完整的导航电文。每 30 s 第 4、5 子帧翻转 1 页，而前 3 个子帧则重复原来的内容。第 1、2、3 子帧中的内容每小时更换 1 次，第 4、5 子帧的内容则要等地面站输入新的历书后才更换。导航电文的总体结构见图 3.3。

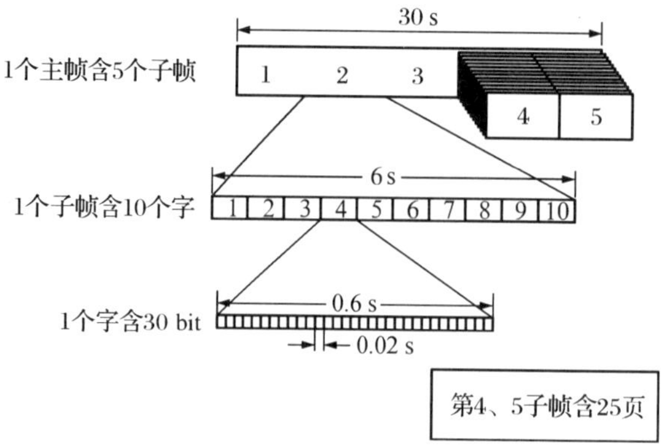

图 3.3 卫星导航电文的基本构成图

3.3.2 第1子帧(第一数据块)

1) 遥测字(Telemetry Word,TLM)

第1子帧的第1个字是遥测字,作为捕获导航电文的前导。遥测字中前8 b 10001001为同步码,为各子帧编码提供了“起始点”。第9~22比特为遥测电文,包括地面监控系统在注入数据时的一些相关信息。第23、24比特空闲备用。最后的6 b用于奇偶检验。

2) 交接字(Hand-Over Word,HOW)

第1子帧中的第2个字为交接字。交接字是为了使用户在捕获到C/A码解调出导航电文后能尽快捕获P(Y)码。为了达到上述目的,需要让用户知道信号的发射时间以及信号的传播时间。此处所说的信号发射时间是指卫星钟给出的时间,而不是标准的GPS时,因为信号是在卫星钟的控制下发射的。

GPS时间可以用长度为29 b的Z计数来表示,前10比特表示从起始时刻1980年1月6日00:00:00(协调世界时UTC,Universal Time Coordinated)至今的星期数(模为1 024),后19 b则给出了本星期内X_1码的周期数(X_1码的周期为1.5 s)。因而Z计数是一种特殊的计时单位来表示GPS时。19 b可表示的最大值为$2^{19}-1=524\ 287$,而X_1码的最大值为403 199,所以19 b完全可以表示一星期内的X_1码的周期数。在交接字中只用了17 b来表示一星期内的时间,将完整的Z计数中的后19比特截去了最后2 b,因此这17 b给出的是周期为6 s的子帧数,将它乘以4以后得出的是下一子帧开始时的X_1码的周期数。

交接字中的第18比特为警告标志,该比特为1时,表明该卫星的URA(User

Range Accuracy，用户距离精度）可能比导航电文中给出的值更差，用户使用该卫星可能会有风险。第 19 比特为 1 表示该卫星在实施 AS（Anti-Spoofing，反电子欺诈）技术。第 20、21、22 比特给出了子编号，如这 3 b 为 011，就表示该子帧为第 3 子帧。第 23、24 比特是在第 29、30 比特为零时用来进行奇偶检验的。最后 6 b 为奇偶检验码。每个字的最后 6 b 均为奇偶检验码。

3）星期数（Week Number，WN）

WN 给出了 GPS 星期数。由于 WN 是用 10 b 来表示的，模为 1 024，也就是说，在离起始时刻 0，1 024，2 048，…星期时，WN 均为零。此外，由于 GPS 时是连续的，而在日常生活中广泛应用的 UTC 则存在跳秒，两者间可能有数十秒的差异。WN 位于第 3 个字的前 10 比特。

第 3 个字的第 11、12 比特表明，在 L_2 载波上调制的是 C/A 码或 P 码。01 表示调制的是 P(Y)码，10 表示调制的是 C/A 码，00 留做他用。

4）用户测距精度（User Range Accuracy，URA）的指数

第 3 个字的第 13—16 比特中给出了该卫星的 URA 值的指数。URA 是用户利用该卫星测距时可获得的测距精度，这是一个数理统计指标。由这 4 b 所给出的 URA 指数与 URA 值之间存在对应关系。当 URA 指数 $N=15$ 时，表示该卫星的星历未加精确预报，使用该卫星有风险。当 Block ⅡR-M 卫星和 Block ⅡF 卫星采用自主导航工作模式时，测距精度定义为不优于 URA。

URA 中包括了由卫星和地面控制部分所产生的各种误差，但不包括由用户设备及传播介质所产生的误差。

5）卫星健康状况（SV Health）

第 3 个字的第 17—22 比特给出了卫星的工作状况是否正常的信息。其中，第 17 比特反映导航资料的总体情况。若该比特为 0，表示全部导航资料都正常；若该比特为 1，表示部分导航资料有问题。后 5 比特则具体给出各信号分量的健康状况。

子帧 1 第 3 个字的第 23、24 比特以及第 8 个字的第 1～8 比特合起来组成了长度为 10 b 的参数 IODC（Issue of Data，Clock，星钟数据事件）。该参数给出了卫星钟资料的发布数。第 4 个字的第 1 比特若为 1，就表示在 L_2 载波上的 P(Y)码上不调制导航电文。

6）L_1 信号和 L_2 信号的群延之差 T_{GD}

L_1 信号是指把已调制了导航电文的 P(Y)码和 C/A 码再调制到 L_1 载波后所形

成的信号。L_2 信号是指把已调制了导航电文的 P(Y)码和 L2C 码再调制到 L_2 载波后所形成的信号。L_1 信号和 L_2 信号都是在卫星的标准频率源(卫星钟)的驱动下生成的。从信号开始生成到最后离开卫星发射天线的相位中心之间的时间,称为信号群延。由于 L_1 信号和 L_2 信号是通过不同的电路产生的,因而它们的群延也不完全相同。其公共部分将被自动吸收到卫星钟差中去,无须另行考虑。L_1 信号和 L_2 信号的群延之差又可分为两部分:系统误差和随机误差。系统误差指平均群延差,也就是导航电文中所给出的参数 T_{GD},其值可正可负,根据卫星电路而定,但其绝对值一般不会超过 15 ns(相当于 4.5 m);另一部分是围绕在平均群延差附近随机变化的部分,随机误差的绝对值不会超过 3 ns(2σ)。T_{GD} 的值可由卫星生产厂家在卫星发射前测定,但该值并非一成不变,会随着外界环境及时间的推移而变化。其准确值可由地面站根据长时间的观测定期加入估计并注入卫星。

由于 T_{GD} 是卫星内部电路中产生的群延差,与信号在电离层中的传播无关。电离层延迟与用户的位置及观测时间有关,由卫星给出一个统一的数值供不同用户使用,在理论上是不合适的。此外,各卫星给出的电离层延迟改正数值可以不等但符号应一致。因此,将 T_{GD} 当作是一个供单频接收机用户进行粗略的电离层延迟改正的值是一种误解。

7）卫星钟参数的数据龄期

卫星钟参数的数据龄期(AODC)为

$$\text{AODC}=t_{oc}-t_L \tag{3.6}$$

式中,t_{oc} 为卫星钟参数的参考时刻,由导航电文给出;t_L 为计算这些参数时所用到的观测资料中最后一次观测值的观测时间。

所以,AODC 实际上表示卫星钟改正参数的外推时间。外推时间越短,改正参数的精度越高。

8）卫星钟误差系数 a_{f_0}、a_{f_1}、a_{f_2}

在导航电文的有效时间段内,任一时刻 t 卫星钟相对于标准 GPS 时的误差可用式(3.7)来表示:

$$\Delta t=a_{f_0}+a_{f_1}(t-t_{oc})+a_{f_2}(t-t_{oc})^2+\Delta t_r \tag{3.7}$$

式中,a_{f_0} 为参考时刻 t_{oc} 时的卫星钟差;a_{f_1} 为参考时刻 t_{oc} 时的卫星钟的钟速,也称频偏;a_{f_2} 为参考时刻 t_{oc} 时的卫星钟的加速度的一半;Δt_r 为由于 GPS 卫星非圆形轨道面引起的相对论效应的修正项。二次多项式的系数 a_{f_0}、a_{f_1}、a_{f_2} 由导航电文给出。

需要指出的是,用式(3.7)求得的卫星钟误差是相对于卫星天线平均相位中心的。

由于L_1信号和L_2信号间存在群延差，这两个信号并不是同时离开卫星发射天线平均相位中心的，因此用L_1信号测定的卫星钟差与L_2信号测定的卫星钟差是不相同的，而导航电文中给出的卫星钟误差系数则是全球定位系统的地面控制系统利用双频接收机的观测资料求得的，因而双频用户可直接采用这些系数来计算卫星钟差，而单频用户则需在式(3.7)的基础上再加上一项修正值，以顾及群延差T_{GD}的影响。

3.3.3 第2、3子帧(第二数据块)

导航电文中的第2子帧和第3子帧是用来描述GPS卫星轨道参数的，利用这些参数，就可求出导航电文有效时间段内任一时刻t卫星在空间的位置(X,Y,Z)及运动速度$(\dot{X},\dot{Y},\dot{Z})$。$\dot{X}=\mathrm{d}X/\mathrm{d}t=V_x$，其余类推。

子帧2和子帧3以一种较为特殊的方式给出了参考时刻t_{oe}时的轨道根数以及它们的变化率，此外，在这两个子帧中还给出了其他几个参数。下面分类进行介绍。

(1) 星历参考时刻t_{oe}时的轨道根数

① t_{oe}时的平近点角M_0，该参数占用32 bit，其单位为$2^{-31}\times180°$。对用户而言，给出卫星的平近点角M_0比给出卫星过近地点时刻t_0更为方便。

② t_{oe}时的轨道偏心率e，该参数占用32 bit，单位为2^{-33}。

③ t_{oe}时轨道长半轴的平方根$\sqrt{a}$，该参数占用32 bit，单位为$2^{-19}\sqrt{m}$。

④ t_{oe}时的轨道倾角i_0，该参数占用32 bit，单位为$2^{-31}\times180°$。

⑤ t_{oe}时的近地点角距ω，该参数占用32 bit，单位为$2^{-31}\times180°$。

⑥ $\Omega_0=\Omega_{t_{oe}}-\mathrm{GAST}(t_0)$，其中，$\Omega_{t_{oe}}$为星历参考时刻$t_{oe}$时的升交点赤经，$\mathrm{GAST}(t_0)$为本星期起始时刻(即星期日00:00:00)的格林尼治真恒星时。直接给出这两者之差，对用户而言计算时更为方便。Ω_0占用32 bit，单位为$2^{-31}\times180°$。

综上所述，第2子帧和第3子帧给出了星历参考时刻t_{oe}时的5个轨道根数i_0、$\sqrt{a}$、e、ω、M_0，虽未直接给出t_{oe}时的升交点赤经$\Omega_{t_{oe}}$，但是给出了$\Omega_{t_{oe}}$与$\mathrm{GAST}(t_0)$之差，称为Ω_0。这6个参数均占用32 bit，其中，角参数i_0、M_0、ω、Ω_0最后一位的单位均为$2^{-31}\times180°\approx3''\times10^{-4}$，相当于GPS卫星轨道上的4 cm。这些参数中变化较快，在$(t-t_{oe})$期间需要考虑其变化的，在t_{oe}时的值需加注下标，如i_0、M_0、Ω_0；而变化较慢，无须在$(t-t_{oe})$期间考虑其变化的，在t_{oe}时的值则无须加注下标，如$\sqrt{a}$、e、ω。

(2) 9个轨道摄动参数

① Δn：平均角速度n的改正值，该参数占用16 bit，单位为$2^{-43}\times180°/\mathrm{s}$。

② 升交点赤经Ω的变化率，$\dot{\Omega}=\mathrm{d}\Omega/\mathrm{d}t$，该参数占用24 bit，单位为$2^{-43}\times180°/\mathrm{s}$。

③ 轨道倾角 i 的变化率，$\dot{i}=\mathrm{d}i/\mathrm{d}t$，该参数占用 14 bitit，单位为 $2^{-43}\times180°/\mathrm{s}$。

④ C_{uc} 和 C_{us}：升交角距 $u=\omega+\theta$ 的余弦及正弦调和改正项的振幅，其中 ω 为近地点角距，θ 为卫星的真近点角。C_{uc} 和 C_{us} 各占用 16 bit，单位为 2^{-29} rad。

⑤ C_{ic} 和 C_{is}：轨道倾角 i 的余弦及正弦调和改正项的振幅，各占用 16 bit，单位为 2^{-29} rad。

⑥ C_{rc} 和 C_{rs}：卫星至地心的距离 r 的余弦及正弦调和改正项的振幅，各占用 16 bit，单位为 2^{-5} m。

(3) 其他参数

第 2 子帧和第 3 子帧中还给出了其他一些参数，如占用 16 bit 的卫星星历的参考时刻 t_{oe}，只占用 1 b 的拟合间隔标志，该位若为 0，表示在确定星历参数时地面控制系统是利用 4 h 的资料进行曲线拟合求得的；该位若为 1，表示曲线拟合的时间段超过 4 h。另外，还有 IODE 和 AODE 两个参数。

3.3.4 第 4、5 子帧(第三数据块)

第 4 子帧和第 5 子帧各含 25 页，内容较为复杂。其中第 4 子帧含有 7 种不同的格式，第 5 子帧含有 2 种不同的格式。第 4 子帧和第 5 子帧以较少的比特数给出了其他 GPS 卫星的概略轨道及概略的卫星钟误差参数，以便用户能了解整个 GPS 卫星星座的总体情况，这些参数称为卫星历书，卫星历书还给出了其他 GPS 卫星的健康状况。此外，第 4 子帧和第 5 子帧也给出了一些其他参数，如电离层延迟参数、有关 UTC 的参数等。当接收机捕获到某颗 GPS 卫星后，根据第三数据块提供的其他卫星的概略星历、时钟改正、卫星工作状态等数据，用户可以选择工作正常和位置适当的卫星，并且较快地捕获到所选择的卫星。下面对其参数进行简要介绍。

(1) 第 4 子帧

① 第 2、3、4、5、7、8、9、10 页面提供第 25—32 颗卫星的历书；

② 第 17 页面提供专用电文，第 18 页面给出电离层改正模型参数和 UTC 数据；

③ 第 25 页面提供所有卫星的型号、防电子对抗特征符和第 25—32 颗卫星的健康状况；

④ 第 1、6、11、12、16、19、20、21、22、23、24 页面作备用，第 13、14、15 页面为空闲页。

(2) 第 5 子帧

① 第 1—24 页面给出第 1—24 颗卫星的历书；

② 第 25 页面给出第 1—24 颗卫星的健康状况和星期编号。

在第三数据块中，第 4 子帧和第 5 子帧的每个页面的第 3 字码，其开始的 8 比特是识别字符，且分成两种形式：第 1、2 比特为电文识别(DATA ID)，第 3—8 比特为卫星识别(SV ID)。

3.4　卫星位置与速度估计

3.4.1　卫星位置的计算

下面用广播星历计算卫星位置。计算 ECEF 系下卫星位置的步骤如下：

(1) 计算卫星的平均角速度 n

首先，根据广播星历中给出的参数$\sqrt{a}$，计算参考时刻 t_{oe} 的平均角速度 n_0：

$$n_0=\sqrt{\frac{GM}{a^3}} \tag{3.8}$$

式中，GM 为万有引力常数 G 与地球总质量 M 的乘积，其值为 $GM=3.986\ 005\times 10^{14}\ \mathrm{m^3/s^2}$；$a$ 为卫星轨道的长半轴。

然后，根据广播星历中给定的摄动参数 Δn，计算观测时刻卫星的平均角速度 n：

$$n=n_0+\Delta n \tag{3.9}$$

(2) 计算观测瞬间(归一化时间 $t_k=t-t_{oe}$)卫星的平近点角 M_k

$$M_k=M_0+n(t-t_{oe}) \tag{3.10}$$

式中，M_0 为参考时刻 t_{oe} 时的平近点角，由广播星历给出。

广播星历每 2 h 更新一次，将参考时刻设在中央时刻时，外推间隔小于等于 1 h。而卫星的运行周期为 12 h 左右，采用卫星过近地点时刻 t_0 来计算时，外推间隔最大有可能达到 6 h。用 t_{oe} 来取代卫星过近地点时刻 t_0 后，外推间隔将大大减小，用较简单的模型能获得精度较高的结果。

(3) 计算偏近点角 E_k

用弧度表示的开普勒方程为

$$E_k=M_k+e\sin E_k \tag{3.11}$$

式中，e 为卫星轨道的偏心率，由广播星历给出。解上述方程可用迭代法或微分改正法。

(4) 计算真近点角 θ_k

因为

$$\sin\theta_k=\frac{\sqrt{1-e^2}\sin E_k}{1-e\cos E_k}\quad \cos\theta_k=\frac{\cos E_k-e}{1-e\cos E_k}$$

所以

$$\theta_k = \arctan \frac{\sqrt{1-e^2}\sin E_k}{\cos E_k - e} \tag{3.12}$$

(5) 计算升交角距 Φ_k

$$\Phi_k = \theta_k + \omega \tag{3.13}$$

式中，ω 为卫星轨道的近地点角距，由广播星历给出。

(6) 计算摄动改正项

广播星历中给出了下列 6 个摄动参数：C_{uc}、C_{us}、C_{rc}、C_{rs}、C_{ic}、C_{is}，据此可求出由于 J_2 项而引起的升交角距(改正前为 Φ_k，改正后为 u_k)的改正项 δu_k、轨道半径的改正项 δr_k 和卫星轨道倾角的摄动改正项 δi_k。计算公式如下：

$$\begin{cases} \delta u_k = C_{us}\sin 2\Phi_k + C_{uc}\cos 2\Phi_k \\ \delta r_k = C_{rs}\sin 2\Phi_k + C_{rc}\cos 2\Phi_k \\ \delta i_k = C_{is}\sin 2\Phi_k + C_{ic}\cos 2\Phi_k \end{cases} \tag{3.14}$$

(7) 进行摄动改正

$$\begin{cases} u_k = \Phi_k + \delta u_k \\ r_k = a(1 - e\cos E_k) + \delta r_k \\ i_k = i_0 + \delta i_k + \mathrm{IDOT} \cdot (t - t_{oe}) \end{cases} \tag{3.15}$$

式中，a 为卫星轨道的长半轴，由广播星历得出；i_0 为 t_{oe} 时刻的轨道倾角，由广播星历中的开普勒六参数给出；IDOT 为 i 的变化率，由广播星历中的摄动九参数给出。

(8) 计算卫星在轨道面坐标系中的位置

在卫星的运行轨道平面直角坐标系中(坐标原点位于地心，X 轴指向升交点)，卫星的平面直角坐标为

$$\begin{cases} x'_k = r_k \cos u_k \\ y'_k = r_k \sin u_k \end{cases} \tag{3.16}$$

(9) 计算观测瞬间修正后的升交点经度 Ω_k

若参考时刻 t_{oe} 时升交点的赤经为 $\Omega_{t_{oe}}$，升交点对时间的变化率为 $\dot{\Omega}$，那么观测瞬间 t 的升交点赤经 Ω 应为

$$\Omega = \Omega_{t_{oe}} + \dot{\Omega}(t - t_{oe}) \tag{3.17}$$

式中，$\dot{\Omega}$ 可从广播星历的摄动参数中给出。

设本周开始时刻(星期日 0 时)格林尼治恒星时为 GAST_{week}，则观测瞬间的格林尼治恒星时为

$$\mathrm{GAST} = \mathrm{GAST}_{week} + \omega_e t \tag{3.18}$$

式中，ω_e 为地球自转角速度，其值为 $7.292\ 115 \times 10^{-5}$ rad/s，t 为本周内的时间(s)。

显然，上述算法中把地球自转看成是完全匀速的，未顾及地球自转的不均匀性。这样就可求得观测瞬间升交点的经度值为

$$\Omega_k=\Omega-\mathrm{GAST}=\Omega_{t_{oe}}-\mathrm{GAST}_{\mathrm{week}}+\dot{\Omega}(t-t_{oe})-\omega_e t$$

令 $\Omega_0=\Omega_{t_{oe}}-\mathrm{GAST}_{week}$，则有

$$\Omega_k=\Omega_0+\dot{\Omega}(t-t_{oe})-\omega_e t=\Omega_0+(\dot{\Omega}-\omega_e)t-\dot{\Omega}t_{oe} \tag{3.19}$$

注意：广播星历中给出的并不是参考时刻 t_{oe} 的升交点赤经 $\Omega_{t_{oe}}$，而是该值与本周起始时刻的格林尼治恒星时 GAST_{week} 之差。

(10) 计算卫星在 ECEF 坐标系中的空间位置

已知升交点的大地经度 Ω_k 以及轨道平面的倾角 i_k 后，就可通过两次旋转求得卫星在地心地固坐标系中的位置：

$$\begin{pmatrix}x_k\\y_k\\z_k\end{pmatrix}=\boldsymbol{R}_z(-\Omega_k)\boldsymbol{R}_x(-i_k)\begin{pmatrix}x'_k\\y'_k\\0\end{pmatrix}=\begin{pmatrix}x'_k\cos\Omega_k-y'_k\cos i_k\sin\Omega_k\\x'_k\sin\Omega_k+y'_k\cos i_k\cos\Omega_k\\y'_k\sin i_k\end{pmatrix} \tag{3.20}$$

需要提及的是，导航电文中卫星星历已给出 $\tilde{\boldsymbol{p}}^m=[x_k,y_k,z_k]^{\mathrm{T}}$，表示在 ECEF 坐标系下信号发送时刻的卫星位置。但是，到接收机天线接收到信号的时刻，信号传播时间为 t_r-t_s，意味着地球在 ECEF 下已绕着 z 轴旋转了 $\omega_e(t_r-t_s)$。此参数是卫星位置在 ECEF 下由 t_s 时刻转换到 t_r 时刻所必需的。此参数乘以 $\tilde{\boldsymbol{p}}^m$，可得

$$\boldsymbol{p}^m=\begin{bmatrix}\cos\omega_e(t_r-t_s) & \sin\omega_e(t_r-t_s) & 0\\-\sin\omega_e(t_r-t_s) & \cos\omega_e(t_r-t_s) & 0\\0 & 0 & 1\end{bmatrix}\tilde{\boldsymbol{p}}^m=\boldsymbol{R}_{es}^{er}\tilde{\boldsymbol{p}}^m \tag{3.21}$$

式中，$\boldsymbol{R}_{es}^{er}$ 为在 ECEF 下 GPS 信号发送时刻到接收时刻的转换矩阵。由于 ω_e 和传播时间 t_r-t_s 都是微小量，所以近似有 $\cos\omega_e(t_r-t_s)\approx 1$ 和 $\sin\omega_e(t_r-t_s)\approx\omega_e(t_r-t_s)$。

3.4.2 卫星速度的计算

卫星的速度可通过对卫星空间位置方程式(3.20)求导得到，具体步骤如下：

(1) 计算偏近点角的变化率

$$\dot{E}_k=\frac{n}{1-e\cos E_k} \tag{3.22}$$

(2) 计算升交角距的变化率

$$\dot{\Phi}_k=\frac{\sqrt{1-e^2}}{1-e\cos E_k}\dot{E}_k \tag{3.23}$$

(3) 计算修正升交角距的变化率

$$\dot{u}_k=(1+2C_{us}\cos2\Phi_k-2C_{uc}\sin2\Phi_k)\dot{\Phi}_k \tag{3.24}$$

(4) 计算修正半径的变化率

$$\dot{R}_k=2(C_{rs}\cos2\Phi_k-C_{rc}\sin2\Phi_k)\dot{\Phi}_k+ae\sin(E_k)\dot{E}_k \tag{3.25}$$

(5) 计算轨道面上卫星空间位置的变化率

$$\begin{cases}\dot{x}'_k=\dot{y}_k\cos u_k-r_k\sin(u_k)\dot{u}_k\\ \dot{y}'_k=\dot{r}_k\sin u_k+r_k\cos(u_k)\dot{u}_k\end{cases} \tag{3.26}$$

(6) 计算修正轨道交角的变化率

$$\frac{\mathrm{d}i_k}{\mathrm{d}t}=2(C_{is}\cos2\Phi_k-C_{ic}\sin2\Phi_k)\dot{\Phi}_k+\mathrm{IDOT} \tag{3.27}$$

(7) 计算修正升交点经度的变化率

$$\dot{\Omega}_k=\dot{\Omega}-\dot{\Omega}_e \tag{3.28}$$

(8) 在 ECEF 下,对式(3.20)进行微分,获得卫星的速率为

$$\begin{cases}\dot{x}_k=\dot{x}'_k\cos\Omega_k-\dot{y}'_k\cos i_k\sin\Omega_k+y'_k\sin i_k\sin(\Omega_k)\dfrac{\mathrm{d}i_k}{\mathrm{d}t}-y_k\dot{\Omega}_k\\ \dot{y}_k=\dot{x}'_k\sin\Omega_k-\dot{y}'_k\cos i_k\cos\Omega_k+y'_k\sin i_k\cos(\Omega_k)\dfrac{\mathrm{d}i_k}{\mathrm{d}t}-x_k\dot{\Omega}_k\\ \dot{z}_k=\dot{y}'_k\sin i_k+y'_k\cos(i_k)\dfrac{\mathrm{d}i_k}{\mathrm{d}t}\end{cases} \tag{3.29}$$

3.4.3 GPS 卫星轨道的标准化

(1) 切比雪夫多项式模型

轨道标准化就是用时间多项式来表示卫星的坐标。利用广播星历计算 GPS 卫星在轨坐标时,所得数据均是以一定时间间隔为单位的离散数值。为求得时间间隔内某一时刻卫星坐标,并保证其具有有效的定位精度,有必要利用数学方法对其进行一定的处理。实际应用中,常采用多项式拟合方法来对所得离散数据进行标准化,使之与时间参数满足特定的函数关系。计算拟合时间段中某一时刻的卫星坐标时,只需将时间值代入该函数式中,即可快速得到卫星坐标值。

在各种多项式中,切比雪夫多项式的逼近效果最佳,而且在时间段的两端近似性也很好。

假定欲将在间隔$[t_0,t_0+\Delta t]$的卫星星历用 n 阶切比雪夫多项式逼近,即标准化,其中 t_0 和 Δt 分别为开始历元和拟合时间区间的长度。为了用切比雪夫多项式对卫星轨道标准化,首先应将时间归一化,即 $t\in[t_0,t_0+\Delta t]$变换成 $\tau\in[-1,1]$。转换方

法为

$$\tau=\frac{2(t-t_0)}{\Delta t}-1,\ t\in[t_0,t_0+\Delta t]$$

则卫星坐标 X、Y、Z 分量可用如下切比雪夫多项式表示：

$$\begin{cases}X(t)=\sum_{i=0}^{n}C_{x_i}T_i(\tau)\\ Y(t)=\sum_{i=0}^{n}C_{y_i}T_i(\tau)\\ Z(t)=\sum_{i=0}^{n}C_{z_i}T_i(\tau)\end{cases}\tag{3.30}$$

式中，n 为切比雪夫多项式的阶数，C_{x_i}、C_{y_i}、C_{z_i} 分别为 X 坐标分量、Y 坐标分量、Z 坐标分量切比雪夫多项式系数。一般用最小二乘法求出系数后，便可以求出相应时间内任意时刻的卫星坐标。

切比雪夫多项式用以下递推公式确定：

$$\begin{cases}T_0(\tau)=1\\ T_1(\tau)=\tau\\ T_n(\tau)=2\tau T_{n-1}(\tau)-T_{n-2}(\tau),\ |\tau|\leqslant 1,n\geqslant 2\end{cases}\tag{3.31}$$

(2) 轨道标准化的算法实现

根据已知的卫星星历文件提供的信息，如果是广播星历，则利用其中的开普勒轨道参数及摄动改正参数计算 $t_k(k=1,2,3,\cdots,m,m\geqslant n+1,n$ 为选定的多项式的次数)时刻的卫星位置(X_k,Y_k,Z_k)组成坐标文件。如果是精密星历，设 m 为等间隔记录有卫星坐标的历元数，当 $m\geqslant n+1$ 时，可将精密星历文件视为坐标文件；当 $m\leqslant n$ 时，要先利用精密星历提供的坐标数据，运用拉格朗日多项式至少内插 $n-m+1$ 个卫星坐标数据，然后和精密星历提供的坐标数据一起组成坐标文件。

下面以 X 坐标分量为例来说明具体过程。

误差方程为

$$V_{x_k}=\sum_{i=0}^{n}C_{x_i}T_i(\tau)-X_k\tag{3.32}$$

其矩阵展开式为

$$\begin{bmatrix}V_{x_1}\\ V_{x_2}\\ \vdots\\ V_{x_m}\end{bmatrix}=\begin{bmatrix}T_0(\tau_1) & T_1(\tau_1) & \cdots & T_n(\tau_1)\\ T_0(\tau_2) & T_1(\tau_2) & \cdots & T_n(\tau_2)\\ \vdots & \vdots & & \vdots\\ T_0(\tau_m) & T_1(\tau_m) & \cdots & T_n(\tau_m)\end{bmatrix}\begin{bmatrix}C_{x_0}\\ C_{x_1}\\ \vdots\\ C_{x_n}\end{bmatrix}-\begin{bmatrix}X_1\\ X_2\\ \vdots\\ X_m\end{bmatrix}\tag{3.33}$$

令

$$
\boldsymbol{B}=\begin{bmatrix} T_0(\tau_1) & T_1(\tau_1) & \cdots & T_n(\tau_1) \\ T_0(\tau_2) & T_1(\tau_2) & \cdots & T_n(\tau_2) \\ \vdots & \vdots & & \vdots \\ T_0(\tau_m) & T_1(\tau_m) & \cdots & T_n(\tau_m) \end{bmatrix}
$$

$$\boldsymbol{V}_x=[V_{x_1} \quad V_{x_2} \quad \cdots \quad V_{x_m}]^{\mathrm{T}}$$

$$\boldsymbol{f}_x=[X_1 \quad X_2 \quad \cdots \quad X_m]^{\mathrm{T}}$$

$$\boldsymbol{X}=[C_{x_0} \quad C_{x_1} \quad \cdots \quad C_{x_n}]^{\mathrm{T}}$$

则有向量表达式：

$$\boldsymbol{V}_x=\boldsymbol{BX}-\boldsymbol{f}_x \tag{3.34}$$

应用最小二乘估计，可以得到法方程为

$$\boldsymbol{B}^{\mathrm{T}}\boldsymbol{BX}=\boldsymbol{B}^{\mathrm{T}}\boldsymbol{f}_x \tag{3.35}$$

则方程的解为

$$\boldsymbol{X}=(\boldsymbol{B}^{\mathrm{T}}\boldsymbol{B})^{-1}\boldsymbol{B}^{\mathrm{T}}\boldsymbol{f}_x \tag{3.36}$$

此时，$\boldsymbol{X}$ 各分量便是切比雪夫多项式拟合系数 C_{x_i}；对 Y、Z 坐标分量做同样的处理计算，便可以得某一卫星在$[t_0, t_0+\Delta t]$时间段 Y、Z 坐标分量的拟合系数 C_{y_i}、C_{z_i}。将 C_{x_i}、C_{y_i}、C_{z_i} 录入标准星历文件，即可利用这些系数计算在$[t_0, t_0+\Delta t]$时间区间内任意时刻的卫星位置和速度。

3.5 GPS 定位原理与观测量

3.5.1 GPS 定位原理

GPS 卫星向地面发射信号，接收机利用 PRN 码可以得到信号传播时间，乘以光速得到卫星到接收机的距离。利用导航电文，还能够求解出 GPS 卫星的空间位置。接收机采用空间距离后方交会算法，处理至少 3 颗卫星的信息，可得到自己当前的空间位置（经度、纬度和高度），如图 3.4 所示。

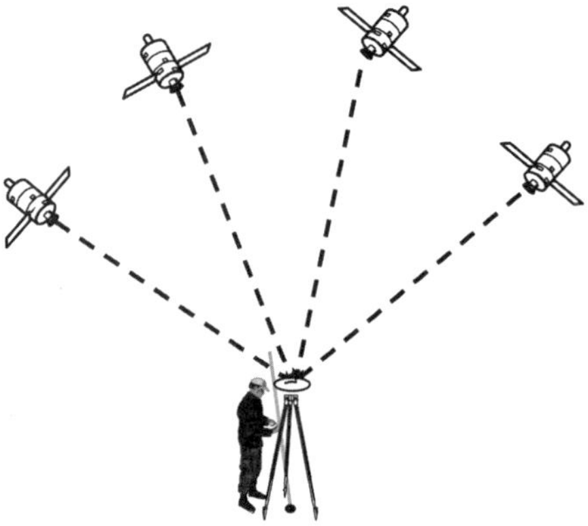

图 3.4　空间距离后方交会

在实际应用中，由于接收机使用低精度时钟，卫星与接收机的时钟是不同步的，因此，接收机的钟差将会导致星地距离测量存在误差。

此钟差是独立于经度、纬度、高度3个位置参数以外的第4个未知数，因而，至少需要测量4颗卫星，建立一个方程组来求解4个未知数。对于某一待定测站，计算接收机位置需要3颗卫星的星地距离方程，第4颗卫星的星地距离方程用于估算接收机钟差，此误差是所有星地距离观测值的公共误差项。

3.5.2　GPS观测量

GPS观测量有3种，即伪距观测量、载波相位观测量和多普勒频移观测量。

(1) 伪距观测量

卫星到接收机之间的测量距离称为伪距，信号发射时间由导航电文推算，但接收时间则需要接收机复制码与卫星信号(伪随机码)做相关运算才能得出(图3.5)。伪距 ρ 由两者的时间差 Δt 与光速 c 的乘积表示，即

$$\rho = c\Delta t \tag{3.37}$$

由于卫星钟与接收机钟的误差，以及信号在传播过程中经过电离层和对流层的延迟，由式(3.37)求出的距离并不是卫星与接收机的真实几何距离，与其存在偏差，因此称之为伪距，它是伪距定位法的观测量。

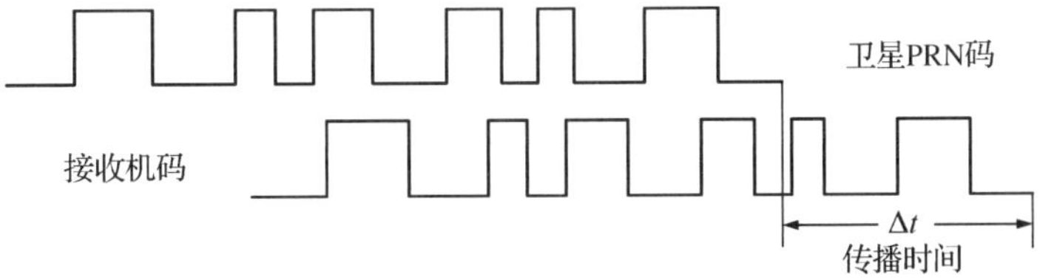

图3.5　伪距测量原理

第 m 颗卫星的伪距公式为

$$\rho^m = r^m + c\delta t_r - c\delta t_s + cI^m + cT^m + \varepsilon_\rho^m \tag{3.38}$$

式中，ρ^m 为第 m 颗卫星到接收机的伪距观测值(m)；r^m 为 t_r 时刻的接收机天线位置到 t_s 时刻卫星天线位置的真实距离(m)；δt_r 为接收机钟差(s)；δt_s 为卫星钟差(s)；I^m 为电离层延时(s)；T^m 为对流层延时(s)；ε_ρ^m 为其他多种原因造成的误差总和(m)，如接收机噪声、多径效应、卫星时钟偏差与预期轨道偏差等。

(2) 载波相位观测量

利用载波信号的相位也能计算出接收机与卫星的距离。GPS接收机能够精确测量一个周期内微小的相位变化，但卫星到接收机的初始整周数却是未知的，称为整周模糊度(Integer Ambiguity，IA)。如果整周模糊度能够获得，就能利用波长 λ 乘以整周模糊度 N 与微小相位变化量 φ 之和，得到精确的距离值，如图3.6所示。这种测距

方法比 PRN 码测量精度高，其数学表达式为

$$\rho=(N+\varphi)\lambda \tag{3.39}$$

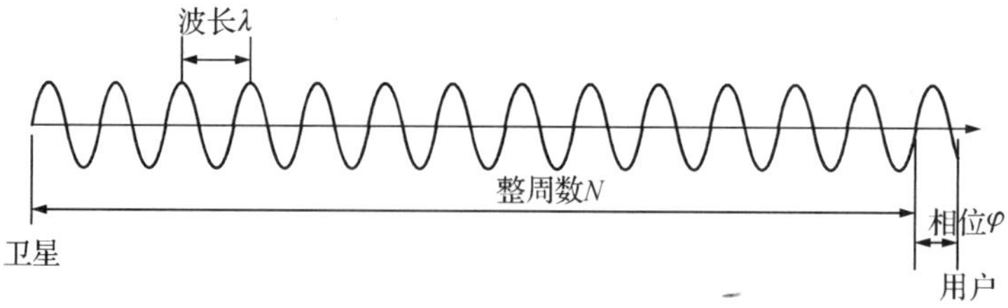

图 3.6 载波相位测距原理

考虑钟差、大气层延时、测量误差等影响，可以将其表达式写为

$$\varphi=\frac{1}{\lambda}(r+c\delta t_r-c\delta t_s+cI_\varphi+cT_\varphi)-N+\varepsilon_\varphi \tag{3.40}$$

式中，δt_r 为接收机钟差(s)；δt_s 为卫星钟差(s)；I_φ 为电离层延时(s)；T_φ 为对流层延时(s)；N 为整周模糊度(周)；ε_φ 为测量误差(周)。

由式(3.40)可得，载波相位观测量乘以波长 λ 表示距离，即

$$\lambda\varphi=r+c\delta t_r-c\delta t_s+cI_\varphi+cT_\varphi-\lambda N+\lambda\varepsilon_\varphi \tag{3.41}$$

事实上，电离层与对流层的延时，对伪距及载波相位测量的影响是相似的，省略下标 φ，式(3.41)可进一步表示为

$$\lambda(\varphi+N)=r+c\delta t_r-c\delta t_s+cI+cT+\lambda\varepsilon_\varphi \tag{3.42}$$

载波相位测量公式(3.42)与伪距测量公式(3.38)的形式是相似的。

(3) 多普勒频移观测量

多普勒效应是指由于发送机与接收机产生相对运动而导致电信号频移的现象。基于这种效应，GPS 接收机可以通过产生的多普勒频移量来计算用户的运动速度。利用多普勒频移 f_d、距离变化率 $\dot{r}$、发射的信号波长 λ 等参数，有

$$f_d=-\frac{\dot{r}}{\lambda} \tag{3.43}$$

3.6 GPS 误差及其改正

GPS 接收机利用测距原理，至少需要 4 颗卫星的测量距离才能实现定位，而且这些测量距离还收到各种各样误差的影响。为了能获得更准确的定位，必须排除有害误差的干扰。

3.6.1 GPS误差分类

GPS定位中出现的各种误差从误差源来讲大体可以分为下列三类：

1）与卫星有关的误差

（1）卫星星历误差

由卫星星历所给出的卫星位置和速度与卫星的实际位置和速度之差称为卫星星历误差。星历误差的大小主要取决于卫星定轨系统的质量，如定轨站的数量及地理分布、观测值的数量及精度、定轨时所用的数学力学模型和定轨软件的完善程度等；此外，与星历的外推时间间隔（实测星历的外推时间间隔可视为零）也有直接关系。

（2）卫星钟的钟误差

卫星上虽然使用了高精度的原子钟，但它们也不可避免地存在误差，这种误差既包含系统性的误差（如钟差、钟速、频漂等偏差），也包含随机误差。系统误差远较随机误差大，可以通过检验和比对来确定，并通过模型来加以改正；而随机误差只能通过钟的稳定度来描述其统计特性，无法确定其符号和大小。

（3）相对论效应

相对论效应是指由于卫星钟和接收机钟所处的状态（运动速度和重力位）不同而引起两台钟之间产生相对钟误差的现象，它主要取决于卫星的运动速度和所处位置的重力位，以卫星钟的钟误差的形式出现。

上述误差对测码伪距观测值和载波相位观测值的影响是相同的。

2）与信号传播有关的误差

（1）电离层延迟

电离层（含平流层）是高度在60—1 000 km间的大气层。在太阳紫外线、X射线、γ射线和高能粒子的作用下，该区域的气体分子和原子将产生电离，形成自由由子和正离子。带电粒子的存在将影响无线电信号的传播，使传播速度发生变化，传播路径产生弯曲，从而使得信号传播时间 Δt 与真空中光速 c 的乘积 $\rho = c\Delta t$ 不等于卫星至接收机的几何距离，产生电离层延迟。电离层延迟取决于信号传播路径上的总电子含量（Total Electronic Content，TEC）和信号的频率 f，而TEC又与时间、地点、太阳黑子数等多种因素有关。在仅顾及 f^2 项的情况下，测码伪距观测值和载波相位观测值所受到的电离层延迟大小相同，符号相反。

（2）对流层延迟

对流层是高度在 50 km 以下的大气层。整个大气层中的绝大部分质量集中在对流层中。GPS 卫星信号在对流层中的传播速度 $V=c/n$，c 为真空中的光速，n 为大气折射率，其值取决于气温、气压和相对湿度等因子。此外，信号的传播路径也会产生弯曲。由于上述原因，距离测量值产生的系统性偏差称为对流层延迟。对流层延迟对测码伪距观测值和载波相位观测值的影响是相同的。

（3）多路径效应

经某些物体表面反射后到达接收机的信号，如果与直接来自卫星的信号叠加干扰后进入接收机，将使测量值产生系统误差，这就是多路径误差。多路径误差对测码伪距观测值的影响比对载波相位观测值的影响大得多。多路径误差取决于测站周围的环境、接收机的性能以及观测时间的长短。

3）与接收机有关的误差

（1）接收机钟的钟误差

与卫星钟一样，接收机钟也有误差。而且由于接收机中大多采用石英钟，因而其钟误差较卫星钟更为显著。该项误差主要取决于钟的质量，与使用时的环境也有一定关系。它对测码伪距观测值和载波相位观测值的影响是相同的。

（2）接收机的位置误差

在进行授时和定轨时，接收机的位置通常被认为是已知的，其误差将使授时和定轨的结果产生系统误差。该项误差对测码伪距观测值和载波相位观测值的影响是相同的。进行 GPS 基线解算时，需已知其中一个端点在 WGS-84 坐标系中的近似坐标，近似坐标的误差过大也会对解算结果产生影响。

（3）接收机的测量噪声

这是指用接收机进行 GPS 测量时，由于仪器设备及外界环境影响而引起的随机测量误差，其值取决于仪器性能及作业环境的优劣。一般而言，测量噪声的值远小于上述各种偏差值。观测足够长的时间后，测量噪声的影响通常可以忽略不计。

3.6.2 消除或削弱 GPS 误差的方法

上述各项误差对测距的影响可达数十米，有时甚至可超过百米，比观测噪声大几个数量级。因此，必须设法加以消除，否则将会对定位精度造成极大的损害。消除或大幅度削弱这些误差所造成的影响的主要方法有：

(1) 建立误差改正模型

这些误差改正模型既可以通过对误差的特性、机制以及产生的原因进行研究分析、推导而建立理论公式，也可以通过对大量观测数据的分析、拟合而建立经验公式，有时则是同时采用这两种方法建立的综合模型。

利用电离层折射的大小与信号频率有关这一特性(电离层色散效应)而建立起来的双频电离层折射改正模型属于理论公式，而各种对流层折射模型属于综合模型。

如果每个误差改正模型都是十分完善且严密的，模型中所需的数据都是准确无误的，在这种理想的情况下，经各误差模型改正后，包含在观测值中的系统误差将被全部消除，只留下偶然误差。然而，由于改正模型本身的误差，以及所获取的改正模型中所需的各参数的误差，仍会有一部分偏差无法消除而残留在观测值中。这些残留的偏差一般仍比偶然误差要大，从而严重影响 GPS 定位的精度。

误差改正模型的精度好坏不等。有的误差改正模型效果好，如双频电离层折射改正模型的残余误差约为总量的 1%或更小；有的效果一般，如多数对流层折射改正公式的残余误差为总量的 1%～5%；有的改正模型效果较差，如由广播星历所提供的单频电离层折射改正模型，残余误差高达 30%～40%。

(2) 求差法

仔细分析误差对观测值或测量平差结果的影响，安排适当的观测纲要和数据处理方法(如同步观测、相对定位等)，利用误差在观测值之间的相关性或在定位结果之间的相关性，通过求差来消除或大幅度地削弱其影响的方法称为求差法。

例如，当两站对同一卫星进行同步观测时，观测值中都包含了共同的卫星钟误差，将观测值在接收机间求差后即可消除此项误差。同样，一台接收机对多颗卫星进行同步观测时，将观测值在卫星间求差即可消除接收机钟误差的影响。

又如，目前广播星历的误差约为 5 m，这种误差属于起算数据误差，并不影响观测值。利用相距不太远的两个测站上的同步观测值进行相对定位时，由于两站至卫星的几何图形十分相似，因而星历误差对两站坐标的影响也很相似，利用这种相关性在求坐标差时就能把共同的误差影响消除掉。其残余误差(星历误差对相对定位的影响)一般可用下列公式估算：

$$\Delta b=\left(\frac{1}{4}-\frac{1}{10}\right)b\cdot\frac{\Delta S}{\rho} \tag{3.44}$$

当基线长度 $b=50$ km，卫星星历误差 $\Delta S=5$ m，测站至卫星的距离 $\rho=23\ 000$ km 时，它对基线的影响 Δb 只有 1.1～2.7 mm。

下面简要介绍电离层和对流层延迟误差的改正。

3.6.3 电离层延迟误差改正

1）电离层延迟误差影响

电离层中的电子密度较高，属于弥散性介质。电磁波在这种介质内传播时，其速度与频率有关。根据电磁波理论，电离层的群折射率为

$$n_G = 1 + 40.28 N_e f^{-2} \tag{3.45}$$

电磁波的群速度为

$$v_G = \frac{c}{n_G} = c(1 - 40.28 N_e f^{-2}) \tag{3.46}$$

式中：N_e 为电子密度，f 为信号的频率，c 是真空中的光速。

在伪距测量中，若测得信号的传播时间为 Δt，则卫星至接收机的实际距离为

$$\bar{\rho} = \int_{\Delta t} v_G \mathrm{d}t = \int_{\Delta t} c(1 - 40.28 N_e f^{-2})\mathrm{d}t = c \cdot \Delta t - c\,\frac{40.28}{f^2}\int_{\rho'} N_e \mathrm{d}\rho' = \rho + d_{ion} \tag{3.47}$$

式中：ρ'为信号传播路径，$\int_{\rho'} N_e \mathrm{d}\rho'$ 为电子总量，d_{ion} 为电离层延迟误差改正，即有

$$d_{ion} = -c\,\frac{40.28}{f^2}\int_{\rho'} N_e \mathrm{d}\rho' \tag{3.48}$$

载波相位测量时的电离层折射改正和伪距测量时的电离层折射改正大小相同，但符号相反。这种距离改正在天顶方向最大可达 50 m，在接近地平方向时（高度角为 20°）则达到 150 m。所以必须加以改正，否则会严重损害观测成果的精度。

2）单频观测改正

对于单频接收机，为了削弱电离层的影响，一般采用导航电文提供的电离层改正模型加以改正，常用的为克罗布歇（Klobuchar）模型。该模型把白天的电离层延迟看成是余弦函数中正的部分，而把晚上的电离层延迟 Dc 看成是一个常数，取值为 5 ns，如图 3.7 所示。

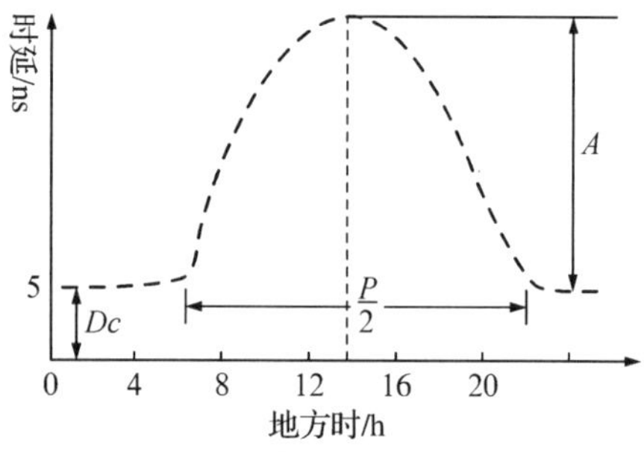

图 3.7 克罗布歇模型

天顶方向调制在 L_1 载波（f=1 575.42 MHz）上的测距码的电离层改正时延 T_g 可表示为

$$T_g = 5 \times 10^{-9} + A\cos\frac{2\pi}{P}(t - 14) \tag{3.49}$$

振幅 A 和周期 P 分别为

$$A=\sum_{i=0}^{3}\alpha_i(\varphi_m)^i P=\sum_{i=0}^{3}\beta_i(\varphi_m)^i \tag{3.50}$$

GPS 全球定位系统向单频接收机用户提供电离层延迟改正时就采用上述模型。其中，α_i、β_i 是地面控制系统根据该天为一年中的第几天(将一年分成 37 个区间)以及前 5 天太阳的平均辐射流量(共分为 10 挡)从 370 组常数中选取的，然后编入 GPS 卫星的导航电文播发给用户。

下面介绍式(3.49)中参数 t 和式(3.50)中参数 φ_m 的含义。

当卫星不在测站的天顶时，信号传播路径上每点的地方时和纬度均不相同，需要对每个微分线段 ds 分别进行计算，然后积分求得总的电离层延迟量。但这样做计算十分复杂。通常采用下列方法：将整个电离层压缩为一个单层，将整个电离层中的自由电子都集中在该单层上，用它来代替整个电离层。这个单层称为中心电离层，中心电离层离地面的高度通常取 350 km(图 3.8)。参数 t 和参数 φ_m 分别为卫星信号传播路径与中心电离层的交点 P' 的时角和地磁纬度，P' 能反映卫星信号所受电离层延迟的总的情况，某点的地磁纬度为过该点的法线与地磁场的赤道平面之间的交角。

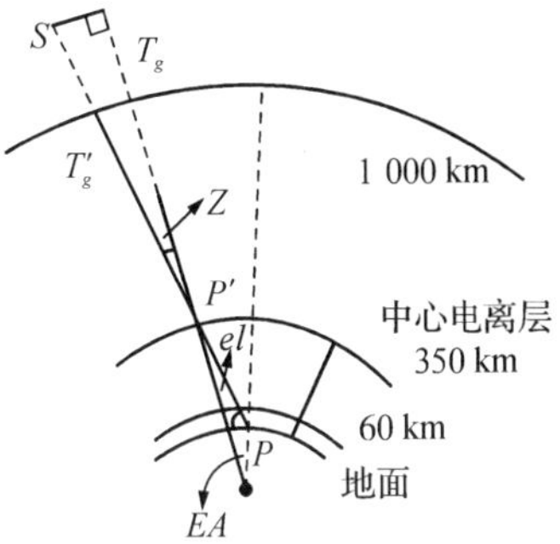

图 3.8　中心电离层

t 和 φ_m 的计算方法如下：

(1) 计算测站点 P 和交点 P' 在地心的夹角 EA

$$\text{EA}=\frac{445^\circ}{el+20^\circ}-4^\circ \tag{3.51}$$

式中，el 为卫星在测站 P 处的高度角。这是一个近似公式，精度已能满足要求。

(2) 计算交点 P' 的地心纬度 $\varphi_{P'}$ 和地心经度 $\lambda_{P'}$

$$\begin{cases}\varphi_{P'}=\varphi_P+\text{EA}\cdot\cos\alpha \\ \lambda_{P'}=\lambda_P+\text{EA}\cdot\dfrac{\sin\alpha}{\cos\varphi_P}\end{cases} \tag{3.52}$$

式中，λ_P、φ_P 为测站 P 的地心经度、纬度，α 为卫星的方位角，$\lambda_{P'}$ 的单位为度(°)。

(3) 计算观测瞬间交点 P' 处的地方时 t

若观测时刻的世界时为 UT，则有

$$t=\text{UT}+\frac{\lambda_{P'}}{15} \tag{3.53}$$

式中，t 的单位为小时(h)。

(4) 计算 P'的地磁纬度 φ_m

由于地球的磁北极位于 $\varphi=79.93°$,$\lambda=288.04°$,因此 P'处的地磁纬度可用下式计算:

$$\varphi_m=\varphi_{P'}+10.07°\cos(\lambda_{p'}-288.04°) \tag{3.54}$$

利用式(3.49)至式(3.54)以及卫星导航电文中给出的 α_i 和 β_i,就能求出观测时刻天顶方向的电离层时间延迟 T_g。根据每颗卫星的天顶距 Z,就能计算出该时刻每颗卫星信号的电离层时延 T'_g:

$$T'_g=T_g\cdot\sec Z \tag{3.55}$$

式中,Z 不是卫星在测站 P 处的天顶距,而是在交点 P'处的天顶距。计算 $\sec Z$ 的近似公式为

$$\sec Z=1+2\left(\frac{96°-el}{90°}\right)^3 \tag{3.56}$$

由于影响电离层折射的因素很多,机制又复杂,所以无法建立严密的数学模型,上述是一种经验估算公式。此外,全球统一采用一组系数 α_i 和 $\beta_i(i=0,1,2,3)$,只能大体反映全球的平均状况,与各地的实际情况会有一定的差异。实验表明,采用上述电离层延迟改正模型可消除 75%左右的电离层折射误差。使用上述模型的优点是,单频用户无须其他支持系统即可获得近似的电离层延迟改正数。

3) 双频观测改正

对于式(3.48),令 $A=-c\cdot 40.28\int_{\rho'}Ne\,\mathrm{d}\rho'$, 则有

$$d_{ion}=\frac{A}{f^2} \tag{3.57}$$

即若用两个不同的频率 f_1 和 f_2 发射卫星信号,它们将沿同一路径到达接收机,它们所对应的电离层改正中的 A 相同。

GPS 卫星采用的两个载波,其频率分别为 $f_1=1\ 575.42$ MHz,$f_2=1\ 227.60$ MHz,调制在两个载波上的 P 码分别称为 P_1 和 P_2,则有测距公式:

$$\begin{cases}\bar{\rho}_1=\rho_1+A/f_1^2=\rho_1+d_{ion1}\\ \bar{\rho}_2=\rho_2+A/f_2^2=\rho_2+d_{ion2}\end{cases} \tag{3.58}$$

将两式相减得

$$\Delta\rho=\rho_1-\rho_2=\frac{A}{f_2^2}-\frac{A}{f_1^2}=\frac{A}{f_1^2}\,\frac{f_1^2-f_2^2}{f_2^2} \tag{3.59}$$

或

$$\Delta\rho=\frac{A}{f_2^2}\,\frac{f_1^2-f_2^2}{f_1^2} \tag{3.60}$$

代入数据得

$$\begin{cases} d_{ion1}=1.545\ 73(\rho_1-\rho_2) \\ d_{ion2}=2.545\ 73(\rho_1-\rho_2) \end{cases} \tag{3.61}$$

在用调制在两个载波上的 P 码测距中，除电离层折射的影响不同外，其余误差影响都相同，所以，$\Delta\rho$ 实际上就是用 P_1 和 P_2 码测得的伪距之差。因此，有下列距离计算公式：

$$\begin{cases} \bar{\rho}_1=\rho_1+1.545\ 73\Delta\rho=\rho_1+1.545\ 73(\rho_1-\rho_2) \\ \bar{\rho}_2=\rho_2+2.545\ 73\Delta\rho=\rho_2+2.545\ 73(\rho_1-\rho_2) \end{cases} \tag{3.62}$$

经过双频观测值改正后，电离层折射影响的残差为厘米级。

对于双频载波相位测量观测值 φ_1 和 φ_2，其电离层折射改正与上述分析方法相似，只是电离层折射改正的符号相反，且要引入整周未知数 N_0。

4）利用同步观测值求差

利用两台 GPS 接收机在基线的两端进行同步观测，并将观测值求差，则可以削弱电离层延迟的影响。其原因是卫星至两测站电磁波传播路径上的大气状况非常相似，通过对同步观测量的求差，可削弱大气状况的系统影响。

该方法对于短基线（小于 20 km）的效果尤为明显，经电离层折射改正后，基线长度的残差一般为 1 ppm×D。但是，随着基线长度的增加，其精度则随之明显降低。所以，该方法适用于短基线的 GPS 测量，即使采用单频接收机也可达到很高的精度。

3.6.4　对流层延迟误差改正

1）对流层延迟误差影响

真空中的折射系数 n 为 1，电磁波信号在真空中的传播速度为 $c=299\ 792.458$ km/s，若对流层中某处的大气折射系数为 n，则电磁波信号在该处的传播速度为 $V=c/n$。所以当电磁波信号在对流层中的传播时间为 $\Delta t''$ 时，其真正的路径长度 ρ'' 为

$$\rho''=\int_{\Delta t''}V\mathrm{d}t=\int_{\Delta t''}\frac{c}{n}\mathrm{d}t=\int_{\Delta t''}\frac{c}{1+(n-1)}\mathrm{d}t=$$
$$\int_{\Delta t''}c[1-(n-1)+(n-1)^2-(n-1)^3+\cdots]\mathrm{d}t$$

式中的 $(n-1)$ 是一个微小量，高阶项可忽略不计。可得

$$\rho''=\int_{\Delta t''}c[1-(n-1)]\mathrm{d}t=c\Delta t''-\int_{\Delta t''}(n-1)c\,\mathrm{d}t=c\Delta t''-\int_{s}(n-1)\mathrm{d}s \tag{3.63}$$

式中，$\int_s (n-1)\mathrm{d}s$ 为对流层延迟，$V_{trop}=-\int_s (n-1)\mathrm{d}s$ 为对流层延迟改正。

在标准大气状态下，大气折射系数 n 与信号的波长 λ 之间有下列关系：

$$(n-1)\times 10^6 = 287.604 + 4.8864\lambda^{-2} + 0.068\lambda^{-4} \tag{3.64}$$

式中，波长 λ 以 m 为单位。对于波长很短的光波，对流层有色散效应(信号在某一介质中的传播速度与它们的频率有关)。如红光的波长为 $\lambda=0.72\ \mu\text{m}$，$n=1.000\,297\,3$；紫光的波长为 $\lambda=0.40\ \mu\text{m}$，$n=1.000\,320\,8$。因而利用双频激光测距仪可能消除对流层延迟。然而对于微波信号，由于其波长太长，所以对流层基本不存在色散效应。例如，对于 GPS 的 L_1 和 L_2 信号，其 n 皆为 1.000 287 604，不可能采用双频改正的方法来消除对流层延迟，只能求出信号传播路径上各处的大气折射系数，然后通过式(3.63)来消除对流层延迟的影响。

由于$(n-1)$的数值很小，为方便计算，常令 $N=(n-1)\times 10^6$，并将 N 称为大气折射指数。大气折射指数 N 与气温、气压及水汽压等因素有关。史密斯(Smith)和韦特兰勃(Weintranb)通过大量的试验后，于 1953 年建立了下列模型：

$$N = N_d + N_w = 77.6\frac{P}{T} + 77.6\times 4\,180\frac{e}{T^2} \tag{3.65}$$

式(3.65)说明，大气折射指数 N 可分为干气部分 N_d 和湿气部分 N_w。干气部分与总的大气压 P 和气温 T 有关，湿气部分则与水汽压 e 和气温 T 有关。式(3.65)中，P 和 e 均以毫巴(mbar)为单位(1 mbar=100 Pa，下同)；气温 T 用绝对温度表示，单位为开尔文(K)。

一般来说，信号传播路径上各处的气象元素是难以实际量测的，能量测的只是测站上的气温 T_s、气压 P_s 和水汽压 e_s。所以，首先必须建立一个依据测站上的气象元素 T_s、P_s 和 e_s 来计算空中各点的气象元素 T、P 和 e 的数学模型，然后代入式(3.65)和式(3.63)求出对流层延迟改正。

2) 常用的几种对流层延迟模型

(1) 霍普菲尔德(Hopfield)模型

众所周知，气温 T、气压 P 和水汽压 e 将随着高度的增加而逐渐降低。在建立霍普菲德模型的过程中，采用下列公式来描述气象元素 T、P、e 与高程 h 之间的关系：

$$\begin{cases}\dfrac{\mathrm{d}T}{\mathrm{d}h} = -6.8\ ℃/\text{km} \\[2ex] \dfrac{\mathrm{d}P}{\mathrm{d}h} = -\rho g \\[2ex] \dfrac{\mathrm{d}e}{\mathrm{d}h} = -\rho g\end{cases} \tag{3.66}$$

式(3.66)表明，在整个对流层中，高程每增加 1 km，气温 T 就下降 6.8 ℃，直至对流层外边缘气温等于绝对温度 0 ℃时为止；气压 P 和水汽压 e 随着高度 h 的增加而降低，其变化率与大气密度 ρ 及重力加速度 g 有关。顾及气态方程 $PV=RT$，根据式(3.65)、式(3.64)和式(3.63)，最后可导得霍普菲尔德模型如下(推导过程较为复杂，此处不再进行详细介绍)：

$$\begin{cases}\Delta S=\Delta S_d+\Delta S_w=\dfrac{K_d}{\sin(E^2+6.25)^{\frac{1}{2}}}+\dfrac{K_w}{\sin(E^2+2.25)^{\frac{1}{2}}}\\ K_d=155.2\times10^{-7}\dfrac{P_s}{T_s}(h_d-h_s)\\ K_w=155.2\times10^{-7}\dfrac{4\ 810}{T^2}e_s(h_w-h_s)\\ h_d=40\ 136+148.72(\overline{T}-273.16)\\ h_w=11\ 000\end{cases} \tag{3.67}$$

式中，温度均采用绝对温度，以 K 为单位；气压 P 和水汽压 e 均以毫巴(mhar)为单位；高度角 E 以度(°)为单位；ΔS、ΔS_d、ΔS_w 均以 m 为单位。当高度角 $E\geqslant10°$时，对投影函数近似处理所造成的误差小于 5 cm。

(2) 萨斯塔莫宁(Saastamoinen)模型

模型如下：

$$\Delta S=\frac{0.002\ 277}{\sin E}\left[P_s+\left(\frac{1\ 255}{T_s}+0.05\right)e_s-\frac{B}{\tan^2E}\right]W(\varphi\cdot H)+\delta R \tag{3.68}$$

式中，$W(\varphi\cdot H)=1+0.002\ 6\cos2\varphi+0.000\ 28h_s$，其中 φ 为测站的纬度，h_s 为测站高程(km)；B 是 h_s 的列表函数；δR 是 E 和 h_s 的列表函数。

经数值拟合后上式可表示为

$$\begin{cases}\Delta S=\dfrac{0.002\ 277}{\sin E'}\left[P_s+\left(\dfrac{1\ 255}{T_s}+0.05\right)e_s-\dfrac{a}{\tan^2E'}\right]\\ E'=E+\Delta E\\ \Delta E=\dfrac{16''}{T_s}\left(P_s+\dfrac{4\ 810e_s}{T_s}\right)\cot E\\ a=1.16-0.15\times10^{-3}h_s+0.716\times10^{-3}h_s^2\end{cases} \tag{3.69}$$

其余符号的含义与霍普菲尔德模型中符号的含义相同。

(3) 勃兰克(Black)模型

模型如下：

$$\Delta S=K_d\left\{\left\{1-\left[\frac{\cos E}{1+(1-\lambda_0)h_d/r_s}\right]^2\right\}^{\frac{1}{2}}-b(E)\right\}+K_w\left\{\left\{1-\left[\frac{\cos E}{1+(1-\lambda_0)h_w/r_s}\right]^2\right\}^{\frac{1}{2}}-b(E)\right\} \tag{3.70}$$

式中，r_s 为测站的地心半径，参数 λ_0 和路径弯曲改正 $b(E)$ 由式(3.71)确定：

$$\begin{cases}\lambda_0=0.833+[0.076+0.000\ 15(T-273)]^{-0.3E}\\ b(E)=1.92(E^2+0.6)^{-1}\end{cases} \tag{3.71}$$

式(3.70)中的 h_d、h_w、K_d、K_w 的含义与前述公式中相同，但按下列公式计算：

$$\begin{cases}h_d=148.98(T_s-3.96)(\mathrm{m})\\ h_w=13\ 000(\mathrm{m})\\ k_d=0.002\ 312(T_s-3.96)\dfrac{P_s}{T_s}(\mathrm{m})\\ k_w=0.20(\mathrm{m})\end{cases} \tag{3.72}$$

计算表明，用同一套气象数据，上述三种改正模型求得的天顶方向的对流层延迟的相互较差很小，一般为几毫米。

然而，由于引起对流层折射误差的因素非常复杂，理论与实践表明，目前采用的各种对流层模型只能减少 92%～95%的对流层折射影响。

3）利用同步观测值求差

当两测站相距不太远（$<$20 km）时，由于信号通过对流层的路径相似，所以对同一卫星的同步观测值进行求差，可以明显地削弱对流层折射的影响。因此该方法被广泛应用于精密相对定位中。但是，当两测站的距离增大时，其有效性也随之降低。当距离$>$100 km 时，对流层折射的影响是限制 GPS 定位精度提高的重要因素。

3.7 接收机位置与速度估计

下面介绍伪距和多普勒测量在接收机位置与速度估算中的应用。

3.7.1 位置估算

对卫星钟差、电离层及对流层等误差进行补偿后，得到第 m 颗卫星的修正伪距为

$$\rho^m=r^m+c\delta t_r+\varepsilon_\rho^m \tag{3.73}$$

式中，δt_r 为接收机钟差(s)，ε_ρ^m 为所有残余误差的总和(m)。星地真实距离

$$r^m=\sqrt{(x-x^m)^2+(y-y^m)^2+(z-z^m)^2}=\|\boldsymbol{x}-\boldsymbol{x}^m\| \tag{3.74}$$

式中，$\boldsymbol{x}=[x,y,z]^{\mathrm{T}}$ 为在 ECEF 下接收机的空间位置，$\boldsymbol{x}^m=[x^m,y^m,z^m]^{\mathrm{T}}$ 为在 ECEF 下第 m 颗卫星的空间位置。

式(3.73)用矢量形式表示为

$$\rho_c^m=\|\boldsymbol{x}-\boldsymbol{x}^m\|+b_r+\bar{\varepsilon}_\rho^m \tag{3.75}$$

式中，$b_r=c\delta t_r$ 表示由接收机钟差导致的距离误差。

将函数 $f(x,y,z)$ 在近似点(x_0,y_0,z_0)处用泰勒级数展开，忽略高次项后，可进行线性化处理，即

$$f(x,y,z)=f(x_0,y_0,z_0)+\left.\frac{\partial f}{\partial x}\right|_{x_0,y_0,z_0}(x-x_0)+\left.\frac{\partial f}{\partial y}\right|_{x_0,y_0,z_0}(y-y_0)+\left.\frac{\partial f}{\partial z}\right|_{x_0,y_0,z_0}(z-z_0)$$

对式(3.75)在最优估计点 $\boldsymbol{x}_{EST}=[x_{EST},y_{EST},z_{EST}]^{\mathrm{T}}$ 处线性化，有

$$\rho_c^m=\sqrt{(x_{EST}-x^m)^2+(y_{EST}-y^m)^2+(z_{EST}-z^m)^2}+\frac{(x_{EST}-x^m)(x-x_{EST})+(y_{EST}-y^m)(y-y_{EST})+(z_{EST}-z^m)(z-z_{EST})}{\sqrt{(x_{EST}-x^m)^2+(y_{EST}-y^m)^2+(z_{EST}-z^m)^2}}+b_r+\tilde{\varepsilon}_\rho^m \tag{3.76}$$

定义估算距离为

$$\rho_{c,EST}^m=\sqrt{(x_{EST}-x^m)^2+(y_{EST}-y^m)^2+(z_{EST}-z^m)^2}+b_{r,EST} \tag{3.77}$$

则有

$$\rho_c^m-\rho_{c,EST}^m=\frac{(x_{EST}-x^m)(x-x_{EST})+(y_{EST}-y^m)(y-y_{EST})+(z_{EST}-z^m)(z-z_{EST})}{\sqrt{(x_{EST}-x^m)^2+(y_{EST}-y^m)^2+(z_{EST}-z^m)^2}}+b_r-b_{c,EST}+\tilde{\varepsilon}_\rho^m \tag{3.78}$$

式(3.78)简写为

$$\delta\rho_c^m=(\mathbf{1}_{EST}^m)^{\mathrm{T}}\delta\boldsymbol{x}+\delta b_r+\tilde{\varepsilon}_\rho^m \tag{3.79}$$

式中，$\delta\rho_c^m=\rho_c^m-\rho_{c,EST}^m$；$\delta b_r=b_r-b_{r,EST}$；$\delta\boldsymbol{x}=\boldsymbol{x}-\boldsymbol{x}_{EST}=[x,y,z]^{\mathrm{T}}-[x_{EST},y_{EST},z_{EST}]^{\mathrm{T}}$；$\mathbf{1}_{EST}^m$ 为第 m 颗卫星与接收机方向的单位观测矢量，其表达式为

$$\mathbf{1}_{EST}^m=\frac{[(x_{EST}-x^m),(y_{EST}-y^m),(z_{EST}-z^m)]^{\mathrm{T}}}{\sqrt{(x_{EST}-x^m)^2+(y_{EST}-y^m)^2+(z_{EST}-z^m)^2}} \tag{3.80}$$

对于 1，2，…，M 颗卫星来说，其线性化伪距测量方程组为

$$\delta\boldsymbol{\rho}_c=\begin{bmatrix}\delta\rho_c^1\\ \delta\rho_c^2\\ \vdots\\ \delta\rho_c^M\end{bmatrix}=\begin{bmatrix}(\mathbf{1}_{EST}^1)^{\mathrm{T}} & 1\\ (\mathbf{1}_{EST}^2)^{\mathrm{T}} & 1\\ \vdots & \vdots\\ (\mathbf{1}_{EST}^M)^{\mathrm{T}} & 1\end{bmatrix}_{M\times 4}\begin{bmatrix}\delta\boldsymbol{x}\\ \delta b_r\end{bmatrix}_{4\times 1}+\begin{bmatrix}\tilde{\varepsilon}_\rho^1\\ \tilde{\varepsilon}_\rho^2\\ \vdots\\ \tilde{\varepsilon}_\rho^M\end{bmatrix}_{M\times 1} \tag{3.81}$$

简写为

$$\delta\boldsymbol{\rho}_c=\boldsymbol{G}_{M\times 4}\begin{bmatrix}\delta\boldsymbol{x}\\ \delta b_r\end{bmatrix}_{4\times 1}+\tilde{\boldsymbol{\varepsilon}}_{\rho,M\times 1} \tag{3.82}$$

式中，$\boldsymbol{G}$ 为 $M\times 4$ 的几何矩阵，表示卫星与接收机的相对几何关系。

如果只观测到 4 颗卫星（$M=4$），此时方程组有 4 个方程，包含 4 个未知数，不考虑 $\tilde{\boldsymbol{\varepsilon}}_{\rho,M\times 1}$ 误差项，可直接求解。即

$$\begin{bmatrix}\delta\boldsymbol{x}\\ \delta b_r\end{bmatrix}=\boldsymbol{G}^{-1}\delta\boldsymbol{\rho}_c \tag{3.83}$$

GPS 星座包含 24 颗卫星，实际工作中，平均可见卫星数通常为 4 颗以上。由于 $M>4$，存在多余观测，建立的约束方程组无法得到准确结果，此时可针对 $\tilde{\boldsymbol{\varepsilon}}_{\rho,M\times 1}$，使其平方和最小，利用最小二乘法进行估算。估算结果为

$$\begin{bmatrix}\delta\hat{\boldsymbol{x}}\\ \delta\hat{b}_r\end{bmatrix}=(\boldsymbol{G}^{\mathrm{T}}\boldsymbol{G})^{-1}\boldsymbol{G}^{\mathrm{T}}\delta\boldsymbol{\rho}_c \tag{3.84}$$

修正后的参数估计值为

$$\begin{cases}\hat{\boldsymbol{x}}=\boldsymbol{x}_{EST}+\delta\hat{\boldsymbol{x}}\\ \hat{b}_r=b_{r,EST}+\delta\hat{b}_r\end{cases} \tag{3.85}$$

以上计算过程假设不同卫星伪距测量的观测条件相同，但实际工作中，低轨道的卫星比高轨道卫星的伪距测量存在更大的误差。考虑到可见卫星的高度问题，引入加权因子 $\boldsymbol{W}$，用加权最小二乘进行解算，结果变为

$$\begin{bmatrix}\delta\hat{\boldsymbol{x}}\\ \delta\hat{b}_r\end{bmatrix}=(\boldsymbol{G}^{\mathrm{T}}\boldsymbol{W}\boldsymbol{G})^{-1}\boldsymbol{G}^{\mathrm{T}}\boldsymbol{W}\delta\boldsymbol{\rho}_c \tag{3.86}$$

3.7.2 多普勒测量

卫星与接收机的相对运动产生了多普勒频移效应，使接收机对 GPS 卫星信号的测量频率不同于原始频率，利用 GPS 接收机中的载波跟踪回路可计算此频移参数。多普勒频移定义为相对速度在单位观测矢量上的投影乘以载波频率并除以光速，表示为

$$D^m=\frac{[(\boldsymbol{v}^m-\boldsymbol{v})\cdot\mathbf{1}^m]L}{c} \tag{3.87}$$

式中，$\boldsymbol{v}^m=[v_x^m,v_y^m,v_z^m]^{\mathrm{T}}$ 为第 m 颗卫星在 ECEF 下的速度，$\boldsymbol{v}=[v_x,v_y,v_z]^{\mathrm{T}}$ 为接收机在 ECEF 坐标系下的实际速度，$\mathbf{1}^m$ 为第 m 颗卫星到接收机的单位观测矢量，L 为卫星播发频率，c 为光速。$\mathbf{1}^m$ 的计算公式为

$$\mathbf{1}^m=\frac{[(x_{EST}-x^m),(y_{EST}-y^m),(z_{EST}-z^m)]^{\mathrm{T}}}{\sqrt{(x_{EST}-x^m)^2+(y_{EST}-y^m)^2+(z_{EST}-z^m)^2}}=[\mathbf{1}_x^m,\mathbf{1}_y^m,\mathbf{1}_z^m]^{\mathrm{T}}$$

式(3.87)中，$(\boldsymbol{v}^m-\boldsymbol{v})\cdot\mathbf{1}^m$ 表示卫星速度和接收机速度在伪距方向分量的差值，实际就是伪距变化率。因此，利用多普勒效应，伪距变化率为

$$\dot{\rho}^m=-\frac{D^m c}{L} \tag{3.88}$$

3.7.3 基于多普勒的速度量测

利用伪距变化率可求出速度参量，对式(3.73)微分，得

$$\dot{\rho}^m=\dot{r}^m+c\dot{\delta}t_r+\tilde{\varepsilon}_{\dot{\rho}}^m \tag{3.89}$$

对式(3.74)微分，得实际距离的变化率为

$$\dot{r}^m=\mathbf{1}_x^m(v_x-v_x^m)+\mathbf{1}_y^m(v_y-v_y^m)+\mathbf{1}_z^m(v_z-v_z^m) \tag{3.90}$$

将式(3.90)代入式(3.89)，得

$$\dot{\rho}^m=\mathbf{1}_x^m\cdot(v_x-v_x^m)+\mathbf{1}_y^m\cdot(v_y-v_y^m)+\mathbf{1}_z^m\cdot(v_z-v_z^m)+c\dot{\delta}t_r+\varepsilon_{\dot{\rho}}^m \tag{3.91}$$

式中，$\dot{\delta}t_r$ 为接收机钟差漂移(s/s)；$\varepsilon_{\dot{\rho}}^m$ 为观测量的误差变化(m/s)。

利用卫星星历包含的参数可以求解出卫星的速度 v_x^m、v_y^m、v_z^m，将这些已知的速度量移到等式的左边，同时用 d_r 表示接收机钟差漂移长度 $c\dot{\delta}t_r$(m/s)，则式(3.91)可改写为

$$\dot{\rho}^m+\mathbf{1}_x^m\cdot v_x^m+\mathbf{1}_y^m\cdot v_y^m+\mathbf{1}_z^m\cdot v_z^m=\mathbf{1}_x^m\cdot v_x+\mathbf{1}_y^m\cdot v_y+\mathbf{1}_z^m\cdot v_z+d_r+\varepsilon_{\dot{\rho}}^m \tag{3.92}$$

进一步简写为

$$\dot{\rho}^m+\mathbf{1}_x^m\cdot v^m=\mathbf{1}^m\cdot v+d_r+\varepsilon_{\dot{\rho}}^m$$

令 $\bar{\rho}^m=\dot{\rho}^m+\mathbf{1}^m\cdot v^m$，则

$$\bar{\rho}^m=\mathbf{1}^m\cdot v+d_r+\varepsilon_{\dot{\rho}}^m \tag{3.93}$$

式中，单位观测矢量 $\mathbf{1}^m$ 可根据用户估算的位置得到。

对于 M 颗卫星，式(3.93)可写为

$$\bar{\boldsymbol{\rho}}=\begin{bmatrix}\bar{\dot{\rho}}^1\\ \bar{\dot{\rho}}^2\\ \vdots\\ \bar{\dot{\rho}}^M\end{bmatrix}_{M\times1}=\begin{bmatrix}(\mathbf{1}^1)^{\mathrm{T}} & 1\\ (\mathbf{1}^2)^{\mathrm{T}} & 1\\ \vdots & \vdots\\ (\mathbf{1}^M)^{\mathrm{T}} & 1\end{bmatrix}_{M\times4}\begin{bmatrix}v\\ d_r\end{bmatrix}_{4\times1}+\begin{bmatrix}\varepsilon_{\dot{\rho}}^1\\ \varepsilon_{\dot{\rho}}^2\\ \vdots\\ \varepsilon_{\dot{\rho}}^M\end{bmatrix}_{M\times1}\tag{3.94}$$

假设接收机的空间位置已知，可以求出速度与钟差漂移$[\hat{\boldsymbol{v}},\hat{d}_r]^{\mathrm{T}}$，满足式(3.95)条件时：

$$\left\|\bar{\boldsymbol{\rho}}-\boldsymbol{G}\begin{bmatrix}v\\ d_r\end{bmatrix}_{4\times1}\right\|^2=\min\tag{3.95}$$

最小二乘法结果为

$$\begin{bmatrix}\hat{\boldsymbol{v}}\\ \hat{d}_r\end{bmatrix}=(\boldsymbol{G}^{\mathrm{T}}\boldsymbol{G})^{-1}\boldsymbol{G}^{\mathrm{T}}\bar{\boldsymbol{\rho}}\tag{3.96}$$

利用多普勒速度信息(即伪距变化率)，可以估算出单位观测矢量 **1** 方向上，下一历元时刻的空间位置。

在上述讨论中，速度估算是建立在接收机起始位置已知(已知时才能求出单位观测矢量 $\mathbf{1}^m$)的情况下。实际上，接收机的起始位置是未知的，因此它的位置与速度估算需要同步进行。

3.7.4 位置与速度同步估计

下面介绍接收机空间位置与速度同步估算的具体步骤。该方法不需要已知前一历元的位置，就能计算下一历元的位置。

伪距变化率如式(3.91)所示，则估算伪距变化率可表示为

$$\dot{\rho}_{EST}^m=\mathbf{1}_{x,EST}^m(v_{x,EST}-v_x^m)+\mathbf{1}_{y,EST}^m(v_{y,EST}-v_y^m)+\mathbf{1}_{z,EST}^m(v_{z,EST}-v_z^m)+d_{r,EST}\tag{3.97}$$

式中，$v_{x,EST}$、$v_{y,EST}$、$v_{z,EST}$ 为接收机在 ECEF 下的估算速度分量。

伪距变化率的误差可表示为

$$\begin{aligned}&\dot{\rho}^m-\dot{\rho}_{EST}^m=\\&\mathbf{1}_{x,EST}^m(v_x-v_{x,EST})+\mathbf{1}_{y,EST}^m(v_y-v_{y,EST})+\mathbf{1}_{z,EST}^m(v_z-v_{z,EST})+d_r-d_{r,EST}+\varepsilon_{\dot{\rho}}^m=\\&(\mathbf{1}_{EST}^m)^{\mathrm{T}}(\boldsymbol{v}-\boldsymbol{v}_{EST})+d_r-d_{r,EST}+\varepsilon_{\dot{\rho}}^m\end{aligned}\tag{3.98}$$

简记为

$$\delta\dot{\rho}^m=(\mathbf{1}_{EST}^m)^{\mathrm{T}}\delta\boldsymbol{v}+\delta d_r+\varepsilon_{\dot{\rho}}^m\tag{3.99}$$

式中

$$\delta\dot{\rho}^m=\dot{\rho}^m-\dot{\rho}_{EST}^m\delta d_r=d_r-d_{r,EST}$$

$$\delta\boldsymbol{v}=\boldsymbol{v}-\boldsymbol{v}_{EST}=[v_x \quad v_y \quad v_z]^{\mathrm{T}}-[v_{x,EST} \quad v_{y,EST} \quad v_{z,EST}]^{\mathrm{T}}$$

对于 M 颗卫星来说，线性化的伪距变化率求解模型可写为

$$\delta\dot{\boldsymbol{\rho}}=\begin{bmatrix}\delta\dot{\rho}^1\\ \delta\dot{\rho}^2\\ \vdots\\ \delta\dot{\rho}^M\end{bmatrix}_{M\times1}=\begin{bmatrix}(\mathbf{1}_{EST}^1)^{\mathrm{T}} & 1\\ (\mathbf{1}_{EST}^2)^{\mathrm{T}} & 1\\ \vdots & \vdots\\ (\mathbf{1}_{EST}^M)^{\mathrm{T}} & 1\end{bmatrix}_{M\times4}\begin{bmatrix}\delta\boldsymbol{v}\\ \delta d_r\end{bmatrix}_{4\times1}+\begin{bmatrix}\varepsilon_{\dot{\rho}}^1\\ \varepsilon_{\dot{\rho}}^2\\ \vdots\\ \varepsilon_{\dot{\rho}}^M\end{bmatrix}_{M\times1} \tag{3.100}$$

$$\delta\dot{\boldsymbol{\rho}}_{M\times1}=G_{M\times4}\begin{bmatrix}\delta\boldsymbol{v}\\ \delta d_r\end{bmatrix}_{4\times1}+\varepsilon_{\dot{\boldsymbol{\rho}}_{M\times1}} \tag{3.101}$$

将描述伪距的式(3.81)和描述伪距变化率的式(3.100)，合到一起为

$$\begin{bmatrix}\delta\rho_c^1\\ \vdots\\ \delta\rho_c^M\\ \delta\dot{\rho}_c^1\\ \vdots\\ \delta\dot{\rho}_c^M\end{bmatrix}_{2M\times1}=\begin{bmatrix}(\mathbf{1}_{EST}^1)^{\mathrm{T}} & 1 & \mathbf{0}_{3\times1} & 0\\ \vdots & \vdots & \vdots & \vdots\\ (\mathbf{1}_{EST}^M)^{\mathrm{T}} & 1 & \mathbf{0}_{3\times1} & 0\\ \mathbf{0}_{3\times1} & 0 & (\mathbf{1}_{EST}^1)^{\mathrm{T}} & 1\\ \vdots & \vdots & \vdots & \vdots\\ \mathbf{0}_{3\times1} & 0 & (\mathbf{1}_{EST}^M)^{\mathrm{T}} & 1\end{bmatrix}_{2M\times8}\begin{bmatrix}\delta\boldsymbol{x}\\ \delta b_r\\ \delta\boldsymbol{v}\\ \delta d_r\end{bmatrix}_{8\times1}+\begin{bmatrix}\tilde{\varepsilon}_{\rho}^1\\ \vdots\\ \tilde{\varepsilon}_{\rho}^M\\ \varepsilon_{\dot{\rho}}^1\\ \vdots\\ \varepsilon_{\dot{\rho}}^M\end{bmatrix}_{8M\times1} \tag{3.102}$$

$$\delta\boldsymbol{z}_{2M\times1}=\widetilde{\boldsymbol{G}}_{2M\times8}\delta\boldsymbol{S}_{8\times1}+\boldsymbol{\varepsilon}_{2M\times1} \tag{3.103}$$

式中

$$\delta\boldsymbol{z}=[\rho_c^1 \quad \cdots \quad \rho_c^M \quad \dot{\rho}_c^1 \quad \cdots \quad \dot{\rho}_c^M]^{\mathrm{T}}$$

$$\delta\boldsymbol{S}=[\delta\boldsymbol{x} \quad \delta b_r \quad \delta\boldsymbol{v} \quad \delta d_r]^{\mathrm{T}}$$

$$\boldsymbol{\varepsilon}=[\tilde{\varepsilon}_{\rho}^1 \quad \cdots \quad \tilde{\varepsilon}_{\rho}^1 \quad \varepsilon_{\dot{\rho}}^1 \quad \cdots \quad \varepsilon_{\dot{\rho}}^M]^{\mathrm{T}}$$

$$\widetilde{\boldsymbol{G}}=\begin{bmatrix}(\mathbf{1}_{EST}^1)^{\mathrm{T}} & 1 & \mathbf{0}_{3\times1} & 0\\ \vdots & \vdots & \vdots & \vdots\\ (\mathbf{1}_{EST}^M)^{\mathrm{T}} & 1 & \mathbf{0}_{3\times1} & 0\\ \mathbf{0}_{3\times1} & 0 & (\mathbf{1}_{EST}^1)^{\mathrm{T}} & 1\\ \vdots & \vdots & \vdots & \vdots\\ \mathbf{0}_{3\times1} & 0 & (\mathbf{1}_{EST}^M)^{\mathrm{T}} & 1\end{bmatrix}$$

对于 4 颗或更多的卫星($M\geqslant4$)，式(3.103)可利用最小二乘计算：

$$\delta\hat{\boldsymbol{S}}=\begin{bmatrix}\delta\hat{\boldsymbol{x}}\\ \delta\hat{b}_r\\ \delta\hat{\boldsymbol{v}}\\ \delta\hat{d}_r\end{bmatrix}=(\widetilde{\boldsymbol{G}}^{\mathrm{T}}\widetilde{\boldsymbol{G}})^{-1}\widetilde{\boldsymbol{G}}^{\mathrm{T}}\delta\boldsymbol{z} \tag{3.104}$$

或加权最小二乘计算：

$$\delta\hat{\boldsymbol{S}}=\begin{bmatrix}\delta\hat{\boldsymbol{x}}\\ \delta\hat{b}_r\\ \delta\hat{\boldsymbol{v}}\\ \delta\hat{d}_r\end{bmatrix}=(\widetilde{\boldsymbol{G}}^{\mathrm{T}}\boldsymbol{W}\widetilde{\boldsymbol{G}})^{-1}\widetilde{\boldsymbol{G}}^{\mathrm{T}}\boldsymbol{W}\delta\boldsymbol{z} \tag{3.105}$$

最后，接收机修正后的空间位置和钟差的估算值为

$$\begin{cases}\tilde{\boldsymbol{x}}=\boldsymbol{x}_{EST}+\delta\tilde{\boldsymbol{x}}\\ \hat{b}=b_{EST}+\delta\hat{b}\end{cases} \tag{3.106}$$

接收机的速度和钟差漂移为

$$\begin{cases}\hat{\boldsymbol{v}}=\boldsymbol{v}_{EST}+\delta\hat{\boldsymbol{v}}\\ \hat{d}_r=d_{r,EST}+\delta\hat{d}\end{cases} \tag{3.107}$$

如果前一历元的估算值存在较大误差，可以通过最小二乘法不断迭代，将误差变得很小。

习　　题

1. 介绍 GPS 系统的组成，并说明各部分的功能。
2. 介绍 GPS 导航电文的总体结构及其 5 个子帧中的主要数据项。
3. 如何进行 GPS 卫星的位置与速度估计？
4. 什么是伪距？伪距是如何测得的？
5. 什么是载波相位？载波相位是如何测得的？
6. 卫星导航接收机的观测量有哪些？并解释。
7. 介绍卫星导航系统的定位原理。
8. 介绍卫星导航系统的误差源。
9. 介绍电离层延迟误差改正的方法和模型。
10. 介绍对流层延迟误差改正的方法和模型。
11. 如何进行接收机的位置与速度估计。
12. 介绍北斗卫星导航系统组成。
13. 与其他卫星导航系统相比，说明北斗卫星导航的服务特征。
14. 调研北斗卫星导航系统的应用情况。

◇第四章 惯性导航

本章介绍陀螺仪、加速度计的测量原理，分别推导地心惯性系、地心地固系和当地水平系下的捷联式惯性导航系统（Strap-down Inertial Navigation System，SINS）基本方程，并介绍捷联惯导中的姿态、速度和位置更新算法，同时分析捷联惯导中的误差，最后介绍捷联惯导系统的初始对准原理。

4.1 惯性导航器件测量原理

载体加速度和姿态的测量是由一套安装在载体上的惯性传感器完成的，称之为惯性测量单元（Inertial Measurement Unit，IMU）。惯性测量单元包括两组相互正交的惯性传感器，分别是三个陀螺仪和三个加速度计。本节主要介绍惯性导航中所使用的惯性仪表——陀螺仪和加速度计的测量原理。

4.1.1 陀螺仪

陀螺仪是测量相对于惯性参考系角速度的传感器。对角速度进行积分，就可以得到相对于初始基准角的角度变化值。陀螺仪按照工作机理分为三大类：第一类是以经典力学为基础的陀螺仪，其遵循角动量守恒原理，常称为机械转子陀螺仪，如液浮陀螺仪、挠性陀螺仪和静电陀螺仪等；第二类是利用哥氏效应（Coriolis Effect）的振动陀螺仪，如音叉振动陀螺仪、半球谐振陀螺仪、压电振动陀螺仪和硅微陀螺仪等；第三类是以近代量子力学和相对论为理论基础的陀螺仪，利用萨格奈克（Sagnac）效应，如激光陀螺仪、光纤陀螺仪和光波导陀螺仪等。

1）静态三轴陀螺仪的测量原理

首先讨论静止在地球表面的三轴陀螺仪的理论测量值。

（1）沿导航坐标系的测量值

假设载体坐标系（这里指三轴陀螺仪）与导航坐标系（当地水平坐标系）重合（图 4.1），此时，x 轴、y 轴、z 轴分别指向仪表的东、北、天方向。

由于三轴陀螺仪静止，作用于传感器的唯一的旋转运动就是地球的自转角速度 ω_e。在这种情况下，三轴陀螺仪的测量值取决于陀螺仪的纬度，因为它们只是测量地球的自转速率。对于地球上任意点 P，由三轴陀螺仪测得的地球旋转分量为

$$\begin{cases}\omega_N=\omega_y=\omega_e\cos\varphi\\ \omega_U=\omega_z=\omega_e\sin\varphi\end{cases} \tag{4.1}$$

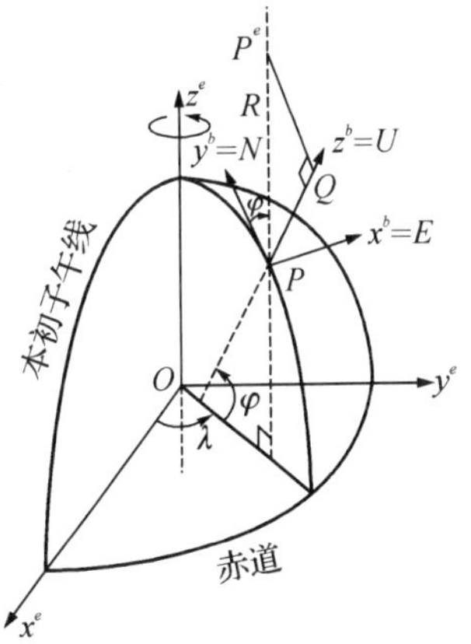

图 4.1　陀螺仪在地球表面任一点 P 的几何关系

很明显，$\omega_e=\sqrt{\omega_N^2+\omega_U^2}$。由于 x 轴陀螺仪位于垂直于地球旋转轴的平面，它对地球的自转角速度不敏感，因此 $\omega_E=0$。

在地球赤道和两极，陀螺仪的测量值将是 0 或 ω_e，测量值的范围见表 4.1。

表 4.1　陀螺仪在地球不同点的测量值

角速度	赤道	任意位置	北极
ω_x	0	0	0
ω_y	ω_e	$\omega_e\cos\varphi$	0
ω_z	0	$\omega_e\sin\varphi$	ω_e

三轴陀螺仪的静止测量值体现了在当地水平坐标系中地球的自转，用角速度矢量 $\boldsymbol{\omega}_{ie}^l$ 表示为

$$\boldsymbol{\omega}_{ie}^l=\begin{bmatrix}\omega_E\\ \omega_N\\ \omega_U\end{bmatrix}=\begin{bmatrix}0\\ \omega_e\cos\varphi\\ \omega_e\sin\varphi\end{bmatrix} \tag{4.2}$$

（2）不同姿态角的测量值

若导航坐标系为当地水平坐标系，根据当地水平坐标系和载体坐标系之间的转换关系，则代入姿态矩阵 $\boldsymbol{R}_l^b$ 可得

$$\boldsymbol{\omega}_{ie}^b=\boldsymbol{R}_l^b\boldsymbol{\omega}_{ie}^l \tag{4.3}$$

2）动态三轴陀螺仪的测量原理

在以当地水平坐标系作为导航坐标系的运动平台上，陀螺仪将会检测到两部分旋转运动：静态部分和由于当地水平坐标系的方向改变而产生的动态部分。

假设载体坐标系与导航坐标系重合，载体在高度 h 地球表面，分别以东向速度 v_E 和北向速度 v_N 运动，此时，可以导出纬度 φ 和经度 λ 的变化率。

图 4.2 所示为当载体在地球表面运动时，从子午平面上看到的导航坐标系。

纬度 φ 的变化率为

$$\frac{\Delta x_N}{\Delta t}=\frac{\Delta\varphi}{\Delta t}(R_M+h) \tag{4.4}$$

式中，Δx_N 为在短时间 Δt 内变化的一段弧长，R_M 为子午圈曲率半径。

当 $\Delta t\to 0$ 时

$$v_N=\dot{\varphi}(R_M+h) \tag{4.5}$$

$$\dot{\varphi}=\frac{v_N}{R_M+h} \tag{4.6}$$

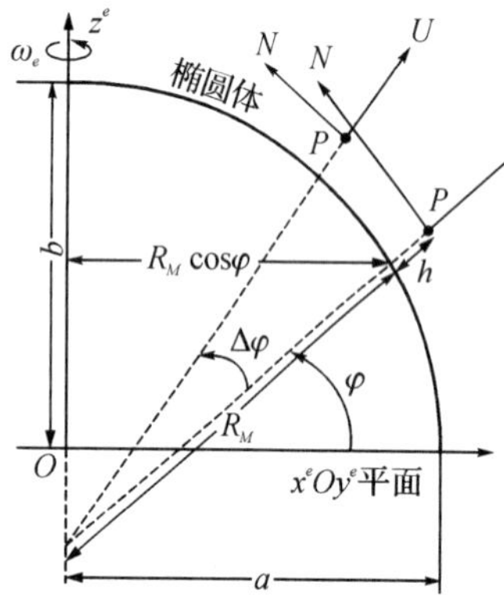

图 4.2　从子午平面上看到的导航坐标系

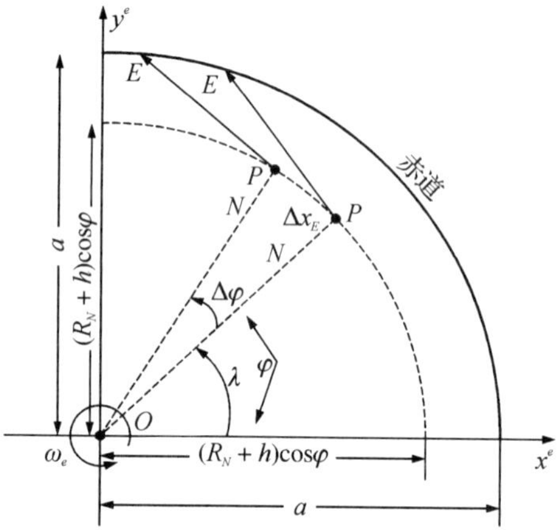

图 4.3　从 z 轴上看到的导航坐标系

类似地，图 4.3 所示为从 e 系顶部（z 轴）看到的相同的 n 系。

根据载体沿东向的速度分量，可以算出经度 λ 的变化率，即

$$\frac{\Delta x_E}{\Delta t}=\frac{\Delta\lambda}{\Delta t}(R_N+h)\cos\varphi \tag{4.7}$$

式中，R_N 为卯酉圈曲率半径。式(4.7)中，当 $\Delta t\to 0$ 时，有

$$v_E=\dot{\lambda}(R_N+h)\cos\varphi \tag{4.8}$$

$$\dot{\lambda}=\frac{v_E}{(R_N+h)\cos\varphi} \tag{4.9}$$

类似可得

$$\dot{h}=v_U \tag{4.10}$$

运动的三轴陀螺仪能测量地球自转的静态分量，也能测量由于经度和纬度变化而产生的非静态分量。

根据图 4.1，由陀螺仪测量的当地水平坐标系的沿 x 轴（东向）的角速度为

$$\omega_E=-\dot{\varphi}=\underbrace{\frac{v_N}{R_M+h}}_{\text{动态项}}+\underbrace{0}_{\text{静态项}} \tag{4.11}$$

式中，静态项 0 指地球自转角速度 ω_e 在东向分量为零。

y 轴（北向）的角速度为

$$\omega_N=\dot{\lambda}\cos\varphi+\omega_e\cos\varphi \tag{4.12}$$

将式(4.9)代入式(4.12)，得

$$\omega_N=\frac{v_E}{(R_N+h)\cos\varphi}\cos\varphi+\omega_e\cos\varphi=\underbrace{\frac{v_E}{R_N+h}}_{\text{动态项}}+\underbrace{\omega_e\cos\varphi}_{\text{静态项}} \tag{4.13}$$

陀螺仪测量的沿 z 轴（天向）的角速度为

$$\omega_U=\dot{\lambda}\sin\varphi+\omega_e\sin\varphi=\frac{v_E}{(R_N+h)\cos\varphi}\sin\varphi+\omega_e\sin\varphi=\underbrace{\frac{v_E}{R_N+h}\tan\varphi}_{\text{动态项}}+\underbrace{\omega_e\sin\varphi}_{\text{静态项}} \tag{4.14}$$

在当地水平坐标系中，当地水平坐标系相对于地心地固坐标系的角速度为动态项，即

$$\boldsymbol{\omega}_{el}^{l}=\begin{bmatrix}\omega_E\\ \omega_N\\ \omega_U\end{bmatrix}=\begin{bmatrix}-\dot{\varphi}\\ \dot{\lambda}\cos\varphi\\ \dot{\lambda}\sin\varphi\end{bmatrix}=\begin{bmatrix}-\frac{v_N}{R_M+h}\\ \frac{v_E}{R_N+h}\\ \frac{v_E}{R_N+h}\tan\varphi\end{bmatrix}=\begin{bmatrix}0 & -\frac{1}{R_M+h} & 0\\ \frac{1}{R_N+h} & 0 & 0\\ \frac{\tan\varphi}{R_N+h} & 0 & 0\end{bmatrix}\begin{bmatrix}v_E\\ v_N\\ v_U\end{bmatrix} \tag{4.15}$$

4.1.2　加速度计

车辆有运动，就会有位移和速度的变化，也就会有加速度。通常，将利用检测物体质量的惯性力或力矩来感受、输出运动物体线加速度或角加速度信息的装置称为加速

度计。

加速度计有多种分类方法:按工作方式分,有线位移式加速度计、摆式加速度计、振动式加速度计、光电式加速度计和陀螺摆式加速度计等;按支承方式分,有机械支承加速度计、液浮加速度计、气浮加速度计、挠性加速度计、磁悬浮加速度计和静电加速度计等;按信号敏感方式分,有电容式加速度计、电感式加速度计、压阻式加速度计、压电式加速度计和光电式加速度计等;按用途分,有导航用加速度计、调平用加速度计、重力测量用加速度计、冲击测量用加速度计及角加速度测量用加速度计等。

1) 比力

加速度是物体运动的一种状态,加速度计是通过测量加速度产生的惯性力来得到加速度的,因此,加速度计实质上是测力计,测量的理论基础是牛顿定律。物体在宇宙空间,不可避免地受到力的作用,地球引力作用称为重力,还有太阳、月球及其他天体的引力作用。当物体加速运动时,就会产生惯性力。在加速度计的工作过程中,惯性质量除受引力和惯性力作用外,还受到非引力、非惯性力等其他约束力,如弹簧的弹性力、反馈控制电路作用的电磁力等,这些力与引力和惯性力相平衡。

当分析运动载体的受力时,可以把载体所受的力 $\boldsymbol{F}$ 分为两部分:一部分是各种天体的引力 $\boldsymbol{F}_g$,另一部分是作用于该物体的其他力,将其统称为非引力 $\boldsymbol{f}_m$,即

$$\boldsymbol{F}=\boldsymbol{F}_g+\boldsymbol{f}_m \tag{4.16}$$

若载体相对惯性空间的运动加速度为 $\boldsymbol{a}_i$,根据牛顿第二定律,有

$$\boldsymbol{F}=m\boldsymbol{a}_i \tag{4.17}$$

式中,m 为载体的质量。此时有

$$\boldsymbol{F}_g+\boldsymbol{f}_m=m\boldsymbol{a}_i \tag{4.18}$$

整理得

$$\frac{\boldsymbol{F}_g}{m}+\frac{\boldsymbol{f}_m}{m}=\boldsymbol{a}_i \tag{4.19}$$

通常人们关心的是载体运动加速度 $\boldsymbol{a}_i$,若能测得引力 $\boldsymbol{F}_g$、非引力 $\boldsymbol{f}_m$,容易得到加速度 $\boldsymbol{a}_i$。但是,天体的引力实际上是无法直接测量的,而非引力部分则能通过一定的办法测出。单位质量的物体受力中的非引力部分,称为比力(Specific Force),记为 $\boldsymbol{f}$,有

$$\boldsymbol{f}=\frac{\boldsymbol{f}_m}{m}=\boldsymbol{a}_i-\frac{\boldsymbol{F}_g}{m}=\boldsymbol{a}_i-\boldsymbol{G} \tag{4.20}$$

式中,$\boldsymbol{G}$ 为单位质量物体所受的引力,即引力加速度。式(4.20)表明,作用于单位质量物体的比力向量,等于该物体的绝对加速度与引力加速度向量之差。

在地球表面附近，引力主要是地球引力，故有 $\boldsymbol{G}=\boldsymbol{g}$，因此

$$\boldsymbol{f}=\boldsymbol{a}_{\mathrm{i}}-\boldsymbol{g} \tag{4.21}$$

2）静态三轴加速度计的理论测量

（1）沿导航坐标系的测量值

一般采用当地水平坐标系作为导航坐标系。此时，三轴加速度计是静止的，并且与地面水平。由于加速度计是静止的，唯一的作用力就是地球的重力，更准确地说是重力的反作用力，与重力方向相反。

在这种情况下，指向 x、y 方向的加速度计测量不到任何量，z 方向上的加速度计测量重力 G 的反作用力，测量结果为 $f_x=0$，$f_y=0$，$f_z=g$。由于实际的加速度计具有测量误差，实际测量结果也会有一些误差。

（2）不同姿态角的测量值

下面考虑这种情况，加速度计三轴是静止的，但将其绕 x 轴旋转，使其与地面产生角度 θ，如图 4.4 所示。因此，z 轴较之前位置（虚线 z）倾斜了相同的角度 θ，到了一个新位置 z'。角度 θ 称为俯仰角。在这个方向，在 y 轴、z 轴的加速度计都将测量到重力的一部分。

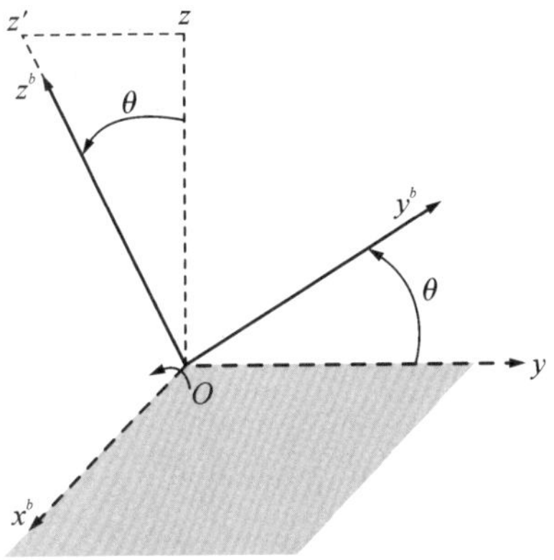

图 4.4　俯仰角度 θ 后的三轴加速度计

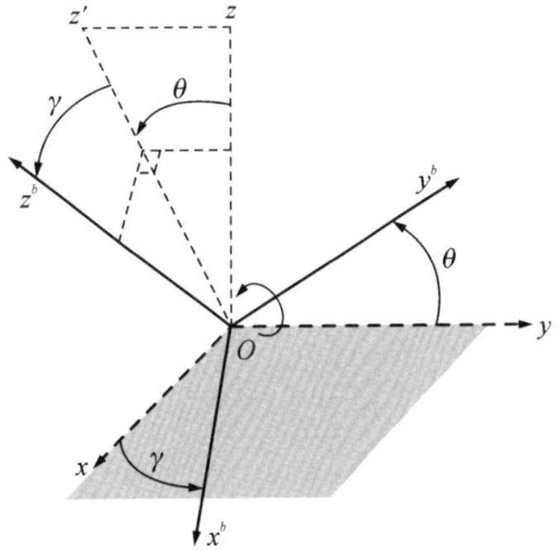

图 4.5　先俯仰角度 θ 再横滚角度 γ 的三轴加速度计

根据图 4.4 的几何关系，x 轴、y 轴加速度计测量值为

$$\boldsymbol{f}^b=\begin{bmatrix} f_x \\ f_y \\ f_z \end{bmatrix}=\boldsymbol{R}_x(\theta)\begin{bmatrix} 0 \\ 0 \\ g \end{bmatrix}=\begin{bmatrix} 1 & 0 & 0 \\ 0 & \cos\theta & \sin\theta \\ 0 & -\sin\theta & \cos\theta \end{bmatrix}\begin{bmatrix} 0 \\ 0 \\ g \end{bmatrix}=\begin{bmatrix} 0 \\ g\sin\theta \\ g\cos\theta \end{bmatrix} \tag{4.22}$$

接着，绕 y 轴旋转三轴加速度计，使其 x 轴相对之前位置产生角度 γ，z 轴相对之前位置 z' 产生相同角度 γ。角度 γ 称为横滚角，如图 4.5 所示。此时，所有的加速度

计都将测量到重力矢量的一部分，即

$$\begin{bmatrix} f_y \\ f_y \\ f_z \end{bmatrix} = \boldsymbol{R}_y(\gamma)\boldsymbol{R}_x(\theta)\begin{bmatrix} 0 \\ 0 \\ g \end{bmatrix} = \begin{bmatrix} \cos\gamma & 0 & -\sin\gamma \\ 0 & 1 & 0 \\ \sin\gamma & 0 & \cos\gamma \end{bmatrix}\begin{bmatrix} 1 & 0 & 0 \\ 0 & \cos\theta & \sin\theta \\ 0 & -\sin\theta & \cos\theta \end{bmatrix}\begin{bmatrix} 0 \\ 0 \\ g \end{bmatrix} = \begin{bmatrix} -g\cos\theta\sin\gamma \\ g\sin\theta \\ g\cos\theta\cos\gamma \end{bmatrix} \tag{4.23}$$

若导航坐标系为当地水平坐标系，根据当地水平坐标系和载体坐标系之间的转换关系，则代入姿态矩阵 $\boldsymbol{R}_l^b$ 可得

$$\boldsymbol{f}^b = \boldsymbol{R}_l^b \boldsymbol{g}^l = \begin{bmatrix} -g\cos\theta\sin\gamma \\ g\sin\theta \\ g\cos\theta\cos\gamma \end{bmatrix} \tag{4.24}$$

4.2 捷联惯导机械编排

捷联惯导的机械编排(Mechanization)是将惯性测量单元(IMU)的输出信息经过数值运算转换成位置、速度和姿态信息，其编排流程图如图 4.6 所示。IMU 的输出信息包含三个陀螺仪测得的三轴角速率 $\boldsymbol{\omega}_{ib}^b$ 和三个加速度计测得的三轴比力 $\boldsymbol{f}^b$，IMU 的输出信息是相对于惯性空间的测量值。捷联惯导数值更新可以看作步长确定的定积分，这是一个由指定初始值 $\boldsymbol{Att}_0$(姿态)、$\boldsymbol{V}_0$(速度)、$\boldsymbol{P}_0$(位置)开始迭代输出的递归过程。

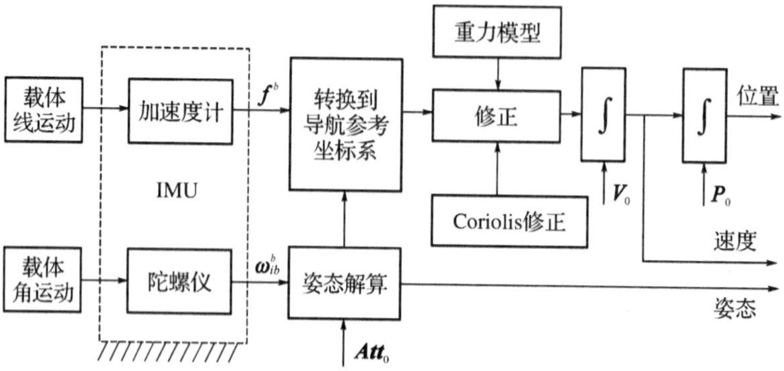

图 4.6　捷联惯导机械编排流程图

4.2.1 地心惯性系中的惯导机械编排

加速度计的输出称为比力，转换到地心惯性系（i 系）中为 $\boldsymbol{f}^i$，且

$$\boldsymbol{f}^i=\boldsymbol{a}^i-\bar{\boldsymbol{g}}^i \tag{4.25}$$

式中，$\boldsymbol{a}^i$ 是被测物体的加速度，$\bar{\boldsymbol{g}}^i$ 是引力矢量。

在惯性参考坐标系下，令 $\boldsymbol{a}^i=\ddot{\boldsymbol{r}}^i$，式(4.25)可写为

$$\ddot{\boldsymbol{r}}^i=\boldsymbol{f}^i+\bar{\boldsymbol{g}}^i \tag{4.26}$$

式中，$\ddot{\boldsymbol{r}}^i$ 是惯性坐标系原点到载体位置矢量的二阶微分。

二阶微分方程可以转化为一阶微分方程组，即

$$\dot{\boldsymbol{r}}^i=\boldsymbol{v}^i \tag{4.27}$$

$$\dot{\boldsymbol{v}}^i=\boldsymbol{f}^i+\bar{\boldsymbol{g}}^i \tag{4.28}$$

IMU 测量的是相对于地心惯性系的数据在 IMU 三轴上的分量。假设载体坐标系与惯性测量组件的三轴指向重合，那么这些观测量可以通过载体系和惯性系之间的转换矩阵 $\boldsymbol{R}_b^i$ 转换到惯性系中，即

$$\boldsymbol{f}^i=\boldsymbol{R}_b^i\boldsymbol{f}^b \tag{4.29}$$

式中，$\boldsymbol{R}_b^i$ 是一个 3×3 阶的姿态旋转矩阵。

引力矢量与地球相关，通常定义在地心地固系或当地水平系，可通过转换矩阵 $\boldsymbol{R}_e^i$ 或 $\boldsymbol{R}_l^i$ 转换到惯性系。引力矢量由地心地固系到地心惯性系的转换为

$$\bar{\boldsymbol{g}}^i=\boldsymbol{R}_e^i\bar{\boldsymbol{g}}^e \tag{4.30}$$

将式(4.29)和式(4.30)代到式(4.28)，得到惯性系下的速度微分方程为

$$\dot{\boldsymbol{v}}^i=\boldsymbol{R}_b^i\boldsymbol{f}^b+\boldsymbol{R}_e^i\bar{\boldsymbol{g}}^e \tag{4.31}$$

由式(2.123)转换矩阵的变化率方程，可得地心惯性系下姿态微分方程为

$$\dot{\boldsymbol{R}}_b^i=\boldsymbol{R}_b^i\boldsymbol{\Omega}_{ib}^b \tag{4.32}$$

式中，$\boldsymbol{\Omega}_{ib}^b$ 是陀螺仪输出角速度矢量的反对称矩阵，其定义如下：

$$\boldsymbol{\omega}_{ib}^b=\begin{bmatrix}\omega_x\\ \omega_y\\ \omega_z\end{bmatrix}\rightarrow\boldsymbol{\Omega}_{ib}^b=\boldsymbol{\omega}_{ib}^b\times=\begin{bmatrix}0 & -\omega_z & \omega_y\\ \omega_z & 0 & -\omega_x\\ -\omega_y & \omega_x & 0\end{bmatrix} \tag{4.33}$$

式中，ω_x、ω_y、ω_z 是陀螺仪的三轴输出值。

式(4.27)、式(4.31)和式(4.32)组成的微分方程组，即为地心惯性系中的导航方程：

$$\begin{bmatrix}\dot{\boldsymbol{r}}^i\\ \dot{\boldsymbol{v}}^i\\ \dot{\boldsymbol{R}}_b^i\end{bmatrix}=\begin{bmatrix}\boldsymbol{v}^i\\ \boldsymbol{R}_b^i\boldsymbol{f}^b+\boldsymbol{R}_e^i\bar{\boldsymbol{g}}^e\\ \boldsymbol{R}_b^i\boldsymbol{\Omega}_{ib}^b\end{bmatrix} \tag{4.34}$$

式中，$\boldsymbol{f}^b$ 和 $\boldsymbol{\omega}_{ib}^b$ 是 IMU 的观测量，地心地固系中的引力 $\bar{\boldsymbol{g}}^e$ 已知，利用式(4.34)可以解算出运动载体的位置 $\boldsymbol{r}^i$、速度 $\boldsymbol{v}^i$ 和姿态信息 $\boldsymbol{R}_b^i$。

4.2.2 地心地固系中的惯导机械编排

地心地固系(e 系)中的位置矢量 $\boldsymbol{r}^e$，可以通过转换矩阵 $\boldsymbol{R}_e^i$ 转换到 i 系，$\boldsymbol{r}^i$ 可表示为

$$\boldsymbol{r}^i=\boldsymbol{R}_e^i\boldsymbol{r}^e \tag{4.35}$$

参考式(2.193)，式(4.35)二次微分后得

$$\ddot{\boldsymbol{r}}^i=\boldsymbol{R}_e^i(\ddot{\boldsymbol{r}}^e+2\boldsymbol{\Omega}_{ie}^e\dot{\boldsymbol{r}}^e+\dot{\boldsymbol{\Omega}}_{ie}^e\boldsymbol{r}^e+\boldsymbol{\Omega}_{ie}^e\boldsymbol{\Omega}_{ie}^e\boldsymbol{r}^e) \tag{4.36}$$

将式(4.36)代到式(4.26)得

$$\boldsymbol{R}_e^i(\ddot{\boldsymbol{r}}^e+2\boldsymbol{\Omega}_{ie}^e\dot{\boldsymbol{r}}^e+\dot{\boldsymbol{\Omega}}_{ie}^e\boldsymbol{r}^e+\boldsymbol{\Omega}_{ie}^e\boldsymbol{\Omega}_{ie}^e\boldsymbol{r}^e)=\boldsymbol{f}^i+\bar{\boldsymbol{g}}^i \tag{4.37}$$

将式(4.29)和式(4.30)代入式(4.37)，得

$$\boldsymbol{R}_e^i(\ddot{\boldsymbol{r}}^e+2\boldsymbol{\Omega}_{ie}^e\dot{\boldsymbol{r}}^e+\dot{\boldsymbol{\Omega}}_{ie}^e\boldsymbol{r}^e+\boldsymbol{\Omega}_{ie}^e\boldsymbol{\Omega}_{ie}^e\boldsymbol{r}^e)=\boldsymbol{R}_b^i\boldsymbol{f}^b+\boldsymbol{R}_e^i\bar{\boldsymbol{g}}^e \tag{4.38}$$

地球的自转角速率 $\boldsymbol{\omega}_{ie}$ 近似为常值，所以 $\dot{\boldsymbol{\Omega}}_{ie}^e\boldsymbol{r}^e=0$。又知 $\boldsymbol{R}_b^i=\boldsymbol{R}_e^i\boldsymbol{R}_b^e$，则

$$\boldsymbol{R}_e^i(\ddot{\boldsymbol{r}}^e+2\boldsymbol{\Omega}_{ie}^e\dot{\boldsymbol{r}}^e+\boldsymbol{\Omega}_{ie}^e\boldsymbol{\Omega}_{ie}^e\boldsymbol{r}^e)=\boldsymbol{R}_e^i\boldsymbol{R}_b^e\boldsymbol{f}^b+\boldsymbol{R}_e^i\bar{\boldsymbol{g}}^e \tag{4.39}$$

$$\ddot{\boldsymbol{r}}^e=\boldsymbol{R}_b^e\boldsymbol{f}^b-2\boldsymbol{\Omega}_{ie}^e\dot{\boldsymbol{r}}^e+\bar{\boldsymbol{g}}^e-\boldsymbol{\Omega}_{ie}^e\boldsymbol{\Omega}_{ie}^e\boldsymbol{r}^e \tag{4.40}$$

由于重力矢量 $\boldsymbol{g}^e=\bar{\boldsymbol{g}}^e-\boldsymbol{\Omega}_{ie}^e\boldsymbol{\Omega}_{ie}^e\boldsymbol{r}^e$，则

$$\ddot{\boldsymbol{r}}^e=\boldsymbol{R}_b^e\boldsymbol{f}^b-2\boldsymbol{\Omega}_{ie}^e\dot{\boldsymbol{r}}^e+\boldsymbol{g}^e \tag{4.41}$$

式(4.41)拆成一阶微分方程组，得地心地固系(e 系)中 $\boldsymbol{r}^e$ 的位置微分方程和速度微分方程为

$$\begin{cases}\dot{\boldsymbol{r}}^e=\boldsymbol{v}^e\\ \dot{\boldsymbol{v}}^e=\boldsymbol{R}_b^e\boldsymbol{f}^b-2\boldsymbol{\Omega}_{ie}^e\dot{\boldsymbol{r}}^e+\boldsymbol{g}^e\end{cases} \tag{4.42}$$

由式(2.123)，转换矩阵 $\boldsymbol{R}_b^e$ 的变化率

$$\dot{\boldsymbol{R}}_b^e=\boldsymbol{R}_b^e\boldsymbol{\Omega}_{eb}^b \tag{4.43}$$

为使用陀螺仪的输出角速度 $\boldsymbol{\omega}_{ib}^b$ 作为输入量，参考式(2.8)，以及反对称矩阵的定义可得

$$\begin{cases}\boldsymbol{\Omega}_{ib}^b=\boldsymbol{\Omega}_{ie}^b+\boldsymbol{\Omega}_{eb}^b\\ \boldsymbol{\Omega}_{eb}^b=\boldsymbol{\Omega}_{ib}^b-\boldsymbol{\Omega}_{ie}^b\end{cases} \tag{4.44}$$

将式(4.44)代到式(4.43)得

$$\dot{\boldsymbol{R}}_b^e=\boldsymbol{R}_b^e(\boldsymbol{\Omega}_{ib}^b-\boldsymbol{\Omega}_{ie}^b) \tag{4.45}$$

最终，得到地心地固坐标系中的导航方程为

$$\begin{bmatrix} \dot{\boldsymbol{r}}^e \\ \dot{\boldsymbol{v}}^e \\ \dot{\boldsymbol{R}}_b^e \end{bmatrix} = \begin{bmatrix} \boldsymbol{v}^e \\ \boldsymbol{R}_b^e \boldsymbol{f}^b - 2\boldsymbol{\Omega}_{ie}^e \boldsymbol{v}^e + \boldsymbol{g}^e \\ \boldsymbol{R}_b^e (\boldsymbol{\Omega}_{ib}^b - \boldsymbol{\Omega}_{ie}^b) \end{bmatrix} \tag{4.46}$$

式中，输入量是惯导系统的观测信息，即比力 $\boldsymbol{f}^b$ 和角速度 $\boldsymbol{\omega}_{ib}^b$，输出为车辆载体在地心地固系的位置、速度以及姿态信息。

4.2.3 当地水平系中的惯导机械编排

捷联惯导解算一般在当地水平系(l 系)中进行，l 系作为导航坐标系有如下优点：

(1) l 系中的导航解算方程提供了在地球表面或近地表面的位置(纬度、经度和高度)，便于直观应用；

(2) l 系的坐标轴指向当地的东北天方向，且能求解出姿态角(俯仰角、横滚角和方位角)，符合使用习惯；

(3) 水平面中导航参数的计算误差，容易被舒勒效应(Schuler Effect)限制。

下面对当地水平系下的导航方程进行推导。

(1) 位置微分方程

用大地测量学的坐标表示位置向量 $\boldsymbol{r}^l$：

$$\boldsymbol{r}^l = [\varphi \quad \lambda \quad h]^{\mathrm{T}} \tag{4.47}$$

式中，φ 为纬度，λ 为经度，h 为高度。在地球表面运动过程中，车辆位置的变化率可以由东北天方向的速度表示，即

$$\begin{cases} \dot{\varphi} = \dfrac{v_N}{R_M + h} \\ \dot{\lambda} = \dfrac{v_E}{(R_N + h)\cos\varphi} \\ \dot{h} = v_U \end{cases} \tag{4.48}$$

式中，v_E 为东向速度，v_N 为北向速度，v_U 为天向速度，R_M 为子午圈主曲率半径，R_N 为卯酉圈曲率半径。式(4.48)写成矩阵形式为

$$\begin{bmatrix} \dot{\varphi} \\ \dot{\lambda} \\ \dot{h} \end{bmatrix} = \begin{bmatrix} 0 & \dfrac{1}{R_M + h} & 0 \\ \dfrac{1}{(R_N + h)\cos\varphi} & 0 & 0 \\ 0 & 0 & 1 \end{bmatrix} \begin{bmatrix} v_E \\ v_N \\ v_U \end{bmatrix} \tag{4.49}$$

$$\dot{\boldsymbol{r}}^l = \boldsymbol{D}^{-1} \boldsymbol{v}^l \tag{4.50}$$

式(4.50)即为当地水平系中的位置微分方程。式中,$\boldsymbol{D}^{-1}$ 将速度矢量从直角坐标系变换到大地坐标系。载体以速度 $\boldsymbol{v}^l=[v_E \quad v_N \quad v_U]^{\mathrm{T}}$ 运动时,北向速度始终与子午线相切,东向速度始终与纬线相切。北向和东向的速度使得当地水平坐标系相对地球的方向产生了变化,垂直方向速度则不使当地水平系相对于地表变化。

(2) 速度微分方程

地心地固系下的速度矢量 $\dot{\boldsymbol{r}}^e$,可通过坐标转换矩阵 $\boldsymbol{R}_e^l$ 转换到当地水平系:

$$\boldsymbol{v}^l=\boldsymbol{R}_e^l\dot{\boldsymbol{r}}^e \tag{4.51}$$

两边微分得

$$\dot{\boldsymbol{v}}^l=\dot{\boldsymbol{R}}_e^l\dot{\boldsymbol{r}}^e+\boldsymbol{R}_e^l\ddot{\boldsymbol{r}}^e \tag{4.52}$$

参考式(4.43)可知 $\dot{\boldsymbol{R}}_e^l=\boldsymbol{R}_e^l\boldsymbol{\Omega}_{le}^e$,其中 $\boldsymbol{\Omega}_{le}^e$ 是 $\boldsymbol{\omega}_{le}^e$ 的反对称矩阵,将其代入式(4.52)得

$$\dot{\boldsymbol{v}}^l=\boldsymbol{R}_e^l\boldsymbol{\Omega}_{le}^e\dot{\boldsymbol{r}}^e+\boldsymbol{R}_e^l\ddot{\boldsymbol{r}}^e=\boldsymbol{R}_e^l(\boldsymbol{\Omega}_{le}^e\dot{\boldsymbol{r}}^e+\ddot{\boldsymbol{r}}^e) \tag{4.53}$$

又知 $\boldsymbol{\Omega}_{le}^e=-\boldsymbol{\Omega}_{el}^e$,$\dot{\boldsymbol{r}}^e=\boldsymbol{v}^e$,代入式(4.53)得

$$\dot{\boldsymbol{v}}^l=\boldsymbol{R}_e^l(-\boldsymbol{\Omega}_{el}^e\boldsymbol{v}^e+\dot{\boldsymbol{v}}^e) \tag{4.54}$$

将式(4.42)代入式(4.54),整理得

$$\begin{aligned}\dot{\boldsymbol{v}}^l&=\boldsymbol{R}_e^l(-\boldsymbol{\Omega}_{el}^e\boldsymbol{v}^e+\boldsymbol{f}^e+\boldsymbol{g}^e-2\boldsymbol{\Omega}_{ie}^e\boldsymbol{v}^e)=\boldsymbol{R}_e^l[\boldsymbol{f}^e+\boldsymbol{g}^e-(2\boldsymbol{\Omega}_{ie}^e+\boldsymbol{\Omega}_{el}^e)\boldsymbol{v}^e]=\\&\boldsymbol{f}^l+\boldsymbol{g}^l-\boldsymbol{R}_e^l(2\boldsymbol{\Omega}_{ie}^e+\boldsymbol{\Omega}_{el}^e)\boldsymbol{v}^e=\boldsymbol{R}_b^l\boldsymbol{f}^b+\boldsymbol{g}^l-\boldsymbol{R}_e^l(2\boldsymbol{R}_l^e\boldsymbol{\Omega}_{ie}^l\boldsymbol{R}_e^l+\boldsymbol{R}_l^e\boldsymbol{\Omega}_{el}^l\boldsymbol{R}_e^l)\boldsymbol{v}^e=\\&\boldsymbol{R}_b^l\boldsymbol{f}^b+\boldsymbol{g}^l-(2\boldsymbol{\Omega}_{ie}^l+\boldsymbol{\Omega}_{el}^l)\boldsymbol{R}_e^l\boldsymbol{v}^e=\boldsymbol{R}_b^l\boldsymbol{f}^b+\boldsymbol{g}^l-(2\boldsymbol{\Omega}_{ie}^l+\boldsymbol{\Omega}_{el}^l)\boldsymbol{v}^l\end{aligned} \tag{4.55}$$

至此,速度微分方程推导完毕,这便是惯导比力方程。其中,$\boldsymbol{g}^l$ 为当地水平坐标系下表示的重力矢量,地球重力场在当地水平系中的投影 $\boldsymbol{g}^l=[0 \quad 0 \quad -g]^{\mathrm{T}}$。$\boldsymbol{f}^b$ 为加速度计测量的比力矢量,$\boldsymbol{R}_b^l$ 是载体坐标系(b 系)到当地水平坐标系(l 系)下的坐标转换矩阵,$\boldsymbol{f}^l$ 由 $\boldsymbol{f}^b$ 通过转换矩阵转换到当地水平系,即 $\boldsymbol{f}^l=\boldsymbol{R}_b^l\boldsymbol{f}^b$。$\boldsymbol{\Omega}_{ie}^l$ 是 $\boldsymbol{\omega}_{ie}^l$ 的反对称矩阵,$\boldsymbol{\omega}_{ie}^l$ 为地球绕自转轴的自转速度在当地水平系中的投影。比力方程表明,载体加速度是通过对比力测量值 $\boldsymbol{f}^b$ 进行哥氏加速度和重力加速度的补偿后得到的。

(3) 姿态微分方程

车辆姿态可以通过载体坐标系到当地水平系转换矩阵 $\boldsymbol{R}_b^l$ 的微分方程获得:

$$\dot{\boldsymbol{R}}_b^l=\boldsymbol{R}_b^l\boldsymbol{\Omega}_{lb}^b \tag{4.56}$$

由反对称矩阵定义得

$$\boldsymbol{\Omega}_{lb}^b=\boldsymbol{\Omega}_{li}^b+\boldsymbol{\Omega}_{ib}^b=\boldsymbol{\Omega}_{ib}^b-\boldsymbol{\Omega}_{il}^b \tag{4.57}$$

将式(4.57)代到式(4.56)得

$$\dot{\boldsymbol{R}}_b^l=\boldsymbol{R}_b^l(\boldsymbol{\Omega}_{ib}^b-\boldsymbol{\Omega}_{il}^b) \tag{4.58}$$

式中,$\boldsymbol{\Omega}_{il}^b$ 为 $\boldsymbol{\omega}_{il}^b$ 的反对称矩阵,$\boldsymbol{\omega}_{il}^b$ 为地球旋转角速度相对当地水平坐标的方向变化角速率。

(4) 当地水平系中的惯导机械编排

综合式(4.50)、式(4.55)和式(4.58)，得如下状态方程：

$$\begin{bmatrix}\dot{\boldsymbol{r}}^l \\ \dot{\boldsymbol{v}}^l \\ \dot{\boldsymbol{R}}_b^l\end{bmatrix}=\begin{bmatrix}\boldsymbol{D}^{-1}\boldsymbol{v}^l \\ \boldsymbol{R}_b^l\boldsymbol{f}^b+\boldsymbol{g}^l-(2\boldsymbol{\Omega}_{ie}^l+\boldsymbol{\Omega}_{el}^l)\boldsymbol{v}^l \\ \boldsymbol{R}_b^l(\boldsymbol{\Omega}_{ib}^b-\boldsymbol{\Omega}_{il}^b)\end{bmatrix} \tag{4.59}$$

该方程输出位置信息和当地水平系的速度信息以及姿态信息。

4.3　捷联惯导数值更新算法

捷联惯导数值更新算法是指将捷联惯性器件在 b 系的输出换算成导航坐标系下姿态、速度和位置的算法，包括姿态更新算法、速度更新算法和位置更新算法三部分。由于载体在惯性空间中旋转，且姿态变化通常很快，载体系下对捷联惯性器件的输出做数值积分得到的姿态、速度和位置信息，与惯性系下真实的姿态、速度和位置增量之间存在误差，需要进行更新。

当地水平系可以直接输出地理坐标和姿态角，而且重力模型简单，所以，本章以当地水平系(东北天坐标系)作为导航坐标系推导数值更新算法。

4.3.1　姿态更新算法

捷联惯导姿态更新，有欧拉角、方向余弦矩阵、四元数和等效旋转矢量四种方法，其基本思路都是构建姿态更新的微分方程(见 2.5 节)，并进行解算。本小节主要介绍四元数和等效旋转矢量两种姿态更新算法的解算，最后进行姿态更新四种算法的比较。

1) 姿态更新的四元数算法

姿态更新的四元数算法，其实质为解算式(2.133)所表示的微分方程。

一般情况下，捷联陀螺仪的输出是采样时间间隔内的角增量，为了避免噪声的微分放大，应直接用角增量来确定四元数，而不应该将角增量换算成角速度。毕卡算法就是由角增量计算四元数的常用算法，采用此算法，角增量对应的采样时间间隔是相同的。下面介绍四元数的毕卡算法。

式(2.133)是关于 $\boldsymbol{Q}$ 的齐次线性方程，解为

$$\boldsymbol{Q}(t_k)=\mathrm{e}^{\frac{1}{2}\int_{t_{k-1}}^{t_k}\boldsymbol{M}'(\boldsymbol{\omega}_{nb}^b)\mathrm{d}t}\cdot\boldsymbol{Q}(t_{k-1}) \tag{4.60}$$

令

$$\Delta\boldsymbol{\Theta}=\int_{t_{k-1}}^{t_k}\boldsymbol{M}'(\boldsymbol{\omega}_{nb}^{b})\mathrm{d}t=\int_{t_{k-1}}^{t_k}\begin{bmatrix}0&-\omega_x&-\omega_y&-\omega_z\\\omega_x&0&\omega_z&-\omega_y\\\omega_y&-\omega_z&0&\omega_x\\\omega_z&\omega_y&-\omega_x&0\end{bmatrix}\mathrm{d}t\approx$$

$$\begin{bmatrix}0&-\Delta\theta_x&-\Delta\theta_y&-\Delta\theta_z\\\Delta\theta_x&0&\Delta\theta_z&-\Delta\theta_y\\\Delta\theta_y&-\Delta\theta_z&0&\Delta\theta_x\\\Delta\theta_z&\Delta\theta_y&-\Delta\theta_x&0\end{bmatrix}\tag{4.61}$$

式中，$\Delta\theta_x$、$\Delta\theta_y$、$\Delta\theta_z$ 为 x、y、z 陀螺仪在$[t_{k-1},t_k]$采样时间间隔内的角增量(已经过位置速率及地球自转速率的补偿)。

对式(4.60)作泰勒级数展开：

$$\boldsymbol{Q}(t_k)=\mathrm{e}^{\frac{1}{2}\Delta\boldsymbol{\Theta}}\cdot\boldsymbol{Q}(t_{k-1})=\left[\boldsymbol{I}+\frac{1}{2}\Delta\boldsymbol{\Theta}+\frac{\left(\frac{1}{2}\Delta\boldsymbol{\Theta}\right)^2}{2!}+\frac{\left(\frac{1}{2}\Delta\boldsymbol{\Theta}\right)^3}{3!}+\cdots\right]\boldsymbol{Q}(t_{k-1})\tag{4.62}$$

由于

$$\Delta\boldsymbol{\Theta}^2=\begin{bmatrix}0&-\Delta\theta_x&-\Delta\theta_y&-\Delta\theta_z\\\Delta\theta_x&0&\Delta\theta_z&-\Delta\theta_y\\\Delta\theta_y&-\Delta\theta_z&0&\Delta\theta_x\\\Delta\theta_z&\Delta\theta_y&-\Delta\theta_x&0\end{bmatrix}\begin{bmatrix}0&-\Delta\theta_x&-\Delta\theta_y&-\Delta\theta_z\\\Delta\theta_x&0&\Delta\theta_z&-\Delta\theta_y\\\Delta\theta_y&-\Delta\theta_z&0&\Delta\theta_x\\\Delta\theta_z&\Delta\theta_y&-\Delta\theta_x&0\end{bmatrix}=$$

$$\begin{bmatrix}-\Delta\theta^2&0&0&0\\0&-\Delta\theta^2&0&0\\0&0&-\Delta\theta^2&0\\0&0&0&-\Delta\theta^2\end{bmatrix}=-\Delta\theta^2\boldsymbol{I}\tag{4.63}$$

式中，$\Delta\theta^2=\Delta\theta_x^2+\Delta\theta_y^2+\Delta\theta_z^2$，进一步可得

$$\begin{cases}\Delta\boldsymbol{\Theta}^3=\Delta\boldsymbol{\Theta}^2\Delta\boldsymbol{\Theta}=-\Delta\theta^2\Delta\boldsymbol{\Theta}\\\Delta\boldsymbol{\Theta}^4=\Delta\boldsymbol{\Theta}^2\Delta\boldsymbol{\Theta}^2=\Delta\theta^4\boldsymbol{I}\\\Delta\boldsymbol{\Theta}^5=\Delta\boldsymbol{\Theta}^4\Delta\boldsymbol{\Theta}=\Delta\theta^4\Delta\boldsymbol{\Theta}\\\Delta\boldsymbol{\Theta}^6=\Delta\boldsymbol{\Theta}^4\Delta\boldsymbol{\Theta}^2=-\Delta\theta^6\boldsymbol{I}\end{cases}\tag{4.64}$$

$$\boldsymbol{Q}(t_k)=\left[\boldsymbol{I}+\frac{\Delta\boldsymbol{\Theta}}{2}-\frac{\left(\frac{\Delta\theta}{2}\right)^2}{2!}\boldsymbol{I}-\frac{\left(\frac{\Delta\theta}{2}\right)^2\frac{\Delta\boldsymbol{\Theta}}{2}}{3!}+\frac{\left(\frac{\Delta\theta}{2}\right)^4}{4!}\boldsymbol{I}+\frac{\left(\frac{\Delta\theta}{2}\right)^4\frac{\Delta\boldsymbol{\Theta}}{2}}{5!}-\frac{\left(\frac{\Delta\theta}{2}\right)^6}{6!}\boldsymbol{I}-\cdots\right]\cdot\boldsymbol{Q}(t_{k-1})=$$

$$\left\{\boldsymbol{I}\left[1-\frac{\left(\frac{\Delta\theta}{2}\right)^2}{2!}+\frac{\left(\frac{\Delta\theta}{2}\right)^4}{4!}-\frac{\left(\frac{\Delta\theta}{2}\right)^6}{6!}+\cdots\right]+\frac{\Delta\boldsymbol{\Theta}}{2}\left[\frac{\frac{\Delta\theta}{2}}{1!}-\frac{\left(\frac{\Delta\theta}{2}\right)^3}{3!}+\frac{\left(\frac{\Delta\theta}{2}\right)^5}{5!}-\cdots\right]\frac{1}{\frac{\Delta\theta}{2}}\right.\cdot$$

$$\boldsymbol{Q}(t_{k-1})=\left(\boldsymbol{I}\cos\frac{\Delta\theta}{2}+\Delta\boldsymbol{\Theta}\frac{\sin\frac{\Delta\theta}{2}}{\Delta\theta}\right)\cdot\boldsymbol{Q}(t_{k-1}) \tag{4.65}$$

在实际解算过程中，$\cos\frac{\Delta\theta}{2}$、$\sin\frac{\Delta\theta}{2}$必须按级数展开的有限项计算，对上式取有限项，可得四元数微分方程的各阶近似算法。其中，一、二、三、四阶算法如下：

一阶算法：

$$\boldsymbol{Q}(t_k)=\left(\boldsymbol{I}+\frac{\Delta\boldsymbol{\Theta}}{2}\right)\cdot\boldsymbol{Q}(t_{k-1}) \tag{4.66}$$

二阶算法：

$$\boldsymbol{Q}(t_k)=\left\{\left[1-\frac{(\Delta\theta)^2}{8}\right]\boldsymbol{I}+\frac{\Delta\boldsymbol{\Theta}}{2}\right\}\cdot\boldsymbol{Q}(t_{k-1}) \tag{4.67}$$

三阶算法：

$$\boldsymbol{Q}(t_k)=\left\{\left[1-\frac{(\Delta\theta)^2}{8}\right]\boldsymbol{I}+\left[\frac{1}{2}-\frac{(\Delta\theta)^2}{48}\right]\Delta\boldsymbol{\Theta}\right\}\cdot\boldsymbol{Q}(t_{k-1}) \tag{4.68}$$

四阶算法：

$$\boldsymbol{Q}(t_k)=\left\{\left[1-\frac{(\Delta\theta)^2}{8}+\frac{(\Delta\theta)^4}{384}\right]\boldsymbol{I}+\left[\frac{1}{2}-\frac{(\Delta\theta)^2}{48}\right]\Delta\boldsymbol{\Theta}\right\}\cdot\boldsymbol{Q}(t_{k-1}) \tag{4.69}$$

下面讨论四元数初值的确定和规范化处理。

四元数的初值$\boldsymbol{Q}(0)$由捷联惯导的初始对准确定。设初始对准确定的姿态四元数$\boldsymbol{R}_b^n=[T_{ij}]$，根据2.3节中四元数与方向余弦矩阵之间的关系，以及描述刚体旋转的四元数为规范化四元数的结论，有如下方程成立：

$$\begin{cases}q_0^2+q_1^2-q_2^2-q_3^2=T_{11}\\q_0^2-q_1^2+q_2^2-q_3^2=T_{22}\\q_0^2-q_1^2-q_2^2+q_3^2=T_{33}\\q_0^2+q_1^2+q_2^2+q_3^2=1\\2(q_1q_2-q_0q_3)=T_{12}\\2(q_1q_3+q_0q_2)=T_{13}\\2(q_1q_2+q_0q_3)=T_{21}\\2(q_2q_3-q_0q_1)=T_{23}\\2(q_1q_3-q_0q_2)=T_{31}\\2(q_2q_3+q_0q_1)=T_{32}\end{cases} \tag{4.70}$$

从上述方程组可解得

$$\begin{cases}|q_1|=\dfrac{1}{2}\sqrt{1+T_{11}-T_{22}-T_{33}}\\|q_2|=\dfrac{1}{2}\sqrt{1-T_{11}+T_{22}-T_{33}}\\|q_3|=\dfrac{1}{2}\sqrt{1-T_{11}-T_{22}+T_{33}}\\|q_0|=\dfrac{1}{2}\sqrt{1+T_{11}+T_{22}+T_{33}}\\4q_1q_0=T_{32}-T_{23}\\4q_2q_0=T_{13}-T_{31}\\4q_3q_0=T_{21}-T_{12}\end{cases} \tag{4.71}$$

式中，q_0、q_1、q_2、q_3 的符号可按式(4.3.13)确定

$$\begin{cases}\mathrm{sign}(q_1)=\mathrm{sign}(q_0)[\mathrm{sign}(T_{32}-T_{23})]\\\mathrm{sign}(q_2)=\mathrm{sign}(q_0)[\mathrm{sign}(T_{13}-T_{31})]\\\mathrm{sign}(q_3)=\mathrm{sign}(q_0)[\mathrm{sign}(T_{21}-T_{12})]\end{cases} \tag{4.72}$$

式中，$\mathrm{sign}(q_0)$的符号可任选，原因分析如下。

设表征从角位置 A_0 至角位置 A_1 的旋转四元数为 $\boldsymbol{Q}=\cos\dfrac{\theta}{2}+\boldsymbol{u}\sin\dfrac{\theta}{2}$；设 $\boldsymbol{Q}_1=-\boldsymbol{Q}$，即 $\boldsymbol{Q}_1$ 与 $\boldsymbol{Q}$ 四个元的符号相反，则

$$\boldsymbol{Q}_1=-\cos\frac{\theta}{2}-\boldsymbol{u}\sin\frac{\theta}{2}=\cos\left(\pi-\frac{\theta}{2}\right)-\boldsymbol{u}\sin\left(\pi-\frac{\theta}{2}\right)=\cos\frac{2\pi-\theta}{2}-\boldsymbol{u}\sin\frac{2\pi-\theta}{2} \tag{4.73}$$

式(4.73)表明：$\boldsymbol{Q}_1$ 表征的旋转是刚体绕 $-\boldsymbol{u}$ 旋转 $2\pi-\theta$，从角位置 A_0 旋转至角位置 A_1，如图 4.7 所示。由于四元数只表征从初始位置至最终位置的一次性等效旋转，并不反映旋转的中间过程，所以 $\boldsymbol{Q}_1$ 与 $\boldsymbol{Q}$ 表征的旋转关系是相同的。由式(4.72)可知，当 q_0 取反号时，q_1、q_2、q_3 也跟着取反号，相当于四元数取反号，而 $\boldsymbol{Q}$ 和 $-\boldsymbol{Q}$ 表征了相同的等效旋转，所以 $\mathrm{sign}(q_0)$的符号可任选。

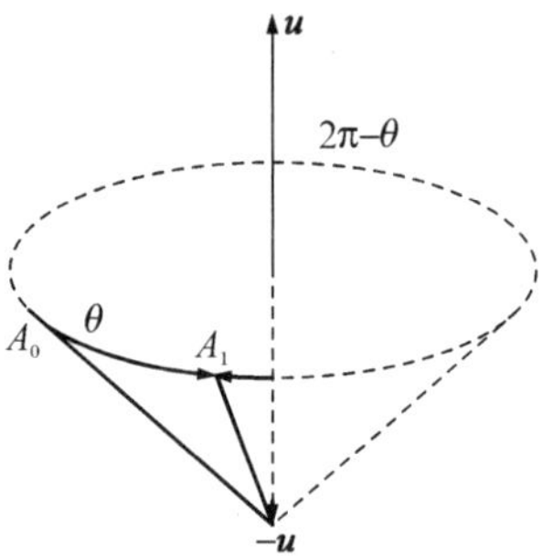

图 4.7　仅考虑初始和最终角位置时的等效旋转

表征旋转的四元数应该是规范化四元数，即 $\|\boldsymbol{Q}\|=1$，但是由于计算误差等因素，计算过程中四元数会逐渐失去规范化特性，因此若干次更新后，必须对四元数做规范化处理：

$$q_i=\frac{\hat{q}_i}{\sqrt{\hat{q}_0^2+\hat{q}_1^2+\hat{q}_2^2+\hat{q}_3^2}},\ i=0,1,2,3 \tag{4.74}$$

式中，$\hat{q}_0$、$\hat{q}_1$、$\hat{q}_2$、$\hat{q}_3$ 是四元数更新所得的值。

2）姿态更新的等效旋转矢量算法

姿态更新的等效旋转矢量算法，其实质为解算式(2.183)或式(2.185)所表示的等效旋转矢量微分方程。

直接按式(2.183)或式(2.185)求解旋转矢量有诸多不便，主要因为：① 光学陀螺仪一般输出为角增量，如果将角增量折算成角速率，则微商运算将引起严重的噪声放大效应；② 即使可获得陀螺仪的角速率输出，由于对上述两方程只能采用数值求解，所以对角速率必须采样，采样意味着仅采样点上的角速率得到了利用，而采样点之间的角速率信息并未利用，在姿态更新中实际上丢失了很多信息；③ 式(2.140)说明，姿态更新中，只需求解从 t_{k-1} 时刻至 t_k 时刻载体坐标系旋转所对应的等效旋转矢量，而不必知道 t_{k-1} 至 t_k 时间段内旋转矢量的演变过程，因此可采用泰勒级数展开求解旋转矢量。

设 $\boldsymbol{\Phi}(h)$ 为 $[t_{k-1}, t_k]$ 时间段内的等效旋转矢量，其中 $h=t_k-t_{k-1}$，运载体的角速度用直线拟合：

$$\boldsymbol{\omega}_{nb}^{b}(t_{k-1}+\tau)=\boldsymbol{a}+2\boldsymbol{b}\tau,\ 0\leqslant\tau\leqslant h \tag{4.75}$$

对 $\boldsymbol{\Phi}(h)$ 作泰勒级数展开：

$$\boldsymbol{\Phi}(h)=\boldsymbol{\Phi}(0)+h\dot{\boldsymbol{\Phi}}(0)+\frac{h^2}{2!}\ddot{\boldsymbol{\Phi}}(0)+\frac{h^3}{3!}\dddot{\boldsymbol{\Phi}}(0)+\cdots \tag{4.76}$$

式中，$\boldsymbol{\Phi}(0)$ 是 $[t_{k-1}, t_k]$ 时间段内的旋转矢量，由于时间间隔为 0，所以

$$\boldsymbol{\Phi}(0)=\boldsymbol{0} \tag{4.77}$$

记角速度 $\boldsymbol{\omega}_{nb}^{b}$ 引起的角增量为

$$\Delta\boldsymbol{\theta}(\tau)=\int_0^{\tau}\boldsymbol{\omega}_{nb}^{b}(t_{k-1}+\tau)\mathrm{d}\tau \tag{4.78}$$

则由式(4.75)和式(4.78)得

$$\boldsymbol{\omega}_{nb}^{b}(t_{k-1})=\boldsymbol{\omega}_{nb}^{b}(t_{k-1}+\tau)\big|_{\tau=0}=\boldsymbol{a} \tag{4.79}$$

$$\dot{\boldsymbol{\omega}}_{nb}^{b}(t_{k-1})=\dot{\boldsymbol{\omega}}_{nb}^{b}(t_{k-1}+\tau)\big|_{\tau=0}=2\boldsymbol{b} \tag{4.80}$$

$$\boldsymbol{\omega}_{nb}^{b(i)}(t_{k-1})=\boldsymbol{\omega}_{nb}^{b(i)}(t_{k-1}+\tau)\big|_{\tau=0}=0,\ i=2,3,4,\cdots \tag{4.81}$$

$$\Delta\boldsymbol{\theta}(0)=\Delta\boldsymbol{\theta}(\tau)\big|_{\tau=0}=\boldsymbol{0} \tag{4.82}$$

$$\Delta\dot{\boldsymbol{\theta}}(0)=\Delta\dot{\boldsymbol{\theta}}(\tau)\big|_{\tau=0}=\boldsymbol{\omega}_{nb}^{b}(t_{k-1}+\tau)\big|_{\tau=0}=\boldsymbol{a} \tag{4.83}$$

$$\Delta\ddot{\boldsymbol{\theta}}(0)=\Delta\ddot{\boldsymbol{\theta}}(\tau)\big|_{\tau=0}=\dot{\boldsymbol{\omega}}_{nb}^{b}(t_{k-1}+\tau)\big|_{\tau=0}=2\boldsymbol{b} \tag{4.84}$$

$$\Delta\boldsymbol{\theta}^{(i)}(0)=\Delta\boldsymbol{\theta}^{(i)}(\tau)\big|_{\tau=0}=\boldsymbol{\omega}_{nb}^{b(i-1)}(t_{k-1}+\tau)\big|_{\tau=0}=\boldsymbol{0},\ i=3,4,5,\cdots \tag{4.85}$$

又由于姿态更新周期 h 一般为毫秒级的量，$\boldsymbol{\Phi}$ 也可视为小量，因此根据式(2.185)

计算 $\boldsymbol{\Phi}(\tau)$ 在 $\tau=0$ 时的各阶导数时，可将该式中的第三项视为 $\boldsymbol{\Phi}$ 的二阶小量而忽略不计，并将第二项中的 $\boldsymbol{\Phi}(\tau)$ 用角增量代替，即

$$\boldsymbol{\Phi}(\tau)\approx\Delta\boldsymbol{\theta}(\tau) \tag{4.86}$$

这样式(2.185)可写成

$$\dot{\boldsymbol{\Phi}}(\tau)=\boldsymbol{\omega}_{nb}^{b}(t_{k-1}+\tau)+\frac{1}{2}\Delta\boldsymbol{\theta}(\tau)\times\boldsymbol{\omega}_{nb}^{b}(t_{k-1}+\tau),\ 0\leqslant\tau\leqslant h \tag{4.87}$$

对式(4.87)求各阶导数，并考虑到式(4.81)和式(4.85)，有

$$\ddot{\boldsymbol{\Phi}}(\tau)=\dot{\boldsymbol{\omega}}_{nb}^{b}(t_{k-1}+\tau)+\frac{1}{2}\Delta\dot{\boldsymbol{\theta}}(\tau)\times\boldsymbol{\omega}_{nb}^{b}(t_{k-1}+\tau)+\frac{1}{2}\Delta\boldsymbol{\theta}(\tau)\times\dot{\boldsymbol{\omega}}_{nb}^{b}(t_{k-1}+\tau) \tag{4.88}$$

$$\dddot{\boldsymbol{\Phi}}(\tau)=\frac{1}{2}\Delta\ddot{\boldsymbol{\theta}}(\tau)\times\boldsymbol{\omega}_{nb}^{b}(t_{k-1}+\tau)+\Delta\dot{\boldsymbol{\theta}}(\tau)\times\dot{\boldsymbol{\omega}}_{nb}^{b}(t_{k-1}+\tau) \tag{4.89}$$

$$\boldsymbol{\Phi}^{(4)}(\tau)=\frac{3}{2}\Delta\ddot{\boldsymbol{\theta}}(\tau)\times\dot{\boldsymbol{\omega}}_{nb}^{b}(t_{k-1}+\tau) \tag{4.90}$$

$$\boldsymbol{\Phi}^{(i)}(\tau)=0,\ i=5,6,7,\cdots \tag{4.91}$$

将 $\tau=0$ 代入上述各式，并应用式(4.79)～式(4.85)，得

$$\dot{\boldsymbol{\Phi}}(0)=\boldsymbol{a}$$

$$\ddot{\boldsymbol{\Phi}}(0)=2\boldsymbol{b}$$

$$\dddot{\boldsymbol{\Phi}}(0)=\boldsymbol{a}\times\boldsymbol{b}$$

$$\boldsymbol{\Phi}^{(i)}(0)=\boldsymbol{0},\ i=4,5,6,\cdots$$

将 $\boldsymbol{\Phi}(0)=\boldsymbol{0}$(式 4.77)和上述 $\dot{\boldsymbol{\Phi}}(0)$、$\ddot{\boldsymbol{\Phi}}(0)$、$\dddot{\boldsymbol{\Phi}}(0)$代到式(4.76)，得

$$\boldsymbol{\Phi}(h)=\boldsymbol{\Phi}(0)+\dot{\boldsymbol{\Phi}}(0)h+\frac{1}{2}\ddot{\boldsymbol{\Phi}}(0)h^{2}+\frac{1}{6}\dddot{\boldsymbol{\Phi}}(0)h^{3}=\boldsymbol{a}h+\boldsymbol{b}h^{2}+\frac{1}{6}\boldsymbol{a}\times\boldsymbol{b}h^{3} \tag{4.92}$$

为了将式(4.92)中的参数 $\boldsymbol{a}$、$\boldsymbol{b}$ 用角增量来表示，结合式(4.75)，记

$$\begin{cases}\Delta\boldsymbol{\theta}_{1}=\int_{0}^{\frac{h}{2}}\boldsymbol{\omega}_{nb}^{b}(t_{k-1}+\tau)\mathrm{d}\tau=\dfrac{1}{2}\boldsymbol{a}h+\dfrac{1}{4}\boldsymbol{b}h^{2}\\ \Delta\boldsymbol{\theta}_{2}=\int_{\frac{h}{2}}^{h}\boldsymbol{\omega}_{nb}^{b}(t_{k-1}+\tau)\mathrm{d}\tau=\dfrac{1}{2}\boldsymbol{a}h+\dfrac{3}{4}\boldsymbol{b}h^{2}\end{cases} \tag{4.93}$$

由式(4.93)可反解得到以采样增量表示的线性模型系数，即

$$\begin{cases}\boldsymbol{a}=\dfrac{3\Delta\boldsymbol{\theta}_{1}-\Delta\boldsymbol{\theta}_{2}}{h}\\ \boldsymbol{b}=\dfrac{2(\Delta\boldsymbol{\theta}_{2}-\Delta\boldsymbol{\theta}_{1})}{h^{2}}\end{cases} \tag{4.94}$$

再将式(4.94)代到式(4.92)，得

$$\boldsymbol{\Phi}(h)=3\Delta\boldsymbol{\theta}_1-\Delta\boldsymbol{\theta}_2+2(\Delta\boldsymbol{\theta}_2-\Delta\boldsymbol{\theta}_1)+\frac{1}{3}(3\Delta\boldsymbol{\theta}_1-\Delta\boldsymbol{\theta}_2)\times(\Delta\boldsymbol{\theta}_2-\Delta\boldsymbol{\theta}_1)=$$
$$\Delta\boldsymbol{\theta}_1+\Delta\boldsymbol{\theta}_2+\frac{2}{3}\Delta\boldsymbol{\theta}_1\times\Delta\boldsymbol{\theta}_2 \tag{4.95}$$

在按式(4.95)求解旋转矢量时，用到了$\left[t_{k-1},t_{k-1}+\frac{h}{2}\right]$和$\left[t_{k-1}+\frac{h}{2},t_k\right]$两个时间段内的角增量$\Delta\boldsymbol{\theta}_1$、$\Delta\boldsymbol{\theta}_2$，因此称此式为旋转矢量的二子样算法。如果对$[t_{k-1},t_k]$时间段内的载体角速度用常数拟合，则对应于单子样算法；如果用直线拟合，则对应于二子样算法；如果用抛物线拟合，则对应于三子样算法；如果用三次抛物线拟合，则对应于四子样算法；以此类推。下面列出角速度不同拟合假设下的旋转矢量各子样算法，推导方法同二子样推导。

当采用常数拟合角速度时，即

$$\begin{cases}\boldsymbol{\omega}_{nb}^b(t_{k-1}+\tau)=a,\ 0\leqslant\tau\leqslant h\\ \boldsymbol{\Phi}(h)=\Delta\boldsymbol{\theta}\end{cases} \tag{4.96}$$

式中，$\Delta\boldsymbol{\theta}$是$[t_{k-1},t_k]$时间段内的角增量。

当采用直线拟合角速度时，即

$$\begin{cases}\boldsymbol{\omega}_{nb}^b(t_{k-1}+\tau)=\boldsymbol{a}+2\boldsymbol{b}\tau,\ 0\leqslant\tau\leqslant h\\ \boldsymbol{\Phi}(h)=\Delta\boldsymbol{\theta}_1+\Delta\boldsymbol{\theta}_2+\frac{2}{3}\Delta\boldsymbol{\theta}_1\times\Delta\boldsymbol{\theta}_2\end{cases} \tag{4.97}$$

式中，$\Delta\boldsymbol{\theta}_1$、$\Delta\boldsymbol{\theta}_2$分别为$\left[t_{k-1},t_{k-1}+\frac{h}{2}\right)$和$\left[t_{k-1}+\frac{h}{2},t_k\right]$两个时间段内的角增量。

当采用抛物线拟合角速度时，即

$$\begin{cases}\boldsymbol{\omega}_{nb}^b(t_{k-1}+\tau)=\boldsymbol{a}+2\boldsymbol{b}\tau+3\boldsymbol{c}\tau^2,\ 0\leqslant\tau\leqslant h\\ \boldsymbol{\Phi}(h)=\Delta\boldsymbol{\theta}_1+\Delta\boldsymbol{\theta}_2+\Delta\boldsymbol{\theta}_3+\frac{33}{80}\Delta\boldsymbol{\theta}_1\times\Delta\boldsymbol{\theta}_3+\frac{57}{80}\Delta\boldsymbol{\theta}_2\times(\Delta\boldsymbol{\theta}_3-\Delta\boldsymbol{\theta}_1)\end{cases} \tag{4.98}$$

式中，$\Delta\boldsymbol{\theta}_1$、$\Delta\boldsymbol{\theta}_2$、$\Delta\boldsymbol{\theta}_3$分别为$\left[t_{k-1},t_{k-1}+\frac{h}{3}\right)$、$\left[t_{k-1}+\frac{h}{3},t_{k-1}+\frac{2h}{3}\right)$、$\left[t_{k-1}+\frac{2h}{3},t_k\right]$时间段内的角增量。

当采用三次抛物线拟合角速度时，即

$$\begin{cases}\boldsymbol{\omega}_{nb}^b(t_{k-1}+\tau)=\boldsymbol{a}+2\boldsymbol{b}\tau+3\boldsymbol{c}\tau^2+4\boldsymbol{d}\tau^3,\ 0\leqslant\tau\leqslant h\\ \boldsymbol{\Phi}(h)=\Delta\boldsymbol{\theta}_1+\Delta\boldsymbol{\theta}_2+\Delta\boldsymbol{\theta}_3+\Delta\boldsymbol{\theta}_4+\frac{736}{945}(\Delta\boldsymbol{\theta}_1\times\Delta\boldsymbol{\theta}_2+\Delta\boldsymbol{\theta}_3\times\Delta\boldsymbol{\theta}_4)+\\ \qquad\frac{334}{945}(\Delta\boldsymbol{\theta}_1\times\Delta\boldsymbol{\theta}_3+\Delta\boldsymbol{\theta}_2\times\Delta\boldsymbol{\theta}_4)+\frac{526}{945}\Delta\boldsymbol{\theta}_1\times\Delta\boldsymbol{\theta}_4+\frac{654}{945}\Delta\boldsymbol{\theta}_2\times\Delta\boldsymbol{\theta}_3\end{cases} \tag{4.99}$$

式中，$\Delta\boldsymbol{\theta}_1$、$\Delta\boldsymbol{\theta}_2$、$\Delta\boldsymbol{\theta}_3$、$\Delta\boldsymbol{\theta}_4$ 分别为$\left[t_{k-1},t_{k-1}+\frac{h}{4}\right)$、$\left[t_{k-1}+\frac{h}{4},t_{k-1}+\frac{2h}{4}\right)$、$\left[t_{k-1}+\frac{2h}{4},t_{k-1}+\frac{3h}{4}\right)$、$\left[t_{k-1}+\frac{3h}{4},t_k\right]$时间段内的角增量。

3）姿态更新

参考式(2.140)，当地水平系的姿态四元数更新递推式为

$$\boldsymbol{q}_{b(k)}^{l}=\boldsymbol{q}_{b(k-1)}^{l}\boldsymbol{q}_{b(k)}^{b(k-1)} \tag{4.100}$$

其中，姿态变化前后的时刻分别为 t_{k-1}、t_k，且 $t_k-t_{k-1}=T$。姿态四元数 $\boldsymbol{q}_{b(k)}^{l}$、$\boldsymbol{q}_{b(k-1)}^{l}$、$\boldsymbol{q}_{b(k)}^{b(k-1)}$ 是以 l 系为参考坐标系时，b 系的变换四元数，它的计算和 b 系相对于 l 系的转动角速度 $\boldsymbol{\omega}_{lb}^{b}(t)$ 有关。

记 Φ_k 为 b 系相对于 l 系的等效旋转矢量，则

$$\boldsymbol{\Phi}_k=\int_{k-1}^{k}\boldsymbol{\omega}_{lb}^{b}(t)\mathrm{d}t=\int_{k-1}^{k}\boldsymbol{\omega}_{ib}^{b}(t)\mathrm{d}t-(\boldsymbol{R}_{b(k-1)}^{l})^{\mathrm{T}}\boldsymbol{\omega}_{il(k-1)}^{l}T \tag{4.101}$$

更新周期内姿态变化(b 系相对于 l 系变化)的等效旋转矢量 $\boldsymbol{\Phi}_k(h)$ 包含两部分：一部分是载体相对于 i 系的旋转，由陀螺仪测得；另一部分是 l 系相对于 i 系的旋转，通过计算补偿。

因此，记 $\boldsymbol{\Phi}_k(h)$ 为

$$\boldsymbol{\Phi}_k=\boldsymbol{\Phi}_{kf}+\boldsymbol{R}_{l}^{b(k-1)}\boldsymbol{\Phi}_{ky} \tag{4.102}$$

其中，旋转矢量 $\boldsymbol{\Phi}_{ky}$ 是 $\boldsymbol{\omega}_{il(k-1)}^{l}$ 在$[t_{k-1},t_k]$内的积分。$\omega_{il(k-1)}^{l}$ 包含两部分：e 系相对于 i 系的转动(地球自转)和 l 系相对于 e 系的转动。由于 $\boldsymbol{\omega}_{ie}^{l}$ 和 $\boldsymbol{\omega}_{el}^{l}$ 变化缓慢，可认为解算周期内是常值，可按下式求解：

$$\boldsymbol{\Phi}_{ky}=(\boldsymbol{\omega}_{ie}^{l}+\boldsymbol{\omega}_{el}^{l})T \tag{4.103}$$

$\boldsymbol{\Phi}_{kf}(h)$来自载体相对于惯性空间的旋转，可由式(4.95)计算，这样就能求出 $\boldsymbol{\Phi}_k(h)$，进一步，可按式(4.104)求姿态更新周期内的姿态变化四元数 $\boldsymbol{q}(h)$：

$$\boldsymbol{q}(h)=\cos\frac{\Phi_k}{2}+\frac{\boldsymbol{\Phi}_k(h)}{\Phi_k}\sin\frac{\Phi_k}{2} \tag{4.104}$$

式中，$\boldsymbol{q}(h)$即为式(4.100)中 $\boldsymbol{q}_{b(k)}^{b(k-1)}$，代到式(4.100)完成姿态更新。

4）四元数算法与等效旋转矢量算法的关系

事实上，四元数的毕卡算法实质上就是旋转矢量的单子样算法，原因分析如下。

记 t_{k-1} 和 t_k 时刻的姿态四元数分别为

$$\boldsymbol{Q}(t_{k-1})=[q_0(t_{k-1})\quad q_1(t_{k-1})\quad q_2(t_{k-1})\quad q_3(t_{k-1})]^{\mathrm{T}}$$

$$\boldsymbol{Q}(t_k)=[q_0(t_k)\quad q_1(t_k)\quad q_2(t_k)\quad q_3(t_k)]^{\mathrm{T}}$$

根据式(4.65),四元数更新的毕卡算法为

$$\boldsymbol{Q}(t_k)=\left[\boldsymbol{I}\cos\frac{\Delta\theta}{2}+\Delta\boldsymbol{\Theta}\frac{\sin\frac{\Delta\theta}{2}}{\Delta\theta}\right]\cdot\boldsymbol{Q}(t_{k-1})$$

即

$$\begin{bmatrix}q_0(t_k)\\q_1(t_k)\\q_2(t_k)\\q_3(t_k)\end{bmatrix}=\begin{bmatrix}\cos\frac{\Delta\theta}{2} & -\frac{\Delta\theta_x}{\Delta\theta}\sin\frac{\Delta\theta}{2} & -\frac{\Delta\theta_y}{\Delta\theta}\sin\frac{\Delta\theta}{2} & -\frac{\Delta\theta_z}{\Delta\theta}\sin\frac{\Delta\theta}{2}\\ \frac{\Delta\theta_x}{\Delta\theta}\sin\frac{\Delta\theta}{2} & \cos\frac{\Delta\theta}{2} & \frac{\Delta\theta_z}{\Delta\theta}\sin\frac{\Delta\theta}{2} & -\frac{\Delta\theta_y}{\Delta\theta}\sin\frac{\Delta\theta}{2}\\ \frac{\Delta\theta_y}{\Delta\theta}\sin\frac{\Delta\theta}{2} & -\frac{\Delta\theta_z}{\Delta\theta}\sin\frac{\Delta\theta}{2} & \cos\frac{\Delta\theta}{2} & \frac{\Delta\theta_x}{\Delta\theta}\sin\frac{\Delta\theta}{2}\\ \frac{\Delta\theta_z}{\Delta\theta}\sin\frac{\Delta\theta}{2} & \frac{\Delta\theta_y}{\Delta\theta}\sin\frac{\Delta\theta}{2} & -\frac{\Delta\theta_x}{\Delta\theta}\sin\frac{\Delta\theta}{2} & \cos\frac{\Delta\theta}{2}\end{bmatrix}\begin{bmatrix}q_0(t_{k-1})\\q_1(t_{k-1})\\q_2(t_{k-1})\\q_3(t_{k-1})\end{bmatrix} \tag{4.105}$$

式中,$\Delta\theta_x$、$\Delta\theta_y$、$\Delta\theta_z$ 是 x、y、z 陀螺仪在$[t_{k-1},t_k]$时间段内的角增量输出,

$$\Delta\theta=\sqrt{\Delta\theta_x^2+\Delta\theta_y^2+\Delta\theta_z^2}$$

设 $\Delta\boldsymbol{\theta}$ 是$[t_{k-1},t_k]$时间段内的角增量向量,根据式(4.96),则单子样旋转矢量为

$$\boldsymbol{\Phi}(h)=\Delta\boldsymbol{\theta}=[\Delta\theta_x\quad\Delta\theta_y\quad\Delta\theta_z]^{\mathrm{T}}$$

因为 $\Phi=|\boldsymbol{\Phi}(h)|=\Delta\theta$,所以由旋转矢量 $\boldsymbol{\Phi}(h)$构造的姿态变化四元数为

$$\boldsymbol{q}(h)=\cos\frac{\Phi}{2}+\frac{\boldsymbol{\Phi}(h)}{\Phi}\sin\frac{\Phi}{2}$$

即

$$\boldsymbol{q}(h)=\left[\cos\frac{\Delta\theta}{2}\quad\frac{\Delta\theta_x}{\Delta\theta}\sin\frac{\Delta\theta}{2}\quad\frac{\Delta\theta_y}{\Delta\theta}\sin\frac{\Delta\theta}{2}\quad\frac{\Delta\theta_z}{\Delta\theta}\sin\frac{\Delta\theta}{2}\right]^{\mathrm{T}}$$

根据式(2.140)有

$$\boldsymbol{Q}(t_k)=\boldsymbol{Q}(t_{k-1})\otimes\boldsymbol{q}(h)=\boldsymbol{M}'[\boldsymbol{q}(h)]\boldsymbol{Q}(t_{k-1})$$

即

$$\begin{bmatrix}q_0(t_k)\\q_1(t_k)\\q_2(t_k)\\q_3(t_k)\end{bmatrix}=\begin{bmatrix}\cos\frac{\Delta\theta}{2} & -\frac{\Delta\theta_x}{\Delta\theta}\sin\frac{\Delta\theta}{2} & -\frac{\Delta\theta_y}{\Delta\theta}\sin\frac{\Delta\theta}{2} & -\frac{\Delta\theta_z}{\Delta\theta}\sin\frac{\Delta\theta}{2}\\ \frac{\Delta\theta_x}{\Delta\theta}\sin\frac{\Delta\theta}{2} & \cos\frac{\Delta\theta}{2} & \frac{\Delta\theta_z}{\Delta\theta}\sin\frac{\Delta\theta}{2} & -\frac{\Delta\theta_y}{\Delta\theta}\sin\frac{\Delta\theta}{2}\\ \frac{\Delta\theta_y}{\Delta\theta}\sin\frac{\Delta\theta}{2} & -\frac{\Delta\theta_z}{\Delta\theta}\sin\frac{\Delta\theta}{2} & \cos\frac{\Delta\theta}{2} & \frac{\Delta\theta_x}{\Delta\theta}\sin\frac{\Delta\theta}{2}\\ \frac{\Delta\theta_z}{\Delta\theta}\sin\frac{\Delta\theta}{2} & \frac{\Delta\theta_y}{\Delta\theta}\sin\frac{\Delta\theta}{2} & -\frac{\Delta\theta_x}{\Delta\theta}\sin\frac{\Delta\theta}{2} & \cos\frac{\Delta\theta}{2}\end{bmatrix}\begin{bmatrix}q_0(t_{k-1})\\q_1(t_{k-1})\\q_2(t_{k-1})\\q_3(t_{k-1})\end{bmatrix} \tag{4.106}$$

比较式(4.105)和式(4.106),可见四元数更新的毕卡算法实质上就是等效旋转矢量的单子样算法。等效旋转矢量算法的子样数越少,高动态角运动条件下的姿态计算精度就越差,因此,四元数更新的毕卡算法只适用于角运动接近不变的低动态工作环境,而对高动态角运动环境并不适用。

5)姿态更新各种算法的比较

欧拉角算法通过求解欧拉角微分方程直接计算方位角、俯仰角和横滚角。欧拉角微分方程关系简单直观,解算过程中无须作正交化处理,但方程中包含有三角运算,这给实时计算带来一定困难。而且当俯仰角接近 90°时方程出现退化现象,这相当于平台惯导中惯性平台的锁定,所以这种方法只适用于水平姿态变化不大的情况,不适用于全姿态运载体的姿态确定。

方向余弦法对姿态矩阵微分方程求解,避免了欧拉角法中方程的退化问题,可全姿态工作。但姿态矩阵微分方程实质上是包含 9 个未知量的线性微分方程组,与四元数法相比,计算量大,实时计算困难,所以工程上并不实用。

四元数法只需求解 4 个未知量的线性微分方程组,计算量比方向余弦法小,且算法简单,是较实用的工程方法。但四元数法实质上是旋转矢量法中的单子样算法,对有限转动引起的不可交换误差的补偿程度不够,所以只适用于低动态运载体的姿态解算。而对高动态运载体,姿态解算中的算法漂移会十分严重。

旋转矢量法可采用多子样算法实现对不可交换误差作有效补偿,算法关系简单,并且通过对系数的优化处理使算法漂移在相同子样算法中达到最小,因此特别适用于角运动频繁激烈或存在严重角振动的运载体的姿态更新。

四元数法和旋转矢量法都通过计算姿态四元数实现姿态更新,但前者直接求解姿态四元数微分方程,而后者通过求解姿态变化四元数再求解姿态四元数,两者的算法思路并不相同。

4.3.2 速度更新算法

1)速度计算中的旋转效应和划桨效应分析

取当地水平坐标系作为导航坐标系,由式(4.55)比力方程,可知当地水平系下惯导速度微分方程,明确标注出各量时间参数如下:

$$\dot{\boldsymbol{v}}^l(t)=\boldsymbol{R}_b^l(t)\boldsymbol{f}^b(t)+\boldsymbol{g}^l(t)-[2\boldsymbol{\omega}_{ie}^l(t)+\boldsymbol{\omega}_{el}^l(t)]\times\boldsymbol{v}^l(t) \tag{4.107}$$

设速度的更新周期为 T,在每一个更新周期内对角增量和速度增量作 N 次采样。

对式(4.107)作积分，得 t_k 时刻载体在导航坐标系内的速度为

$$\boldsymbol{v}_k^l-\boldsymbol{v}_{k-1}^l=\underbrace{\int_{t_{k-1}}^{t_k}\boldsymbol{R}_b^l(t)\boldsymbol{f}^b(t)\mathrm{d}t}_{\Delta\boldsymbol{v}_{\mathrm{sf}(k)}^l}+\underbrace{\int_{t_{k-1}}^{t_k}\{\boldsymbol{g}^l(t)-[2\boldsymbol{\omega}_{ie}^l(t)+\boldsymbol{\omega}_{el}^l(t)]\times\boldsymbol{v}^l(t)\}\mathrm{d}t}_{\Delta\boldsymbol{v}_{\mathrm{cor/g}(k)}^l} \tag{4.108}$$

式中，$\boldsymbol{v}_k^l$ 和 $\boldsymbol{v}_{k-1}^l$ 分别为 t_k 和 t_{k-1} 时刻载体在当地水平系的速度，记

$$\Delta\boldsymbol{v}_{\mathrm{sf}(k)}^l=\int_{t_{k-1}}^{t_k}\boldsymbol{R}_b^l(t)\boldsymbol{f}^b(t)\mathrm{d}t \tag{4.109}$$

$$\Delta\boldsymbol{v}_{\mathrm{cor/g}(k)}^l=\int_{t_{k-1}}^{t_k}\{\boldsymbol{g}^l(t)-[2\boldsymbol{\omega}_{ie}^l(t)+\boldsymbol{\omega}_{el}^l(t)]\times\boldsymbol{v}^l(t)\}\mathrm{d}t \tag{4.110}$$

$\Delta\boldsymbol{v}_{\mathrm{sf}(k)}^l$ 和 $\Delta\boldsymbol{v}_{\mathrm{cor/g}(k)}^l$ 分别称为在时间段 $T=t_k-t_{k-1}$ 内导航系比力速度增量和有害加速度的速度增量。

将式(4.108)移项，可得到以下递推形式：

$$\boldsymbol{v}_k^l=\boldsymbol{v}_{k-1}^l+\Delta\boldsymbol{v}_{\mathrm{sf}(k)}^l+\Delta\boldsymbol{v}_{\mathrm{cor/g}(k)}^l \tag{4.111}$$

下面讨论 $\Delta\boldsymbol{v}_{\mathrm{sf}(k)}^l$ 和 $\Delta\boldsymbol{v}_{\mathrm{cor/g}(k)}^l$ 的数值积分算法。

首先，考虑有害加速度的速度增量 $\Delta\boldsymbol{v}_{\mathrm{cor/g}(k)}^l$ 的计算。

即使对于快速运动的运载体，在短时间$[t_{k-1},t_k]$内，其引起的当地水平系旋转和重力矢量变化都是很小的，因而一般认为 $\Delta\boldsymbol{v}_{\mathrm{cor/g}(k)}^l$ 的被积函数是时间的缓变量，可采用 $t_{k-1/2}=(t_{k-1}+t_k)/2$ 时刻的值进行近似代替，将式(4.110)近似为

$$\Delta\boldsymbol{v}_{\mathrm{cor/g}(k)}^l\approx[\boldsymbol{g}_{k-1/2}^l-(2\boldsymbol{\omega}_{ie(k-1/2)}^l+\boldsymbol{\omega}_{el(k-1/2)}^l)\times\boldsymbol{v}_{k-1/2}^l]T \tag{4.112}$$

由于此时不知 t_k 时刻的导航速度和位置等参数，因此式(4.112)中 $t_{k-1/2}$ 时刻的各量需使用外推法计算，表示如下：

$$\boldsymbol{x}_{k-1/2}=\boldsymbol{x}_{k-1}+\frac{\boldsymbol{x}_{k-1}-\boldsymbol{x}_{k-2}}{2}=\frac{3\boldsymbol{x}_{k-1}-\boldsymbol{x}_{k-2}}{2},\ \boldsymbol{x}=\boldsymbol{\omega}_{ie}^l,\boldsymbol{\omega}_{el}^l,\boldsymbol{v}^l,\boldsymbol{g}^l \tag{4.113}$$

式中，各参数在 t_{k-1} 和 t_{k-2} 时刻均是已知的，所以，$\Delta\boldsymbol{v}_{\mathrm{cor/g}(k)}^l$ 的计算过程比较简单。

其次，进行比力速度增量 $\Delta\boldsymbol{v}_{\mathrm{sf}(k)}^l$ 的计算。

将式(4.109)右端被积姿态矩阵作如下矩阵链乘分解：

$$\Delta\boldsymbol{v}_{\mathrm{sf}(k)}^l=\int_{t_{k-1}}^{t_k}\underbrace{\boldsymbol{R}_{l(k-1)}^{l(t)}\boldsymbol{R}_{b(k-1)}^{l(k-1)}}_{\boldsymbol{R}_{b(k-1)}^l}\boldsymbol{R}_{b(t)}^{b(k-1)}\boldsymbol{f}^b(t)\mathrm{d}t \tag{4.114}$$

先来看式(4.114)中的 $\boldsymbol{R}_{b(t)}^{b(k-1)}$ 项。假设与变换矩阵 $\boldsymbol{R}_{b(t)}^{b(k-1)}$ 相对应的等效旋转矢量为 $\boldsymbol{\Phi}$，角增量为 $\Delta\boldsymbol{\theta}$。对于 $t_{k-1}\leqslant t\leqslant t_k$，根据式(2.74)，坐标变换矩阵和等效旋转矢量之间关系有

$$\boldsymbol{R}_{b(t)}^{b(k-1)}=\boldsymbol{I}+\frac{\sin\Phi}{\Phi}(\boldsymbol{\Phi}\times)+\frac{1-\cos\Phi}{\Phi^2}(\boldsymbol{\Phi}\times)(\boldsymbol{\Phi}\times) \tag{4.115}$$

式中，$\boldsymbol{\Phi}$ 是 $b(k-1)$ 坐标系至 $b(t)$ 坐标系的等效旋转矢量，$\Phi=|\boldsymbol{\Phi}|$，$(\boldsymbol{\Phi}\times)$ 表示 $\boldsymbol{\Phi}$ 各分量构造成的叉乘反对称矩阵。旋转矢量 $\boldsymbol{\Phi}$ 应根据 Bortz 方程确定，但对于速度更新周期 T 较短、Φ 非常微小的情况，可以有如下近似：

$$\frac{\sin\Phi}{\Phi}\approx 1,\ \frac{1-\cos\Phi}{\Phi^2}=\frac{2\sin^2(\Phi/2)}{4(\Phi/2)^2}\approx\frac{1}{2},\ \boldsymbol{\Phi}\approx\Delta\boldsymbol{\theta}$$

其中

$$\Delta\boldsymbol{\theta}=\int_{t_{k-1}}^{t}\boldsymbol{\omega}_{ib}^{b}(\tau)\mathrm{d}\tau,\ t_{k-1}\leqslant t\leqslant t_k \tag{4.116}$$

式中，$\boldsymbol{\omega}_{ib}^{b}(t)$ 是 $b(k-1)$ 坐标系相对于 $b(t)$ 坐标系的旋转角速度，并且 $(\boldsymbol{\Phi}\times)(\boldsymbol{\Phi}\times)$ 视为二阶小量，可省略。这样，式(4.115)可近似为

$$\boldsymbol{R}_{b(t)}^{b(k-1)}=\boldsymbol{I}+(\Delta\boldsymbol{\theta}\times) \tag{4.117}$$

再来看式(4.114)中的 $\boldsymbol{R}_{l(k-1)}^{l(t)}$ 项。假设与变换矩阵 $\boldsymbol{R}_{l(k-1)}^{l(t)}$ 相对应的等效旋转矢量为 $\boldsymbol{\Phi}'$，角增量为 $\Delta\boldsymbol{\theta}'$。类似，可得到

$$\boldsymbol{R}_{l(k-1)}^{l(t)}=\boldsymbol{I}-(\Delta\boldsymbol{\theta}'\times) \tag{4.118}$$

将式(4.117)和式(4.118)代到式(4.114)，得

$$\Delta\boldsymbol{v}_{\mathrm{sf}(k)}^{l}=\int_{t_{k-1}}^{t_k}[\boldsymbol{I}-(\Delta\boldsymbol{\theta}'\times)]\boldsymbol{R}_{b(k-1)}^{l(k-1)}[\boldsymbol{I}+(\Delta\boldsymbol{\theta}\times)]\boldsymbol{f}^{b}(t)\mathrm{d}t \tag{4.119}$$

该式的完整计算，此处从略。

下面对式(4.114)中的 $\boldsymbol{R}_{l(k-1)}^{l(t)}$ 项进行近似计算。

$\boldsymbol{R}_{l(k-1)}^{l(t)}$ 的计算和 $\boldsymbol{\omega}_{il}^{l}(t)$ 有关，在更新周期 $[t_{k-1},t_k]$ 内，$\boldsymbol{\omega}_{il}^{l}(t)$ 变化比较小，因此取中间时刻 $t_{k-1/2}=(t_{k-1}+t_k)/2$ 的值 $\boldsymbol{R}_{l(k-1)}^{l(k-1/2)}$ 代替 $\boldsymbol{R}_{l(k-1)}^{l(t)}$。设 t_{k-1} 到 $t_{k-1/2}$ 时间段 l 系相对于 i 系变化的角增量为 $\Delta\boldsymbol{\theta}'_1$，则

$$\Delta\boldsymbol{\theta}'_1=\int_{k-1}^{k-1/2}\boldsymbol{\omega}_{il}^{l}(t)\mathrm{d}t\approx\frac{1}{2}T\boldsymbol{\omega}_{il(k-1)}^{l},\ t_{k-1}\leqslant t\leqslant t_{k-1/2} \tag{4.120}$$

由式(4.118)可得

$$\boldsymbol{R}_{l(k-1)}^{l(k-1/2)}=\boldsymbol{I}-\Delta\boldsymbol{\theta}'_1\times\approx\boldsymbol{I}-\frac{1}{2}T\boldsymbol{\omega}_{il(k-1)}^{l}\times \tag{4.121}$$

此时，式(4.114)可转变为

$$\Delta\boldsymbol{v}_{\mathrm{sf}(k)}^{l}=\int_{t_{k-1}}^{t_k}\boldsymbol{R}_{l(k-1)}^{l(t)}\boldsymbol{R}_{b(k-1)}^{l(k-1)}\boldsymbol{R}_{b(t)f^{b}(t)}^{b(k-1)}\mathrm{d}t=\boldsymbol{R}_{l(k-1)}^{l(k-1/2)}\boldsymbol{R}_{b(k-1)}^{l(k-1)}\int_{t_{k-1}}^{t_k}[\boldsymbol{I}+(\Delta\boldsymbol{\theta}\times)]\boldsymbol{f}^{b}(t)\mathrm{d}t=$$
$$\boldsymbol{R}_{l(k-1)}^{l(k-1/2)}\boldsymbol{R}_{b(k-1)}^{l(k-1)}\int_{t_{k-1}}^{t_k}[\boldsymbol{f}^{b}(t)+\Delta\boldsymbol{\theta}\times\boldsymbol{f}^{b}(t)]\mathrm{d}t \tag{4.122}$$

令

$$\Delta\boldsymbol{v}_k=\int_{t_{k-1}}^{t_k}\boldsymbol{f}^{b}(t)\mathrm{d}t \tag{4.123}$$

则由式(4.116)和式(4.123)可得

$$\Delta\dot{\boldsymbol{\theta}}(t)=\boldsymbol{\omega}_{ib}^{b}(t) \tag{4.124}$$

$$\Delta\dot{v}(t)=\boldsymbol{f}^{b}(t) \tag{4.125}$$

由于

$$\frac{\mathrm{d}}{\mathrm{d}t}[\Delta\boldsymbol{\theta}(t)\times\Delta\boldsymbol{v}(t)]=\Delta\boldsymbol{\theta}(t)\times\Delta\dot{\boldsymbol{v}}(t)-\Delta\boldsymbol{v}(t)\times\Delta\dot{\boldsymbol{\theta}}(t) \tag{4.126}$$

所以有

$$\begin{aligned}\Delta\boldsymbol{\theta}(t)\times\boldsymbol{f}^{b}(t)=\Delta\boldsymbol{\theta}(t)\times\Delta\dot{\boldsymbol{v}}(t)=&\\&\frac{\mathrm{d}}{\mathrm{d}t}[\Delta\boldsymbol{\theta}(t)\times\Delta\boldsymbol{v}(t)]+\Delta\boldsymbol{v}(t)\times\Delta\dot{\boldsymbol{\theta}}(t)=\\&\frac{1}{2}\frac{\mathrm{d}}{\mathrm{d}t}[\Delta\boldsymbol{\theta}(t)\times\Delta\boldsymbol{v}(t)]+\frac{1}{2}[\Delta\boldsymbol{\theta}(t)\times\Delta\dot{\boldsymbol{v}}(t)-\Delta\boldsymbol{v}(t)\times\Delta\dot{\boldsymbol{\theta}}(t)]+\\&\Delta\boldsymbol{v}(t)\times\Delta\dot{\boldsymbol{\theta}}(t)=\\&\frac{1}{2}\frac{\mathrm{d}}{\mathrm{d}t}[\Delta\boldsymbol{\theta}(t)\times\Delta\boldsymbol{v}(t)]+\frac{1}{2}[\Delta\boldsymbol{\theta}(t)\times\boldsymbol{f}^{b}(t)+\Delta\boldsymbol{v}(t)\times\boldsymbol{\omega}_{ib}^{b}(t)]\end{aligned} \tag{4.127}$$

将式(4.127)和式(4.123)代到式(4.122)，当 $t=t_{k-1}$ 时，$\Delta\boldsymbol{v}(t_{k-1})=\boldsymbol{0}$，$\Delta\boldsymbol{\theta}(t_{k-1})=\boldsymbol{0}$；当 $t=t_k$ 时，$\Delta\boldsymbol{v}(t_k)=\Delta\boldsymbol{v}_k$，$\Delta\boldsymbol{\theta}(t_k)=\Delta\boldsymbol{\theta}_k$，即为$[t_{k-1},t_k]$时间段内的速度增量和角增量。所以有

$$\Delta\boldsymbol{v}_{\mathrm{sf}(k)}^{l}=\boldsymbol{R}_{l(k-1)}^{l(k-1/2)}\boldsymbol{R}_{b(k-1)}^{l(k-1)}\Big(\Delta\boldsymbol{v}_k+\underbrace{\frac{1}{2}\Delta\boldsymbol{\theta}_k\times\Delta\boldsymbol{v}_k}_{\Delta\boldsymbol{v}_{\mathrm{rot}k}}+\underbrace{\frac{1}{2}\int_{t_{k-1}}^{t_k}[\Delta\boldsymbol{\theta}(t)\times\boldsymbol{f}^{b}(t)+\Delta\boldsymbol{v}(t)\times\boldsymbol{\omega}_{ib}^{b}(t)]\mathrm{d}t}_{\Delta\boldsymbol{v}_{\mathrm{scul}k}}\Big) \tag{4.128}$$

令

$$\Delta\boldsymbol{v}_{\mathrm{rot}k}=\frac{1}{2}\Delta\boldsymbol{\theta}_k\times\Delta\boldsymbol{v}_k \tag{4.129}$$

$$\Delta\boldsymbol{v}_{\mathrm{scul}k}=\frac{1}{2}\int_{t_{k-1}}^{t_k}[\Delta\boldsymbol{\theta}(t)\times\boldsymbol{f}^{b}(t)+\Delta\boldsymbol{v}(t)\times\boldsymbol{\omega}_{ib}^{b}(t)]\mathrm{d}t \tag{4.130}$$

$$\Delta\boldsymbol{v}_{\mathrm{sf}(k)}^{b(k-1)}=\Delta\boldsymbol{v}_k+\Delta\boldsymbol{v}_{\mathrm{rot}k}+\Delta\boldsymbol{v}_{\mathrm{scul}k} \tag{4.131}$$

式中，$\Delta\boldsymbol{v}_{\mathrm{rot}k}$ 称为速度的旋转效应补偿项，它是由载体的线运动方向在空间旋转引起的；$\Delta\boldsymbol{v}_{\mathrm{scul}k}$ 称为速度的划桨效应补偿项，当载体同时做线振动和角振动时存在。

2）划桨效应补偿算法

由于陀螺仪和加速度计输出的是角增量和速度增量，所以无法直接按式(4.130)计算划桨效应补偿项。载体的角速度和加速度的变化十分复杂，因为载体的运动状态往往带有任意性和随机性，所以不可能用某一确定的函数精确描述，但可以用一简单曲

线分段拟合近似描述。而拟合曲线是可以用陀螺仪和加速度计测量的角增量和速度增量来表示的，一旦拟合曲线确定，式(4.130)便可作解析求解。为便于说明，此处用直线拟合载体的角速度和比力，从而推导出用角增量和速度增量表示的划桨效应补偿项求解公式。

假设陀螺仪角速度和加速度计比力测量均为线性模型，即

$$\begin{cases}\boldsymbol{\omega}_{ib}^{b}(t)=\boldsymbol{a}+2\boldsymbol{b}(t-t_{k-1})\\ \boldsymbol{f}^{b}(t)=\boldsymbol{A}+2\boldsymbol{B}(t-t_{k-1})\end{cases}\tag{4.132}$$

式中，$\boldsymbol{a}$、$\boldsymbol{b}$、$\boldsymbol{A}$、$\boldsymbol{B}$ 均为常值向量，则对于 $t_{k-1}\leqslant t\leqslant t_k$，相应的角增量和速度增量表达式为

$$\begin{cases}\Delta\boldsymbol{\theta}(t)=\int_{t_{k-1}}^{t}\boldsymbol{\omega}_{ib}^{b}(\tau)\mathrm{d}\tau=\boldsymbol{a}(t-t_{k-1})+\boldsymbol{b}(t-t_{k-1})^2\\ \Delta\boldsymbol{v}(t)=\int_{t_{k-1}}^{t}\boldsymbol{f}^{b}(\tau)\mathrm{d}\tau=\boldsymbol{A}(t-t_{k-1})+\boldsymbol{B}(t-t_{k-1})^2\end{cases}\tag{4.133}$$

将式(4.133)和式(4.132)代到式(4.130)并积分，可得

$$\begin{aligned}\Delta\boldsymbol{v}_{\mathrm{scul}k}=&\frac{1}{2}\int_{t_{k-1}}^{t_k}\{[\boldsymbol{a}(t-t_{k-1})+\boldsymbol{b}(t-t_{k-1})^2]\times[\boldsymbol{A}+2\boldsymbol{B}(t-t_{k-1})]+\\&[\boldsymbol{A}(t-t_{k-1})+\boldsymbol{B}(t-t_{k-1})^2]\times[\boldsymbol{a}+2\boldsymbol{b}(t-t_{k-1})]\}\mathrm{d}t=\\&\frac{1}{2}\int_{t_{k-1}}^{t_k}(\boldsymbol{a}\times\boldsymbol{B}+\boldsymbol{A}\times\boldsymbol{b})(t-t_{k-1})^2\mathrm{d}t=\\&(\boldsymbol{a}\times\boldsymbol{B}+\boldsymbol{A}\times\boldsymbol{b})\frac{(t_k-t_{k-1})^3}{6}\end{aligned}\tag{4.134}$$

若陀螺仪和加速度计在速度更新周期 $T=t_k-t_{k-1}$ 内均进行两次等间隔采样，采样时刻分别为 $t_{k-1/2}$ 和 t_k，记 $h=T/2$，则可得采样增量为

$$\begin{cases}\Delta\boldsymbol{\theta}_1=\int_{t_{k-1}}^{t_{k-1}+h}\boldsymbol{\omega}_{ib}^{b}(\tau)\mathrm{d}\tau=h\boldsymbol{a}+h^2\boldsymbol{b}\\ \Delta\boldsymbol{\theta}_2=\int_{t_{k-1}+h}^{t_k}\boldsymbol{\omega}_{ib}^{b}(\tau)\mathrm{d}\tau=h\boldsymbol{a}+3h^2\boldsymbol{b}\\ \Delta\boldsymbol{v}_1=\int_{t_{k-1}}^{t_{k-1}+h}\boldsymbol{f}^{b}(\tau)\mathrm{d}\tau=h\boldsymbol{A}+h^2\boldsymbol{B}\\ \Delta\boldsymbol{v}_2=\int_{t_{k-1}+h}^{t_k}\boldsymbol{f}^{b}(\tau)\mathrm{d}\tau=h\boldsymbol{A}+3h^2\boldsymbol{B}\end{cases}\tag{4.135}$$

由式(4.135)可反解得到以采样增量表示的线性模型系数，即

$$\begin{cases}\boldsymbol{a}=\dfrac{3\Delta\boldsymbol{\theta}_1-\Delta\boldsymbol{\theta}_2}{2h},\ \boldsymbol{b}=\dfrac{\Delta\boldsymbol{\theta}_2-\Delta\boldsymbol{\theta}_1}{2h^2}\\ \boldsymbol{A}=\dfrac{3\Delta\boldsymbol{v}_1-\Delta\boldsymbol{v}_2}{2h},\ \boldsymbol{B}=\dfrac{\Delta\boldsymbol{v}_2-\Delta\boldsymbol{v}_1}{2h^2}\end{cases}\tag{4.136}$$

再将式(4.136)代到式(4.134)，便得二子样速度划桨误差补偿算法为

$$\begin{aligned}\Delta \boldsymbol{v}_{\text{scul}k}&=\left(\frac{3\Delta\boldsymbol{\theta}_1-\Delta\boldsymbol{\theta}_2}{2h}\times\frac{\Delta\boldsymbol{v}_2-\Delta\boldsymbol{v}_1}{2h^2}+\frac{3\Delta\boldsymbol{v}_1-\Delta\boldsymbol{v}_2}{2h}\times\frac{\Delta\boldsymbol{\theta}_2-\Delta\boldsymbol{\theta}_1}{2h^2}\right)\frac{(2h)^3}{6}\\&=\frac{2}{3}(\Delta\boldsymbol{\theta}_1\times\Delta\boldsymbol{v}_2+\Delta\boldsymbol{v}_1\times\Delta\boldsymbol{\theta}_2)\end{aligned}\tag{4.137}$$

式(4.137)中，$\Delta\boldsymbol{\theta}_1$ 和 $\Delta\boldsymbol{\theta}_2$ 是$[t_{k-1},t_k]$内角增量的两个等间隔采样值，$\Delta\boldsymbol{v}_1$ 和 $\Delta\boldsymbol{v}_2$ 是$[t_{k-1},t_k]$内速度增量的两个等间隔采样值，所以称该式为划桨效应补偿项的双子样算法。如果拟合时分别采用抛物线和三次抛物线，则可得三子样算法和四子样算法。此处只给出相应算法，而不作推导。

划桨效应补偿项的三子样算法：

$$\begin{aligned}\Delta\boldsymbol{v}_{\text{scul}k}=&k_1(\Delta\boldsymbol{\theta}_1\times\Delta\boldsymbol{v}_3+\Delta\boldsymbol{v}_1\times\Delta\boldsymbol{\theta}_3)+k_2(\Delta\boldsymbol{\theta}_1\times\Delta\boldsymbol{v}_2+\\&\Delta\boldsymbol{\theta}_2\times\Delta\boldsymbol{v}_3+\Delta\boldsymbol{v}_1\times\Delta\boldsymbol{\theta}_2+\Delta\boldsymbol{v}_2\times\Delta\boldsymbol{\theta}_3)\end{aligned}\tag{4.138}$$

式中，$k_1=\frac{33}{80}$，$k_2=\frac{57}{80}$，$\Delta\boldsymbol{\theta}_1$、$\Delta\boldsymbol{\theta}_2$、$\Delta\boldsymbol{\theta}_3$ 是$[t_{k-1},t_k]$内角增量的三个等间隔采样值，$\Delta\boldsymbol{v}_1$、$\Delta\boldsymbol{v}_2$、$\Delta\boldsymbol{v}_3$ 是$[t_{k-1},t_k]$内速度增量的三个等间隔采样值。

划桨效应补偿项的四子样算法：

$$\begin{aligned}\Delta\boldsymbol{v}_{\text{scul}k}=&k_1(\Delta\boldsymbol{\theta}_1\times\Delta\boldsymbol{v}_2+\Delta\boldsymbol{\theta}_3\times\Delta\boldsymbol{v}_4+\Delta\boldsymbol{v}_1\times\Delta\boldsymbol{\theta}_2+\Delta\boldsymbol{v}_3\times\Delta\boldsymbol{\theta}_4)+\\&k_2(\Delta\boldsymbol{\theta}_1\times\Delta\boldsymbol{v}_3+\Delta\boldsymbol{\theta}_2\times\Delta\boldsymbol{v}_4+\Delta\boldsymbol{v}_1\times\Delta\boldsymbol{\theta}_3+\Delta\boldsymbol{v}_2\times\Delta\boldsymbol{\theta}_4)+\\&k_3(\Delta\boldsymbol{\theta}_1\times\Delta\boldsymbol{v}_4+\Delta\boldsymbol{v}_1\times\Delta\boldsymbol{\theta}_4)+k_4(\Delta\boldsymbol{\theta}_2\times\Delta\boldsymbol{v}_3+\Delta\boldsymbol{v}_2\times\Delta\boldsymbol{\theta}_3)\end{aligned}\tag{4.139}$$

式中，$k_1=\frac{736}{945}$，$k_2=\frac{334}{945}$，$k_3=\frac{526}{945}$，$k_4=\frac{654}{945}$，各增量的说明同上。

从上述诸式可归纳出划桨效应补偿项的一般算法：

$$\Delta\boldsymbol{v}_{\text{scul}k}=\sum_{i=1}^{N-1}\sum_{j=i+1}^{N}k_{ij}(\Delta\boldsymbol{\theta}_i\times\Delta\boldsymbol{v}_j+\Delta\boldsymbol{v}_i\times\Delta\boldsymbol{\theta}_j)\tag{4.140}$$

式中，N 为角增量和速度增量的子样数。

至此，式(4.111)各项数值更新完毕。

3）速度更新简化算法

当采用中低精度惯导时，划桨效应对速度和位置的误差影响较小。为简化计算，可不考虑划桨效应，采用单子样算法进行速度更新。此时，式(4.128)中的速度划桨效应补偿项 $\Delta\boldsymbol{v}_{\text{scul}k}=\boldsymbol{0}$，其他计算公式同前。

现介绍速度更新简化算法推导过程，首先给出比力方程为

$$\dot{\boldsymbol{v}}^l=\boldsymbol{f}_{sf}^l+\boldsymbol{g}^l-(\boldsymbol{\omega}_{el}^l+2\boldsymbol{\omega}_{ie}^l)\times\boldsymbol{v}^l\tag{4.141}$$

式中，$\boldsymbol{v}^l=[v_E^l \quad v_N^l \quad v_U^l]^{\mathrm{T}}$，是当地水平系下速度，$v_E^l$、$v_N^l$、$v_U^l$ 分别为其在东、北、天方向的分量。

设速度的更新周期为 T。对式(4.141)作积分，得 t_k 时刻载体在导航坐标系(取当地水平坐标系)内的速度为

$$\boldsymbol{v}_k^l-\boldsymbol{v}_{k-1}^l=\int_{t_{k-1}}^{t_k}\boldsymbol{R}_b^l(t)\boldsymbol{f}^b(t)\mathrm{d}t+\int_{t_{k-1}}^{t_k}\{\boldsymbol{g}^l(t)-[2\boldsymbol{\omega}_{ie}^l(t)+\boldsymbol{\omega}_{el}^l(t)]\times\boldsymbol{v}^l(t)\}\mathrm{d}t=\Delta\boldsymbol{v}_{\mathrm{sf}(k)}^l+\Delta\boldsymbol{v}_{\mathrm{cor/g}(k)}^l \tag{4.142}$$

其中有害速度增量计算仍采用式(4.112)，即

$$\Delta\boldsymbol{v}_{\mathrm{cor/g}(k)}^l\approx[\boldsymbol{g}_{k-1/2}^l-(2\boldsymbol{\omega}_{ie(k-1/2)}^l+\boldsymbol{\omega}_{el(k-1/2)}^l)\times\boldsymbol{v}_{k-1/2}^l]T$$

比力加速度分量可只进行旋转效应补偿：

$$\Delta\boldsymbol{v}_{\mathrm{sf}(k)}^l=\boldsymbol{R}_{b(k-1)}^l\Delta\boldsymbol{v}_{\mathrm{sf}(k)}^{b(k-1)}=\boldsymbol{R}_{b(k-1)}^l(\Delta\boldsymbol{v}_k+\Delta\boldsymbol{v}_{\mathrm{rot}k}) \tag{4.143}$$

式中，$\Delta\boldsymbol{v}_k$ 为更新周期内加速度计输出的速度增量信息。旋转效应补偿采用式(4.129)，即

$$\Delta\boldsymbol{v}_{\mathrm{rot}k}=\frac{1}{2}\Delta\boldsymbol{\theta}_k\times\Delta\boldsymbol{v}_k$$

4.3.3 位置更新算法

1）位置解算中的旋转效应和涡卷效应分析

在非极区的捷联惯导中，导航坐标系一般选用当地水平坐标系，如用 $\boldsymbol{P}^l=[x \quad y \quad z]^{\mathrm{T}}$ 表示位置向量，则由惯导方程得当地水平系位置速率为

$$\dot{\boldsymbol{P}}^l(t)=\boldsymbol{v}^l(t) \tag{4.144}$$

由于$[t_{k-1},t_k]$时间段很短，重力加速度和有害加速度补偿项在该时间段内变化十分缓慢，可近似看为常值，所以其积分值可近似看作时间的线性函数。根据式(4.111)，有

$$\boldsymbol{v}^l(t)=\boldsymbol{v}_{k-1}^l+\Delta\boldsymbol{v}_{\mathrm{sf}(k)}^l+\Delta\boldsymbol{v}_{\mathrm{cor/g}(k)}^l\frac{t-t_{k-1}}{T},\ t_{k-1}\leqslant t\leqslant t_k \tag{4.145}$$

结合式(4.109)，可知式(4.145)中

$$\Delta\boldsymbol{v}_{\mathrm{sf}}^l(t)=\int_{t_{k-1}}^{t_k}\boldsymbol{R}_b^l(t)\boldsymbol{f}^b(t)\mathrm{d}t=\boldsymbol{R}_{b(k-1)}^l\underbrace{\int_{t_{k-1}}^{t_k}\boldsymbol{R}_{b(t)}^{b(k-1)}\boldsymbol{f}^b(t)\mathrm{d}t}_{\Delta\boldsymbol{v}_{\mathrm{sf}(k)}^b} \tag{4.146}$$

对式(4.145)两边在$[t_{k-1},t_k]$时间段内积分，得

$$\Delta\boldsymbol{P}_k^l=[\boldsymbol{v}_{k-1}^l+\frac{1}{2}\Delta\boldsymbol{v}_{\mathrm{cor/g}(k)}^l]T+\Delta\boldsymbol{P}_{\mathrm{sf}(k)}^l \tag{4.147}$$

式中

$$\Delta \boldsymbol{P}_{\mathrm{sf}(k)}^{l}=\int_{t_{k-1}}^{t_k}\Delta \boldsymbol{v}_{\mathrm{sf}(k)}^{l}\mathrm{d}t=\boldsymbol{R}_{b(k-1)}^{l}\underbrace{\int_{t_{k-1}}^{t_k}\Delta \boldsymbol{v}_{\mathrm{sf}(k)}^{b}\mathrm{d}t}_{\Delta \boldsymbol{P}_{\mathrm{sf}(k)}^{b}} \tag{4.148}$$

根据式(4.131)和式(4.129)

$$\Delta \boldsymbol{P}_{\mathrm{sf}(k)}^{b}=\int_{t_{k-1}}^{t_k}\Delta v_{\mathrm{sf}(k)}^{b}\mathrm{d}t=\int_{t_{k-1}}^{t_k}\Big[\Delta \boldsymbol{v}^{b}(t)+\underbrace{\frac{1}{2}\Delta\boldsymbol{\theta}^{b}(t)\times\Delta \boldsymbol{v}^{b}(t)}_{\text{速度旋转效应补偿}}+\underbrace{\Delta \boldsymbol{v}_{\mathrm{scul}k}^{b}(t)}_{\text{速度划桨效应补偿}}\Big]\mathrm{d}t \tag{4.149}$$

记 $\boldsymbol{\gamma}_1=\frac{1}{2}\int_{t_{k-1}}^{t_k}\Delta\boldsymbol{\theta}^{b}(t)\times\Delta\boldsymbol{v}^{b}(t)\mathrm{d}t$，对该积分采用分部积分法求取，并记

$$\boldsymbol{\gamma}_2=\frac{1}{2}\int_{t_{k-1}}^{t_k}\Delta\boldsymbol{\theta}^{b}(t)\times\Delta\boldsymbol{v}^{b}(t)\mathrm{d}t=\frac{1}{2}\boldsymbol{S}_{\Delta\boldsymbol{\theta}k}^{b}\times\Delta\boldsymbol{v}_k^{b}-\frac{1}{2}\int_{t_{k-1}}^{t_k}\boldsymbol{S}_{\Delta\theta}^{b}(t)\times\boldsymbol{f}^{b}(t)\mathrm{d}t$$

$$\boldsymbol{\gamma}_3=\frac{1}{2}\int_{t_{k-1}}^{t_k}\Delta\boldsymbol{\theta}^{b}(t)\times\Delta\boldsymbol{v}^{b}(t)\mathrm{d}t=\frac{1}{2}\Delta\boldsymbol{\theta}_k^{b}\times\boldsymbol{S}_{\Delta vk}^{b}+\frac{1}{2}\int_{t_{k-1}}^{t_k}\boldsymbol{S}_{\Delta v}^{b}(t)\times\boldsymbol{\omega}_{ib}^{b}(t)\mathrm{d}t$$

则有

$$\begin{aligned}\frac{1}{2}\int_{t_{k-1}}^{t_k}\Delta\boldsymbol{\theta}^{b}(t)\times\Delta\boldsymbol{v}^{b}(t)\mathrm{d}t=&\frac{1}{3}(\boldsymbol{\gamma}_1+\boldsymbol{\gamma}_2+\boldsymbol{\gamma}_3)=\\&\frac{1}{6}(\boldsymbol{S}_{\Delta\theta k}^{b}\times\Delta\boldsymbol{v}_k^{b}+\Delta\boldsymbol{\theta}_k^{b}\times\boldsymbol{S}_{\Delta vk}^{b})+\\&\frac{1}{6}\int_{t_{k-1}}^{t_k}[\boldsymbol{S}_{\Delta v}^{b}(t)\times\boldsymbol{\omega}_{ib}^{b}(t)-\boldsymbol{S}_{\Delta\theta}^{b}(t)\times\boldsymbol{f}^{b}(t)+\Delta\boldsymbol{\theta}^{b}(t)\times\Delta\boldsymbol{v}^{b}(t)]\mathrm{d}t\end{aligned}$$

将上式代到式(4.149)，表示为

$$\Delta\boldsymbol{P}_{\mathrm{sf}(k)}^{b}=\boldsymbol{S}_{\Delta vk}^{b}+\Delta\boldsymbol{P}_{\mathrm{rot}k}^{b}+\Delta\boldsymbol{P}_{\mathrm{scrl}k}^{b} \tag{4.150}$$

其中

$$\boldsymbol{S}_{\Delta vk}^{b}=\int_{t_{k-1}}^{t_k}\Delta\boldsymbol{v}(t)\mathrm{d}t=\int_{t_{k-1}}^{t_k}\int_{t_{k-1}}^{t_k}\boldsymbol{f}^{b}(\tau)\mathrm{d}\tau\,\mathrm{d}t \tag{4.151}$$

称为比力的二次积分增量，

$$\Delta\boldsymbol{P}_{\mathrm{rot}k}^{b}=\frac{1}{6}(\boldsymbol{S}_{\Delta\theta k}^{b}\times\Delta\boldsymbol{v}_k^{b}+\Delta\boldsymbol{\theta}_k^{b}\times\boldsymbol{S}_{\Delta vk}^{b}) \tag{4.152}$$

称为位置计算中的旋转效应补偿量，

$$\begin{aligned}\Delta\boldsymbol{P}_{\mathrm{scrl}k}^{b}=\frac{1}{6}\int_{t_{k-1}}^{t_k}&[\boldsymbol{S}_{\Delta v}^{b}(t)\times\boldsymbol{\omega}_{ib}^{b}(t)-\boldsymbol{S}_{\Delta\theta}^{b}(t)\times\boldsymbol{f}^{b}(t)+\\&\Delta\boldsymbol{\theta}^{b}(t)\times\Delta\boldsymbol{v}^{b}(t)+6\Delta\boldsymbol{v}_{\mathrm{scul}}^{b}(t)]\mathrm{d}t\end{aligned} \tag{4.153}$$

称为位置计算中的涡卷效应补偿量。

式(4.153)说明，影响涡卷效应的因素有划桨效应和载体角运动和线运动之间的耦合效应。

2）旋转效应和涡卷效应补偿算法

由式(4.152)和式(4.153)给出的旋转效应和涡卷效应补偿计算公式中，具有积分形式，而相应量的时间函数是不知道的，所以公式并不实用。与速度解算类似，可以将公式转换成只含有角增量和速度增量的函数表达式。

假设载体的角速度和加速度均为常值(单子样)，即 $\boldsymbol{\omega}_{ib}^{b}(t)=\boldsymbol{\omega}$，$\boldsymbol{f}^{b}(t)=\boldsymbol{f}$，则对 $t_{k-1}\leqslant t\leqslant t_{k}$，$T=t_{k}-t_{k-1}$，

$$\Delta\boldsymbol{\theta}^{b}(t)=(t-t_{k-1})\boldsymbol{\omega} \tag{4.154}$$

$$\Delta\boldsymbol{v}^{b}(t)=(t-t_{k-1})\boldsymbol{f} \tag{4.155}$$

$$\boldsymbol{S}_{\Delta\theta}^{b}(t)=\frac{1}{2}(t-t_{k-1})^{2}\boldsymbol{\omega} \tag{4.156}$$

$$\boldsymbol{S}_{\Delta v}^{b}(t)=\frac{1}{2}(t-t_{k-1})^{2}\boldsymbol{f} \tag{4.157}$$

上述四式分别代到式(4.152)和式(4.130)得

$$\Delta\boldsymbol{P}_{\mathrm{rot}k}^{b}=\frac{1}{6}\left[\frac{1}{2}(t-t_{k-1})^{3}\boldsymbol{\omega}\times\boldsymbol{f}+\frac{1}{2}(t-t_{k-1})^{3}\boldsymbol{\omega}\times\boldsymbol{f}\right]=\frac{1}{6}(t-t_{k-1})^{3}\boldsymbol{\omega}\times\boldsymbol{f} \tag{4.158}$$

$$\begin{aligned}\Delta\boldsymbol{v}_{\mathrm{scul}k}^{b}(t)=&\frac{1}{2}\int_{t_{k-1}}^{t}[\Delta\boldsymbol{\theta}^{b}(\tau)\times\boldsymbol{f}^{b}(\tau)+\Delta\boldsymbol{v}^{b}(\tau)\times\boldsymbol{\omega}_{ib}^{b}(\tau)]\mathrm{d}\tau=\\&\frac{1}{2}\int_{t_{k-1}}^{t}[(\tau-t_{k-1})\boldsymbol{\omega}\times\boldsymbol{f}+(\tau-t_{k-1})\boldsymbol{f}\times\boldsymbol{\omega}]\mathrm{d}\tau=\boldsymbol{0}\end{aligned} \tag{4.159}$$

式(4.154)～式(4.157)和式(4.159)代到式(4.153)得

$$\Delta\boldsymbol{P}_{\mathrm{scrl}k}^{b}=\frac{1}{6}\int_{t_{k-1}}^{t_{k}}\left[\frac{1}{2}(t-t_{k-1})^{2}(\boldsymbol{f}\times\boldsymbol{\omega}-\boldsymbol{\omega}\times\boldsymbol{f})+(t-t_{k-1})\boldsymbol{\omega}\times\boldsymbol{f}+\boldsymbol{0}\right]\mathrm{d}t=\boldsymbol{0}$$

上述分析说明，当载体的角速度和加速度均为常值时，涡卷效应补偿量为零。

假设在速度更新周期$[t_{k-1},t_{k}]$内采用直线拟合角速度和比力(二子样)，由式(4.132)和式(4.133)知

$$\Delta\boldsymbol{\theta}_{k}=\int_{t_{k-1}}^{t_{k}}\boldsymbol{\omega}_{ib}^{b}(t)\mathrm{d}t=T\boldsymbol{a}+T^{2}\boldsymbol{b} \tag{4.160}$$

$$\Delta\boldsymbol{v}_{k}=\int_{t_{k-1}}^{t_{k}}\boldsymbol{f}^{b}(t)\mathrm{d}t=T\boldsymbol{A}+T^{2}\boldsymbol{B} \tag{4.161}$$

$$\boldsymbol{S}_{\Delta\theta k}=\int_{t_{k-1}}^{t_{k}}\int_{t_{k-1}}^{\tau}\boldsymbol{\omega}_{ib}^{b}(\mu)\mathrm{d}\mu\,\mathrm{d}\tau=\frac{T^{2}}{2}\boldsymbol{a}+\frac{T^{3}}{3}\boldsymbol{b} \tag{4.162}$$

$$\boldsymbol{S}_{\Delta vk}=\int_{t_{k-1}}^{t_{k}}\int_{t_{k-1}}^{\tau}\boldsymbol{f}^{b}(\mu)\mathrm{d}\mu\,\mathrm{d}\tau=\frac{T^{2}}{2}\boldsymbol{A}+\frac{T^{3}}{3}\boldsymbol{B} \tag{4.163}$$

参考式(4.136),并将式(4.160)～式(4.163)代到式(4.151)～式(4.153)得

$$\boldsymbol{S}_{\Delta vk}^{b}=T\left(\frac{5}{6}\Delta\boldsymbol{v}_{1}+\frac{1}{6}\Delta\boldsymbol{v}_{2}\right) \tag{4.164}$$

$$\Delta\boldsymbol{P}_{\mathrm{rot}k}^{b}=T\left[\Delta\boldsymbol{\theta}_{1}\times\left(\frac{5}{18}\Delta\boldsymbol{v}_{1}+\frac{1}{6}\Delta\boldsymbol{v}_{2}\right)+\Delta\boldsymbol{\theta}_{2}\times\left(\frac{1}{6}\Delta\boldsymbol{v}_{1}+\frac{1}{18}\Delta\boldsymbol{v}_{2}\right)\right] \tag{4.165}$$

$$\Delta\boldsymbol{P}_{\mathrm{scrl}k}^{b}=T\left[\Delta\boldsymbol{\theta}_{1}\times\left(\frac{11}{90}\Delta\boldsymbol{v}_{1}+\frac{1}{10}\Delta\boldsymbol{v}_{2}\right)+\Delta\boldsymbol{\theta}_{2}\times\left(\frac{1}{90}\Delta\boldsymbol{v}_{2}-\frac{7}{30}\Delta\boldsymbol{v}_{1}\right)\right] \tag{4.166}$$

旋转效应补偿量的三子样算法：

$$\begin{aligned}\Delta\boldsymbol{P}_{\mathrm{rot}k}^{b}=T\Big[&\Delta\boldsymbol{\theta}_{1}\times\left(\frac{7}{24}\Delta\boldsymbol{v}_{1}+\frac{11}{48}\Delta\boldsymbol{v}_{2}+\frac{1}{6}\Delta\boldsymbol{v}_{3}\right)+\Delta\boldsymbol{\theta}_{2}\times\left(\frac{11}{48}\Delta\boldsymbol{v}_{1}+\frac{1}{6}\Delta\boldsymbol{v}_{2}+\frac{5}{48}\Delta\boldsymbol{v}_{3}\right)+\\&\Delta\boldsymbol{\theta}_{3}\times\left(\frac{1}{6}\Delta\boldsymbol{v}_{1}+\frac{5}{48}\Delta\boldsymbol{v}_{2}+\frac{1}{24}\Delta\boldsymbol{v}_{3}\right)\Big]\end{aligned} \tag{4.167}$$

涡卷效应补偿量的三子样算法：

$$\begin{aligned}\Delta\boldsymbol{P}_{\mathrm{scrl}k}^{b}=T\Big[&\Delta\boldsymbol{\theta}_{1}\times\left(\frac{17}{140}\Delta\boldsymbol{v}_{1}+\frac{16}{35}\Delta\boldsymbol{v}_{2}-\frac{51}{560}\Delta\boldsymbol{v}_{3}\right)+\Delta\boldsymbol{\theta}_{2}\times\left(-\frac{227}{560}\Delta\boldsymbol{v}_{1}+\frac{69}{560}\Delta\boldsymbol{v}_{2}+\frac{2}{35}\Delta\boldsymbol{v}_{3}\right)+\\&\Delta\boldsymbol{\theta}_{3}\times\left(-\frac{9}{70}\Delta\boldsymbol{v}_{1}-\frac{73}{560}\Delta\boldsymbol{v}_{2}-\frac{1}{280}\Delta\boldsymbol{v}_{3}\right)\Big]\end{aligned} \tag{4.168}$$

旋转效应补偿量的四子样算法：

$$\begin{aligned}\Delta\boldsymbol{P}_{\mathrm{rot}k}^{b}=T\Big[&\Delta\boldsymbol{\theta}_{1}\times\left(\frac{83}{270}\Delta\boldsymbol{v}_{1}+\frac{67}{270}\Delta\boldsymbol{v}_{2}+\frac{61}{270}\Delta\boldsymbol{v}_{3}+\frac{1}{6}\Delta\boldsymbol{v}_{4}\right)+\\&\Delta\boldsymbol{\theta}_{2}\times\left(\frac{67}{270}\Delta\boldsymbol{v}_{1}+\frac{17}{90}\Delta\boldsymbol{v}_{2}+\frac{1}{6}\Delta\boldsymbol{v}_{3}+\frac{29}{270}\Delta\boldsymbol{v}_{4}\right)+\\&\Delta\boldsymbol{\theta}_{3}\times\left(\frac{61}{270}\Delta\boldsymbol{v}_{1}+\frac{1}{6}\Delta\boldsymbol{v}_{2}+\frac{13}{90}\Delta\boldsymbol{v}_{3}+\frac{23}{270}\Delta\boldsymbol{v}_{4}\right)+\\&\Delta\boldsymbol{\theta}_{4}\times\left(\frac{1}{6}\Delta\boldsymbol{v}_{1}+\frac{29}{270}\Delta\boldsymbol{v}_{2}+\frac{23}{270}\Delta\boldsymbol{v}_{3}+\frac{7}{270}\Delta\boldsymbol{v}_{4}\right)\Big]\end{aligned} \tag{4.169}$$

涡卷效应补偿量的四子样算法：

$$\begin{aligned}\Delta\boldsymbol{P}_{\mathrm{scrl}k}^{b}=T\Big[&\Delta\boldsymbol{\theta}_{1}\times\left(\frac{797}{5\ 670}\Delta\boldsymbol{v}_{1}+\frac{1\ 103}{1\ 890}\Delta\boldsymbol{v}_{2}+\frac{47}{630}\Delta\boldsymbol{v}_{3}-\frac{47}{810}\Delta\boldsymbol{v}_{4}\right)+\\&\Delta\boldsymbol{\theta}_{2}\times\left(-\frac{307}{630}\Delta\boldsymbol{v}_{1}+\frac{43}{378}\Delta\boldsymbol{v}_{2}+\frac{629}{1\ 890}\Delta\boldsymbol{v}_{3}-\frac{13}{270}\Delta\boldsymbol{v}_{4}\right)+\\&\Delta\boldsymbol{\theta}_{3}\times\left(-\frac{37}{3\ 780}\Delta\boldsymbol{v}_{1}-\frac{79}{270}\Delta\boldsymbol{v}_{2}+\frac{173}{1\ 890}\Delta\boldsymbol{v}_{3}+\frac{61}{1\ 890}\Delta\boldsymbol{v}_{4}\right)+\end{aligned}$$

$$\Delta\boldsymbol{\theta}_4\times\left(-\frac{1\ 091}{5\ 670}\Delta\boldsymbol{v}_1-\frac{59}{630}\Delta\boldsymbol{v}_2-\frac{187}{1\ 890}\Delta\boldsymbol{v}_3-\frac{1}{5\ 670}\Delta\boldsymbol{v}_4\right)\Bigg]$$

(4.170)

3）位置矩阵的确定

由式(4.147)计算得到的位置增量 $\Delta\boldsymbol{P}_k^l=[\Delta x\quad \Delta y\quad \Delta z]^{\mathrm{T}}$ 是当地水平坐标系中的空间直角坐标增量，将 $\Delta\boldsymbol{P}_k^l$ 转换成当地水平系下的纬经高增量，有

$$\Delta\boldsymbol{r}_k^l=\begin{bmatrix}\Delta\varphi_k\\ \Delta\lambda_k\\ \Delta h_k\end{bmatrix}=\begin{bmatrix}\dfrac{\Delta y}{R_M+h_{k-1}}\\ \dfrac{\Delta x}{(R_N+h_{k-1})\cos\varphi_{k-1}}\\ \Delta z\end{bmatrix}=\begin{bmatrix}0 & \dfrac{1}{R_M+h_{k-1}} & 0\\ \dfrac{1}{(R_N+h_{k-1})\cos\varphi} & 0 & 0\\ 0 & 0 & 1\end{bmatrix}\begin{bmatrix}\Delta x\\ \Delta y\\ \Delta z\end{bmatrix}$$

(4.171)

式中，R_M 是大地子午圈曲率半径，R_N 为卯酉圈曲率半径，φ_{k-1}、h_{k-1} 为 t_{k-1} 时刻载体所在的纬度和高度。

最后由

$$\boldsymbol{r}_k^l=\boldsymbol{r}_{k-1}^l+\Delta\boldsymbol{r}_k^l \tag{4.172}$$

完成位置更新，其中 $\boldsymbol{r}_k^l$、$\boldsymbol{r}_{k-1}^l$ 分别为 t_k、t_{k-1} 时刻载体在当地水平系下的纬经高位置。

4）位置更新简化算法

实践表明，位置的旋转效应和涡卷效应对位置的误差影响较小，当采用中低惯导时可以省略。由式(4.48)可得位置更新算法微分方程为

$$\begin{cases}\dot{\varphi}=\dfrac{v_N^l}{R_M+h}\\ \dot{\lambda}=\dfrac{v_E^l}{R_M+h}\sec\varphi\\ \dot{h}=v_U^l\end{cases} \tag{4.173}$$

从式(4.173)获得位置更新一阶近似算式：

$$\begin{cases}\varphi_k=\varphi_{k-1}+\dfrac{v_{N,k-1}^l}{R_{M,k-1}+h_{k-1}}T\\ \lambda_k=\lambda_{k-1}+\dfrac{v_{E,k-1}^l}{R_{N,k-1}+h_{k-1}}\sec\varphi_{k-1}T\\ h_k=h_{k-1}+v_{U,k-1}^lT\end{cases} \tag{4.174}$$

或者，由于解算 t_k 时刻位置时，t_k 时刻的速度 v_{k-1}^l 已经从速度更新中计算出来，位置

更新计算式中，采用速度的平均值$\frac{1}{2}(v_{k-1}^l+v_k^l)$计算更合理些，因此有

$$\begin{cases}\varphi_k=\varphi_{k-1}+\dfrac{v_{N,k-1}^l+v_{N,k}^l}{2(R_{M,k-1}+h_{k-1})}T\\ \lambda_k=\lambda_{k-1}+\dfrac{v_{E,k-1}^l+v_{E,k}^l}{2(R_{N,k-1}+h_{k-1})}\sec\varphi_{k-1}T\\ h_k=h_{k-1}+\dfrac{1}{2}(v_{U,k-1}^l+v_{U,k}^l)T\end{cases} \tag{4.175}$$

4.4　捷联惯导误差方程

4.3 节给出的捷联惯导更新算法是假设理想无误差的，至多只会引入微小的数值计算误差。但是，实际应用中，惯性传感器不可避免地存在测量误差，并且导航参数（姿态、方位、速度和位置）的初始化也不可能完全精确，这些误差都会通过导航更新算法进行传播，导致后续导航参数误差的不断累积。捷联惯导误差方程是研究惯导误差传播规律、进行初始对准和组合导航的基础。

影响惯导系统性能的误差因素称为误差源。根据误差产生的原因和性质，捷联惯导系统的误差源可分为以下几种：

(1) 惯性仪表误差，如陀螺仪和加速度计的零位误差、标度因子误差和安装误差等；

(2) 初始对准误差，由静基座或动基座对准造成的误差，包括位置初始误差、速度初始误差和姿态航向初始误差；

(3) 计算误差，主要考虑姿态航向系统计算误差，即数学平台的计算误差；

(4) 模型误差，如对地球模型建模的不准确所导致的误差。

导航方程通常在当地水平系中解算，当地水平系中的误差状态方程的来源更加复杂，然而一旦理解基于当地水平系的误差状态方程，就可以很容易地推导出其他坐标系中的状态方程。本节主要推导当地水平系误差状态方程。

当地水平坐标系中惯导解算方程的误差，主要有以下 15 维：

$$\boldsymbol{x}_{15\times1}^l=[\delta\boldsymbol{\varphi}_{3\times1}^l \quad \delta\boldsymbol{v}_{3\times1}^l \quad \delta\boldsymbol{r}_{3\times1}^l \quad \delta\boldsymbol{\omega}_{3\times1} \quad \delta\boldsymbol{f}_{3\times1}]^{\mathrm{T}} \tag{4.176}$$

式中：$\delta\boldsymbol{\varphi}^l=[\varphi_E \quad \varphi_N \quad \varphi_U]^{\mathrm{T}}=[\delta p \quad \delta r \quad \delta A]^{\mathrm{T}}$ 为姿态误差（俯仰角误差 δp、横滚角误差 δr、方位角误差 δA）；$\delta\boldsymbol{v}^l=[\delta v_E \quad \delta v_N \quad \delta v_U]^{\mathrm{T}}$ 为地球参考速度误差（东向速度误差 δv_E、北向速度误差 δv_N、天向速度误差 δv_U）；$\delta\boldsymbol{r}^l=[\delta\varphi \quad \delta\lambda \quad \delta h]^{\mathrm{T}}$ 为位置误差（纬度

误差 $\delta\varphi$、经度误差 $\delta\lambda$、高度误差 δh)；$\delta\boldsymbol{\omega}=[\delta\omega_x \quad \delta\omega_y \quad \delta\omega_z]^{\mathrm{T}}$ 为陀螺仪误差(含陀螺仪漂移 $\boldsymbol{\varepsilon}$)；$\delta\boldsymbol{f}=[\delta f_x \quad \delta f_y \quad \delta f_z]^{\mathrm{T}}$ 为加速度计误差(含加速度计零偏 $\boldsymbol{\nabla}$)。

4.4.1 位置误差方程

位置误差 $\delta\boldsymbol{r}^l$，是指惯导系统解算得到的坐标矢量 $\hat{\boldsymbol{r}}^l$ 与真实坐标矢量 $\boldsymbol{r}^l$ 间的差值，表示为

$$\delta\boldsymbol{r}^l=\hat{\boldsymbol{r}}^l-\boldsymbol{r}^l \tag{4.177}$$

描述这一偏差变化规律的微分方程，称为位置误差方程。

根据式(4.49)和式(4.50)，坐标矢量 $\boldsymbol{r}^l$ 随时间的变化率 $\dot{\boldsymbol{r}}^l$ 与地球参考速度矢量 $\boldsymbol{v}^l$ 间的关系为

$$\dot{\boldsymbol{r}}^l=\begin{bmatrix}\dot{\varphi}\\ \dot{\lambda}\\ \dot{h}\end{bmatrix}=\boldsymbol{D}^{-1}\boldsymbol{v}^l=\begin{bmatrix}0 & \dfrac{1}{R_M+h} & 0\\ \dfrac{1}{(R_N+h)\cos\varphi} & 0 & 0\\ 0 & 0 & 1\end{bmatrix}\begin{bmatrix}v_E\\ v_N\\ v_U\end{bmatrix} \tag{4.178}$$

采用泰勒级数展开上式，并进行一阶近似，求解坐标误差 $\delta\boldsymbol{r}^l$ 随时间的变化率 $\delta\dot{\boldsymbol{r}}^l$ 为

$$\delta\dot{\boldsymbol{r}}^l=\frac{\partial(\dot{\boldsymbol{r}}^l)}{\partial\boldsymbol{r}^l}\delta\boldsymbol{r}^l$$

$$\delta\dot{\boldsymbol{r}}^l=\underbrace{\begin{bmatrix}0 & \dfrac{1}{R_M+h} & 0\\ \dfrac{1}{(R_N+h)\cos\varphi} & 0 & 0\\ 0 & 0 & 1\end{bmatrix}\begin{bmatrix}\delta v_E\\ \delta v_N\\ \delta v_U\end{bmatrix}}_{1}+$$

$$\underbrace{\begin{bmatrix}0 & \dfrac{-\delta h}{(R_M+h)^2} & 0\\ \dfrac{\tan\varphi\delta\varphi}{(R_N+h)\cos\varphi}-\dfrac{\delta h}{(R_N+h)^2\cos\varphi} & 0 & 0\\ 0 & 0 & 0\end{bmatrix}\begin{bmatrix}v_E\\ v_N\\ v_U\end{bmatrix}}_{2} \tag{4.179}$$

式(4.179)中的第 2 项写为

$$\underbrace{*}_{2}=\begin{bmatrix}\dfrac{-v_N\delta h}{(R_M+h)^2}\\\left[\dfrac{\tan\varphi\delta\varphi}{(R_N+h)\cos\varphi}-\dfrac{\delta h}{(R_N+h)^2\cos\varphi}\right]v_E\\0\end{bmatrix}=\begin{bmatrix}0&0&\dfrac{-v_N}{(R_M+h)^2}\\\dfrac{\tan\varphi v_E}{(R_N+h)\cos\varphi}&0&\dfrac{-v_E}{(R_N+h)^2\cos\varphi}\\0&0&0\end{bmatrix}\begin{bmatrix}\delta\varphi\\\delta\lambda\\\delta h\end{bmatrix}\tag{4.180}$$

式(4.180)代到式(4.179)得

$$\delta\dot{\boldsymbol{r}}^l=\underbrace{\begin{bmatrix}0&\dfrac{1}{R_M+h}&0\\\dfrac{1}{(R_N+h)\cos\varphi}&0&0\\0&0&1\end{bmatrix}}_{\boldsymbol{F}_{rv}}\underbrace{\begin{bmatrix}\delta v_E\\\delta v_N\\\delta v_U\end{bmatrix}}_{\delta v^l}+\underbrace{\begin{bmatrix}0&0&\dfrac{-v_N}{(R_M+h)^2}\\\dfrac{\tan\varphi v_E}{(R_N+h)\cos\varphi}&0&\dfrac{-v_E}{(R_N+h)^2\cos\varphi}\\0&0&0\end{bmatrix}}_{\boldsymbol{F}_{rr}}\underbrace{\begin{bmatrix}\delta\varphi\\\delta\lambda\\\delta h\end{bmatrix}}_{\delta r^l}\tag{4.181}$$

式(4.181)表明:位置误差的微分与速度误差、位置误差有关。

子午圈曲率半径 R_M 和卯酉圈曲率半径 R_N 平方的倒数非常小,涉及该部分的项,可以忽略不计;另外,上式的 $\boldsymbol{F}_{rr}$ 部分包含与纬度误差 $\delta\varphi$ 相关的乘法项 $\dfrac{v_E\tan\varphi}{(R_N+h)\cos\varphi}=\dot{\lambda}\tan\varphi$(见式 4.48),这会引入一个相对小的误差量,可以被忽略。因此,坐标误差的时间变化率可以简化为

$$\delta\dot{\boldsymbol{r}}^l=\begin{bmatrix}\delta\dot{\varphi}\\\delta\dot{\lambda}\\\delta\dot{h}\end{bmatrix}=\begin{bmatrix}0&\dfrac{1}{R_M+h}&0\\\dfrac{1}{(R_N+h)\cos\varphi}&0&0\\0&0&1\end{bmatrix}\begin{bmatrix}\delta v_E\\\delta v_N\\\delta v_U\end{bmatrix}=\boldsymbol{D}^{-1}\delta\boldsymbol{v}^l\tag{4.182}$$

4.4.2 速度误差方程

速度误差 $\delta\boldsymbol{v}^l$,是指惯导系统导航计算机中的计算速度 $\hat{\boldsymbol{v}}^l$ 与理想速度 $\boldsymbol{v}^l$ 之间的偏差,表示为

$$\delta\boldsymbol{v}^l=\hat{\boldsymbol{v}}^l-\boldsymbol{v}^l\tag{4.183}$$

描述这一偏差变化规律的微分方程,称为速度误差方程。

从式(4.55)比力方程可知,载体加速度微分方程为

$$\dot{\boldsymbol{v}}^l=\boldsymbol{R}_b^l\boldsymbol{f}^b-(2\boldsymbol{\Omega}_{ie}^l+\boldsymbol{\Omega}_{el}^l)\boldsymbol{v}^l+\boldsymbol{g}^l\tag{4.184}$$

考虑测量和计算误差,计算得到的载体加速度变化率为

$$\hat{\dot{\boldsymbol{v}}}^{l}=\hat{\boldsymbol{R}}_{b}^{l}\tilde{\boldsymbol{f}}^{b}-(2\hat{\boldsymbol{\Omega}}_{ie}^{l}+\hat{\boldsymbol{\Omega}}_{el}^{l})\hat{\boldsymbol{v}}^{l}+\hat{\boldsymbol{g}}^{l} \tag{4.185}$$

式中

$$\begin{cases}\hat{\dot{\boldsymbol{v}}}^{l}=\dot{\boldsymbol{v}}^{l}+\delta\dot{\boldsymbol{v}}^{l},\ \hat{\boldsymbol{R}}_{b}^{l}=(\boldsymbol{I}-\boldsymbol{\Psi})\boldsymbol{R}_{b}^{l},\ \tilde{\boldsymbol{f}}^{b}=\boldsymbol{f}^{b}+\delta\boldsymbol{f}^{b},\ \hat{\boldsymbol{\Omega}}_{ie}^{l}=\boldsymbol{\Omega}_{ie}^{l}+\delta\boldsymbol{\Omega}_{ie}^{l}\\ \hat{\boldsymbol{\Omega}}_{el}^{l}=\boldsymbol{\Omega}_{el}^{l}+\delta\boldsymbol{\Omega}_{el}^{l},\ \hat{\boldsymbol{v}}^{l}=\boldsymbol{v}^{l}+\delta\boldsymbol{v}^{l},\ \hat{\boldsymbol{g}}^{l}=\boldsymbol{g}^{l}+\delta\boldsymbol{g}^{l}\end{cases} \tag{4.186}$$

将式(4.186)代到式(4.185)，数学处理后，忽略关于误差量的二阶小量，整理得

$$\delta\hat{\dot{\boldsymbol{v}}}^{l}=-\boldsymbol{\Psi}\boldsymbol{R}_{b}^{l}\boldsymbol{f}^{b}+\boldsymbol{R}_{b}^{l}\delta\boldsymbol{f}^{b}-(2\boldsymbol{\Omega}_{ie}^{l}+\boldsymbol{\Omega}_{el}^{l})\delta\boldsymbol{v}^{l}-(2\delta\boldsymbol{\Omega}_{ie}^{l}+\delta\boldsymbol{\Omega}_{el}^{l})\boldsymbol{v}^{l}+\delta\boldsymbol{g}^{l} \tag{4.187}$$

记 $\boldsymbol{f}^{l}=\boldsymbol{R}_{b}^{l}\boldsymbol{f}^{b}$，应用式(2.19)反对称阵的性质 $\boldsymbol{Ab}=-\boldsymbol{Ba}$，则式(4.187)中

$$\begin{cases}-\boldsymbol{\Psi}\boldsymbol{R}_{b}^{l}\boldsymbol{f}^{b}=-\boldsymbol{\Psi}\boldsymbol{f}^{l}=\boldsymbol{F}^{l}\boldsymbol{\varphi}^{l}\\ -(2\delta\boldsymbol{\Omega}_{ie}^{l}+\delta\boldsymbol{\Omega}_{el}^{l})\boldsymbol{v}^{l}=\boldsymbol{V}^{l}(2\delta\boldsymbol{\omega}_{ie}^{l}+\delta\boldsymbol{\omega}_{el}^{l})\end{cases} \tag{4.188}$$

从而有

$$\delta\hat{\dot{\boldsymbol{v}}}^{l}=\underbrace{\boldsymbol{F}^{l}\boldsymbol{\varphi}^{l}}_{1}+\underbrace{\boldsymbol{R}_{b}^{l}\delta\boldsymbol{f}^{b}}_{2}-\underbrace{(2\boldsymbol{\Omega}_{ie}^{l}+\boldsymbol{\Omega}_{el}^{l})\delta\boldsymbol{v}^{l}}_{3}+\underbrace{\boldsymbol{V}^{l}(2\delta\boldsymbol{\omega}_{ie}^{l}+\delta\boldsymbol{\omega}_{el}^{l})}_{4}+\underbrace{\delta\boldsymbol{g}^{l}}_{5} \tag{4.189}$$

式中，$\boldsymbol{F}^{l}$ 为比力矢量 $\boldsymbol{f}^{l}$ 的反对称矩阵，$\boldsymbol{V}^{l}$ 为速度矢量 $\boldsymbol{v}^{l}$ 的反对称矩阵，$\delta\boldsymbol{g}^{l}$ 为标准重力矢量误差，$\delta\boldsymbol{\omega}_{ie}^{l}$ 为地球旋转误差在 l 系的投影，$\delta\boldsymbol{\omega}_{el}^{l}$ 为角速度矢量 $\boldsymbol{\omega}_{el}^{l}$ 的误差矢量。

现在观察式(4.189)，了解每项的含义。

式(4.189)的第 1 项

$$\boldsymbol{F}^{l}\boldsymbol{\varphi}^{l}=\begin{bmatrix}0 & -f_{U} & f_{N}\\ f_{U} & 0 & -f_{E}\\ -f_{N} & f_{E} & 0\end{bmatrix}\begin{bmatrix}\delta p\\ \delta r\\ \delta A\end{bmatrix} \tag{4.190}$$

式中，f_{E}、f_{N}、f_{U} 为载体沿东向、北向、天向的比力。

对式(4.189)的第 2 项，利用矩阵 $\boldsymbol{R}_{b}^{l}$ 将加速度计误差 $\delta\boldsymbol{f}^{b}$ 从载体系转换到当地水平系：

$$\boldsymbol{R}_{b}^{l}\delta\boldsymbol{f}^{b}=\begin{bmatrix}R_{11} & R_{12} & R_{13}\\ R_{21} & R_{22} & R_{23}\\ R_{31} & R_{32} & R_{33}\end{bmatrix}\begin{bmatrix}\delta f_{x}\\ \delta f_{y}\\ \delta f_{z}\end{bmatrix} \tag{4.191}$$

式(4.189)的第 3 项中，结合式(4.2)和式(4.15)得

$$\boldsymbol{\omega}_{ie}^{l}=\begin{bmatrix}0\\ \omega_{e}\cos\varphi\\ \omega_{e}\sin\varphi\end{bmatrix},\ \boldsymbol{\omega}_{el}^{l}=\begin{bmatrix}-\dot{\varphi}\\ \dot{\lambda}\cos\varphi\\ \dot{\lambda}\sin\varphi\end{bmatrix}=\begin{bmatrix}-\dfrac{v_{N}}{R_{M}+h}\\ \dfrac{v_{E}}{R_{N}+h}\\ \dfrac{v_{E}\tan\varphi}{R_{N}+h}\end{bmatrix},\ \delta\boldsymbol{v}^{l}=\begin{bmatrix}\delta v_{E}\\ \delta v_{N}\\ \delta v_{U}\end{bmatrix} \tag{4.192}$$

则

$$-(2\boldsymbol{\Omega}_{ie}^{l}+\boldsymbol{\Omega}_{el}^{l})\delta\boldsymbol{v}^{l}=$$

$$-\left\{2\begin{bmatrix}0 & -\omega_e\sin\varphi & \omega_e\cos\varphi\\ \omega_e\sin\varphi & 0 & 0\\ -\omega_e\cos\varphi & 0 & 0\end{bmatrix}+\begin{bmatrix}0 & -\dfrac{v_E\tan\varphi}{R_N+h} & \dfrac{v_E}{R_N+h}\\ \dfrac{v_E\tan\varphi}{R_N+h} & 0 & \dfrac{v_N}{R_M+h}\\ -\dfrac{v_E}{R_N+h} & -\dfrac{v_N}{R_M+h} & 0\end{bmatrix}\right\}\begin{bmatrix}\delta v_E\\ \delta v_N\\ \delta v_U\end{bmatrix}=$$

$$\begin{bmatrix}0 & 2\omega_e\sin\varphi+\dfrac{v_E\tan\varphi}{R_N+h} & -\left(2\omega_e\cos\varphi+\dfrac{v_E}{R_N+h}\right)\\ -\left(2\omega_e\sin\varphi+\dfrac{v_E\tan\varphi}{R_N+h}\right) & 0 & -\dfrac{v_N}{R_M+h}\\ 2\omega_e\cos\varphi+\dfrac{v_E}{R_N+h} & \dfrac{v_N}{R_M+h} & 0\end{bmatrix}\begin{bmatrix}\delta v_E\\ \delta v_N\\ \delta v_U\end{bmatrix} \tag{4.193}$$

式(4.189)的第 4 项中，根据式(4.192)中 $\boldsymbol{\omega}_{ie}^{l}$ 和 $\boldsymbol{\omega}_{el}^{l}$，可以得到 $\delta\boldsymbol{\omega}_{ie}^{l}$ 和 $\delta\boldsymbol{\omega}_{el}^{l}$：

$$\delta\boldsymbol{\omega}_{ie}^{l}=\begin{bmatrix}0\\ -\omega_e\sin\varphi\delta\varphi\\ \omega_e\cos\varphi\delta\varphi\end{bmatrix},\ \delta\boldsymbol{\omega}_{el}^{l}=\begin{bmatrix}-\delta\dot{\varphi}\\ -\dot{\lambda}\sin\varphi\delta\varphi+\cos\varphi\delta\dot{\lambda}\\ \dot{\lambda}\cos\varphi\delta\varphi+\sin\varphi\delta\dot{\lambda}\end{bmatrix} \tag{4.194}$$

因此

$$2\delta\boldsymbol{\omega}_{ie}^{l}+\delta\boldsymbol{\omega}_{el}^{l}=\begin{bmatrix}-\delta\dot{\varphi}\\ -2\omega_e\sin\varphi\delta\varphi-\dot{\lambda}\sin\varphi\delta\varphi+\cos\varphi\delta\dot{\lambda}\\ 2\omega_e\cos\varphi\delta\varphi+\dot{\lambda}\cos\varphi\delta\varphi+\sin\varphi\delta\dot{\lambda}\end{bmatrix}=\begin{bmatrix}0\\ -(2\omega_e+\dot{\lambda})\sin\varphi\delta\varphi\\ (2\omega_e+\dot{\lambda})\cos\varphi\delta\varphi\end{bmatrix}+\begin{bmatrix}-\delta\dot{\varphi}\\ \cos\varphi\delta\dot{\lambda}\\ \sin\varphi\delta\dot{\lambda}\end{bmatrix}=$$

$$\begin{bmatrix}0 & 0 & 0\\ -(2\omega_e+\dot{\lambda})\sin\varphi & 0 & 0\\ (2\omega_e+\dot{\lambda})\cos\varphi & 0 & 0\end{bmatrix}\begin{bmatrix}\delta\varphi\\ \delta\lambda\\ \delta h\end{bmatrix}+\begin{bmatrix}-1 & 0 & 0\\ 0 & \cos\varphi & 0\\ 0 & \sin\varphi & 0\end{bmatrix}\begin{bmatrix}\delta\dot{\varphi}\\ \delta\dot{\lambda}\\ \delta\dot{h}\end{bmatrix}=$$

$$\begin{bmatrix}0 & 0 & 0\\ -\left(2\omega_e\sin\varphi+\dfrac{v_E\tan\varphi}{R_N+h}\right) & 0 & 0\\ 2\omega_e\cos\varphi+\dfrac{v_E}{R_N+h} & 0 & 0\end{bmatrix}\begin{bmatrix}\delta\varphi\\ \delta\lambda\\ \delta h\end{bmatrix}+\begin{bmatrix}-1 & 0 & 0\\ 0 & \cos\varphi & 0\\ 0 & \sin\varphi & 0\end{bmatrix}\begin{bmatrix}\delta\dot{\varphi}\\ \delta\dot{\lambda}\\ \delta\dot{h}\end{bmatrix} \tag{4.195}$$

代入位置误差式(4.181)，整理得

$$2\delta\boldsymbol{\omega}_{ie}^{l}+\delta\boldsymbol{\omega}_{el}^{l}=$$

$$\begin{bmatrix} 0 & 0 & 0 \\ -\left(2\omega_e\sin\varphi+\dfrac{v_E\tan\varphi}{R_N+h}\right) & 0 & 0 \\ 2\omega_e\cos\varphi+\dfrac{v_E}{R_N+h} & 0 & 0 \end{bmatrix}\begin{bmatrix}\delta\varphi\\ \delta\lambda\\ \delta h\end{bmatrix}+\begin{bmatrix} 0 & -\dfrac{1}{R_M+h} & 0 \\ \dfrac{1}{R_N+h} & 0 & 0 \\ \dfrac{\tan\varphi}{R_N+h} & 0 & 0 \end{bmatrix}\begin{bmatrix}\delta v_E\\ \delta v_N\\ \delta v_U\end{bmatrix}+$$

$$\begin{bmatrix} 0 & 0 & \dfrac{v_N}{(R_M+h)^2} \\ \dfrac{v_E\tan\varphi}{R_N+h} & 0 & -\dfrac{v_E}{(R_N+h)^2} \\ \dfrac{v_E\tan^2\varphi}{R_N+h} & 0 & -\dfrac{v_E\tan\varphi}{(R_N+h)^2} \end{bmatrix}\begin{bmatrix}\delta\varphi\\ \delta\lambda\\ \delta h\end{bmatrix}=$$

$$\begin{bmatrix} 0 & 0 & \dfrac{v_N}{(R_M+h)^2} \\ -2\omega_e\sin\varphi & 0 & -\dfrac{v_E}{(R_N+h)^2} \\ 2\omega_e\cos\varphi+\dfrac{v_E\sec^2\varphi}{R_N+h} & 0 & -\dfrac{v_E\tan\varphi}{(R_N+h)^2} \end{bmatrix}\begin{bmatrix}\delta\varphi\\ \delta\lambda\\ \delta h\end{bmatrix}+\begin{bmatrix} 0 & -\dfrac{1}{R_M+h} & 0 \\ \dfrac{1}{R_N+h} & 0 & 0 \\ \dfrac{\tan\varphi}{R_N+h} & 0 & 0 \end{bmatrix}\begin{bmatrix}\delta v_E\\ \delta v_N\\ \delta v_U\end{bmatrix} \tag{4.196}$$

速度的反对称矩阵为

$$\mathbf{V}^{l}=\begin{bmatrix} 0 & -v_U & v_N \\ v_U & 0 & -v_E \\ -v_N & v_E & 0 \end{bmatrix} \tag{4.197}$$

将式(4.197)与式(4.196)相乘，得

$$\mathbf{V}^{l}(2\delta\boldsymbol{\omega}_{ie}^{l}+\delta\boldsymbol{\omega}_{el}^{l})=$$

$$\begin{bmatrix} 2\omega_e(v_U\sin\varphi+v_N\cos\varphi)+\dfrac{v_Nv_E}{(R_N+h)\cos^2\varphi} & 0 & \dfrac{v_Ev_U-v_Ev_N\tan\varphi}{(R_N+h)^2} \\ -2\omega_e v_E\cos\varphi-\dfrac{v_E^2}{(R_N+h)\cos^2\varphi} & 0 & \dfrac{v_Nv_U}{(R_M+h)^2}+\dfrac{v_E^2\tan\varphi}{(R_N+h)^2} \\ -2\omega_e v_E\sin\varphi & 0 & \dfrac{-v_N^2}{(R_M+h)^2}-\dfrac{v_E^2}{(R_N+h)^2} \end{bmatrix}\begin{bmatrix}\delta\varphi\\ \delta\lambda\\ \delta h\end{bmatrix}+$$

$$\begin{bmatrix} \dfrac{-v_U}{R_N+h}+\dfrac{v_N\tan\varphi}{R_N+h} & 0 & 0 \\ \dfrac{-v_E\tan\varphi}{R_N+h} & -\dfrac{v_U}{R_M+h} & 0 \\ \dfrac{v_E}{R_N+h} & \dfrac{v_N}{R_M+h} & 0 \end{bmatrix}\begin{bmatrix}\delta v_E\\ \delta v_N\\ \delta v_U\end{bmatrix} \tag{4.198}$$

若忽略分母为$(R_M+h)^2$或$(R_N+h)^2$的项，上式可进行简化。

式(4.189)的第5项，是主要由高度误差引起的标准重力误差，即

$$\delta \boldsymbol{g}^l=\begin{bmatrix}0\\0\\ \dfrac{2g}{R}\delta h\end{bmatrix} \tag{4.199}$$

式中，g 为重力的分量，R 为地球平均半径。

忽略第5项，将前4项的上述计算结果即式(4.190)、式(4.191)、式(4.193)和式(4.198)合并到一起，得到速度误差的时间变化率为

$$\delta\dot{\boldsymbol{v}}^l=\underbrace{\underbrace{\begin{bmatrix}0 & -f_U & f_N\\ f_U & 0 & -f_E\\ -f_N & f_E & 0\end{bmatrix}}_{\boldsymbol{F}_{v\varphi}}\underbrace{\begin{bmatrix}\delta p\\ \delta r\\ \delta A\end{bmatrix}}_{\boldsymbol{\varphi}^l}}_{①}+\underbrace{\underbrace{\begin{bmatrix}R_{11} & R_{12} & R_{13}\\ R_{21} & R_{22} & R_{23}\\ R_{31} & R_{32} & R_{33}\end{bmatrix}}_{\boldsymbol{R}_b^l}\underbrace{\begin{bmatrix}\delta f_x\\ \delta f_y\\ \delta f_z\end{bmatrix}}_{\delta \boldsymbol{f}}}_{②}+$$

$$\underbrace{\underbrace{\begin{bmatrix} 2\omega_e(v_U\sin\varphi+v_N\cos\varphi)+\dfrac{v_Nv_E}{(R_N+h)\cos^2\varphi} & 0 & \dfrac{v_Ev_U-v_Ev_N\tan\varphi}{(R_N+h)^2} \\ -2\omega_e v_E\cos\varphi-\dfrac{v_E^2}{(R_N+h)\cos^2\varphi} & 0 & \dfrac{v_Nv_U}{(R_M+h)^2}+\dfrac{v_E^2\tan\varphi}{(R_N+h)^2} \\ -2\omega_e v_E\sin\varphi & 0 & \dfrac{-v_N^2}{(R_M+h)^2}-\dfrac{v_E^2}{(R_N+h)^2} \end{bmatrix}}_{\boldsymbol{F}_{vr}}\underbrace{\begin{bmatrix}\delta\varphi\\ \delta\lambda\\ \delta h\end{bmatrix}}_{\delta \boldsymbol{r}^l}}_{③}+$$

$$\underbrace{\underbrace{\begin{bmatrix} \dfrac{-v_U}{R_N+h}+\dfrac{v_N\tan\varphi}{R_N+h} & \left[2\omega_e+\dfrac{v_E}{(R_N+h)\cos\varphi}\right]\sin\varphi & -\left[2\omega_e+\dfrac{v_E}{(R_N+h)\cos\varphi}\right]\cos\varphi \\ -2\left[\omega_e+\dfrac{v_E}{(R_N+h)\cos\varphi}\right]\sin\varphi & \dfrac{-v_U}{R_M+h} & -\dfrac{v_N}{R_M+h} \\ 2\left[\omega_e+\dfrac{v_E}{(R_N+h)\cos\varphi}\right]\cos\varphi & \dfrac{2v_N}{R_M+h} & 0 \end{bmatrix}}_{\boldsymbol{F}_{vv}}\underbrace{\begin{bmatrix}\delta v_E\\ \delta v_N\\ \delta v_U\end{bmatrix}}_{\delta \boldsymbol{v}^l}}_{④}$$

(4.200)

式(4.200)表明:速度误差的微分与姿态误差、加速度计误差、位置误差、速度误差有关。

式(4.200)速度误差方程的第③项和第④项中,有的分量分母含有地球半径或其平方,有的分量含有地球旋转角速度,且它们均与位置误差或速度误差相乘。由于相乘的结果为相对小量,在中低精度惯导应用中可以忽略,所以式(4.200)可以近似为

$$\begin{bmatrix}\delta\dot{v}_E\\\delta\dot{v}_N\\\delta\dot{v}_U\end{bmatrix}=\begin{bmatrix}0&f_U&-f_N\\-f_U&0&f_E\\f_N&-f_E&0\end{bmatrix}\begin{bmatrix}\delta p\\\delta r\\\delta A\end{bmatrix}+\begin{bmatrix}R_{11}&R_{12}&R_{13}\\R_{21}&R_{22}&R_{23}\\R_{31}&R_{32}&R_{33}\end{bmatrix}\begin{bmatrix}\delta f_x\\\delta f_y\\\delta f_z\end{bmatrix}\tag{4.201}$$

通常,相对于 f_U 来说,f_E、f_N 是非常小的加速度分量,接近于零。f_U 接近于重力引起的加速度(9.8 m/s^2)。因此,δv_E 和 δr、δv_N 和 δp 之间存在着强交叉耦合。另外,在 δA 与 δv_E、δv_N 间存在弱交叉耦合。

4.4.3 姿态误差方程

载体坐标系与当地水平坐标系间的转换矩阵误差,是由测量两个坐标系间旋转时的角速度误差引起的。载体坐标系与 l 系的欧拉角由转换矩阵 $\boldsymbol{R}_b^l$ 获得,$\boldsymbol{R}_b^l$ 可以通过求解下述微分方程得到:

$$\dot{\boldsymbol{R}}_b^l=\boldsymbol{R}_b^l\boldsymbol{\Omega}_{lb}^b=\boldsymbol{R}_b^l(\boldsymbol{\omega}_{lb}^b\times)\tag{4.202}$$

考虑测量和计算误差,计算得到的转换矩阵变化率为

$$\dot{\hat{\boldsymbol{R}}}_b^l=\hat{\boldsymbol{R}}_b^l\hat{\boldsymbol{\Omega}}_{lb}^b=\hat{\boldsymbol{R}}_b^l(\hat{\boldsymbol{\omega}}_{lb}^b\times)\tag{4.203}$$

带有误差的转换矩阵 $\hat{\boldsymbol{R}}_b^l$,可以视为在真实旋转矩阵 $\boldsymbol{R}_b^l$ 上再做一次旋转,旋转矩阵为 $\hat{\boldsymbol{R}}_l$,则有

$$\hat{\boldsymbol{R}}_b^l=\hat{\boldsymbol{R}}_l\boldsymbol{R}_b^l\tag{4.204}$$

当姿态误差角满足小角度假设时,根据式(2.61)或式(2.74),$\hat{\boldsymbol{R}}_l$ 近似有

$$\hat{\boldsymbol{R}}_l=\boldsymbol{I}-\boldsymbol{\varphi}^l\times\tag{4.205}$$

式中,$\boldsymbol{\varphi}^l\times$ 为引起转换误差的误差角 $\boldsymbol{\varphi}^l$(常称为失准角)的反对称矩阵。将式(4.205)代到式(4.204)中,得

$$\hat{\boldsymbol{R}}_b^l=(\boldsymbol{I}-\boldsymbol{\varphi}^l\times)\boldsymbol{R}_b^l\tag{4.206}$$

将式(4.206)两边同时微分,得

$$\dot{\hat{\boldsymbol{R}}}_b^l=(-\dot{\boldsymbol{\varphi}}^l\times)\boldsymbol{R}_b^l+(\boldsymbol{I}-\boldsymbol{\varphi}^l\times)\dot{\boldsymbol{R}}_b^l\tag{4.207}$$

对于式(4.202)姿态矩阵，结合式(2.16)作如下变换：

$$\dot{\boldsymbol{R}}_b^l=\boldsymbol{R}_b^l(\boldsymbol{\omega}_{lb}^b\times)=\boldsymbol{R}_b^l[(\boldsymbol{\omega}_{ib}^b-\boldsymbol{\omega}_{il}^b)\times]=\boldsymbol{R}_b^l(\boldsymbol{\omega}_{ib}^b\times)-\boldsymbol{R}_b^l(\boldsymbol{\omega}_{il}^b\times)=$$
$$\boldsymbol{R}_b^l(\boldsymbol{\omega}_{ib}^b\times)-\boldsymbol{R}_b^l(\boldsymbol{\omega}_{il}^b\times)\boldsymbol{R}_l^b\boldsymbol{R}_b^l=\boldsymbol{R}_b^l(\boldsymbol{\omega}_{ib}^b\times)-(\boldsymbol{\omega}_{il}^l\times)\boldsymbol{R}_b^l \tag{4.208}$$

式中，$\boldsymbol{\omega}_{il}^l$ 表示 l 系相对于 i 系的旋转，它包含两部分：地球自转引起的当地水平系旋转，以及惯导系统在地球表面附近移动因地球表面弯曲而引起的 l 系旋转，即有 $\boldsymbol{\omega}_{il}^l=\boldsymbol{\omega}_{ie}^l+\boldsymbol{\omega}_{el}^l$。

实际计算时，式(4.208)中各量是含误差的，表示为

$$\dot{\hat{\boldsymbol{R}}}_b^l=\hat{\boldsymbol{R}}_b^l(\hat{\boldsymbol{\omega}}_{ib}^b\times)-(\hat{\boldsymbol{\omega}}_{il}^l\times)\hat{\boldsymbol{R}}_b^l \tag{4.209}$$

式中

$$\hat{\boldsymbol{\omega}}_{ib}^b=\boldsymbol{\omega}_{ib}^b+\delta\boldsymbol{\omega}_{ib}^b,\ \hat{\boldsymbol{\omega}}_{il}^l=\boldsymbol{\omega}_{il}^l+\delta\boldsymbol{\omega}_{il}^l \tag{4.210}$$

式中，$\delta\boldsymbol{\omega}_{ib}^b$ 为陀螺仪测量误差，包括零位误差、标度因子误差和安装误差等；$\delta\boldsymbol{\omega}_{il}^l$ 为导航系(此处为当地水平系)计算误差。

联立式(4.207)和式(4.209)，并代入式(4.208)、式(4.206)和式(4.210)得

$$(-\dot{\boldsymbol{\varphi}}^l\times)\boldsymbol{R}_b^l+(\boldsymbol{I}-\boldsymbol{\varphi}^l\times)[\boldsymbol{R}_b^l(\boldsymbol{\omega}_{ib}^b\times)-(\boldsymbol{\omega}_{il}^l\times)\boldsymbol{R}_b^l]=$$
$$(\boldsymbol{I}-\boldsymbol{\varphi}^l\times)\boldsymbol{R}_b^l[(\boldsymbol{\omega}_{ib}^b+\delta\boldsymbol{\omega}_{ib}^b)\times]-[(\boldsymbol{\omega}_{il}^l+\delta\boldsymbol{\omega}_{il}^l)\times](\boldsymbol{I}-\boldsymbol{\varphi}^l\times)\boldsymbol{R}_b^l \tag{4.211}$$

式(4.211)两边同时右乘 $\boldsymbol{R}_l^b$，展开并略去关于误差量的二阶小量，再运用反对称阵的相似变换式(2.16)，整理得

$$(\dot{\boldsymbol{\varphi}}^l\times)=[(\boldsymbol{\varphi}^l\times)(\boldsymbol{\omega}_{il}^l\times)-(\boldsymbol{\omega}_{il}^l\times)(\boldsymbol{\varphi}^l\times)]+(\delta\boldsymbol{\omega}_{il}^l\times)-(\delta\boldsymbol{\omega}_{ib}^l\times) \tag{4.212}$$

式(4.212)右边第一项中运用公式(2.23)变形 $(\boldsymbol{a}\times)(\boldsymbol{b}\times)\boldsymbol{c}-(\boldsymbol{b}\times)(\boldsymbol{a}\times)\boldsymbol{c}=(\boldsymbol{a}\times\boldsymbol{b})\times\boldsymbol{c}$ 得

$$(\dot{\boldsymbol{\varphi}}^l\times)=[(\boldsymbol{\varphi}^l\times\boldsymbol{\omega}_{il}^l)\times]+(\delta\boldsymbol{\omega}_{il}^l\times)-(\delta\boldsymbol{\omega}_{ib}^l\times)=(\boldsymbol{\varphi}^l\times\boldsymbol{\omega}_{il}^l+\delta\boldsymbol{\omega}_{il}^l-\delta\boldsymbol{\omega}_{ib}^l)\times \tag{4.213}$$

从而有

$$\dot{\boldsymbol{\varphi}}^l=\boldsymbol{\varphi}^l\times\boldsymbol{\omega}_{il}^l+\delta\boldsymbol{\omega}_{il}^l-\delta\boldsymbol{\omega}_{ib}^l=\underbrace{\delta\boldsymbol{\omega}_{il}^l}_{1}-\underbrace{\boldsymbol{\Omega}_{il}^l\boldsymbol{\varphi}^l}_{2}-\underbrace{\boldsymbol{R}_b^l\delta\boldsymbol{\omega}_{ib}^b}_{3} \tag{4.214}$$

式中，矢量 $\boldsymbol{\varphi}^l$ 包含姿态误差 δp、δr、δA，矢量 $\delta\boldsymbol{\omega}_{il}^l$ 为由导航参数误差($\delta\lambda$、δv 等)引起的误差，矢量 $\delta\boldsymbol{\omega}_{ib}^b$ 为载体旋转角速度的测量误差，$\boldsymbol{\Omega}_{il}^l$ 为包含 l 系相对于 i 系的旋转角速度的反对称矩阵。

现在观察式(4.214)，了解每项的含义。

对于式(4.214)的第 1 项，类似式(4.196)可得

$$\delta\boldsymbol{\omega}_{il}^{l}=\delta\boldsymbol{\omega}_{ie}^{l}+\delta\boldsymbol{\omega}_{el}^{l}=\begin{bmatrix}0 & 0 & \dfrac{v_N}{(R_M+h)^2}\\ -\omega_e\sin\varphi & 0 & -\dfrac{v_E}{(R_N+h)^2}\\ \omega_e\cos\varphi+\dfrac{v_E\sec^2\varphi}{R_N+h} & 0 & -\dfrac{v_E\tan\varphi}{(R_N+h)^2}\end{bmatrix}\begin{bmatrix}\delta\varphi\\ \delta\lambda\\ \delta h\end{bmatrix}+\begin{bmatrix}0 & -\dfrac{1}{R_M+h} & 0\\ \dfrac{1}{R_N+h} & 0 & 0\\ \dfrac{\tan\varphi}{R_N+h} & 0 & 0\end{bmatrix}\begin{bmatrix}\delta v_E\\ \delta v_N\\ \delta v_U\end{bmatrix} \tag{4.215}$$

对于式(4.214)的第2项，类似式(4.193)可得

$$\boldsymbol{\Omega}_{il}^{l}=\boldsymbol{\Omega}_{ie}^{l}+\boldsymbol{\Omega}_{el}^{l}=\begin{bmatrix}0 & -\left(\omega_e\sin\varphi+\dfrac{v_E\tan\varphi}{R_N+h}\right) & \omega_e\cos\varphi+\dfrac{v_E}{R_N+h}\\ \omega_e\sin\varphi+\dfrac{v_E\tan\varphi}{R_N+h} & 0 & \dfrac{v_N}{R_M+h}\\ -\left(\omega_e\cos\varphi+\dfrac{v_E}{R_N+h}\right) & -\dfrac{v_N}{R_M+h} & 0\end{bmatrix} \tag{4.216}$$

对于式(4.214)的第3项，利用矩阵 $\boldsymbol{R}_b^l$ 将陀螺仪误差 $\delta\boldsymbol{\omega}_{ib}^{b}$ 从载体系转换到当地水平系：

$$\boldsymbol{R}_b^l\delta\boldsymbol{\omega}_{ib}^{b}=\begin{bmatrix}R_{11} & R_{12} & R_{13}\\ R_{21} & R_{22} & R_{23}\\ R_{31} & R_{32} & R_{33}\end{bmatrix}\begin{bmatrix}\delta\omega_x\\ \delta\omega_y\\ \delta\omega_z\end{bmatrix} \tag{4.217}$$

将上面3个式子代到式(4.214)，得到姿态误差的时间变化率为

$$\dot{\boldsymbol{\varphi}}^{l}=\underbrace{\underbrace{\begin{bmatrix}0 & -\dfrac{1}{R_M+h} & 0\\ \dfrac{1}{R_N+h} & 0 & 0\\ \dfrac{\tan\varphi}{R_N+h} & 0 & 0\end{bmatrix}}_{\boldsymbol{F}_{\varphi v}}\underbrace{\begin{bmatrix}\delta v_E\\ \delta v_N\\ \delta v_U\end{bmatrix}}_{\delta\boldsymbol{v}^l}}_{①}-\underbrace{\underbrace{\begin{bmatrix}R_{11} & R_{12} & R_{13}\\ R_{21} & R_{22} & R_{23}\\ R_{31} & R_{32} & R_{33}\end{bmatrix}}_{\boldsymbol{R}_b^l}\underbrace{\begin{bmatrix}\delta\omega_x\\ \delta\omega_y\\ \delta\omega_z\end{bmatrix}}_{\delta\boldsymbol{\omega}}}_{②}+$$

$$
\underbrace{\underbrace{\begin{bmatrix} 0 & \omega_e \sin\varphi + \dfrac{v_E \tan\varphi}{R_N + h} & -\left(\omega_e \cos\varphi + \dfrac{v_E}{R_N + h}\right) \\ -\left(\omega_e \sin\varphi + \dfrac{v_E \tan\varphi}{R_N + h}\right) & 0 & -\dfrac{v_N}{R_M + h} \\ \omega_e \cos\varphi + \dfrac{v_E}{R_N + h} & \dfrac{v_N}{R_M + h} & 0 \end{bmatrix}}_{\boldsymbol{F}_{\varphi\varphi}} \underbrace{\begin{bmatrix} \delta p \\ \delta r \\ \delta A \end{bmatrix}}_{\boldsymbol{\varphi}^l}}_{③} +
$$

$$
\underbrace{\underbrace{\begin{bmatrix} 0 & 0 & \dfrac{v_N}{(R_M + h)^2} \\ -\omega_e \sin\varphi & 0 & -\dfrac{v_E}{(R_N + h)^2} \\ \omega_e \cos\varphi + \dfrac{v_E \sec^2\varphi}{R_N + h} & 0 & -\dfrac{v_E \tan\varphi}{(R_N + h)^2} \end{bmatrix}}_{\boldsymbol{F}_{\varphi r}} \underbrace{\begin{bmatrix} \delta\varphi \\ \delta\lambda \\ \delta h \end{bmatrix}}_{\delta \boldsymbol{r}^l}}_{④} \tag{4.218}
$$

式(4.218)表明:姿态误差的微分与速度误差、陀螺仪误差、姿态误差、位置误差有关。

式(4.218)的第③项和第④项的各分量中,都除以地球半径(或其平方)或者误差乘以地球旋转角速度,这些项在中低精度惯导应用中可以忽略,则姿态误差随时间的变化率可简化为

$$
\dot{\boldsymbol{\varphi}}^l = \begin{bmatrix} \delta\dot{p} \\ \delta\dot{r} \\ \delta\dot{A} \end{bmatrix} = \begin{bmatrix} 0 & -\dfrac{1}{R_M + h} & 0 \\ \dfrac{1}{R_N + h} & 0 & 0 \\ \dfrac{\tan\varphi}{R_N + h} & 0 & 0 \end{bmatrix} \begin{bmatrix} \delta v_E \\ \delta v_N \\ \delta v_U \end{bmatrix} - \begin{bmatrix} R_{11} & R_{12} & R_{13} \\ R_{21} & R_{22} & R_{23} \\ R_{31} & R_{32} & R_{33} \end{bmatrix} \begin{bmatrix} \delta\omega_x \\ \delta\omega_y \\ \delta\omega_z \end{bmatrix} \tag{4.219}
$$

式(4.219)中,很明显,δr 与 δv_E 耦合,δp 与 δv_N 耦合。

4.4.4　惯性传感器测量误差模型

捷联惯导系统中的惯性传感器一般包含三只陀螺仪和三只加速度计,分别称为陀螺组件(Gyro Triad)和加速度计组件(Accelerometer Triad)。

由于机械加工和装配误差等原因,陀螺组件中三只陀螺仪的敏感轴与理想载体坐标系(b 系)的坐标轴之间往往存在安装偏差角,可达角分量级甚至更大。在捷联导航

解算之前必须先进行安装偏差角的标定和补偿，标定工作通常还包括陀螺标度因子和陀螺零漂的测定。经过标定之后，期望陀螺组件输出的是理想的 b 系的角运动信息，但实际工作中总会存在一些剩余误差，使得陀螺组件在标定后输出的是某个非直角坐标系下的角速度信息。

同样，加速度计组件也存在类似的情形。

1）陀螺仪测量误差模型

陀螺仪测量误差 $\delta\boldsymbol{\omega}_{ib}^{b}$，是实际陀螺仪测量角速度输出 $\hat{\boldsymbol{\omega}}_{ib}^{b}$ 与真实角速度矢量 $\boldsymbol{\omega}_{ib}^{b}$ 间的差值，表示为

$$\delta\boldsymbol{\omega}_{ib}^{b}=\hat{\boldsymbol{\omega}}_{ib}^{b}-\boldsymbol{\omega}_{ib}^{b} \tag{4.220}$$

$\delta\boldsymbol{\omega}_{ib}^{b}$ 的测量误差模型如下：

$$\delta\boldsymbol{\omega}_{ib}^{b}=\boldsymbol{b}_{g}+(\boldsymbol{S}_{g}+\boldsymbol{\mu}_{g}+\boldsymbol{N}_{g})\boldsymbol{\omega}_{ib}^{b}+\boldsymbol{\varepsilon}_{g} \tag{4.221}$$

式中，$\boldsymbol{b}_g$ 是陀螺仪漂移矢量，$\boldsymbol{S}_g$、$\boldsymbol{\mu}_g$、$\boldsymbol{N}_g$ 分别为标度因子误差矩阵、失准角误差矩阵、陀螺仪非正交误差矩阵，$\boldsymbol{\varepsilon}_g$ 是陀螺仪噪声矢量。且

$$\boldsymbol{S}_g=\begin{bmatrix} s_{g,x} & 0 & 0 \\ 0 & s_{g,y} & 0 \\ 0 & 0 & s_{g,z} \end{bmatrix},\ \boldsymbol{\mu}_g=\begin{bmatrix} 0 & \mu_{g,xy} & \mu_{g,xz} \\ \mu_{g,yx} & 0 & \mu_{g,yz} \\ \mu_{g,zx} & \mu_{g,zy} & 0 \end{bmatrix},\ \boldsymbol{N}_g=\begin{bmatrix} 0 & \theta_{g,xy} & \theta_{g,xz} \\ \theta_{g,yx} & 0 & \theta_{g,yz} \\ \theta_{g,zx} & \theta_{g,zy} & 0 \end{bmatrix}$$

式中，$s_{g,*}$ 是陀螺仪的标度因子误差，$\mu_{g,**}$ 是陀螺仪失准角的小角度，$\theta_{g,**}$ 是陀螺仪各轴不重合度的小角度。

2）加速度计测量误差模型

加速度计测量误差 $\delta\boldsymbol{f}^{b}$，是实际加速度计测量输出 $\hat{\boldsymbol{f}}^{b}$ 与真实加速度计矢量 $\boldsymbol{f}^{b}$ 间的差值，表示为

$$\delta\boldsymbol{f}^{b}=\hat{\boldsymbol{f}}^{b}-\boldsymbol{f}^{b} \tag{4.222}$$

$\delta\boldsymbol{f}^{b}$ 的测量误差模型如下：

$$\delta\boldsymbol{f}^{b}=\boldsymbol{b}_{a}+(\boldsymbol{S}_{a}+\boldsymbol{\mu}_{a}+\boldsymbol{N}_{a})\boldsymbol{f}^{b}+\delta\boldsymbol{g}+\boldsymbol{\varepsilon}_{a} \tag{4.223}$$

式中，$\boldsymbol{b}_a$ 是加速度计零偏矢量，$\boldsymbol{S}_a$、$\boldsymbol{\mu}_a$、$\boldsymbol{N}_a$ 分别为线性标度因子误差矩阵、加速度计失准角误差矩阵、加速度计各轴非正交的矩阵，$\delta\boldsymbol{g}$ 是不规则重力加速度矢量误差，$\boldsymbol{\varepsilon}_a$ 是加速度计的噪声矢量。且

$$\boldsymbol{S}_a=\begin{bmatrix} s_{a,x} & 0 & 0 \\ 0 & s_{a,y} & 0 \\ 0 & 0 & s_{a,z} \end{bmatrix},\ \boldsymbol{\mu}_a=\begin{bmatrix} 0 & \mu_{a,xy} & \mu_{a,xz} \\ \mu_{a,yx} & 0 & \mu_{a,yz} \\ \mu_{a,zx} & \mu_{a,zy} & 0 \end{bmatrix},\ \boldsymbol{N}_a=\begin{bmatrix} 0 & \theta_{a,xy} & \theta_{a,xz} \\ \theta_{a,yx} & 0 & \theta_{a,yz} \\ \theta_{a,zx} & \theta_{a,zy} & 0 \end{bmatrix}$$

式中，$s_{a,*}$是加速度计的标度因子误差，$\mu_{a,**}$是加速度计失准角的小角度，$\theta_{a,**}$是加速度计各轴不重合度的小角度。

这两个惯性传感器，通常认为标度因子和零偏是恒定的（在一定的时间），但在不同的传感器之间却是不相关的未知量，这些误差可以由校准技术消除。传感器噪声由白噪声、相关噪声和随机噪声、随机漂移等组成，这些误差可以通过算法尽量减少。

4.4.5 误差方程总结

姿态、速度、位置误差方程，可总结为

$$\begin{bmatrix} \dot{\boldsymbol{\varphi}}^l \\ \delta\dot{\boldsymbol{v}}^l \\ \delta\dot{\boldsymbol{R}}^l \\ \delta\dot{\boldsymbol{\omega}} \\ \dot{\boldsymbol{f}} \end{bmatrix} = \begin{bmatrix} \boldsymbol{F}_{\varphi\varphi} & \boldsymbol{F}_{\varphi v} & \boldsymbol{F}_{\varphi r} & -\boldsymbol{R}_b^l & \boldsymbol{0}_{3\times3} \\ \boldsymbol{F}_{v\varphi} & \boldsymbol{F}_{vv} & \boldsymbol{F}_{vr} & \boldsymbol{0}_{3\times3} & \boldsymbol{R}_b^l \\ \boldsymbol{0}_{3\times3} & \boldsymbol{F}_{rv} & \boldsymbol{F}_{rr} & \boldsymbol{0}_{3\times3} & \boldsymbol{0}_{3\times3} \\ \boldsymbol{0}_{3\times3} & \boldsymbol{0}_{3\times3} & \boldsymbol{0}_{3\times3} & \boldsymbol{0}_{3\times3} & \boldsymbol{0}_{3\times3} \\ \boldsymbol{0}_{3\times3} & \boldsymbol{0}_{3\times3} & \boldsymbol{0}_{3\times3} & \boldsymbol{0}_{3\times3} & \boldsymbol{0}_{3\times3} \end{bmatrix} \begin{bmatrix} \boldsymbol{\varphi}^l \\ \delta\boldsymbol{v}^l \\ \delta\boldsymbol{r}^l \\ \delta\boldsymbol{\omega} \\ \delta\boldsymbol{f} \end{bmatrix} \tag{4.224}$$

式中，$\boldsymbol{R}_b^l$ 为姿态矩阵，其余姿态误差各项系数为

$$\boldsymbol{F}_{\varphi\varphi} = -\boldsymbol{\Omega}_{il}^l \tag{4.225}$$

$$\boldsymbol{F}_{\varphi v} = \begin{bmatrix} 0 & -\dfrac{1}{R_M+h} & 0 \\ \dfrac{1}{R_N+h} & 0 & 0 \\ \dfrac{\tan\varphi}{R_N+h} & 0 & 0 \end{bmatrix} \tag{4.226}$$

$$\boldsymbol{F}_{\varphi r} = \begin{bmatrix} 0 & 0 & \dfrac{v_N}{(R_M+h)^2} \\ -\omega_e\sin\varphi & 0 & -\dfrac{v_E}{(R_N+h)^2} \\ \omega_e\cos\varphi + \dfrac{v_E\sec^2\varphi}{R_N+h} & 0 & -\dfrac{v_E\tan\varphi}{(R_N+h)^2} \end{bmatrix} \tag{4.227}$$

速度误差各项系数为

$$\boldsymbol{F}_{v\varphi} = \begin{bmatrix} 0 & -f_U & f_N \\ f_U & 0 & -f_E \\ -f_N & f_E & 0 \end{bmatrix} \tag{4.228}$$

$$\boldsymbol{F}_{vv}=-(2\boldsymbol{\Omega}_{ie}^{l}+\boldsymbol{\Omega}_{el}^{l})+\begin{bmatrix}0 & -v_U & v_N\\ v_U & 0 & -v_E\\ -v_N & v_E & 0\end{bmatrix}\begin{bmatrix}0 & -\dfrac{1}{R_M+h} & 0\\ \dfrac{1}{R_N+h} & 0 & 0\\ \dfrac{\tan\varphi}{R_N+h} & 0 & 0\end{bmatrix} \tag{4.229}$$

$$\boldsymbol{F}_{vr}=\begin{bmatrix}0 & -v_U & v_N\\ v_U & 0 & -v_E\\ -v_N & v_E & 0\end{bmatrix}\begin{bmatrix}0 & 0 & \dfrac{v_N}{(R_M+h)^2}\\ -2\omega_e\sin\varphi & 0 & -\dfrac{v_E}{(R_N+h)^2}\\ 2\omega_e\cos\varphi+\dfrac{v_E\sec^2\varphi}{R_N+h} & 0 & -\dfrac{v_E\tan\varphi}{(R_N+h)^2}\end{bmatrix} \tag{4.230}$$

位置误差各项系数为

$$\boldsymbol{F}_{rv}=\begin{bmatrix}0 & \dfrac{1}{R_M+h} & 0\\ \dfrac{1}{(R_N+h)\cos\varphi} & 0 & 0\\ 0 & 0 & 1\end{bmatrix} \tag{4.231}$$

$$\boldsymbol{F}_{rr}=\begin{bmatrix}0 & 0 & \dfrac{-v_N}{(R_M+h)^2}\\ \dfrac{\tan\varphi v_E}{(R_N+h)\cos\varphi} & 0 & \dfrac{-v_E}{(R_N+h)^2\cos\varphi}\\ 0 & 0 & 0\end{bmatrix} \tag{4.232}$$

4.5 捷联惯导初始对准

初始对准主要确定姿态和航向初值，初始对准精度与惯导系统的精度有着直接的关系。

惯导系统的初始对准分为两个阶段：① 粗对准，要求尽快地将平台对准在一定的精度范围内，为后续的对准提供基础，因此要求速度快，精度可以低一些；② 精对准，是在粗对准的基础上进行，要求在保证对准精度的前提下速度尽量快。

4.5.1 粗对准

在捷联惯导粗对准阶段，可利用重力矢量和地球自转角速度的测量值，直接估算载体坐标系到当地水平坐标系的变换矩阵。这种不需要其他外部信息的对准方法，称为自主式对准，其自主性强，但对准精度受惯性器件误差限制。

设 b 为载体坐标系，x_b、y_b、z_b 分别指向载体的右、前、上，导航坐标系 n 取当地水平坐标系 l，l_x、l_y、l_z 分别指向东、北、天。则重力加速度和地球自转角速度在 l 系和 b 系内的分量存在如下关系：

$$\boldsymbol{g}^b=\boldsymbol{R}_l^b\boldsymbol{g}^l,\ \boldsymbol{\omega}_{ie}^b=\boldsymbol{R}_l^b\boldsymbol{\omega}_{ie}^l \tag{4.233}$$

式(4.233)两边同时做转置，可得

$$(\boldsymbol{g}^b)^{\mathrm{T}}=(\boldsymbol{g}^l)^{\mathrm{T}}\boldsymbol{R}_b^l,\ (\boldsymbol{\omega}_{ie}^b)^{\mathrm{T}}=(\boldsymbol{\omega}_{ie}^l)^{\mathrm{T}}\boldsymbol{R}_b^l \tag{4.234}$$

初始对准过程中，载体停在地面上，忽略载体的晃动影响和陀螺仪、加速度计的测量误差，此时对于 $\boldsymbol{\omega}_{ib}^b$ 式和比力方程式(式 4.55)

$$\boldsymbol{\omega}_{ib}^b=\boldsymbol{\omega}_{ie}^b+\boldsymbol{\omega}_{eb}^b,\ \dot{\boldsymbol{v}}^l=\boldsymbol{R}_b^l\boldsymbol{f}^b+\boldsymbol{g}^l-(2\boldsymbol{\Omega}_{ie}^l+\boldsymbol{\Omega}_{el}^l)\boldsymbol{v}^l$$

有

$$\boldsymbol{\omega}_{eb}^b=\boldsymbol{0},\ \boldsymbol{v}^l=\boldsymbol{0},\ \dot{\boldsymbol{v}}^l=\boldsymbol{0}$$

则在 b 系中

$$\hat{\boldsymbol{\omega}}_{ib}^b\approx\boldsymbol{\omega}_{ie}^b,\ \hat{\boldsymbol{f}}^b\approx-\boldsymbol{g}^b \tag{4.235}$$

式中，$\hat{\boldsymbol{\omega}}_{ib}^b$ 和 $\hat{\boldsymbol{f}}^b$ 分别为陀螺仪和加速度计的输出。

式(4.235)代到式(4.234)，并写成矩阵形式为

$$\begin{bmatrix}-(\hat{\boldsymbol{f}}^b)^{\mathrm{T}}\\(\hat{\boldsymbol{\omega}}_{ib}^b)^{\mathrm{T}}\end{bmatrix}\approx\begin{bmatrix}(\boldsymbol{g}^l)^{\mathrm{T}}\\(\boldsymbol{\omega}_{ie}^l)^{\mathrm{T}}\end{bmatrix}\cdot\boldsymbol{R}_b^l \tag{4.236}$$

设对准时刻载体所在地的纬度准确已知，则

$$\boldsymbol{g}^l=\begin{bmatrix}0\\0\\-g\end{bmatrix},\ \boldsymbol{\omega}_{ie}^l=\begin{bmatrix}0\\\omega_e\cos\varphi\\\omega_e\sin\varphi\end{bmatrix} \tag{4.237}$$

记

$$\boldsymbol{R}_b^l=\begin{bmatrix}T_{11}&T_{12}&T_{13}\\T_{21}&T_{22}&T_{23}\\T_{31}&T_{32}&T_{33}\end{bmatrix},\ \hat{\boldsymbol{f}}^b=\begin{bmatrix}\hat{f}_x^b\\\hat{f}_y^b\\\hat{f}_z^b\end{bmatrix},\ \hat{\boldsymbol{\omega}}_{ib}^b=\begin{bmatrix}\hat{\omega}_{ibx}^b\\\hat{\omega}_{iby}^b\\\hat{\omega}_{ibz}^b\end{bmatrix} \tag{4.238}$$

则式(4.236)可写成

$$\begin{bmatrix} -\hat{f}_x^b & -\hat{f}_y^b & -\hat{f}_z^b \\ \hat{\omega}_{ibx}^b & \hat{\omega}_{iby}^b & \hat{\omega}_{ibz}^b \end{bmatrix} \approx \begin{bmatrix} 0 & 0 & -g \\ 0 & \omega_e \cos\varphi & \omega_e \sin\varphi \end{bmatrix} \begin{bmatrix} T_{11} & T_{12} & T_{13} \\ T_{21} & T_{22} & T_{23} \\ T_{31} & T_{32} & T_{33} \end{bmatrix} \tag{4.239}$$

展开上式,可以解得

$$\begin{cases} T_{31} \approx \dfrac{\hat{f}_x^b}{g} \\ T_{32} \approx \dfrac{\hat{f}_y^b}{g} \\ T_{33} \approx \dfrac{\hat{f}_z^b}{g} \\ T_{21} \approx \dfrac{1}{\omega_e \cos\varphi}(\hat{\omega}_{ibx}^b - T_{31}\omega_e \sin\varphi) \\ T_{22} \approx \dfrac{1}{\omega_e \cos\varphi}(\hat{\omega}_{iby}^b - T_{32}\omega_e \sin\varphi) \\ T_{23} \approx \dfrac{1}{\omega_e \cos\varphi}(\hat{\omega}_{ibz}^b - T_{33}\omega_e \sin\varphi) \end{cases} \tag{4.240}$$

由于姿态矩阵为正交阵,逆和转置相等,即

$$\begin{bmatrix} T_{11} & T_{12} & T_{13} \\ T_{21} & T_{22} & T_{23} \\ T_{31} & T_{32} & T_{33} \end{bmatrix}^{-1} = \begin{bmatrix} T_{11} & T_{21} & T_{31} \\ T_{12} & T_{22} & T_{32} \\ T_{13} & T_{23} & T_{33} \end{bmatrix} \tag{4.241}$$

对式(4.241)左端求逆,第一列各元素为

$$\begin{cases} T_{11} = T_{22}T_{33} - T_{23}T_{32} \\ T_{12} = T_{23}T_{31} - T_{21}T_{33} \\ T_{13} = T_{21}T_{32} - T_{22}T_{31} \end{cases} \tag{4.242}$$

在实际工作中,惯性仪表输出的是角增量和速度增量。设在 $T = t_k - t_{k-1}$ 时间段内陀螺仪输出的角增量为 $\Delta\theta_x(k)$、$\Delta\theta_y(k)$、$\Delta\theta_z(k)$,加速度计输出的速度增量为 $\Delta V_x(k)$、$\Delta V_y(k)$、$\Delta V_z(k)$,则用式(4.240)求初始姿态矩阵可写成

$$\begin{cases} T_{31} \approx \dfrac{\Delta V_x(k)}{gT} \\ T_{32} \approx \dfrac{\Delta V_y(k)}{gT} \\ T_{33} \approx \dfrac{\Delta V_z(k)}{gT} \\ T_{21} \approx \dfrac{1}{T\omega_e \cos\varphi}[\Delta\theta_x(k) - TT_{31}\omega_e \sin\varphi] \\ T_{22} \approx \dfrac{1}{T\omega_e \cos\varphi}[\Delta\theta_y(k) - TT_{32}\omega_e \sin\varphi] \\ T_{23} \approx \dfrac{1}{T\omega_e \cos\varphi}[\Delta\theta_z(k) - TT_{33}\omega_e \sin\varphi] \end{cases} \tag{4.243}$$

求解出初始姿态矩阵 $\boldsymbol{R}_b^l$ 后，可以根据式(2.102)，重写如下：

$$\boldsymbol{R}_b^l = \begin{bmatrix} \cos\gamma\cos\psi + \sin\gamma\sin\theta\sin\psi & \cos\theta\sin\psi & \sin\gamma\cos\psi - \cos\gamma\sin\theta\sin\psi \\ -\cos\gamma\sin\psi + \sin\gamma\sin\theta\cos\psi & \cos\theta\cos\psi & -\sin\gamma\sin\psi - \cos\gamma\sin\theta\cos\psi \\ -\sin\gamma\cos\theta & \sin\theta & \cos\gamma\cos\theta \end{bmatrix} \tag{4.244}$$

计算俯仰角 θ、横滚角 γ 和方位角 ψ，公式如下(即式 2.103)：

$$\begin{cases} \theta = \arcsin[\boldsymbol{R}_b^l(3,2)] \\ \gamma = \arctan[-\boldsymbol{R}_b^l(3,1)/\boldsymbol{R}_b^l(3,3)] \\ \psi = \arctan[\boldsymbol{R}_b^l(1,2)/\boldsymbol{R}_b^l(2,2)] \end{cases} \tag{4.245}$$

粗对准的精度并不高，原因是忽略了晃动及惯性仪表的测量误差，失准角一般在数角分至数十角分范围内，视晃动剧烈程度而定。因此，在进行完粗对准后必须进行精对准。

相对于自主对准，非自主对准通过机电或光学方法将外部参考坐标系引入系统，使平台对准至导航坐标系。在捷联式惯性系统的粗对准阶段，可引入主惯导系统的航向姿态信息，迅速将数学平台对准导航坐标系，减小初始失准角。

4.5.2 精对准

经过粗对准，捷联惯导获得了粗略的姿态矩阵，也就是获得了粗略的当地水平系指向。但与真实的当地水平系相比，仍存在一定的失准角误差，其水平失准角(东向和北向)可达数角分，而天向失准角可达数度。若直接进入后续的纯惯性导航，导航误差将迅速发散，因此，需要进一步进行精对准，以尽量减小失准角误差的影响。

实际上，在静基座下的导航解算速度即为速度误差，根据惯导系统误差方程，从速度误差中能够反推出失准角误差。待失准角估计值达到稳态后，用此失准角估计值对最新得到的姿态阵做一次性修正，就能完成整个初始对准的过程。

捷联惯导精对准的方案有很多种，下面介绍采用卡尔曼滤波的精对准方案。

式(4.214)和式(4.189)的姿态误差方程和速度误差方程，重写如下：

$$\dot{\boldsymbol{\varphi}}^l=\boldsymbol{\varphi}^l\times\boldsymbol{\omega}_{il}^l+\delta\boldsymbol{\omega}_{il}^l-\delta\boldsymbol{\omega}_{ib}^l=\underbrace{\delta\boldsymbol{\omega}_{il}^l}_{1}-\underbrace{\boldsymbol{\Omega}_{il}^l\boldsymbol{\varphi}^l}_{2}-\underbrace{\boldsymbol{R}_b^l\delta\boldsymbol{\omega}_{ib}^b}_{3} \tag{4.246}$$

$$\delta\dot{\boldsymbol{v}}^l=\underbrace{\boldsymbol{F}^l\boldsymbol{\varphi}^l}_{1}+\underbrace{\boldsymbol{R}_b^l\delta\boldsymbol{f}^b}_{2}-\underbrace{(2\boldsymbol{\Omega}_{ie}^l+\boldsymbol{\Omega}_{el}^l)\delta\boldsymbol{v}^l}_{3}+\underbrace{\boldsymbol{V}^l(2\delta\boldsymbol{\omega}_{ie}^l+\delta\boldsymbol{\omega}_{el}^l)}_{4}+\underbrace{\delta\boldsymbol{g}^l}_{5} \tag{4.247}$$

在静基座下进行初始对准，由于真实惯导系统的地理位置没有明显移动，且真实速度为零，至多因干扰而产生微小晃动。此时，导航（当地水平）坐标系相对地心地固坐标系静止，即有 $\boldsymbol{\omega}_{el}^l=\mathbf{0}$，$\boldsymbol{\Omega}_{el}^l=\mathbf{0}$。故式(4.246)中第 1 项为 $\mathbf{0}$，式(4.247)第 3、4 项为 $\mathbf{0}$，第 5 项忽略不计，得姿态和速度简化算法为

$$\begin{cases}\dot{\boldsymbol{\varphi}}^l=-(\boldsymbol{\Omega}_{ie}^l+\boldsymbol{\Omega}_{el}^l)\boldsymbol{\varphi}^l-\boldsymbol{R}_b^l\delta\boldsymbol{\omega}_{ib}^b=-\boldsymbol{\Omega}_{ie}^l\boldsymbol{\varphi}^l-\delta\boldsymbol{\omega}_{ib}^l\\ \delta\dot{\boldsymbol{v}}^l=\boldsymbol{F}^l\boldsymbol{\varphi}^l+\delta\boldsymbol{f}^l\end{cases} \tag{4.248}$$

式(4.248)第一行中，$\boldsymbol{\Omega}_{ie}^l$ 为 $\boldsymbol{\omega}_{ie}^l$ 的反对称矩阵；$\boldsymbol{\varphi}^l$ 是失准角，在此记为 $\boldsymbol{\varphi}^l=[\varphi_E^l\quad\varphi_N^l\quad\varphi_U^l]^{\mathrm{T}}$。假设陀螺仪测量误差 $\delta\boldsymbol{\omega}_{ib}^l$ 由等效陀螺仪随机常值漂移 $\boldsymbol{\varepsilon}^l$ 组成，并记 $\boldsymbol{\varepsilon}^l=\boldsymbol{R}_b^l\boldsymbol{\varepsilon}^b$，则

$$\dot{\boldsymbol{\varphi}}^l=\begin{bmatrix}\dot{\varphi}_E^l\\ \dot{\varphi}_N^l\\ \dot{\varphi}_U^l\end{bmatrix},\ \boldsymbol{\Omega}_{ie}^l=\begin{bmatrix}0&-\omega_U&\omega_N\\ \omega_U&0&0\\ -\omega_N&0&0\end{bmatrix},\ \boldsymbol{\varphi}^l=\begin{bmatrix}\varphi_E^l\\ \varphi_N^l\\ \varphi_U^l\end{bmatrix},\ \delta\boldsymbol{\omega}_{ib}^l=\boldsymbol{\varepsilon}^l=\begin{bmatrix}\varepsilon_E^l\\ \varepsilon_N^l\\ \varepsilon_U^l\end{bmatrix}=\boldsymbol{R}_b^l\boldsymbol{\varepsilon}^b$$

式中，ω_N、ω_U 为载体在当地水平系中沿北向、天向的角速度，$\omega_N=\omega_e\cos\varphi$，$\omega_U=\omega_e\sin\varphi$；东向角速度 $\omega_E=0$。在静基座条件下，姿态阵 $\boldsymbol{R}_b^l$ 近似为常值，若 $\boldsymbol{\varepsilon}^b$ 为常值，则 $\boldsymbol{\varepsilon}^l$ 也为常值。

式(4.248)第二行中，$\boldsymbol{F}^l$ 为比力矢量 $\boldsymbol{f}^l$ 的反对称矩阵。假设加速度计测量误差 $\delta\boldsymbol{f}^l$ 由等效加速度计随机常值零偏 $\boldsymbol{\nabla}^l$ 组成，并记 $\boldsymbol{\nabla}^l=\boldsymbol{R}_b^l\boldsymbol{\nabla}^b$。则

$$\delta\dot{\boldsymbol{v}}^l=\begin{bmatrix}\delta\dot{v}_E^l\\ \delta\dot{v}_N^l\\ \delta\dot{v}_U^l\end{bmatrix},\ \boldsymbol{F}^l=\begin{bmatrix}0&-f_U&f_N\\ f_U&0&-f_E\\ -f_N&f_E&0\end{bmatrix},\ \delta\boldsymbol{f}^l=\boldsymbol{\nabla}^l=\begin{bmatrix}\nabla_E^l\\ \nabla_N^l\\ \nabla_U^l\end{bmatrix}=\boldsymbol{R}_b^l\boldsymbol{\nabla}^b$$

式中，f_E、f_N、f_U 为载体在当地水平系中沿东向、北向、天向的比力。在静基座条件下，类似 $\boldsymbol{\varepsilon}^l$，$\boldsymbol{\nabla}^l$ 也视为常值。

将式(4.248)展开，则有

$$\begin{cases}\dot{\varphi}_E^l=\omega_U\varphi_N^l-\omega_N\varphi_U^l-\varepsilon_E^l\\ \dot{\varphi}_N^l=-\omega_U\varphi_E^l-\varepsilon_N^l\\ \dot{\varphi}_U^l=\omega_N\varphi_E^l-\varepsilon_U^l\\ \delta\dot{v}_E^l=-f_U\varphi_N^l+f_N\varphi_U^l+\nabla_E^l\\ \delta\dot{v}_N^l=f_U\varphi_E^l+\nabla_N^l\\ \delta\dot{v}_U^l=-f_N\varphi_E^l+\nabla_U^l\end{cases}\tag{4.249}$$

基于式(4.249)，将陀螺仪随机常值漂移和加速度计随机常值零偏扩充为状态，且以导航解算速度为观测量(静基座条件下，认为载体速度始终精确为0，而卡尔曼滤波器选取速度为观测量，则认为惯导系统的速度就是速度误差)，建立初始对准状态空间模型为

$$\begin{cases}\dot{\boldsymbol{X}}=\boldsymbol{FX}+\boldsymbol{GW}\\ \boldsymbol{Z}=\boldsymbol{HX}+\boldsymbol{V}\end{cases}\tag{4.250}$$

式中，$\boldsymbol{X}=[\boldsymbol{\varphi}^l\quad \delta\boldsymbol{v}^l\quad \boldsymbol{\varepsilon}^b\quad \boldsymbol{\nabla}^b]^{\mathrm{T}}$ 是系统的状态向量；$\boldsymbol{F}$ 为确定性时变矩阵；$\boldsymbol{G}$ 为噪声驱动矩阵，$\boldsymbol{G}=\begin{bmatrix}\boldsymbol{I}_{6\times6}\\ \boldsymbol{0}_{6\times6}\end{bmatrix}$；$\boldsymbol{W}$ 为陀螺仪和加速度计在当地水平系的过程噪声矢量，$\boldsymbol{W}=[\boldsymbol{\omega}_g^l\boldsymbol{\omega}_a^l]^{\mathrm{T}}$；$\boldsymbol{Z}$ 为观测向量；$\boldsymbol{H}$ 为观测矩阵，表示观测向量 $\boldsymbol{Z}$ 随状态向量 $\boldsymbol{X}$ 变化的规律；$\boldsymbol{V}$ 是在当地水平系的量测噪声，设 $\boldsymbol{V}=\boldsymbol{\omega}_z$，则

$$\boldsymbol{F}=\begin{bmatrix}-\boldsymbol{\Omega}_{ie}^l & \boldsymbol{0}_{3\times3} & -\boldsymbol{R}_b^l & \boldsymbol{0}_{3\times3}\\ \boldsymbol{F}^l & \boldsymbol{0}_{3\times3} & \boldsymbol{0}_{3\times3} & \boldsymbol{R}_b^l\\ \boldsymbol{0}_{3\times3} & \boldsymbol{0}_{3\times3} & \boldsymbol{0}_{3\times3} & \boldsymbol{0}_{3\times3}\\ \boldsymbol{0}_{3\times3} & \boldsymbol{0}_{3\times3} & \boldsymbol{0}_{3\times3} & \boldsymbol{0}_{3\times3}\end{bmatrix},\ \boldsymbol{H}=[\boldsymbol{0}_{3\times3}\quad \boldsymbol{I}_{3\times3}\quad \boldsymbol{0}_{3\times3}\quad \boldsymbol{0}_{3\times3}]\tag{4.251}$$

考虑到

$$\boldsymbol{\varepsilon}^l=\begin{bmatrix}\varepsilon_E^l\\ \varepsilon_N^l\\ \varepsilon_U^l\end{bmatrix}=\begin{bmatrix}R_{11}\varepsilon_x^b+R_{12}\varepsilon_y^b+R_{13}\varepsilon_z^b\\ R_{21}\varepsilon_x^b+R_{22}\varepsilon_y^b+R_{23}\varepsilon_z^b\\ R_{31}\varepsilon_x^b+R_{32}\varepsilon_y^b+R_{33}\varepsilon_z^b\end{bmatrix},\ \boldsymbol{\nabla}^l=\begin{bmatrix}\nabla_E^l\\ \nabla_N^l\\ \nabla_U^l\end{bmatrix}=\begin{bmatrix}R_{11}\ \nabla_x^b+R_{12}\ \nabla_y^b+R_{13}\ \nabla_z^b\\ R_{21}\ \nabla_x^b+R_{22}\ \nabla_y^b+R_{23}\ \nabla_z^b\\ R_{31}\ \nabla_x^b+R_{32}\ \nabla_y^b+R_{33}\ \nabla_z^b\end{bmatrix}$$

则式(4.250)中的各矩阵展开为

$$\boldsymbol{X}=[\varphi_E^l\quad \varphi_N^l\quad \varphi_U^l\quad \delta v_E^l\quad \delta v_N^l\quad \delta v_U^l\quad \varepsilon_x^b\quad \varepsilon_y^b\quad \varepsilon_z^b\quad \nabla_x^b\quad \nabla_y^b\quad \nabla_z^b]^{\mathrm{T}}$$

$$
\boldsymbol{F}=\begin{bmatrix}
0 & \omega_U & -\omega_N & 0 & 0 & 0 & -R_{11} & -R_{12} & -R_{13} & 0 & 0 & 0 \\
-\omega_U & 0 & 0 & 0 & 0 & 0 & -R_{21} & -R_{22} & -R_{23} & 0 & 0 & 0 \\
\omega_N & 0 & 0 & 0 & 0 & 0 & -R_{31} & -R_{32} & -R_{33} & 0 & 0 & 0 \\
0 & -f_U & f_N & 0 & 0 & 0 & 0 & 0 & 0 & R_{11} & R_{12} & R_{13} \\
f_U & 0 & -f_E & 0 & 0 & 0 & 0 & 0 & 0 & R_{21} & R_{22} & R_{23} \\
-f_N & f_E & 0 & 0 & 0 & 0 & 0 & 0 & 0 & R_{31} & R_{32} & R_{33} \\
\multicolumn{12}{c}{\boldsymbol{0}_{6\times 12}}
\end{bmatrix}
$$

$$
\boldsymbol{G}=\begin{bmatrix}
1 & 0 & 0 & 0 & 0 & 0 \\
0 & 1 & 0 & 0 & 0 & 0 \\
0 & 0 & 1 & 0 & 0 & 0 \\
0 & 0 & 0 & 1 & 0 & 0 \\
0 & 0 & 0 & 0 & 1 & 0 \\
0 & 0 & 0 & 0 & 0 & 1 \\
\multicolumn{6}{c}{\boldsymbol{0}_{6\times 6}}
\end{bmatrix}
$$

$$
\boldsymbol{W}=[\omega_{gx}^l \quad \omega_{gy}^l \quad \omega_{gz}^l \quad \omega_{ax}^l \quad \omega_{ay}^l \quad \omega_{az}^l]^{\mathrm{T}}
$$

$$
\boldsymbol{Z}=[z_x \quad z_y \quad z_z]^{\mathrm{T}}
$$

$$
\boldsymbol{H}=\begin{bmatrix}
0 & 0 & 0 & 1 & 0 & 0 & 0 & 0 & 0 & 0 & 0 & 0 \\
0 & 0 & 0 & 0 & 1 & 0 & 0 & 0 & 0 & 0 & 0 & 0 \\
0 & 0 & 0 & 0 & 0 & 1 & 0 & 0 & 0 & 0 & 0 & 0
\end{bmatrix}
$$

$$
\boldsymbol{\omega}_z=[\omega_{zx}^l \quad \omega_{zy}^l \quad \omega_{zz}^l]^{\mathrm{T}}
$$

将式(4.250)离散化,再采用卡尔曼滤波方法进行估计,便可获得失准角的最优估计,实现惯导系统的精对准。

对于式(4.250),状态方程中,若噪声矢量为载体系的值,$\boldsymbol{W}=[\boldsymbol{\omega}_g^b\boldsymbol{\omega}_a^b]^{\mathrm{T}}$,则噪声驱动矩阵应改为$\boldsymbol{G}=\begin{bmatrix}\boldsymbol{R}_b^l & \boldsymbol{0}_{3\times 3}\\ \boldsymbol{0}_{3\times 3} & \boldsymbol{R}_b^l \\ \multicolumn{2}{c}{\boldsymbol{0}_{6\times 6}}\end{bmatrix}$,将 $\boldsymbol{W}$ 投影到当地水平系;量测方程中,若量测噪声也为载体系的值,$\boldsymbol{V}=\boldsymbol{\omega}_z=[\omega_{zx}^b \quad \omega_{zy}^b \quad \omega_{zz}^b]^{\mathrm{T}}$,则 $\boldsymbol{V}$ 前需左乘 $\boldsymbol{R}_b^l$,将 $\boldsymbol{V}$ 投影到当地水平系。对于观测矩阵,$\boldsymbol{H}=[\boldsymbol{0}_{3\times 3} \quad \boldsymbol{I}_{3\times 3} \quad \boldsymbol{0}_{3\times 3} \quad \boldsymbol{0}_{3\times 3}]$的前提是量测值 $\boldsymbol{Z}$ 为当地水平系的值。

实际工作中,在静基座条件下,当地水平系中的比力 $\boldsymbol{f}^l=[f_E \quad f_N \quad f_U]^{\mathrm{T}}\approx-\boldsymbol{g}^l=[0 \quad 0 \quad g]^{\mathrm{T}}$。将式(4.248)展开,则有

$$\begin{cases}\dot{\varphi}_E^l=\omega_U\varphi_N^l-\omega_N\varphi_U^l-\varepsilon_E^l\\ \dot{\varphi}_N^l=-\omega_U\varphi_E^l-\varepsilon_N^l\\ \dot{\varphi}_U^l=\omega_N\varphi_E^l-\varepsilon_U^l\\ \delta\dot{v}_E^l=-g\varphi_N^l+\nabla_E^l\\ \delta\dot{v}_N^l=g\varphi_E^l+\nabla_N^l\\ \delta\dot{v}_U^l=\nabla_U^l\end{cases} \tag{4.252}$$

式(4.252)中，最后一个方程 $\delta\dot{v}_U^l=\nabla_U^l$ 与其他方程之间没有任何交联，因此天向速度误差对失准角估计不会有任何作用。在静基座下，天向速度误差通常仅用于天向加速度计零偏的估计，在分析初始对准失准角估计时，一般可忽略天向通道(天向速度和加速度计零偏)的影响。

因此，在静基座条件下，式(4.250)展开后，可略去状态方程的 $\delta\dot{v}_U^l=\nabla_U^l$ 行和量测方程的 $z_z=\delta v_U^l+\omega_{zz}^l$ 行，简化计算。前述之所以保留这两行，是因为对准过程存在转动情况下的"双位置"对准方法中，需要用到它，"双位置"对准的具体过程从略。

在精对准阶段，相对于自主对准，非自主对准可采用受控对准方法，利用其他导航设备(如主惯导、卫星导航、里程仪等)提供的信息(如位置、速度和姿态等)作为观测信息，通过卡尔曼滤波实现精确对准。

习　题

1. 介绍静态三轴陀螺仪的测量原理。求纬度为 32°03′、经度为 118°46′时的静态三轴陀螺仪的输出。(地球自转角速度取 15°/h，保留小数点后 5 位)
2. 介绍动态三轴陀螺仪的测量原理。
3. 介绍静态三轴加速度计的测量原理。求当俯仰角为 30°、横滚角为 18°时的静态三轴加速度计的输出。(重力加速度取 9.8 m/s^2，保留小数点后 5 位)
4. 画出捷联惯导机械编排图，并进行解释。
5. 推导地心惯性系中的惯导机械编排方程。
6. 推导地心地固系中的惯导机械编排方程。
7. 推导当地水平系中的惯导机械编排方程。
8. 写出比力方程的表达式，说明式中各项的物理含义，并简要说明比力方程的证明思路。
9. 已知 $\boldsymbol{Q}=0.099\,957+0.008\,76\boldsymbol{i}+0.017\,48\boldsymbol{j}+0.026\,19\boldsymbol{k}$，对其做规范化处理。(保留小数点后 5 位)

10. 解释转动的不可交换性和转动的不可交换误差。
11. 解释等效旋转矢量法。
12. 推导二子样旋转矢量求解公式。
13. 说明四种姿态更新算法的优缺点。
14. 推导当地水平系下的捷联惯导姿态更新算法
15. 推导当地水平系下的捷联惯导速度更新算法。
16. 推导当地水平系下的捷联惯导位置更新算法。
17. 推导当地水平系下的捷联惯导速度误差方程。
18. 推导当地水平系下的捷联惯导姿态误差方程。
19. 推导当地水平系下的捷联惯导位置误差方程。
20. 根据捷联惯导姿态、速度和位置误差方程，列出初始对准状态方程。

◇第五章 SLAM 定位

SLAM是Simultaneous Localization and Mapping的缩写，中文译作同时定位与地图构建。它是指搭载特定传感器的主体，在没有环境先验信息的情况下，于运动过程中建立环境的模型，同时估计自己的运动。如果传感器为相机，称为视觉SLAM；如果传感器为激光雷达，称为激光雷达SLAM；另外还有多传感器融合SLAM、基于深度学习的SLAM等。本书主要介绍视觉SLAM车辆定位技术。

5.1 SLAM概述

5.1.1 经典视觉SLAM框架

整个视觉SLAM流程分为以下几步：

（1）传感器信息读取。在视觉SLAM中主要为相机图像信息的读取和预处理。如果是多传感器融合SLAM，还有卫星导航、惯性传感器等信息的读取和同步。

（2）视觉里程计（Visual Odometry，VO）。视觉里程计任务是估算相邻图像间相机的运动，以及局部地图的样子。VO又称为前端（Front End）。

（3）后端优化（Optimization）。后端接受不同时刻视觉里程计测量的相机位姿，以及回环检测的信息，对它们进行优化，得到全局一致的轨迹和地图。由于接在VO之后，又称为后端（Back End）。

（4）回环（Loop Closing）检测。回环检测判断车辆是否曾经到达过先前的位置。如果检测到回环，它会把信息提供给后端进行处理。

（5）建图（Mapping）。它根据估计的轨迹，建立与任务要求对应的地图。

本书侧重公路车辆定位，因此本章主要介绍前三步。

5.1.2 SLAM 问题的数学表述

车辆携带相机在未知环境里运动时，由于相机仅在某些时刻采集数据，所以只能得到这些时刻的位置和地图。位置方面，一段连续时间的运动可以用离散时刻 $t=1,2,\cdots,k$ 的车辆位置 $\boldsymbol{x}=\boldsymbol{x}_1,\boldsymbol{x}_2,\cdots,\boldsymbol{x}_k$ 来表示，这些点构成了车辆的行驶轨迹。地图方面，在每个时刻，设相机能拍摄到 N 个路侧特征点，得到它们的观测数据，用 $\boldsymbol{y}=\boldsymbol{y}_1,\boldsymbol{y}_2,\cdots,\boldsymbol{y}_N$ 表示，这些点构成了未知环境的局部地图。因此，视觉 SLAM 分为运动和观测两个问题。

（1）运动

研究从 $k-1$ 时刻到 k 时刻，车辆位置 $\boldsymbol{x}$ 的变化。若车辆携带卫星导航运动传感器，可直接得到位置或位置之差；若车辆携带惯性导航传感器，可得到加速度、角速度等信息。运动方程可表示为

$$\boldsymbol{x}_k=f(\boldsymbol{x}_{k-1},\boldsymbol{u}_k,\boldsymbol{w}_k) \tag{5.1}$$

式中，$\boldsymbol{u}_k$ 是运动传感器的读数，$\boldsymbol{w}_k$ 为噪声。

假设车辆在平面中运动，则其位姿可由两个位置和一个转角来描述，即 $\boldsymbol{x}_k=[x\quad y\quad \theta]_k^{\mathrm{T}}$。设运动传感器测得的相邻时刻的车辆位置和转角的变化量 $\boldsymbol{u}_k=[\Delta x\quad \Delta y\quad \Delta\theta]_k^{\mathrm{T}}$，则运动方程具体化为

$$\begin{bmatrix} x \\ y \\ \theta \end{bmatrix}_k=\begin{bmatrix} x \\ y \\ \theta \end{bmatrix}_{k-1}+\begin{bmatrix} \Delta x \\ \Delta y \\ \Delta\theta \end{bmatrix}_k+\boldsymbol{w}_k \tag{5.2}$$

（2）观测

研究如何数学表述车辆在 k 时刻、$\boldsymbol{x}_k$ 处测到的路侧特征点 $\boldsymbol{y}_j$。观测方程可表示为

$$\boldsymbol{z}_{k,j}=h(\boldsymbol{y}_j,\boldsymbol{x}_k,\boldsymbol{v}_{k,j}) \tag{5.3}$$

式中，$\boldsymbol{z}_{k,j}$ 为观测数据，$\boldsymbol{v}_{k,j}$ 为观测噪声。

假设车辆携带二维激光传感器，则该传感器能够观测到路侧特征点与车辆之间的距离 r 和夹角 φ。记路侧特征点为 $\boldsymbol{y}=[p_x\quad p_y]^{\mathrm{T}}$，观测数据为 $\boldsymbol{z}=[r\quad \varphi]^{\mathrm{T}}$，则观测方程具体化为

$$\begin{bmatrix} r \\ \varphi \end{bmatrix}=\begin{bmatrix} \sqrt{(p_x-x)^2+(p_y-y)^2} \\ \arctan\dfrac{p_y-y}{p_x-x} \end{bmatrix}+\boldsymbol{v} \tag{5.4}$$

视觉 SLAM 中，传感器是相机，那么观测方程就是“对路侧特征点拍摄后，得到图像中的像素”的过程。

综合式(5.1)和式(5.3),SLAM 过程可表述为

$$\begin{cases} \boldsymbol{x}_k = f(\boldsymbol{x}_{k-1}, \boldsymbol{u}_k, \boldsymbol{w}_k) \\ \boldsymbol{z}_{k,j} = h(\boldsymbol{y}_j, \boldsymbol{x}_k, \boldsymbol{v}_{k,j}) \end{cases} \tag{5.5}$$

即通过运动测量的读数 $\boldsymbol{u}$ 和传感器的读数 $\boldsymbol{z}$,估计 $\boldsymbol{x}$(定位)和估计 $\boldsymbol{y}$(建图)。因此,SLAM 建模实质是一个状态估计问题,即通过带有噪声的测量数据,估计内部的、隐藏着的状态变量。

5.2 相机模型

单目视觉和双目视觉是计算机视觉领域中的两个重要概念。单目视觉指的是利用一台摄像机进行拍摄,从而获取图像信息,并通过图像处理算法进行分析和处理,实现识别、跟踪等功能;而双目视觉则是指利用两台摄像机进行立体拍摄,通过计算两张图像之间的视差信息,重建三维场景。单目视觉只获得了单个视角的信息,难以消除相机角度和光照变化等因素的干扰,识别准确率相对较低;双目视觉通过比较两个视角信息,能得到更准确的识别结果。同时,双目视觉还可以利用深度信息对物体进行重建和识别,从而更加精准地还原场景。

5.2.1 单目相机模型

先来看针孔成像,针孔相机的成像过程如图 5.1 所示。

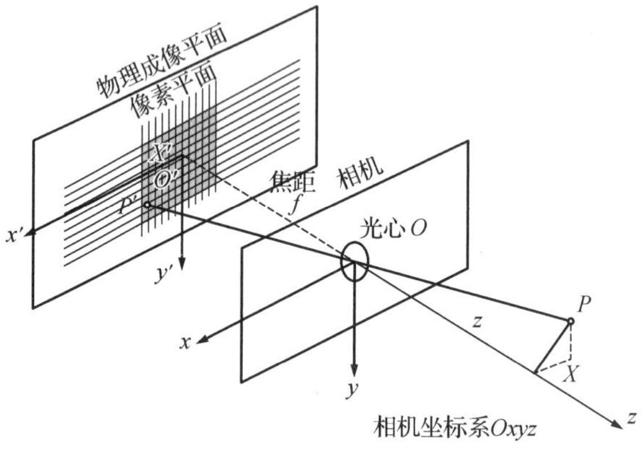

图 5.1 针孔相机模型

设 $Oxyz$ 为相机坐标系,O 为摄像机的光心(针孔模型中的针孔),x 轴向右,y 轴向下,z 轴指向相机前方。空间点 P,经过针孔 O 投影后,成像到平面 $O'x'y'$ 上,成像点为 P'。设 P 点在相机坐标系的坐标为 $[X \quad Y \quad Z]^{\mathrm{T}}$,$P'$ 点在成像坐标系的坐标为 $[X' \quad Y' \quad Z']^{\mathrm{T}}$,成像平面到小孔的距离为 f(焦距),根据三角形相似关系,有

$$\frac{Z}{f} = -\frac{X}{X'} = -\frac{Y}{Y'} \tag{5.6}$$

式中，负号表示成的像是倒立的。为了简化模型，可以把公式中的负号去掉，即

$$\frac{Z}{f}=\frac{X}{X'}=\frac{Y}{Y'} \tag{5.7}$$

整理得

$$X'=f\frac{X}{Z},\ Y'=f\frac{Y}{Z} \tag{5.8}$$

在相机中，实际获得的，并不是空间点 P'，而是一个个的像素，因此需要在成像平面上对像进行采样和量化，即进行成像坐标和像素坐标的转换。

设成像坐标系 $O'x'y'$ 对应的像素坐标系为 ouv，其原点 o 位于图像的左上角，u 轴向右与 x 轴平行，v 轴向下与 y 轴平行。若像素坐标相对于成像坐标，原点平移了 $[c_x \quad c_y]^{\mathrm{T}}$，在 u 轴上缩放了 α 倍，在 v 轴上缩放了 β 倍，则 P' 的像素坐标与成像坐标的关系为

$$\begin{cases} u=\alpha X'+c_x \\ v=\beta Y'+c_y \end{cases} \tag{5.9}$$

代入式(5.8)，并令 $f_x=\alpha f$，$f_y=\beta f$，得

$$\begin{cases} u=f_x\dfrac{X}{Z}+c_x \\ v=f_y\dfrac{Y}{Z}+c_y \end{cases} \tag{5.10}$$

式中，f 的单位为 m，α、β 的单位为像素/m，所以 f_x、f_y 的单位为像素。

把上式写成矩阵形式为

$$\begin{bmatrix} u \\ v \\ 1 \end{bmatrix}=\begin{bmatrix} f_x & 0 & c_x \\ 0 & f_y & c_y \\ 0 & 0 & 1 \end{bmatrix}\begin{bmatrix} X/Z \\ Y/Z \\ 1 \end{bmatrix}=\frac{1}{Z}\begin{bmatrix} f_x & 0 & c_x \\ 0 & f_y & c_y \\ 0 & 0 & 1 \end{bmatrix}\begin{bmatrix} X \\ Y \\ Z \end{bmatrix}\triangleq\frac{1}{Z}\boldsymbol{KP} \tag{5.11}$$

把 Z 挪到等号左边得

$$Z\begin{bmatrix} u \\ v \\ 1 \end{bmatrix}=\begin{bmatrix} f_x & 0 & c_x \\ 0 & f_y & c_y \\ 0 & 0 & 1 \end{bmatrix}\begin{bmatrix} X \\ Y \\ Z \end{bmatrix}\triangleq\boldsymbol{KP} \tag{5.12}$$

式中，矩阵 $\boldsymbol{K}$ 称为相机的内参数(Camera Intrinsics)矩阵。其值在出厂之后可认为是固定的，在使用过程中不发生变化。相机的内参，可通过测量进行标定。

下面讨论相机的外参。真实世界的 P 点，在世界坐标系中的坐标 $\boldsymbol{P}_w$ 是不变的；由于相机在运动，所以相机坐标系和 P 点的相机坐标 $\boldsymbol{P}=(X,Y,Z)^{\mathrm{T}}$ 是变化的。经过坐标转换，$\boldsymbol{P}_w$ 可以换算为 $\boldsymbol{P}$。设相机位姿的旋转矩阵为 $\boldsymbol{R}$，平移向量为 $\boldsymbol{t}$，则式(5.12)可表示为

$$ZP_{uv}=Z\begin{bmatrix}u\\v\\1\end{bmatrix}=KP=K(RP_w+t)=KTP_w \tag{5.13}$$

式(5.13)描述了 P 的世界坐标到像素坐标的投影关系，其中，相机的位姿 $\boldsymbol{R}$、$\boldsymbol{t}$ 又称为相机的外参数(Camera Extrinsics)。外参会随着相机运动发生改变，它是 SLAM 中待估计的参数，代表着车辆的行驶轨迹。

式(5.13)中，最后一个等号隐含了一次齐次坐标到非齐次坐标的转换，右侧的 $\boldsymbol{TP}_w$ 表示把一个世界坐标系下的齐次坐标，变换到相机坐标系下。对于三维向量 $\boldsymbol{TP}_w$，可以按照齐次坐标的方式，把最后一维进行归一化处理，得到点 P 在相机归一化平面上的投影：

$$\widetilde{\boldsymbol{P}}_c=\begin{bmatrix}X\\Y\\Z\end{bmatrix}=\boldsymbol{TP}_w,\ \boldsymbol{P}_c=\begin{bmatrix}X/Z\\Y/Z\\1\end{bmatrix} \tag{5.14}$$

这时，$\boldsymbol{P}_c$ 可以看成一个二维的齐次坐标，称为归一化坐标。该虚拟点位于相机前方 $Z=1$ 处的平面上，该平面称为归一化平面。由式(5.11)可知，$\boldsymbol{P}_c$ 左乘内参 $\boldsymbol{K}$ 之后，就得到了像素坐标$[u\quad v]^{\mathrm{T}}$，所以像素坐标可以看成是对归一化平面上的点进行量化测量的结果。

为增加成像效果，在相机的前方会加装透镜。加装透镜后，对成像过程中光线的传播会产生两个影响：一是径向畸变，指透镜自身形状对光线传播造成的影响；二是切向畸变，是在机械组装过程中，透镜和成像平面不严格平行引起的。两种畸变都会造成光线穿过透镜投影到成像面时的位置发生变化。后面讨论中，一般假设图像已经进行了去畸变处理，可以直接用针孔模型建立投影关系。

单目相机的成像过程小结如下：

(1) 世界坐标：设固定点 P 在世界坐标系下的坐标为 $\boldsymbol{P}_w$。

(2) 相机坐标：相机的运动可由相机位姿 $\boldsymbol{R}$、$\boldsymbol{t}$ 来描述，点 P 在相机坐标系中的坐标为 $\widetilde{\boldsymbol{P}}_c=\boldsymbol{RP}_w+\boldsymbol{t}$。

(3) 归一化相机坐标：将含有三个量的 $\widetilde{\boldsymbol{P}}_c=[X\quad Y\quad Z]^{\mathrm{T}}$ 投影到归一化平面 $Z=1$ 上，得到点 P 的归一化相机坐标 $\boldsymbol{P}_c=[X/Z\quad Y/Z\quad 1]^{\mathrm{T}}$。

(4) 像素坐标：点 P 的归一化坐标左乘内参 $\boldsymbol{K}$ 后，得到它的像素坐标 $\boldsymbol{P}_{uv}=\boldsymbol{KP}_c$。

5.2.2 双目相机模型

针孔相机模型描述了单个相机的成像过程。由图 5.1 可以看出，从相机光心 O

到空间点 P 连线上的所有点，都投影到同一个像素，因此，仅根据一个像素，无法确定空间点的具体位置。只有当 P 的像素距离（或深度）确定时，才能确切地知道它的空间位置。双目相机就是测量像素距离的一种方法。

双目相机一般由左右两个水平放置的相机组成，其成像原理如图 5.2 所示。图 5.2 中，P 为空间点，O_L、O_R 为左右相机光圈中心，P_L、P_R 为 P 在左右相机的成像（为简化，空间点和成像点画在相机的同一侧），f 为焦距。u_L 和 u_R 为成像平面的 x 坐标，按照图中坐标定义，u_R 是负数，所以图中标为 $-u_L$。

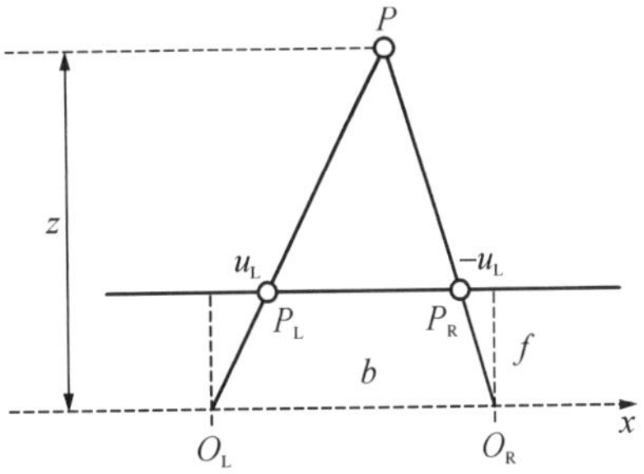

图 5.2　双目相机的成像模型

双目相机中的两个相机都可看作针孔相机，因为它们是水平放置的，所以两个相机的光圈中心都位于 x 轴上，其距离称为基线（Baseline，记作 b）。理想情况下，由于左右相机只在 x 轴上有位移，因此 P 的像也只在 x 轴（对应图像的 u 轴）上有差异。根据三角形 PP_LP_R 和 PO_LO_R 的相似关系，有

$$\frac{z-f}{z}=\frac{b-u_L+u_R}{b} \tag{5.15}$$

整理得

$$z=\frac{fb}{d},\ d=u_L-u_R \tag{5.16}$$

式(5.16)中，d 为左右相机成像像素的横坐标之差，称为视差（Disparity）。根据视差，可以估计空间点和像素离相机的距离。由于视差最小为一个像素，所以双目深度的理论最大值为 fb。当基线越长时，双目能测到的距离会越远。

虽然由视差计算深度的公式很简洁，但视差 d 本身的计算却比较困难。需要确切地知道空间点的投影像素在左右图像中的具体位置和对应关系，只有在图像纹理变化丰富的地方才能计算视差。

深度相机（又称 RGB-D 相机）是 2010 年左右开始兴起的一种相机，它可以像激光传感器那样，通过主动向物体发射光并接收返回的光，从而测出物体离相机的距离。该相机通过物理手段测量深度，相比于双目相机那样通过软件计算来解决，可节省大量的计算量。

5.3 视觉里程计

5.3.1 特征点

视觉里程计根据图像来估计相机运动。首先，从图像中选取有代表性的点，这些点在相机位姿发生少量变化后会保持不变，相同的点能在相邻图像中找到，其功能类似于摄影测量中的像控点。然后，在这些点的基础上，进行相机的位姿估计和代表点的空间定位。在经典 SLAM 中，把有代表性的点称为路侧特征点；在视觉 SLAM 中，路侧特征点则是指图像特征(Features)。

特征点由关键点(Key-point)和描述子(Descriptor)两部分组成。关键点是指该特征点在图像里的位置，有些特征点还具有方向、大小等信息。描述子通常是一个向量，按照某种人为设计的方式，描述了该关键点周围像素的信息。如果两个特征点的描述子在向量空间上的距离相近，就可以认为它们是同样的特征点。

特征点有多种图像特征表达方法。其中，SIFT(Scale Invariant Feature Transform，尺度不变特征变换)是最经典的一种。它充分考虑了在图像变换过程中出现的光照、尺度和旋转等变化，但计算量较大，难以满足实时计算要求，进行定位与建图。下面介绍速度与性能之间折中的 ORB(Oriented FAST and Rotated BRIEF)特征。

5.3.2 ORB 特征

ORB 特征同样由关键点和描述子两部分组成。它的关键点称为 Oriented FAST，是一种改进的 FAST(Features from Accelerated Segment Test，一种用于高速检测角点的算法)角点；它的描述子称为 Rotated BRIEF(Binary Robust Independent Elementary Features)。下面分别介绍这两步的 ORB 特征提取。

1) Oriented FAST 关键点

FAST 角点检测算法，通过设定一个阈值来比较某个像素与周围像素灰度的差值，从而确定像素点是角点还是非角点。因为只需比较像素间亮度的大小，所以十分快捷。检测过程如下(图 5.3)：

(1) 在图像中选取像素 p，设其亮度为 I_p。

(2) 设置一个阈值 T，如 $20\%I_p$。

(3) 以像素 p 为中心，选取半径为 3 的圆上的 16 个像素点。

(4) 假如在选取的圆上，有连续 N 个点的亮度大于 I_p+T 或小于 I_p-T，那么像素 p 就被认为是特征点。N 通常取 12，即为 FAST-12。常用的还有 FAST-9、FAST-11。

(5) 循环以上四步，对每一个像素执行相同的操作。

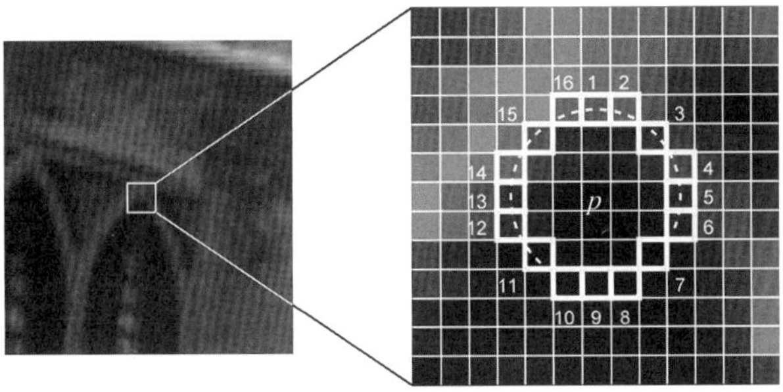

图 5.3　FAST 特征点

在 FAST-12 算法中，可以添加一项预测试操作。对于每个像素，直接检测邻域圆上的第 1、5、9、13 个像素的亮度。只有这四个像素中有三个点的亮度同时大于 I_p+T 或小于 I_p-T，当前像素才有可能是一个角点，否则直接排除。这样的预测试大大加快了角点检测速度。针对原始的 FAST 角点可能出现的过于集中的情况，在第一遍检测之后，需要用非极大值抑制(Non-maximal Suppression)方法，在一定区域内仅保留响应极大值的角点。

FAST 特征点计算存在以下两个主要问题。首先，FAST 特征点数量很大且不确定，实际工作中，只需要对图像提取固定数量的特征点。针对此，在 ORB 中，对 FAST 算法进行了改进。先指定要提取的角点数量 N，对原始 FAST 角点分别计算其 Harris 响应值，然后选取前 N 个具有最大响应值的角点，作为最终的角点集合。其次，FAST 角点不具有方向信息，且尺度固定为半径等于 3 的圆。针对此，在 ORB 中，添加了尺度和旋转的描述。尺度不变性通过构建图像金字塔，并在金字塔的每一层上检测角点来实现；特征的旋转采用灰度质心(Intensity Centroid)法来实现。

灰度质心法基于物体在图像中的灰度分布，通过计算灰度图片中元素的坐标和对应灰度值的乘积之和，以及灰度值的总和，从而确定物体的质心坐标。灰度质心法认为，物体的质心坐标在水平和垂直方向上分别为与物体位置相关的各个像素的质心坐标的加权平均值。其操作步骤如下：

(1) 将彩色图像转化为灰度图像。使用灰度转换公式将彩色图像的每个像素点转化为对应的灰度值，设为 $I(x,y)$。

(2) 在图像块 B 中，计算每个像素点的坐标和对应灰度值的乘积之和：

$$m_{pq}=\sum_{x,y\in B}x^p y^q I(x,y),\ p,q=\{0,1\} \tag{5.17}$$

(3) 计算所有像素点的灰度值总和,其值为 m_{00}。

(4) 根据坐标、灰度值乘积之和及灰度值总和,计算出物体的质心坐标:

$$C=\left(\frac{m_{10}}{m_{00}},\frac{m_{01}}{m_{00}}\right) \tag{5.18}$$

(5) 连接图像块的几何中心 O 与质心 C,得到方向向量 $\overrightarrow{OC}$,于是特征点的方向可以定义为

$$\theta=\arctan(m_{01}/m_{10}) \tag{5.19}$$

相较于原版 FAST,在 ORB 中,计算了特征点的主方向,为下一步 BRIEF 描述子增加了旋转不变特性。这种改进后的 FAST 称为 Oriented FAST。

2) Rotated BRIEF 描述子

在提取 Oriented FAST 关键点后,对每个点计算其描述子,对前一步提取出特征点的周围图像区域进行描述。ORB 使用改进的 BRIEF 特征描述。

BRIEF 是一种二进制描述子,描述向量中的 0 和 1 表示关键点附近两个像素 p 和 q 的大小关系,如果 p 大于 q,则取 1,反之取 0。如果取了 128 个这样的 p、q,最后就得到 128 维的 0、1 向量。p 和 q 的位置选取,一般按照某种概率分布随机挑选。BRIEF 使用了随机选点的比较,速度快,且由于使用了二进制表达,存储方便,适用于实时的图像匹配。但 BRIEF 描述子不具有旋转不变性,在图像发生旋转时容易丢失。

相较于原始的 BRIEF 描述子,ORB 在 FAST 特征点提取时计算了关键点的方向,可以利用方向信息,计算旋转之后的 BRIEF 特征,使得 ORB 描述子具有较好的旋转不变性。由于考虑了旋转和缩放,使得 ORB 在平移、旋转、缩放的变换下仍有良好的表现。这种改进后的 BRIEF 称为 Rotated BRIEF。

下面介绍如何在不同图像之间进行特征匹配。

5.3.3 特征匹配

特征匹配是视觉 SLAM 中极为关键的一步,主要确定当前图像看到的路侧特征点与之前图像看到的路侧特征点之间的对应关系。通过对图像与图像、图像与地图之间的描述子进行准确的匹配,可为后续的姿态估计、优化等操作减轻大量的负担。

考虑两个时刻的图像,如果在图像 I_t 中提取到特征点 $x_t^m(m=1,2,\cdots,M)$,在图像 I_{t+1} 中提取到特征点 $x_{t+1}^n(n=1,2,\cdots,N)$,特征匹配时,可以对每一个特征点 x_t^m 与所有的特征点 x_{t+1}^n,测量描述子的距离,然后排序,最终取最近的一个点作为匹配点。描述子距离表示了两个特征之间的相似程度,在实际运用中可以取不同的距离度

量范数。对于浮点类型的描述子，可以使用欧氏距离；对于二进制的 BRIEF 描述子，可以使用汉明距离(Hamming Distance)，两个二进制串之间的汉明距离，指的是它们不同位数的个数。

当特征点数量很大，特别是匹配一帧和一张地图的时候，上述匹配方法的运算量将变得很大，此时可以使用快速近似最近邻算法(Fast Approximate Nearest Neighbor Algorithm，FANNA)。

由于图像特征的局部特性，误匹配的情形广泛存在。部分原因是场景中经常存在大量的重复纹理，使得特征描述非常相似。此时可以采用汉明距离小于最小距离两倍的经验方法进行一次筛选，但仍然不能保证在所有图像中得到的匹配都是正确的。因此，仅利用局部特征解决误匹配是非常困难的，在后面的运动估计中，还需要使用去除误匹配的算法。

完成图像特征的提取、计算和匹配后，接下来，需要根据匹配的点对，估计相机的运动。

5.4 2D-2D 单目相机运动估计

当相机为单目时，只知道 2D 的像素坐标，因而问题是根据两组 2D 点来估计运动。该问题可以用对极几何来解决，这是一种 2D 到 2D 点对运动的方法。

5.4.1 对极约束

假设从两张图像中，得到了若干对配对好的特征点，通过这些二维图像点的对应关系，可求取出在两帧之间相机的运动。

如图 5.4 所示，设第一帧图像 I_1 到第二帧图像 I_2 的运动为 $\boldsymbol{R}$、$\boldsymbol{t}$。两个相机中心分别为 O_1、O_2，O_1O_2 称为基线(Baseline)。I_1 中有一个特征点 p_1，它在 I_2 中对应着特征点 p_2，它们是同一个空间点 P 在两个成像平面上的投影。连线 $\overrightarrow{O_1p_1}$ 和 $\overrightarrow{O_2p_2}$ 在三维空间中相交于点 P，O_1、O_2、P 三个点确定的平面称为极平面(Epipolar Plane)。

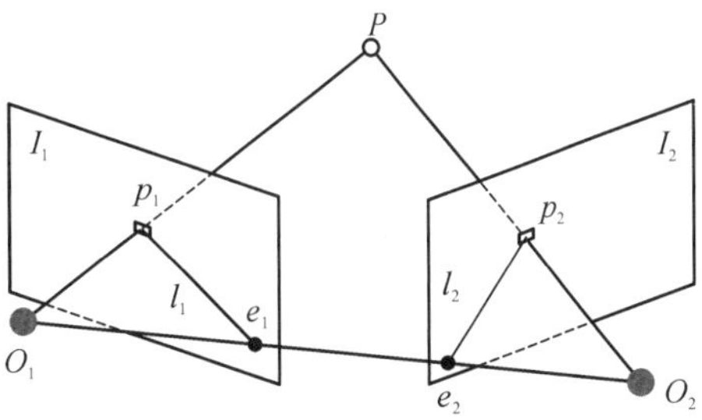

图 5.4 对极几何约束

O_1O_2 连线与像平面 I_1、I_2 的交点分别为 e_1、e_2，e_1、e_2 称为极点(Epipoles)。极平面与两个像平面 I_1、I_2 之间的相交线 l_1、l_2 称为极线(Epipolar line)。

第一帧中，射线 $\overrightarrow{O_1p_1}$ 是某个像素可能出现的空间位置，该射线上的所有点都会投影到同一个像素点。如果不知道 P 的位置，在第二帧中的极线 $\overrightarrow{e_2p_2}$ 就是 P 可能出现的投影的位置，也就是射线 $\overrightarrow{O_1p_1}$ 在第二个相机中的投影。由于通过特征点匹配，确定了 p_2 的像素位置，所以能够推断 P 的空间位置以及相机的运动。

在第一帧的坐标系下，设 P 的空间位置为

$$\boldsymbol{P}=[X \quad Y \quad Z]^{\mathrm{T}} \tag{5.20}$$

根据针孔相机模型，两个像素点 p_1、p_2 的位置为

$$s_1\boldsymbol{p}_1=\boldsymbol{KP},\ s_2\boldsymbol{p}_2=\boldsymbol{K}(\boldsymbol{RP}+\boldsymbol{t}) \tag{5.21}$$

式中，$\boldsymbol{K}$ 为相机内参，$\boldsymbol{R}$、$\boldsymbol{t}$ 为两个坐标系的相机运动，s_1、s_2 为两个特征点的深度。如果使用齐次坐标，式(5.21)改写为

$$\boldsymbol{p}_1=\boldsymbol{KP},\ \boldsymbol{p}_2=\boldsymbol{K}(\boldsymbol{RP}+\boldsymbol{t}) \tag{5.22}$$

令

$$\boldsymbol{x}_1=\boldsymbol{K}^{-1}\boldsymbol{p}_1,\ \boldsymbol{x}_2=\boldsymbol{K}^{-1}\boldsymbol{p}_2 \tag{5.23}$$

则 $\boldsymbol{x}_1$、$\boldsymbol{x}_2$ 即为两个特征像素点在归一化平面中的坐标。代到式(5.22)，得

$$\boldsymbol{x}_2=\boldsymbol{R}\boldsymbol{x}_1+\boldsymbol{t} \tag{5.24}$$

式(5.24)等号两边同时左乘 $\boldsymbol{t}^{\wedge}$，即两侧同时与 $\boldsymbol{t}$ 做外积：

$$\boldsymbol{t}^{\wedge}\boldsymbol{x}_2=\boldsymbol{t}^{\wedge}\boldsymbol{R}\boldsymbol{x}_1 \tag{5.25}$$

两侧再同时左乘 $\boldsymbol{x}_2^{\mathrm{T}}$：

$$\boldsymbol{x}_2^{\mathrm{T}}\boldsymbol{t}^{\wedge}\boldsymbol{x}_2=\boldsymbol{x}_2^{\mathrm{T}}\boldsymbol{t}^{\wedge}\boldsymbol{R}\boldsymbol{x}_1 \tag{5.26}$$

式中，$\boldsymbol{t}^{\wedge}\boldsymbol{x}_2$ 是一个与 $\boldsymbol{t}$ 和 $\boldsymbol{x}_2$ 都垂直的向量，把它再和 $\boldsymbol{x}_2$ 做内积，值等于 0。因此得

$$\boldsymbol{x}_2^{\mathrm{T}}\boldsymbol{t}^{\wedge}\boldsymbol{R}\boldsymbol{x}_1=0 \tag{5.27}$$

重新代入式(5.23)，有

$$\boldsymbol{p}_2^{\mathrm{T}}\boldsymbol{K}^{-T}\boldsymbol{t}^{\wedge}\boldsymbol{R}\boldsymbol{K}^{-1}\boldsymbol{p}_1=0 \tag{5.28}$$

上面两个式子都称为对极约束，其几何意义为 O_1、O_2、P 三点共面。对极约束中同时包含了平移和旋转。令

$$\boldsymbol{E}=\boldsymbol{t}^{\wedge}\boldsymbol{R},\ \boldsymbol{F}=\boldsymbol{K}^{-\mathrm{T}}\boldsymbol{E}\boldsymbol{K}^{-1} \tag{5.29}$$

得

$$\boldsymbol{x}_2^{\mathrm{T}}\boldsymbol{E}\boldsymbol{x}_1=\boldsymbol{p}_2^{\mathrm{T}}\boldsymbol{F}\boldsymbol{p}_1=0 \tag{5.30}$$

式中，$\boldsymbol{E}$ 称为本质矩阵(Essential Matrix)，$\boldsymbol{F}$ 称为基础矩阵(Fundamental Matrix)。

对极约束给出了两个匹配点的空间位置关系。于是，相机位姿估计问题变为以下两步：

(1) 根据配对点的像素位置，求出 $\boldsymbol{E}$ 或者 $\boldsymbol{F}$；

(2) 根据 $\boldsymbol{E}$ 或者 $\boldsymbol{F}$，求出 $\boldsymbol{R}$、$\boldsymbol{t}$。

$\boldsymbol{E}$ 和 $\boldsymbol{F}$ 只相差了相机内参，而内参 $\boldsymbol{K}$ 在 SLAM 中是已知的。下面以 $\boldsymbol{E}$ 为例，介绍上面两个问题的求解。

5.4.2 本质矩阵

首先分析 $\boldsymbol{E}$ 的求解。本质矩阵 $\boldsymbol{E}=\boldsymbol{t}^{\wedge}\boldsymbol{R}$ 是一个 3×3 的矩阵，内有 9 个未知数。$\boldsymbol{E}$ 的构造方式有以下特点：

(1) 本质矩阵是由对极约束定义的。由于对极约束是等式为零的约束，$\boldsymbol{E}$ 乘以任意非零常数后，对极约束依然满足，所以 $\boldsymbol{E}$ 在不同尺度下是等价的。

(2) 根据 $\boldsymbol{E}=\boldsymbol{t}^{\wedge}\boldsymbol{R}$，可以证明本质矩阵 $\boldsymbol{E}$ 的奇异值必定是 $[\sigma \quad \sigma \quad 0]^{\mathrm{T}}$ 的形式，这称为本质矩阵的内在性质。

(3) 由于平移和旋转各有三个自由度，故 $\boldsymbol{t}^{\wedge}\boldsymbol{R}$ 共有六个自由度。但由于尺度的等价性，$\boldsymbol{E}$ 实际上只有五个自由度。

$\boldsymbol{E}$ 具有五个自由度，表明最少用五对点就可以求解 $\boldsymbol{E}$。但是，$\boldsymbol{E}$ 的内在性质是非线性的，在求解线性方程时会带来麻烦，因此，也可以只考虑它的尺度等价性，使用八对点来估计 $\boldsymbol{E}$。而且通常会有几十对乃至上百对的匹配点，从八对减至五对意义也不明显。经典的八点法(Eight-Point-Algorithm)只利用了 $\boldsymbol{E}$ 的线性性质，因此可以在线性代数框架下求解。下面介绍八点法工作原理。

设一对匹配点的归一化坐标分别为 $\boldsymbol{x}_1=[u_1 \quad v_1 \quad 1]^{\mathrm{T}}$，$\boldsymbol{x}_2=[u_2 \quad v_2 \quad 1]^{\mathrm{T}}$。根据式(5.30)的对极约束，有

$$[u_1 \quad v_1 \quad 1]\begin{bmatrix} e_1 & e_2 & e_3 \\ e_4 & e_5 & e_6 \\ e_7 & e_8 & e_9 \end{bmatrix}\begin{bmatrix} u_2 \\ v_2 \\ 1 \end{bmatrix}=0 \tag{5.31}$$

把中间的矩阵 $\boldsymbol{E}$ 展开，写成向量的形式为

$$\boldsymbol{e}=[e_1 \quad e_2 \quad e_3 \quad e_4 \quad e_5 \quad e_6 \quad e_7 \quad e_8 \quad e_9]^{\mathrm{T}} \tag{5.32}$$

则对极约束写成与 $\boldsymbol{e}$ 有关的线性形式为

$$[u_1u_2 \quad u_1v_2 \quad u_1 \quad v_1u_2 \quad v_1v_2 \quad v_1 \quad u_2 \quad v_2 \quad 1]\cdot\boldsymbol{e}=0 \tag{5.33}$$

其他特征点对也可类似表示，把所有点放到一个方程中，可表示为如下线性方程组：

$$\begin{bmatrix} u_1^1u_2^1 & u_1^1v_2^1 & u_1^1 & v_1^1u_2^1 & v_1^1v_2^1 & v_1^1 & u_2^1 & v_2^1 & 1 \\ u_1^2u_2^2 & u_1^2v_2^2 & u_1^2 & v_1^2u_2^2 & v_1^2v_2^2 & v_1^2 & u_2^2 & v_2^2 & 1 \\ \vdots & \vdots & \vdots & \vdots & \vdots & \vdots & \vdots & \vdots & \vdots \\ u_1^8u_2^8 & u_1^8v_2^8 & u_1^8 & v_1^8u_2^8 & v_1^8v_2^8 & v_1^8 & u_2^8 & v_2^8 & 1 \end{bmatrix}\begin{bmatrix} e_1 \\ e_2 \\ e_3 \\ e_4 \\ e_5 \\ e_6 \\ e_7 \\ e_8 \\ e_9 \end{bmatrix}=\boldsymbol{0} \tag{5.34}$$

式中，u^i、v^i 表示第 i 个特征点的 u、v 坐标。上述线性方程组的系数矩阵由特征点坐标构成，大小为 8×9，$\boldsymbol{e}$ 位于该矩阵的零空间中。如果八对匹配点组成的系数矩阵是满秩的，即秩为 8，那么它的零空间维数为 1，也就是说 $\boldsymbol{e}$ 构成一条线，这与 $\boldsymbol{e}$ 的尺度等价性是一致的，此时 $\boldsymbol{E}$ 的 9 个元素可由上述方程求解。

下面分析如何根据已经估得的本质矩阵 $\boldsymbol{E}$，通过奇异值分解（Singular Value Decomposition，SVD），求解出相机的运动 $\boldsymbol{R}$、$\boldsymbol{t}$。设 $\boldsymbol{E}$ 的 SVD 为

$$\boldsymbol{E}=\boldsymbol{U\Sigma V}^{\mathrm{T}} \tag{5.35}$$

式中，$\boldsymbol{U}$、$\boldsymbol{V}$ 为正交阵，$\boldsymbol{\Sigma}$ 为奇异值矩阵。根据 $\boldsymbol{E}$ 的内在性质，$\boldsymbol{\Sigma}=\mathrm{diag}(\sigma,\sigma,0)$。在 SVD 分解中，任意一个 $\boldsymbol{E}$，对应着两种可能的 $\boldsymbol{t}$、$\boldsymbol{R}$：

$$\begin{cases} \boldsymbol{t}_1^{\wedge}=\boldsymbol{U}\boldsymbol{R}_Z\left(\dfrac{\pi}{2}\right)\boldsymbol{\Sigma}\boldsymbol{U}^{\mathrm{T}},\ \boldsymbol{R}_1=\boldsymbol{U}\boldsymbol{R}_Z^{\mathrm{T}}\left(\dfrac{\pi}{2}\right)\boldsymbol{V}^{\mathrm{T}} \\ \boldsymbol{t}_2^{\wedge}=\boldsymbol{U}\boldsymbol{R}_Z\left(-\dfrac{\pi}{2}\right)\boldsymbol{\Sigma}\boldsymbol{U}^{\mathrm{T}},\ \boldsymbol{R}_2=\boldsymbol{U}\boldsymbol{R}_Z^{\mathrm{T}}\left(-\dfrac{\pi}{2}\right)\boldsymbol{V}^{\mathrm{T}} \end{cases} \tag{5.36}$$

式中，$\boldsymbol{R}_Z\left(\dfrac{\pi}{2}\right)$表示沿 Z 轴旋转 90°得到的旋转矩阵。由于$-\boldsymbol{E}$ 和 $\boldsymbol{E}$ 等价，所以对任意一个 $\boldsymbol{t}$ 取负号，得到的结果是相同的。因此，从 $\boldsymbol{E}$ 分解到 $\boldsymbol{t}$、$\boldsymbol{R}$ 时，一共存在四个可能的解，但其中只有一个解，P 在两个相机中都具有正的深度。把任意一点代入四个解中，检测该点在两个相机下的深度，就可以确定正确的解。

根据线性方程解出的 $\boldsymbol{E}$，可能不满足 $\boldsymbol{E}$ 的内在性质，即它的奇异值不一定是 $[\sigma\quad\sigma\quad 0]^{\mathrm{T}}$ 的形式。这时，对八点法求得的 $\boldsymbol{E}$ 进行 SVD 分解后，会得到奇异值矩阵 $\boldsymbol{\Sigma}=\mathrm{diag}(\sigma_1,\sigma_2,\sigma_3)$，不妨设 $\sigma_1\geqslant\sigma_2\geqslant\sigma_3$，取

$$\boldsymbol{E}=\boldsymbol{U}\mathrm{diag}\left(\frac{\sigma_1+\sigma_2}{2},\frac{\sigma_1+\sigma_2}{2},0\right)\boldsymbol{V}^{\mathrm{T}} \tag{5.37}$$

这样就把 $\boldsymbol{\Sigma}$ 矩阵调整成了需要的样子。因为 $\boldsymbol{E}$ 具有尺度等价性，所以，更简单的做法是将奇异值矩阵取成 diag(1,1,0)。

当给定的点数多于八对时，此时方程数多于求解数，存在多余观测，是个超定方程，可以用最小二乘法求解。对于式(5.34)中线性化后的对极约束，记左侧的系数矩阵为 $\boldsymbol{A}$，则

$$\boldsymbol{Ae}=\boldsymbol{0} \tag{5.38}$$

最小化的二次型为

$$\min_{\boldsymbol{e}}\|\boldsymbol{Ae}\|_2^2=\min_{\boldsymbol{e}}(\boldsymbol{e}^{\mathrm{T}}\boldsymbol{A}^{\mathrm{T}}\boldsymbol{Ae}) \tag{5.39}$$

于是就求出了在最小二乘下的 $\boldsymbol{E}$ 矩阵。

5.4.3　三角测量

在得到运动之后，SLAM 中需要用相机的运动估计特征点的空间位置。在单目 SLAM 中，仅通过单张图像无法获得像素的深度信息，需要通过三角测量（Triangulation）的方法来估计地图点的深度。

根据对极几何中的定义，$\boldsymbol{x}_1$、$\boldsymbol{x}_2$ 为两个特征像素点在归一化平面中的坐标，它们满足：

$$s_1\boldsymbol{x}_1=s_2\boldsymbol{R}\boldsymbol{x}_2+\boldsymbol{t} \tag{5.40}$$

对上式两侧左乘 $\boldsymbol{x}_1^{\wedge}$，得

$$s_1\boldsymbol{x}_1^{\wedge}\boldsymbol{x}_1=0=s_2\boldsymbol{x}_1^{\wedge}\boldsymbol{R}\boldsymbol{x}_2+\boldsymbol{x}_1^{\wedge}\boldsymbol{t} \tag{5.41}$$

该式第二个等号左侧为零，右侧是 s_2 的一个方程，$\boldsymbol{R}$、$\boldsymbol{t}$ 已知，可直接求出 s_2。有了 s_2，容易求出 s_1。于是，得到了两个帧下的点的深度，确定了它们的空间坐标。

由于噪声的存在，估得的 $\boldsymbol{R}$、$\boldsymbol{t}$，使式(5.40)不一定精确相等，此时可求最小二乘解而不是零解。

5.4.4　讨论

(1) 尺度不确定性

平移向量 $\boldsymbol{t}$ 乘以任意比例常数后，对极约束依然成立。因此，对 $\boldsymbol{t}$ 长度的归一化，导致了单目视觉的尺度不确定性（Scale Ambiguity）。也就是说，在单目 SLAM 中，对轨迹和地图同时缩放任意倍数，得到的图像是一样的。

在单目视觉中，对两张图像的 $\boldsymbol{t}$ 归一化，相当于固定了尺度。虽然不知道它的实际长度为多少，但以这时的 $\boldsymbol{t}$ 为单位 1，来计算相机运动和特征点的 3D 位置。这被称为单目 SLAM 的初始化。在初始化之后，就可以用 3D-2D 来计算相机运动了。初始化之后的轨迹和地图的单位，就是初始化时固定的尺度。因此，单目 SLAM 有一步不可避免的初始化。初始化的两张图像必然会有一定程度的平移，而后的轨迹和地图都将以此步的平移为单位。

除了对 $\boldsymbol{t}$ 进行归一化之外，另一种方法是令初始化时所有的特征点平均深度为 1，也可以固定一个尺度。相比于令 $\boldsymbol{t}$ 长度为 1 的做法，把特征点深度归一化可以控制场景的规模大小，使计算在数值上更稳定些。

(2) 初始化的纯旋转问题

从 $\boldsymbol{E}$ 分解到 $\boldsymbol{R}$、$\boldsymbol{t}$ 的过程中，如果相机发生的是纯旋转，此时 $\boldsymbol{t}$ 为零，那么，得到的 $\boldsymbol{E}$ 也将为零，这导致无法求解 $\boldsymbol{R}$。所以，单目初始化不能只有纯旋转，必须有一定程度

的平移。如果没有平移,单目将无法初始化。如果初始化时平移太小,会使得位姿求解与三角测量结果不稳定,从而导致失败。如果把相机左右移动而不是原地旋转,就容易让单目 SLAM 初始化。

5.5 3D-2D 相机运动估计

如果有 3D 点和它们在相机的投影位置,也能估计相机的运动。该问题通过 PnP (Perspective-n-Point)求解,这是一种求解 3D 到 2D 点对运动的方法。

如果两张图像中,其中一张特征点的 3D 位置已知,那么用三个点对(其中一个点用作验证)就可以估计相机的运动。特征点的 3D 位置可以由三角测量或深度相机的深度图确定。因此,在双目或深度相机的视觉里程计中,可以直接使用 PnP;而在单目视觉里程计中,必须先进行初始化,然后才能使用 PnP。3D-2D 方法不需要使用对极约束,需要的匹配点很少,是最重要的一种姿态估计方法。

PnP 问题有多种求解方法,下面介绍直接线性变换(Direct Linear Transform, DLT)和用三对点估计位姿的 P3P。

5.5.1 直接线性变换

设空间点 P 的齐次坐标为 $\boldsymbol{P}=[X \quad Y \quad Z \quad 1]^{\mathrm{T}}$,投影到图像 I_1 中特征点的归一化平面齐次坐标为 $\boldsymbol{x}_1=[u_1 \quad v_1 \quad 1]^{\mathrm{T}}$,此时相机的位姿 $\boldsymbol{R}$、$\boldsymbol{t}$ 未知。定义一个 3×4 增广矩阵$[\boldsymbol{R}|\boldsymbol{t}]$,其包含了旋转与平移信息。把它展开为

$$s\begin{bmatrix}u_1\\v_1\\1\end{bmatrix}=\begin{bmatrix}t_1 & t_2 & t_3 & t_4\\t_5 & t_6 & t_7 & t_8\\t_9 & t_{10} & t_{11} & t_{12}\end{bmatrix}\begin{bmatrix}X\\Y\\Z\\1\end{bmatrix} \tag{5.42}$$

用最后一行表示 s,回代得到两个约束:

$$u_1=\frac{t_1X+t_2Y+t_3Z+t_4}{t_9X+t_{10}Y+t_{11}Z+t_{12}},\ v_1=\frac{t_5X+t_6Y+t_7Z+t_8}{t_9X+t_{10}Y+t_{11}Z+t_{12}} \tag{5.43}$$

定义 $\boldsymbol{T}$ 的行向量:

$$\boldsymbol{t}_1=[t_1 \quad t_2 \quad t_3 \quad t_4]^{\mathrm{T}},\ \boldsymbol{t}_2=[t_5 \quad t_6 \quad t_7 \quad t_8]^{\mathrm{T}},\ \boldsymbol{t}_3=[t_9 \quad t_{10} \quad t_{11} \quad t_{12}]^{\mathrm{T}} \tag{5.44}$$

则式(5.43)表示为

$$\boldsymbol{t}_1^{\mathrm{T}}\boldsymbol{P}-\boldsymbol{t}_3^{\mathrm{T}}\boldsymbol{P}u_1=0,\ \boldsymbol{t}_2^{\mathrm{T}}\boldsymbol{P}-\boldsymbol{t}_3^{\mathrm{T}}\boldsymbol{P}v_1=0 \tag{5.45}$$

式中,$\boldsymbol{t}$ 是待求的平移变量,每个特征点提供了关于 $\boldsymbol{t}$ 的两个线性约束。若特征点有

N 个，则线性方程组为

$$\begin{bmatrix} \boldsymbol{P}_1^{\mathrm{T}} & 0 & -u_1\boldsymbol{P}_1^{\mathrm{T}} \\ 0 & \boldsymbol{P}_1^{\mathrm{T}} & -v_1\boldsymbol{P}_1^{\mathrm{T}} \\ \vdots & \vdots & \vdots \\ \boldsymbol{P}_N^{\mathrm{T}} & 0 & -u_N\boldsymbol{P}_N^{\mathrm{T}} \\ 0 & \boldsymbol{P}_N^{\mathrm{T}} & -v_N\boldsymbol{P}_N^{\mathrm{T}} \end{bmatrix} \begin{bmatrix} \boldsymbol{t}_1 \\ \boldsymbol{t}_2 \\ \boldsymbol{t}_3 \end{bmatrix} = \boldsymbol{0} \tag{5.46}$$

由于 $\boldsymbol{t}$ 一共有 12 维，因此通过六对匹配点，即可线性求解矩阵 $\boldsymbol{T}$，这种方法称为直接线性变换。当匹配点大于六对时，可以使用 SVD 方法对超定方程求最小二乘解。

在 DLT 求解中，将 $\boldsymbol{T}$ 矩阵看成了 12 个未知数，忽略了它们之间的联系。但旋转矩阵 $\boldsymbol{R} \in SO(3)$，用 DLT 求出的解不一定满足该约束，它是一个一般矩阵。平移向量较好处理，因为它属于向量空间。对于旋转矩阵 $\boldsymbol{R}$，必须针对 DLT 估计的 $\boldsymbol{T}$ 的左边 3×3 的矩阵块，寻找一个最好的旋转矩阵对它进行近似。这可以由 QR 分解完成，相当于把结果从矩阵空间重新投影到 $SE(3)$ 流形上，转换成旋转和平移两部分。

因为内参 $\boldsymbol{K}$ 在 SLAM 中通常已知，因此上述方法中，$\boldsymbol{x}_1$ 使用了归一化平面坐标，去掉了内参矩阵 $\boldsymbol{K}$ 的影响。如果内参未知，也可用 PnP 去估计 $\boldsymbol{K}$、$\boldsymbol{R}$、$\boldsymbol{t}$ 三个量。

5.5.2 P3P

P3P 是一种仅使用三对 3D-2D 匹配点解 PnP 的方法。

设相机光心为 O，3D 空间点为 A、B、C，其在相机成像平面上投影的 2D 点为 a、b、c，如图 5.5 所示。P3P 还需要使用一对验证点，以从可能的解中选出正确的那一个，记验证点对为 D-d。此处已知的是 A、B、C 在世界坐标系中的坐标，而不是在相机坐标系中的坐标。

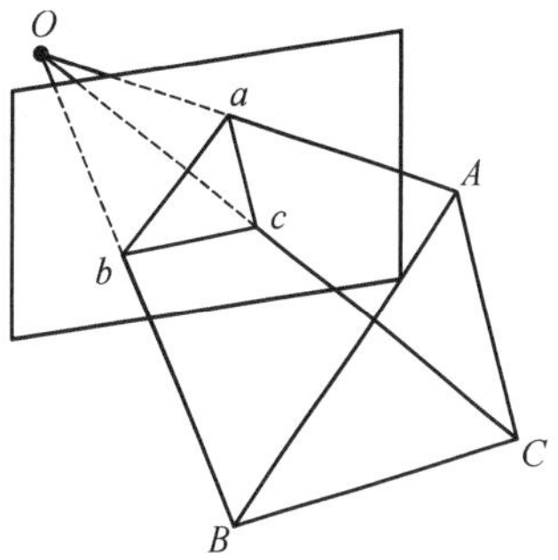

图 5.5　P3P 问题示意图

各三角形中，利用余弦定理，有

$$\begin{cases} OA^2+OB^2-2OA\cdot OB\cdot\cos\langle a,b\rangle=AB^2 \\ OB^2+OC^2-2OB\cdot OC\cdot\cos\langle b,c\rangle=BC^2 \\ OA^2+OC^2-2OA\cdot OC\cdot\cos\langle a,c\rangle=AC^2 \end{cases} \tag{5.47}$$

对上面三式除以 OC^2，记 $x=OA/OC$，$y=OB/OC$，并记 $u=BC^2/AB^2$，$v=AB^2/OC^2$，$w=AC^2/AB^2$，得

$$\begin{cases} x^2+y^2-2xy\cos\langle a,b\rangle-v=0 \\ y^2+1^2-2y\cos\langle b,c\rangle-uv=0 \\ x^2+1^2-2x\cos\langle a,c\rangle-wv=0 \end{cases} \tag{5.48}$$

从第一个式子中解出 v，并代入第 2、3 两式，得

$$\begin{cases}(1-u)y^2-ux^2-\cos\langle b,c\rangle y+2uxy\cos\langle a,b\rangle+1=0\\(1-w)x^2-wy^2-\cos\langle a,c\rangle x+2wxy\cos\langle a,b\rangle+1=0\end{cases}\tag{5.49}$$

方程中，由于知道 2D 点的图像位置，所以三个余弦角是已知的。同时，由于 A、B、C 在空间的点位固定，所以比值 u、w 大小不变。由于相机移动，O 点不断变化，所以 x、y 是未知的、变化的。因此，该方程组是关于 x、y 的二元二次方程，可以用吴消元法解析求解。类似于分解 $\boldsymbol{E}$ 的情况，该方程最多可能得到四个解，但可以用验证点来计算最可能的解，得到 A、B、C 在相机坐标系下的 3D 坐标。然后，根据 3D-3D 的点对，计算相机的运动 $\boldsymbol{R}$、$\boldsymbol{t}$。

从 P3P 的原理可以看出，为了求解 PnP，利用了三角形的相似性质，求解投影点 a、b、c 在相机坐标系下的 3D 坐标，最后把问题转换成 3D 到 3D 的位姿估计问题。然而，P3P 也存在着一些问题：

(1) P3P 只利用三个点的信息，当给定的配对点多于 3 组时，难以利用更多的信息。

(2) 如果 3D 点或 2D 点受噪声影响，或者存在误匹配，则算法失效。

所以后续人们还提出了许多别的方法，如 EPnP、UPnP 等。它们利用更多的信息，而且用迭代的方式对相机位姿进行优化，以尽可能地消除噪声的影响。在 SLAM 当中，通常的做法是先使用 P3P/EPnP 等方法估计相机位姿，然后构建最小二乘优化对估计值进行调整。

5.6 3D-3D 双目相机运动估计

当相机为双目(或深度)时，或者通过某种方法得到了距离信息，那问题就是根据两组 3D 点来估计运动。该问题通常用迭代最近点(Iterative Closest Point，ICP)来求解。

假设有一组配对好的 3D 点：

$$\boldsymbol{P}=\{\boldsymbol{p}_1,\cdots,\boldsymbol{p}_n\},\ \boldsymbol{P}'=\{\boldsymbol{p}'_1,\cdots,\boldsymbol{p}'_n\}\tag{5.50}$$

现在，想要找一个欧氏变换 $\boldsymbol{R}$、$\boldsymbol{t}$，使得

$$\boldsymbol{p}_i=\boldsymbol{R}\boldsymbol{p}'_i+\boldsymbol{t},\ \forall i\tag{5.51}$$

上述 3D-3D 位姿估计中，仅考虑两组 3D 点之间的变换，与相机和相机模型没有关系。因此，ICP 方法不仅适用于视觉 SLAM 中，同样适用于激光 SLAM 中。在视觉中，特征点提供了较好的匹配关系，问题简单些。在激光中，由于激光数据特征不够丰富，无从知道两个点集之间的匹配关系，只能认为距离最近的两个点为同一个，所以

称为迭代最近点。下面，用 ICP 指代匹配好的两组点间的运动估计问题。

ICP 有多种求解方法，下面介绍以 SVD 为代表的线性代数求解方法。根据前面描述的 ICP 问题，定义第 i 对点的误差项：

$$\boldsymbol{e}_i = \boldsymbol{p}_i - (\boldsymbol{R}\boldsymbol{p}'_i + \boldsymbol{t}) \tag{5.52}$$

构建最小二乘，求使得误差平方和达到极小的 $\boldsymbol{R}$、$\boldsymbol{t}$：

$$\min_{\boldsymbol{R},\boldsymbol{t}} J = \frac{1}{2}\sum_{i=1}^{n} \| (\boldsymbol{p}_i - (\boldsymbol{R}\boldsymbol{p}'_i + \boldsymbol{t})) \|_2^2 \tag{5.53}$$

下面推导它的求解方法。

首先，定义两组点的质心：

$$\boldsymbol{p} = \frac{1}{n}\sum_{i=1}^{n}(\boldsymbol{p}_i),\ \boldsymbol{p}' = \frac{1}{n}\sum_{i=1}^{n}(\boldsymbol{p}'_i) \tag{5.54}$$

式中，质心用小写的 $\boldsymbol{p}$ 和 $\boldsymbol{p}'$ 表示，以区别于大写的 3D 点向量 $\boldsymbol{P}$ 和 $\boldsymbol{P}'$。

随后，对误差函数，作如下处理：

$$\begin{aligned}
&\frac{1}{2}\sum_{i=1}^{n} \| \boldsymbol{p}_i - (\boldsymbol{R}\boldsymbol{p}'_i + \boldsymbol{t}) \|^2 = \\
&\frac{1}{2}\sum_{i=1}^{n} \| \boldsymbol{p}_i - \boldsymbol{R}\boldsymbol{p}'_i - \boldsymbol{t} - \boldsymbol{p} + \boldsymbol{R}\boldsymbol{p}' + \boldsymbol{p} - \boldsymbol{R}\boldsymbol{p}' \|^2 = \\
&\frac{1}{2}\sum_{i=1}^{n} \| [\boldsymbol{p}_i - \boldsymbol{p} - \boldsymbol{R}(\boldsymbol{p}'_i - \boldsymbol{p}')] + (\boldsymbol{p} - \boldsymbol{R}\boldsymbol{p}' - \boldsymbol{t}) \|^2 = \\
&\frac{1}{2}\sum_{i=1}^{n} \{ \| \boldsymbol{p}_i - \boldsymbol{p} - \boldsymbol{R}(\boldsymbol{p}'_i - \boldsymbol{p}') \|^2 + \| \boldsymbol{p} - \boldsymbol{R}\boldsymbol{p}' - \boldsymbol{t} \|^2 + \\
&2[\boldsymbol{p}_i - \boldsymbol{p} - \boldsymbol{R}(\boldsymbol{p}'_i - \boldsymbol{p}')]^{\mathrm{T}}(\boldsymbol{p} - \boldsymbol{R}\boldsymbol{p}' - \boldsymbol{t})\}
\end{aligned}$$

式中的交叉项部分中，$\boldsymbol{p}_i - \boldsymbol{p} - \boldsymbol{R}(\boldsymbol{p}'_i - \boldsymbol{p}')$ 求和之后为零，则优化目标函数简化为

$$\min_{\boldsymbol{R},\boldsymbol{t}} J = \frac{1}{2}\sum_{i=1}^{n}(\| \boldsymbol{p}_i - \boldsymbol{p} - \boldsymbol{R}(\boldsymbol{p}'_i - \boldsymbol{p}') \|^2 + \| \boldsymbol{p} - \boldsymbol{R}\boldsymbol{p}' - \boldsymbol{t} \|^2) \tag{5.55}$$

式中，第一项只和旋转矩阵 $\boldsymbol{R}$ 相关，而第二项既有 $\boldsymbol{R}$ 也有平移向量 $\boldsymbol{t}$，但只和质心相关。获得了 $\boldsymbol{R}$，令第二项为零就能求得 $\boldsymbol{t}$。于是，ICP 求解可以分为以下三个步骤：

(1) 计算两组点的质心位置 $\boldsymbol{p}$ 和 $\boldsymbol{p}'$，然后计算每个点的去质心坐标：

$$\boldsymbol{q}_i = \boldsymbol{p}_i - \boldsymbol{p},\ \boldsymbol{q}'_i = \boldsymbol{p}'_i - \boldsymbol{p}' \tag{5.56}$$

(2) 根据以下优化计算旋转矩阵：

$$\boldsymbol{R}^* = \arg\min_{\boldsymbol{R}} \frac{1}{2}\sum_{i=1}^{n} \| \boldsymbol{q}_i - \boldsymbol{R}\boldsymbol{q}'_i \|^2 \tag{5.57}$$

(3) 计算 $\boldsymbol{t}$：

$$\boldsymbol{t} = \boldsymbol{p} - \boldsymbol{R}^*\boldsymbol{p}' \tag{5.58}$$

下面分析 $\boldsymbol{R}$ 的计算。对式(5.57),展开关于 $\boldsymbol{R}$ 的误差项,得

$$\frac{1}{2}\sum_{i=1}^{n}\|\boldsymbol{q}_i-\boldsymbol{R}\boldsymbol{q}'_i\|^2=\frac{1}{2}\sum_{i=1}^{n}(\boldsymbol{q}_i^{\mathrm{T}}\boldsymbol{q}_i+\boldsymbol{q}'^{\mathrm{T}}_i\boldsymbol{R}^{\mathrm{T}}\boldsymbol{R}\boldsymbol{q}'_i-2\boldsymbol{q}_i^{\mathrm{T}}\boldsymbol{R}\boldsymbol{q}'_i) \tag{5.59}$$

式中,第一项和 $\boldsymbol{R}$ 无关,第二项由于 $\boldsymbol{R}^{\mathrm{T}}\boldsymbol{R}=\boldsymbol{I}$,也与 $\boldsymbol{R}$ 无关。因此,优化目标函数变为

$$\sum_{i=1}^{n}-\boldsymbol{q}_i^{\mathrm{T}}\boldsymbol{R}\boldsymbol{q}'_i=\sum_{i=1}^{n}-\mathrm{tr}\{\boldsymbol{R}\boldsymbol{q}'_i\boldsymbol{q}_i^{\mathrm{T}}\}=-\mathrm{tr}\left\{\boldsymbol{R}\sum_{i=1}^{n}\boldsymbol{q}'_i\boldsymbol{q}_i^{\mathrm{T}}\right\} \tag{5.60}$$

接下来,通过 SVD 解出上述问题中最优的 $\boldsymbol{R}$。定义矩阵:

$$\boldsymbol{W}=\sum_{i=1}^{n}\boldsymbol{q}_i\boldsymbol{q}'^{\mathrm{T}}_i \tag{5.61}$$

$\boldsymbol{W}$ 是一个 3×3 的矩阵,对 $\boldsymbol{W}$ 进行 SVD:

$$\boldsymbol{W}=\boldsymbol{U\Sigma V}^{\mathrm{T}} \tag{5.62}$$

式中,$\boldsymbol{U}$ 和 $\boldsymbol{V}$ 为正交矩阵;$\boldsymbol{\Sigma}$ 为奇异值组成的对角矩阵,对角线元素从大到小排列。当 $\boldsymbol{W}$ 满秩时,$\boldsymbol{R}$ 为

$$\boldsymbol{R}=\boldsymbol{UV}^{\mathrm{T}} \tag{5.63}$$

解得 $\boldsymbol{R}$ 后,按式(5.58)即可求出 $\boldsymbol{t}$。

5.7 后端优化

前端视觉里程计有短暂的记忆,能给出短时间内的轨迹和地图,但由于误差累积,该地图在长时间内是不准确的。后端优化中,在视觉里程计的基础上,需要考虑一个更长时间内或所有时间内的状态估计问题,而且不仅使用过去的信息,也能用未来的信息更新自己的状态。

5.7.1 状态估计的概率解释

SLAM 过程可以由运动方程和观测方程来描述。假设在 $t=0$ 到 $t=N$ 的时间段内,有 $\boldsymbol{x}_0$ 到 $\boldsymbol{x}_N$ 个位姿,并且有 $\boldsymbol{y}_1,\cdots,\boldsymbol{y}_M$ 个路侧特征点,则运动和观测方程为

$$\begin{cases}\boldsymbol{x}_k=f(\boldsymbol{x}_{k-1},\boldsymbol{u}_k)+\boldsymbol{w}_k\\ \boldsymbol{z}_{k,j}=h(\boldsymbol{y}_j,\boldsymbol{x}_k)+\boldsymbol{v}_{k,j}\end{cases},\ k=1,\cdots,N;j=1,\cdots,M \tag{5.64}$$

观测方程中,当 $\boldsymbol{x}_k$ 看到了 $\boldsymbol{y}_j$ 时,就会产生观测数据。由于视觉 SLAM 特征点数量众多,所以观测方程数会远远大于运动方程数。如果没有测量运动的装置,可能就没有运动方程。在没有运动方程的情况下,整个优化问题就只由许多个观测方程组成,相当于通过一组图像来恢复运动和结构。

每个方程都受噪声影响,所以需要把位姿 $\boldsymbol{x}$ 和路侧特征点 $\boldsymbol{y}$ 看成服从某种概率分布的随机变量,而不是单独的一个数,根据运动数据 $\boldsymbol{u}$ 和观测数据 $\boldsymbol{z}$,确定状态量 $\boldsymbol{x}$、$\boldsymbol{y}$ 的分布,进而根据新来时刻的数据,确定状态量分布的变化。一般情况下,状态量和噪声项服从高斯分布,参数主要为均值和协方差矩阵。均值可看作是对变量最优值的估计,而协方差矩阵则度量了它的不确定性。

下面采用最大似然估计以定量的方式来分析状态估计,把状态估计转换为最小二乘。相机位姿和路侧特征点都是待估计的变量,令 $\boldsymbol{x}_k$ 为 k 时刻的所有未知量,它包含了当前时刻的相机位姿与 m 个路侧特征点,写成

$$\boldsymbol{x}_k \triangleq \{\boldsymbol{x}_k, \boldsymbol{y}_1, \cdots, \boldsymbol{y}_m\} \tag{5.65}$$

把 k 时刻的所有观测记作 $\boldsymbol{z}_k$,于是,式(5.64)改写为

$$\begin{cases} \boldsymbol{x}_k = f(\boldsymbol{x}_{k-1}, \boldsymbol{u}_k) + \boldsymbol{w}_k \\ \boldsymbol{z}_k = h(\boldsymbol{x}_k) + \boldsymbol{v}_k \end{cases}, \ k = 1, \cdots, N \tag{5.66}$$

现在考虑 k 时刻的情况。用过去 0 时刻到 k 时刻的数据,估计现在的状态分布:

$$P(\boldsymbol{x}_k \mid \boldsymbol{x}_0, \boldsymbol{u}_{1:k}, \boldsymbol{z}_{1:k}) \tag{5.67}$$

式(5.67)中,下标 $1{:}k$ 表示从 1 到 k 的所有数据,$\boldsymbol{z}_k$ 表示所有在 k 时刻的观测数据,它可能不止一个。

下面来看如何对状态进行估计。按照 Bayes 法则,把 $\boldsymbol{z}_k$ 与 $\boldsymbol{x}_k$ 交换位置,有

$$P(\boldsymbol{x}_k \mid \boldsymbol{x}_0, \boldsymbol{u}_{1:k}, \boldsymbol{z}_{1:k}) \propto P(\boldsymbol{z}_k \mid \boldsymbol{x}_k) P(\boldsymbol{x}_k \mid \boldsymbol{x}_0, \boldsymbol{u}_{1:k}, \boldsymbol{z}_{1:k-1}) \tag{5.68}$$

式(5.68)中,第一项称为似然,第二项称为先验。似然由观测方程给定,而先验部分,当前状态 $\boldsymbol{x}_k$ 是基于过去所有的状态估计得来的,至少,它会受 $\boldsymbol{x}_{k-1}$ 影响,于是按照 $\boldsymbol{x}_{k-1}$ 时刻为条件概率展开:

$$P(\boldsymbol{x}_k \mid \boldsymbol{x}_0, \boldsymbol{u}_{1:k}, \boldsymbol{z}_{1:k-1}) = \int P(\boldsymbol{x}_k \mid \boldsymbol{x}_{k-1}, \boldsymbol{x}_0, u_{1:k}, \boldsymbol{z}_{1:k-1}) P(\boldsymbol{x}_{k-1} \mid \boldsymbol{x}_0, \boldsymbol{u}_{1:k}, \boldsymbol{z}_{1:k-1}) \mathrm{d}\boldsymbol{x}_{k-1} \tag{5.69}$$

如果考虑更久之前的状态,可以继续对上式进行展开,不过一般只需关注 k 时刻和 $k-1$ 时刻的情况。假设 k 时刻状态只与 $k-1$ 时刻状态有关,而与再之前的无关,可以采用卡尔曼滤波和扩展卡尔曼滤波(Extended Kalman Filter,EKF)(非线性系统通过泰勒级数展开线性化)进行解算。

5.7.2　卡尔曼滤波的局限性与非线性系统

卡尔曼滤波形式简洁、应用广泛,是在某段时间内估计某个不确定量时的首选方法。但其在视觉 SLAM 中的应用,有一定的局限性:

(1) 卡尔曼滤波在一定程度上假设了马尔可夫性,即 k 时刻的状态只与 $k-1$ 时刻相关,而与 $k-1$ 之前的状态和观测都无关,或者和前几个有限时间的状态相关。在视觉里程计中,可以理解为只考虑相邻两帧之间的关系。如果当前帧确实与很久之前的数据有关(例如回环),那么滤波器就难以处理。

(2) 扩展卡尔曼滤波仅在 $\hat{\boldsymbol{x}}_{k-1}$ 处做了一次线性化,然后就直接根据这次线性化结果,计算出了后验概率。即认为该点处的线性化近似,在后验概率处仍然是有效的。实际工作中,当离开工作点较远的时候,一阶泰勒展开不一定能够近似整个函数,这取决于运动模型和观测模型的非线性情况,由此带来了 EKF 的非线性误差。在优化问题中,理想情况是,即使做一阶或二阶近似,但每迭代一次,状态估计发生改变之后,需要重新对新的估计点做泰勒展开,而 EKF 只在固定点上做一次泰勒展开。

(3) EKF 需要存储状态量的均值和方差,并对它们进行维护和更新。如果把路侧特征点也放进状态的话,由于视觉 SLAM 中路侧特征点数量很大,而且要存储协方差矩阵,存储量将相当可观,将与状态量呈平方增长。因此,EKF SLAM 在大型场景中的应用也有一定的局限性。

综上,如果需要考虑 k 时刻状态与之前所有状态的关系,此时将得到非线性优化为主体的优化框架,如以 BA(Bundle Adjustment,光束法平差)为主的图优化、位姿图优化和因子图优化等。限于篇幅,本章从略。

习　题

1. 简述视觉 SLAM 的框架和流程。
2. 如何表达视觉 SLAM 中的运动方程和观测方程?
3. 叙述相机内参的物理意义。如果一个相机的分辨率变成两倍而其他不变,它的内参如何变化?
4. 寻找一个相机,比如手机或笔记本的摄像头,标定它的内参。
5. 除了本章介绍的 ORB 特征点外,想想还能找到哪些其他的特征点?对比它们与 ORB 之间的优劣。
6. 简述 2D-2D 单目相机运动估计的原理、方法及其优缺点。
7. 简述 3D-2D 相机运动估计的原理、方法及其优缺点。
8. 简述 3D-3D 双目相机运动估计的原理、方法及其优缺点。
9. 简述卡尔曼滤波在后端优化中的应用。
10. 说明视觉 SLAM 中是如何实现同时定位与地图构建的。

◇第六章
卫星导航/惯性导航组合定位

第三至五章介绍了三种主要的车辆定位方法，从本章开始介绍组合定位。第六章介绍卫星导航/惯性导航组合定位，第七章介绍高精地图与地图匹配组合定位，第八章介绍其他组合定位方法。

6.1 组合导航系统简介

6.1.1 组合导航系统

组合导航是把具有不同特点的两种或两种以上导航系统组合在一起，取长补短，以提高导航系统的精度。参与组合的各个导航系统称为子系统。每种单一的导航系统都有其独特性和局限性，把几种单一的系统组合在一起，能够充分利用多种信息源，使它们互相补充，构成一种多余度、导航精度更高、可靠性更好的多功能系统。因此，组合导航系统一般具有以下三种功能：① 协同超越功能。它可覆盖各导航子系统性能，且与单一导航模式兼容，充分利用各导航子系统的信息，形成单个子系统所不具备的功能，其性能超过每一个参与组合的子系统的性能。② 互补功能。它能综合利用各个子系统的信息，利用信息融合获得更加精确的导航信息，使各个子系统取长补短，从而扩大了使用范围并提高了导航精度。③ 余度功能。各子系统感测同一信息源，这就增加了导航系统的可靠性。

可用于组合导航的设备和方法有很多，例如卫星导航系统、多普勒导航系统、惯性导航系统、航位推算、视觉定位、激光雷达定位、远程无线电导航系统、地形辅助导航系统、重力场匹配导航系统、天文导航系统、高精地图和地图匹配等。目前应用最多的是卫星导航/惯性导航组合。

6.1.2　卫星导航/捷联惯导组合定位方案

车辆移动定位主要有卫星导航和惯性导航两种方法。

全球卫星导航系统根据接收到的导航卫星信号，解算航行体的位置和速度，其误差是有界的，具有很好的长期稳定性。但是卫星导航系统有动态响应能力差、易受电子干扰、信号易被遮挡等缺陷，在高楼、树林、桥梁、隧道等公路路段，可能会卫星失锁，影响车辆定位。

惯性导航系统根据惯性原理工作，工作时不需要任何外来信息，也不向外发射任何信息，仅靠系统本身就能在全天候条件下、全球范围内、任何介质环境里，自主、隐蔽地进行连续的三维空间定位和定向，提供航行体的位置、速度、航向、姿态等即时运动状态的完整信息。但是惯导系统的导航误差随时间而积累，这对于车辆高精度连续定位来说是致命的缺陷。

卫星导航系统和惯性导航系统各有优缺点，但在误差传播性能上正好是互补的，前者长期稳定性好、短期稳定性差，而后者正好相反。所以可采用卫导/惯导组合定位技术，将两种性能各异的不同导航系统有机地组合起来，以提高导航系统的整体性能。

在捷联惯导/卫星组合导航系统中，可应用卡尔曼滤波进行组合解算，即以导航子系统输出参数的误差作为组合导航系统状态，这里主要是捷联惯导系统误差和惯性器件误差。首先，由捷联惯导系统和卫星接收机对车辆的三维位置和速度参数分别进行测量；然后，将捷联惯导和卫星接收机各自输出的对应导航参数相减作为量测量，送入捷联惯导/卫星组合导航卡尔曼滤波器进行滤波计算，从而获得系统状态（捷联惯导系统误差）的最优估计值；接着，利用系统误差的估计值实时对捷联惯导系统进行误差校正；最后，将经过校正的捷联惯导的输出作为捷联惯导/卫星组合导航系统的输出。

随着组合导航技术的发展，对于 SINS（Strapdown Intertial Navigation System，捷联式惯性导航系统）和 GNSS（Global Navigation Satellite System，全球导航卫星系统）组合导航的研究，根据组合的深度可以分为三种类型：松耦合、紧耦合以及超紧耦合。

松耦合是组合深度最浅也最容易实现的一种组合方式。它以 SINS 和 GNSS 输出的速度和位置信息的差值作为观测量，以 SINS 线性化的误差方程作为系统方程，通过卡尔曼滤波对 SINS 的速度、位置、姿态以及传感器的误差进行最优估计，并根据估计结果对 SINS 进行输出校正或反馈校正。在松耦合中，GNSS 和 SINS 仍然独立工作。这种组合方式的主要优点是系统结构简单、易于实现，可以大幅度提高系统的导航精度，并使 SINS 具有动基座对准能力。缺点是这种组合方式导致滤波器的级联，使组合导航观测噪声时间相关，不满足卡尔曼滤波中观测噪声为白噪声的要求，因而可能产生较大误差，严重时可能使滤波器不稳定。实际工作中，常加大滤波器的迭代周期，使迭代周期超过误差相关时间，从而可以将量测噪声作白噪声处理。

紧耦合是深度的组合方式，它根据 GNSS 接收机收到的星历信息和 SINS 输出的位置及速度信息，计算得到相应于 SINS 位置的伪距、伪距率，并将其与 GNSS 接收机测量得到的伪距和伪距率进行比较，把它们的差值作为组合系统的观测量。通过卡尔曼滤波对 SINS 的误差和 GNSS 接收机的误差进行最优估计，然后对 SINS 进行输出校正或反馈校正。由于不存在滤波器的级联，还可以对 GNSS 接收机的测距误差进行建模。因此，这种伪距、伪距率组合方式比位置、速度组合具有更高的组合精度，而且在可见卫星的个数少于 4 颗时，也可以使用。

与紧耦合相比，超紧耦合除使用滤波技术对 SINS 的误差进行最优估计外，还利用 SINS 输出的信息来辅助 GNSS 信号的捕获和跟踪，加强了信号动态跟踪性能和抗干扰能力。载体和卫星之间的相对运动，使得接收机接收到的信号频率与卫星发射的信号频率不一样。GNSS 接收机需要经过载波频率搜索来捕获卫星信号，载体移动速度越快，附加的多普勒频率就越高，捕获信号需要的时间就越久。采用 SINS 辅助 GNSS 接收机可以有效地缩短捕获时间。常用的辅助方法是，通过 SINS 计算得到的伪距和伪距率，辅助 GNSS 锁相环路缩小搜索带宽，提高信号捕获效率和抗干扰能力。

下面介绍松耦合和紧耦合的组合定位算法。

6.2 捷联惯导/卫星导航松耦合组合算法

6.2.1 松耦合组合导航状态方程

第 4 章已详细分析过 SINS 的误差方程，将姿态误差方程、速度误差方程、位置误差方程和惯性仪表误差方程综合在一起，选取状态变量为 $\boldsymbol{X}_I=[\boldsymbol{\varphi}^l \quad \delta\boldsymbol{v}^l \quad \delta\boldsymbol{r}^l \quad \delta\boldsymbol{\omega} \quad \delta\boldsymbol{f}]^{\mathrm{T}}$，写出 SINS 误差状态方程的一般表达式为

$$\dot{\boldsymbol{X}}_I=\boldsymbol{F}_I\boldsymbol{X}_I+\boldsymbol{G}_I\boldsymbol{W}_I \tag{6.1}$$

由第 4.4 节的式(4.224)知

$$\boldsymbol{F}_I=\begin{bmatrix}\boldsymbol{F}_{\varphi\varphi} & \boldsymbol{F}_{\varphi v} & \boldsymbol{F}_{\varphi r} & -\boldsymbol{R}_b^l & \boldsymbol{0}_{3\times3}\\ \boldsymbol{F}_{v\varphi} & \boldsymbol{F}_{vv} & \boldsymbol{F}_{vr} & \boldsymbol{0}_{3\times3} & \boldsymbol{R}_b^l\\ \boldsymbol{0}_{3\times3} & \boldsymbol{F}_{rv} & \boldsymbol{F}_{rr} & \boldsymbol{0}_{3\times3} & \boldsymbol{0}_{3\times3}\\ \boldsymbol{0}_{3\times3} & \boldsymbol{0}_{3\times3} & \boldsymbol{0}_{3\times3} & \boldsymbol{0}_{3\times3} & \boldsymbol{0}_{3\times3}\\ \boldsymbol{0}_{3\times3} & \boldsymbol{0}_{3\times3} & \boldsymbol{0}_{3\times3} & \boldsymbol{0}_{3\times3} & \boldsymbol{0}_{3\times3}\end{bmatrix} \tag{6.2}$$

式中，$\boldsymbol{G}_I$ 表示系统噪声驱动矩阵，$\boldsymbol{G}_I=\begin{bmatrix}\boldsymbol{I}_{6\times6}\\ \boldsymbol{0}_{9\times6}\end{bmatrix}$；$\boldsymbol{W}_I$ 为系统噪声，$\boldsymbol{W}_I=[\omega_{gx} \quad \omega_{gy} \quad \omega_{gz}$

$\omega_{ax} \quad \omega_{ay} \quad \omega_{az}]^{T}$，其中 ω_{gx}、ω_{gy}、ω_{gz} 为陀螺仪白噪声，ω_{ax}、ω_{ay}、ω_{az} 为加速度计白噪声。

GNSS 定位误差主要来自卫星星历误差、卫星钟误差、信号传播误差和接收机测量误差等。其速度和位置误差相关性可用一阶马尔可夫过程表示：

$$\begin{cases} \delta\dot{v}_{ES}=-\dfrac{1}{\tau_{SvE}}\delta v_{ES}+\omega_{SvE} \\ \delta\dot{v}_{NS}=-\dfrac{1}{\tau_{SvN}}\delta v_{NS}+\omega_{SvN} \\ \delta\dot{v}_{US}=-\dfrac{1}{\tau_{SvU}}\delta v_{US}+\omega_{SvU} \end{cases} \text{和} \begin{cases} \delta\dot{\varphi}_{S}=-\dfrac{1}{\tau_{S\varphi}}\delta\varphi_{S}+\omega_{S\varphi} \\ \delta\dot{\lambda}_{S}=-\dfrac{1}{\tau_{S\lambda}}\delta\lambda_{S}+\omega_{S\lambda} \\ \delta\dot{h}_{S}=-\dfrac{1}{\tau_{Sh}}\delta h_{S}+\omega_{Sh} \end{cases} \tag{6.3}$$

将式(6.3)误差方程综合在一起，写出 GNSS 误差状态方程的一般表达式：

$$\dot{\boldsymbol{X}}_{S}=\boldsymbol{F}_{S}\boldsymbol{X}_{S}+\boldsymbol{G}_{S}\boldsymbol{W}_{S} \tag{6.4}$$

式中，$\boldsymbol{F}_{S}$ 为 GNSS 误差状态方程对应的状态矩阵，表示为

$$\boldsymbol{F}_{S}=\mathrm{diag}\left(-\frac{1}{\tau_{SvE}}\ -\frac{1}{\tau_{SvN}}\ -\frac{1}{\tau_{SvU}}\ -\frac{1}{\tau_{S\varphi}}\ -\frac{1}{\tau_{S\lambda}}\ -\frac{1}{\tau_{Sh}}\right) \tag{6.5}$$

$$\boldsymbol{X}_{S}=[\delta\boldsymbol{v}_{S}^{l} \quad \delta\boldsymbol{r}_{S}^{l}]^{T} \tag{6.6}$$

$\boldsymbol{G}_{S}$ 表示系统噪声驱动矩阵，为单位阵。$\boldsymbol{W}_{S}$ 为系统噪声，$\boldsymbol{W}_{S}=[\omega_{SvE} \quad \omega_{SvN} \quad \omega_{SvU} \quad \omega_{S\varphi} \quad \omega_{S\lambda} \quad \omega_{Sh}]^{T}$，其中 ω_{SvE}、ω_{SvN}、ω_{SvU} 为 GNSS 速度误差白噪声，$\omega_{S\varphi}$、$\omega_{S\lambda}$、ω_{Sh} 为 GNSS 位置误差白噪声。

将 SINS 误差状态方程式(6.1)和 GNSS 误差状态方程式(6.4)合并，则得到位置、速度组合系统的系统状态方程为

$$\begin{bmatrix}\dot{\boldsymbol{X}}_{I}\\ \dot{\boldsymbol{X}}_{S}\end{bmatrix}=\begin{bmatrix}\boldsymbol{F}_{I} & \boldsymbol{0}\\ \boldsymbol{0} & \boldsymbol{F}_{S}\end{bmatrix}\begin{bmatrix}\boldsymbol{X}_{I}\\ \boldsymbol{X}_{S}\end{bmatrix}+\begin{bmatrix}\boldsymbol{G}_{I} & \boldsymbol{0}\\ \boldsymbol{0} & \boldsymbol{G}_{S}\end{bmatrix}\begin{bmatrix}\boldsymbol{W}_{I}\\ \boldsymbol{W}_{S}\end{bmatrix} \tag{6.7}$$

在松耦合组合导航中，状态方程一般不考虑 GNSS 误差，式(6.7)简化为式(6.1)，简写为

$$\dot{\boldsymbol{X}}=\boldsymbol{F}\boldsymbol{X}+\boldsymbol{G}\boldsymbol{W} \tag{6.8}$$

6.2.2　松耦合组合导航量测方程

SINS/GNSS 组合导航系统的组合模式选择速度、位置的组合，系统的量测值包含两种：一种为速度量测差值，由 SINS 给出的速度信息与 GNSS 接收机输出的速度信息求差；另一种为位置量测差值，由 SINS 给出的位置信息（纬度、经度和高度）与 GNSS 接收机输出的位置信息求差。故取量测值 $\boldsymbol{Z}$ 如下：

$$\boldsymbol{Z}=\begin{bmatrix}\boldsymbol{v}_{I}^{l}-\boldsymbol{v}_{S}^{l}\\ \boldsymbol{r}_{I}^{l}-\boldsymbol{r}_{S}^{l}\end{bmatrix} \tag{6.9}$$

式中，$\boldsymbol{v}_I^l=[v_{EI} \quad v_{NI} \quad v_{UI}]^{\mathrm{T}}$ 为 SINS 输出的载体东北天速度，$\boldsymbol{v}_S^l=[v_{ES} \quad v_{NS} \quad v_{US}]^{\mathrm{T}}$ 为 GNSS 输出的东北天速度；$\boldsymbol{r}_I^l=[\varphi_I \quad \lambda_I \quad h_I]^{\mathrm{T}}$ 为 SINS 输出的载体位置，$\boldsymbol{r}_S^l=[\varphi_S \quad \lambda_S \quad h_S]^{\mathrm{T}}$ 为 GNSS 输出的载体位置。SINS 和 GNSS 输出的速度、位置信息中分别存在误差，所以根据式(6.9)可将量测值 $\boldsymbol{Z}$ 写为

$$\boldsymbol{Z}=\begin{bmatrix}(\boldsymbol{v}^l+\delta\boldsymbol{v}_I^l)-(\boldsymbol{v}^l+\delta\boldsymbol{v}_S^l)\\(\boldsymbol{r}^l+\delta\boldsymbol{r}_I^l)-(\boldsymbol{r}^l+\delta\boldsymbol{r}_S^l)\end{bmatrix}=\begin{bmatrix}\delta\boldsymbol{v}_I^l\\\delta\boldsymbol{r}_I^l\end{bmatrix}-\begin{bmatrix}\delta\boldsymbol{v}_S^l\\\delta\boldsymbol{r}_S^l\end{bmatrix} \tag{6.10}$$

式中，$\delta\boldsymbol{v}_I^l=[\delta v_{EI} \quad \delta v_{NI} \quad \delta v_{UI}]^{\mathrm{T}}$ 为 SINS 的东北天速度误差，$\delta\boldsymbol{v}_S^l=[\delta v_{ES} \quad \delta v_{NS} \quad \delta v_{US}]^{\mathrm{T}}$ 为 GNSS 的东北天速度误差；$\delta\boldsymbol{r}_I^l=[\delta\varphi_I \quad \delta\lambda_I \quad \delta h_I]^{\mathrm{T}}$ 为 SINS 的纬经高误差，$\delta\boldsymbol{r}_S^l=[\delta\varphi_S \quad \delta\lambda_S \quad \delta h_S]^{\mathrm{T}}$ 为 GNSS 的纬经高误差。

结合选取的 SINS/GNSS 组合导航状态向量 $\boldsymbol{X}$，可列出 SINS/GNSS 组合导航的量测方程为

$$\boldsymbol{Z}=\boldsymbol{H}\boldsymbol{X}+\boldsymbol{V} \tag{6.11}$$

其中，量测矩阵为

$$\boldsymbol{H}=\begin{bmatrix}\boldsymbol{0}_{3\times3} & \boldsymbol{I}_{3\times3} & \boldsymbol{0}_{3\times3} & \boldsymbol{0}_{3\times3} & \boldsymbol{0}_{3\times3}\\\boldsymbol{0}_{3\times3} & \boldsymbol{0}_{3\times3} & \boldsymbol{I}_{3\times3} & \boldsymbol{0}_{3\times3} & \boldsymbol{0}_{3\times3}\end{bmatrix} \tag{6.12}$$

$\boldsymbol{V}$ 为系统量测白噪声。

6.2.3 状态方程和量测方程的离散化

将状态方程式(6.1)和量测方程式(6.11)离散化，可得

$$\boldsymbol{X}_k=\boldsymbol{\Phi}_{k,k-1}\boldsymbol{X}_{k-1}+\boldsymbol{\Gamma}_{k-1}\boldsymbol{W}_{k-1} \tag{6.13}$$

$$\boldsymbol{Z}_k=\boldsymbol{H}_k\boldsymbol{X}_k+\boldsymbol{V}_k \tag{6.14}$$

式中

$$\boldsymbol{\Phi}_{k,k-1}=\sum_{n=0}^{\infty}[\boldsymbol{F}(t_{k-1})T]^n/n! \tag{6.15}$$

$$\boldsymbol{\Gamma}_{k-1}=\left\{\sum_{n=1}^{\infty}\frac{1}{n!}[\boldsymbol{F}(t_{k-1})T]^{n-1}\right\}\boldsymbol{G}(t_k)T \tag{6.16}$$

上两式中，T 为滤波周期，在实际计算时，两式取有限项即可。

根据卡尔曼滤波的要求，状态方程的系统噪声和量测方程的量测噪声应具有如下性质：

$$E[\boldsymbol{W}(t)]=\boldsymbol{0},\ E[\boldsymbol{W}(t)\boldsymbol{W}^{\mathrm{T}}(\tau)]=\boldsymbol{Q}(t)\delta(t-\tau)$$

$$E[\boldsymbol{V}(t)]=\boldsymbol{0},\ E[\boldsymbol{V}(t)\boldsymbol{V}^{\mathrm{T}}(\tau)]=\boldsymbol{R}(t)\delta(t-\tau)$$

$$E[\boldsymbol{W}_k]=\boldsymbol{0},\ E[\boldsymbol{W}_k\boldsymbol{W}_j^{\mathrm{T}}]=\boldsymbol{Q}_k\delta_{kj}$$

$$E[\boldsymbol{V}_k]=\boldsymbol{0},\ E[\boldsymbol{V}_k\boldsymbol{V}_j^{\mathrm{T}}]=\boldsymbol{R}_k\delta_{kj}$$

$$\delta_{kj}=\begin{cases}1,\ k=j\\0,\ k\neq j\end{cases}$$

其中，$\boldsymbol{Q}_k$ 和 $\boldsymbol{Q}(t)$、$\boldsymbol{R}_k$ 和 $\boldsymbol{R}(t)$ 的关系可近似表示为

$$\begin{cases}\boldsymbol{Q}_k=\boldsymbol{Q}(t)/T\\\boldsymbol{R}_k=\boldsymbol{R}(t)/T\end{cases}\tag{6.17}$$

6.3　捷联惯导/卫星导航紧耦合组合算法

6.3.1　紧耦合组合导航状态方程

当 SINS/GNSS 组合系统采用伪距、伪距率进行组合时，系统的状态由两部分组成：一是 SINS 的误差状态，二是 GNSS 的误差状态。

SINS 的误差状态方程的一般形式见式(6.1)。

GNSS 的误差状态，在伪距、伪距率组合系统中，通常取两个与时间相关的误差：一个是与时钟误差等效的距离误差 δt_u，另一个是与时钟频率误差等效的距离率误差 δt_{ru}。误差状态的微分方程分别为

$$\begin{cases}\delta\hat{t}_u=\delta t_u+\omega_{tu}\\\delta\dot{t}_{ru}=-\beta_{tru}\delta t_{ru}+\omega_{tru}\end{cases}\tag{6.18}$$

式中，β_{tru} 为反相关时间，则 GNSS 的误差状态方程为

$$\dot{\boldsymbol{X}}_G=\boldsymbol{F}_G\boldsymbol{X}_G+\boldsymbol{G}_G\boldsymbol{W}_G\tag{6.19}$$

式中

$$\dot{\boldsymbol{X}}_G=[\delta\dot{t}_u\quad \delta\dot{t}_{ru}]^{\mathrm{T}},\ \boldsymbol{W}_G=[\omega_{tu}\quad \omega_{tru}]^{\mathrm{T}}$$

$$\boldsymbol{F}_G=\begin{bmatrix}1&0\\0&-\beta_{tru}\end{bmatrix},\ \boldsymbol{G}_G=\begin{bmatrix}1&0\\0&1\end{bmatrix}$$

将 SINS 误差状态方程式(6.1)与 GNSS 误差状态方程式(6.19)合并，得到伪距、伪距率组合系统的系统状态方程为

$$\begin{bmatrix}\dot{\boldsymbol{X}}\\\dot{\boldsymbol{X}}_G\end{bmatrix}=\begin{bmatrix}\boldsymbol{F}_I&\boldsymbol{0}\\\boldsymbol{0}&\boldsymbol{F}_G\end{bmatrix}\begin{bmatrix}\boldsymbol{X}_I\\\boldsymbol{X}_G\end{bmatrix}+\begin{bmatrix}\boldsymbol{G}_I&\boldsymbol{0}\\\boldsymbol{0}&\boldsymbol{G}_G\end{bmatrix}\begin{bmatrix}\boldsymbol{W}_I\\\boldsymbol{W}_G\end{bmatrix}\tag{6.20}$$

即

$$\dot{\boldsymbol{X}}=\boldsymbol{F}\boldsymbol{X}+\boldsymbol{G}\boldsymbol{W}\tag{6.21}$$

6.3.2 紧耦合组合导航量测方程

在组合导航系统中，设载体在地心地固坐标系下的真实位置为$[x \quad y \quad z]^T$，SINS测得的位置为$[x_I \quad y_I \quad z_I]^T$，由卫星星历确定的卫星位置为$[x_s \quad y_s \quad z_s]^T$，则可得相应于SINS所在位置处的伪距$\rho_I$。将GNSS接收机测得的伪距记为$\rho_G$，选择SINS和GNSS两者伪距之差和两者伪距率之差，作为组合导航系统的观测值。

1）伪距量测方程

载体上GNSS接收机相对于第j颗卫星测得的伪距为

$$\rho_{Gj}=r_j+\delta t_u+v_{\rho j} \tag{6.22}$$

式中，$v_{\rho j}$为伪距测量白噪声；r_j为载体与第j颗卫星之间的真实距离，其值为

$$r_j=[(x-X_{sj})^2+(y-Y_{sj})^2+(z-Z_{sj})^2]^{\frac{1}{2}} \tag{6.23}$$

将式(6.22)在$[x_I \quad y_I \quad z_I]^T$处泰勒展开，仅取到一次项，有

$$\begin{aligned}\rho_{Gj}=&[(X_I-X_{sj})^2+(Y_I-Y_{sj})^2+(Z_I-Z_{sj})^2]^{\frac{1}{2}}+\\&\left.\frac{\partial\rho_{Gj}}{\partial x}\right|_{X_I,Y_I,Z_I}(x-X_I)+\left.\frac{\partial\rho_{Gj}}{\partial y}\right|_{X_I,Y_I,Z_I}(y-Y_I)+\\&\left.\frac{\partial\rho_{Gj}}{\partial z}\right|_{X_I,Y_I,Z_I}(z-Z_I)+\delta t_u+v_{\rho j}\end{aligned} \tag{6.24}$$

式中

$$\left.\frac{\partial\rho_{Gj}}{\partial x}\right|_{X_I,Y_I,Z_I}=\frac{(X_I-X_{sj})}{[(X_I-X_{sj})^2+(Y_I-Y_{sj})^2+(Z_I-Z_{sj})^2]^{\frac{1}{2}}}=e_{j1}$$

$$\left.\frac{\partial\rho_{Gj}}{\partial y}\right|_{X_I,Y_I,Z_I}=\frac{(Y_I-Y_{sj})}{[(X_I-X_{sj})^2+(Y_I-Y_{sj})^2+(Z_I-Z_{sj})^2]^{\frac{1}{2}}}=e_{j2}$$

$$\left.\frac{\partial\rho_{Gj}}{\partial z}\right|_{X_I,Y_I,Z_I}=\frac{(Z_I-Z_{sj})}{[(X_I-X_{sj})^2+(Y_I-Y_{sj})^2+(Z_I-Z_{sj})^2]^{\frac{1}{2}}}=e_{j3}$$

而SINS解算的位置与载体真实位置之间的关系为

$$\begin{cases}\delta x=X_I-x\\\delta y=Y_I-y\\\delta z=Z_I-z\end{cases} \tag{6.25}$$

所以，式(6.24)可表示为

$$\rho_{Gj}=[(X_I-X_{sj})^2+(Y_I-Y_{sj})^2+(Z_I-Z_{sj})^2]^{\frac{1}{2}}-e_{j1}\delta x-e_{j2}\delta y-e_{j3}\delta z+\delta t_u+v_{\rho j} \tag{6.26}$$

由 SINS 计算的载体到第 j 颗卫星的伪距 ρ_{Ij} 可表示为

$$\rho_{Ij}=[(X_I-X_{sj})^2+(Y_I-Y_{sj})^2+(Z_I-Z_{sj})^2]^{\frac{1}{2}} \tag{6.27}$$

GNSS 伪距量测值 ρ_{Gj} 与 SINS 伪距量测值 ρ_{Ij} 分别为式(6.26)和式(6.27),则伪距差量测方程可写为

$$\delta_{\rho j}=\rho_{Ij}-\rho_{Gj}=e_{j1}\delta x+e_{j2}\delta y+e_{j3}\delta z-\delta t_u-v_{\rho j} \tag{6.28}$$

在 SINS/GNSS 组合系统中,GNSS 接收机至少要获取 4 颗卫星信号来解算载体位置和钟差,即 $j=1,2,3,4$,则式(6.28)可写为

$$\delta\boldsymbol{\rho}=\boldsymbol{E}[\delta x \quad \delta y \quad \delta z]^{\mathrm{T}}+\boldsymbol{K}\delta_u+\boldsymbol{v}_\rho \tag{6.29}$$

式中

$$\delta\boldsymbol{\rho}=\begin{bmatrix}\delta\rho_1\\ \delta\rho_2\\ \delta\rho_3\\ \delta\rho_4\end{bmatrix},\ \boldsymbol{E}=\begin{bmatrix}e_{11} & e_{12} & e_{13}\\ e_{21} & e_{22} & e_{23}\\ e_{31} & e_{32} & e_{33}\\ e_{41} & e_{42} & e_{43}\end{bmatrix},\ \boldsymbol{K}=\begin{bmatrix}-1\\ -1\\ -1\\ -1\end{bmatrix},\ \boldsymbol{v}_\rho=\begin{bmatrix}-v_{\rho1}\\ -v_{\rho2}\\ -v_{\rho3}\\ -v_{\rho4}\end{bmatrix}$$

惯导系统一般以当地水平坐标系为导航坐标系,即用经度、纬度和高度定位,因此,伪距量测方程中的 δx、δy、δz 需用 $\delta\varphi$、$\delta\lambda$、δh 来表示。ECEF 坐标系下的空间直角坐标 $[x \quad y \quad z]^{\mathrm{T}}$ 与大地坐标 $[\varphi \quad \lambda \quad h]^{\mathrm{T}}$ 之间的转换关系为

$$\begin{cases}x=(R_n+h)\cos\varphi\cos\lambda\\ y=(R_n+h)\cos\varphi\sin\lambda\\ z=[R_n(1-e^2)+h]\sin\varphi\end{cases} \tag{6.30}$$

对上式微分得

$$\begin{cases}\delta x=\cos\varphi\cos\lambda\delta h-(R_n+h)\sin\varphi\cos\lambda\delta\varphi-(R_n+h)\cos\varphi\sin\lambda\delta\lambda\\ \delta y=\cos\varphi\sin\lambda\delta h-(R_n+h)\sin\varphi\sin\lambda\delta\varphi+(R_n+h)\cos\varphi\cos\lambda\delta\lambda\\ \delta z=\sin\varphi\delta h+[R_n(1-e^2)+h]\cos\varphi\delta\varphi\end{cases} \tag{6.31}$$

即

$$[\delta x \quad \delta y \quad \delta z]^{\mathrm{T}}=\boldsymbol{R}_{\delta l}^{\delta e}[\delta\varphi \quad \delta\lambda \quad \delta h]^{\mathrm{T}} \tag{6.32}$$

$$\boldsymbol{R}_{\delta l}^{\delta e}=\begin{bmatrix}-(R_n+h)\sin\varphi\cos\lambda & -(R_n+h)\cos\varphi\sin\lambda & \cos\varphi\cos\lambda\\ -(R_n+h)\sin\varphi\cos\lambda & +(R_n+h)\cos\varphi\cos\lambda & \cos\varphi\sin\lambda\\ [R_n(1-e^2)+h]\cos\varphi & 0 & \sin\varphi\end{bmatrix} \tag{6.33}$$

将式(6.32)代到式(6.29),整理得到伪距量测方程

$$\boldsymbol{Z}_\rho=\boldsymbol{H}_\rho\boldsymbol{X}+\boldsymbol{V}_\rho \tag{6.34}$$

其中,$\boldsymbol{H}_\rho=[\boldsymbol{0}_{4\times6} \quad \boldsymbol{E}\boldsymbol{R}_{\delta l}^{\delta e} \quad \boldsymbol{0}_{4\times6} \quad \boldsymbol{K}_{4\times1} \quad \boldsymbol{0}_{4\times1}]_{4\times17}$,$\boldsymbol{V}_\rho=[-v_{\rho_1} \quad -v_{\rho_2} \quad -v_{\rho_3} \quad -v_{\rho_4}]^{\mathrm{T}}$。

2）伪距率量测方程

惯性导航设备相对于第 j 颗卫星有运动，由式(6.27)，得 SINS 与第 j 颗卫星间的伪距变化率：

$$\dot{\rho}_{Ij}=e_{j1}(\dot{x}_I-\dot{x}_{sj})+e_{j2}(\dot{y}_I-\dot{y}_{sj})+e_{j3}(\dot{z}_I-\dot{z}_{sj}) \tag{6.35}$$

SINS 的速度值，可以看作是真实值与误差之和，由式(6.25)，于是有

$$\begin{cases}\dot{x}_I=\dot{x}+\delta\dot{x}\\ \dot{y}_I=\dot{y}+\delta\dot{y}\\ \dot{z}_I=\dot{z}+\delta\dot{z}\end{cases} \tag{6.36}$$

将式(6.36)代入式(6.35)，可得

$$\dot{\rho}_{Ij}=e_{j1}(\dot{x}-\dot{x}_{sj})+e_{j2}(\dot{y}-\dot{y}_{sj})+e_{j3}(\dot{z}-\dot{z}_{sj})+e_{j1}\delta\dot{x}+e_{j2}\delta\dot{y}+e_{j3}\delta\dot{z} \tag{6.37}$$

由 GNSS 接收机测得的伪距变化率为

$$\dot{\rho}_{Gj}=e_{j1}(\dot{x}-\dot{x}_{sj})+e_{j2}(\dot{y}-\dot{y}_{sj})+e_{j3}(\dot{z}-\dot{z}_{sj})+\delta t_{ru}+v_{\dot{\rho}j} \tag{6.38}$$

SINS 与 GNSS 的伪距率分别为式(6.37)和式(6.38)，求差得伪距率量测方程：

$$\delta\dot{\rho}_j=\dot{\rho}_{Ij}-\dot{\rho}_{Gj}=e_{j1}\delta\dot{x}+e_{j2}\delta\dot{y}+e_{j3}\delta\dot{z}-\delta t_{ru}-v_{\dot{\rho}j} \tag{6.39}$$

取 $j=1,2,3,4$，即 GNSS 接收机同时观测 4 颗卫星，则有

$$\delta\dot{\boldsymbol{\rho}}=\boldsymbol{E}[\delta\dot{x}\quad\delta\dot{y}\quad\delta\dot{z}]^{\mathrm{T}}+\boldsymbol{K}\delta t_{ru}+\boldsymbol{v}_{\dot{\rho}} \tag{6.40}$$

式中，$\delta\dot{\boldsymbol{\rho}}=[\delta\dot{\rho}_1\quad\delta\dot{\rho}_2\quad\delta\dot{\rho}_3\quad\delta\dot{\rho}_4]^{\mathrm{T}}$，$\boldsymbol{v}_{\dot{\rho}}=[-v_{\dot{\rho}_1}\quad -v_{\dot{\rho}_2}\quad -v_{\dot{\rho}_3}\quad -v_{\dot{\rho}_4}]^{\mathrm{T}}$。

式(6.40)中的 $\delta\dot{x}$、$\delta\dot{y}$、$\delta\dot{z}$ 为在地心地固坐标系中的速度误差，需要用当地水平系中的速度误差 δv_E、δv_N、δv_U 来表示。设 $\boldsymbol{R}_l^e$ 为由当地水平系(l 系)到地心地固系(e 系)的坐标转换矩阵，则

$$\begin{bmatrix}\delta\dot{x}\\ \delta\dot{y}\\ \delta\dot{z}\end{bmatrix}=\boldsymbol{R}_l^e\begin{bmatrix}\delta v_E\\ \delta v_N\\ \delta v_U\end{bmatrix} \tag{6.41}$$

式中

$$\boldsymbol{R}_l^e=\begin{bmatrix}-\sin\lambda & -\sin\varphi\cos\lambda & \cos\varphi\cos\lambda\\ \cos\lambda & -\sin\varphi\sin\lambda & \cos\varphi\sin\lambda\\ 0 & \cos\varphi & \sin\varphi\end{bmatrix} \tag{6.42}$$

将式(6.41)代到式(6.40)，可得伪距率量测方程为

$$\boldsymbol{Z}_{\dot{\rho}}=\boldsymbol{H}_{\dot{\rho}}\boldsymbol{X}+\boldsymbol{V}_{\dot{\rho}} \tag{6.43}$$

其中，$\boldsymbol{H}_{\dot{\rho}}=[\boldsymbol{0}_{4\times3}\quad \boldsymbol{ER}_l^e\quad \boldsymbol{0}_{4\times10}\quad \boldsymbol{K}_{4\times1}]_{4\times17}$，$\boldsymbol{V}_{\dot{\rho}}=[-v_{\dot{\rho}_1}\quad -v_{\dot{\rho}_2}\quad -v_{\dot{\rho}_3}\quad -v_{\dot{\rho}_4}]^{\mathrm{T}}$。

将伪距量测方程式(6.34)和伪距率量测方程式(6.43)合并，即为组合导航系统的量测方程，观测量由4维伪距差和4维伪距率差组成，形成8维观测矢量，表示为

$$\boldsymbol{Z}=\begin{bmatrix}\boldsymbol{H}_{\rho}\\ \boldsymbol{H}_{\dot{\rho}}\end{bmatrix}\boldsymbol{X}+\begin{bmatrix}\boldsymbol{V}_{\rho}\\ \boldsymbol{V}_{\dot{\rho}}\end{bmatrix}=\boldsymbol{HX}+\boldsymbol{V} \tag{6.44}$$

习　　题

1. 说明卫星导航、惯性导航各自的优缺点，介绍这两种导航方法的组合优势。
2. 解释松耦合、紧耦合和超紧耦合组合导航的工作思路。
3. 列出松耦合组合导航状态方程。
4. 列出松耦合组合导航量测方程。
5. 列出紧耦合组合导航状态方程。
6. 列出紧耦合组合导航量测方程。

◇第七章 高精地图与地图匹配组合定位

如果测定了定位区域的高精度电子地图，并进行实时更新，考虑到公路及其周围环境短时期内不会变化，那么将高精地图作为传感器，利用道路物理信息与预制高精度地图，也可实现公路车辆的动态定位。

7.1 高精地图概述

高精地图按照应用，分为平台高精地图、车载高精地图两种，其要素如图 7.1 所示。

(1) 平台高精地图：主要包括采集区域高精地图数据，地图文件要素包括基础地图背景显示数据、道路交通拓扑网络数据、植被、POI 点（信息点）、编检索数据、地质检索数据、道路交叉点检索数据，可做成白膜的形式。若业主有一定的三维数据，可实现无缝加载。数据成果包括导航电子地图与卫星影像地图，文件格式为 WGS-84 坐标系的 SHP 或 mif 数据格式。数据精度要求：水平精度优于 10 cm，高程精度优于 20 cm。

(2) 车载高精地图：面向采集区域的车载高精地图，采用偏转后的 Opendrive 格式，车辆本地解算后通过偏转插件进行使用。支持 WGS-84 到 GCJ02 火星坐标系的转换以及基础要素的调用 API。地图文件要素包括道路参考线、车道线、车道中心线、道路边界线、路牙、护栏、路牌、杆、反光牌、迎面墙、构造物、地面标志、路面等特征点提取。

图 7.1　高精地图要素

所有对外地图都需要定位加密偏转，提供的最终成果交付物为加密后的数据交换格式和经过编译的可用于高精导航引擎的车载物理格式。高精地图作为地图匹配特征的基础数据资料，在数据的具体应用环节，会根据特征匹配的算法进行对象特征语义的定义和提取。

高精地图具有无死角、看得远、全天候、全天时等特点，是对车辆现有传感器系统的增强和补充，为认知和决策提供有力参考。其主要功能包括：(1) 辅助高精定位，有利于局部路径规划，服务于自动驾驶；(2) 辅助感知，对车辆传感器的性能边界提供先验信息；(3) 提供道路曲率、坡度角等全局认知信息，有助于提高车辆乘坐的舒适性；(4) 通过其属性信息，减少传感器的目标检测范围，有利于提高系统性能。

公路车辆地图匹配定位中，主要用到高精地图中的道路路网和道路中心线，下面分别介绍。

7.2 基于道路节点连接的道路网络模型及其自动生成算法

7.2.1 基于节点连接道路网络模型

道路网络是数字地图数据库中的重要图层，车辆导航定位中的地图匹配、路径诱导等功能都依赖现实路网对应的数据库。

图 7.2 显示了道路网络的几何元素和基本拓扑关系。其中，节点是道路路段的交点或终点，多义线点指非直线路段的拐点，穿越反映了路段之间的邻接。节点可以用空间坐标表示，节点和节点的联系可以用线段或者多义线表示。两条相邻的边构成一个路段穿越，反映了道路的邻接拓扑关系。

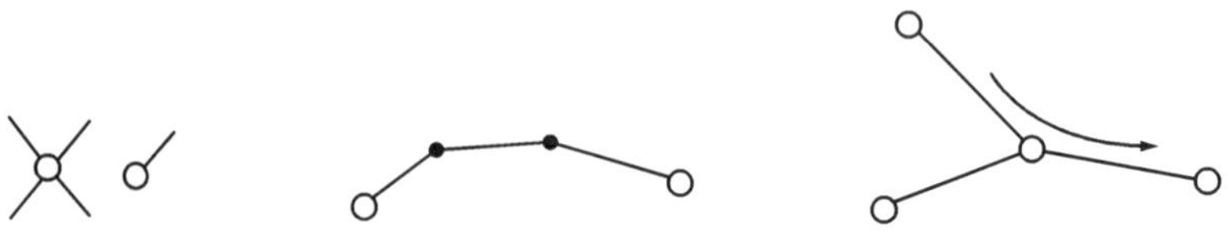

(a) 节点　　(b) 多义线点　　(c) 穿越

图 7.2　道路网络中的几何元素和基本拓扑关系

数字地图道路网络模型有基于路段连接和基于节点连接两种。基于节点连接的道路网络模型，将路段看成道路网络的核心单元，将节点视为路段的连接元素。其定义为

$$\begin{cases} R_W=(N,R) \\ N=\{x \mid x\in RS\} \\ R=\{NR\} \\ NR=\{\langle x,y\rangle \mid L(x,y)\wedge(x,y\in N)\} \end{cases} \tag{7.1}$$

式中，R_W 指道路网络；RS 是道路的有向路段集；NR 表示路网两个路段的拓扑关系集合；有序对 $\langle x,y\rangle$ 表示有向路段 x 可以通行到有向路段 y；$L(x,y)$ 表示连接有向路段 x 到有向路段 y 的节点。该道路网络模型具有如下特点：

(1) 双向路段对应两个有向路段，单向路段仅对应一条有向路段；

(2) 道路网络以路段为节点，可以方便地表示转向限制，因为相邻的路段假如可以通行的话，道路网络已经建立了一个以节点为连接的联系；

(3) 路段中存储了起始和终止节点的信息，可以方便地由路段获取节点，或由节点获取其连接的路段信息。

由于每个有向路段连接的其余有向路段数是有限的，所以节点连接路网模型是不带权的不完全稀疏图。路段的多义线点依托于路段而存在，由路段可以得到相应的道路节点，道路的通行由有向路段的连接表示。该数据模型可以保证地图匹配和最优路径算法的顺利实施。

7.2.2　路段分离预处理算法

导航定位数字地图模型中，矢量实体构成要素都是点和线段，而道路模型多为单路线型。生成道路网络前，需进行路段分离预处理，将道路中心线在道路交叉点处打断，使得道路网络中不存在穿越交点的路心线实体。定义数据结构如下：

```
struct MAPELEMENTINFO
{
        CMapElement * pElement;            //实体指针，指向路心线实体
        FPointList IntersectionPoint;    //pElement 和其他实体相交的交点集
};
```

假设原始路心线实体个数为 N，该算法可以用如下过程表示：

(1) 从实体集中取出第一实体，求出它和其他 $N-1$ 个实体的交点，若新交点与存在的交点距离小于既定值，则认为是同一交点，否则认为是新的交点，将之加入交点集；在得到本实体的交点的同时，将该交点加入与之相交的实体的交点集中，若该交点与实体已存在的某交点的距离小于某个设定值，认为是同一交点，则不加入。

(2) 从实体集取出第二个实体，求出该实体和剩余 $N-2$ 个实体的交点，交点的加入方式同上一步。

(3) 依次取出第 i 个实体，求其和剩余 $N-i$ 个实体的交点，对交点加入 MAPELE-MENTINFO 结构的方式同前。持续这个过程直至遍历所有实体。

(4) 重新遍历实体，将每个存在交点的实体在交点处一一断开，从而得到新的实体集。

7.2.3 路段跟踪算法

经过路段分离预处理后，道路路心线均被相应交点断开，此时可以用路段追踪算法遍历整个道路网络，获取所有的路段和节点及其邻接信息。定义数据结构如下：

```
strcut ELEMENTADJ
{
        CMapElement * pElement;          //路心线实体
        CNode * pNode1;                  //路段端点 1
        CNode * pNode2;                  //路段端点 2
        PMapElementList ElementList1; //和某路心线一端端点 1 邻接的路心线
        PMapElementList ElementList2; //和某路心线另一端端点 2 邻接的路心线
};                                 //结构，反映了道路路段实体和其相邻实体的关系
class CElementAdjList ElementAdjList;  //表，存储 ELEMENTADJ 节点
class CNodeList NodeList;              //表，存储路段交点和端点
```

类 CNodeList 被设计用以存储道路路段端点，类 CElementAdjList 也是一个表，用以存储 MAPELEMENTINFO 结构的节点。道路跟踪、道路网络的数据库自动生成算法用下述过程表示：

(1) 遍历路心线实体并编号。

(2) 得到第一个实体，得到两端点信息，将两端点加入端点表 NodeList，并编号。

(3) 求和当前实体两个端点相连的路心线实体集，并生成若干相应的 ELEMENTADJ 型节点加入 ElementAdjList 表，同时将实体相邻信息加入各个实体对应节点的 ElementAdjList1 成员中。

(4) 取出 ElementAdjList 中最后一个实体，得到其另一端端点，将此端点加入端点表 NodeList 并为之编号，得到此端点相邻所有实体的信息，并将这些实体添加到其成员 ElementList2 中，将本实体对应信息写入数据库，并弹出本节点，删除相应信息；同时和端点邻接的其余实体也可以得到相邻实体的信息，并生成这些实体对应的 ELEMENTADJ 节点，然后加入 ElementAdjList 表中。

(5) 继续得到 ElementAdjList 中最后一个实体，从而得到其另一端端点，将之加入端点表 NodeList，得到相应相邻的实体集，将本实体对应邻接和端点信息写入数据库，并将本实体对应 ElementAdjList 中节点删除。① 若实体集非空，逐个判断相邻实体是否已经存在于 ElementAdjList 表中。若已经存在，则将实体相邻信息加入相应的表节点中，并将信息写入数据库，将该表节点从 ElementAdjList 表中删除；若该实体不存在于 ElementAdjList 表中，则生成表节点，写入实体相邻信息，并加入 ElementAdjList 表中。② 若实体在该端点处相邻实体集为空，不进行任何操作。

(6) 继续执行(5)的操作，直至表 ElementAdjList 为空为止。

(7) 遍历端点表，将所有端点信息写入数据库。

由于已经进行了路心线断开的预处理，一个端点相邻的实体集可以直接比较端点坐标而不需要经过求交运算。

图 7.3 是一个道路网络图，表 7.1 反映了该道路网络数据库的自动生成过程。表中弹出实体指弹出对应的搜索节点，将道路及路段邻接信息写入数据库。

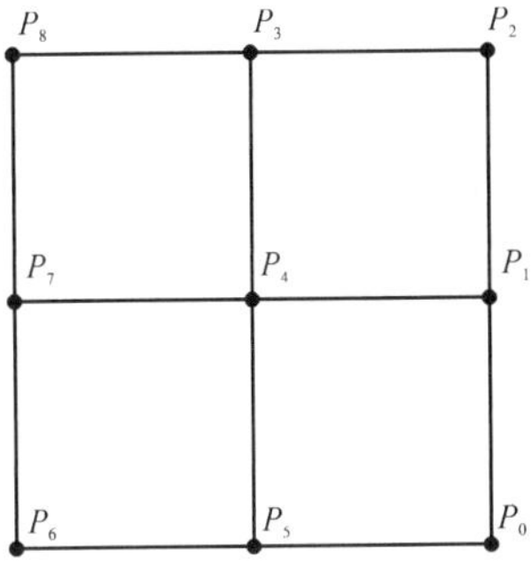

图 7.3　道路网络

表 7.1　道路网络的跟踪过程

步骤	NodeList 型表中路段端点	ElementAdjList 表中节点对应路段	说明
1			得到第一实体 P_0P_1
2	P_0P_1	$P_0P_5P_1P_4P_1P_2$	得 P_0P_1 在 P_1、P_0 端的邻接实体，将 P_0P_1 写入数据库
3	$P_0P_1P_2$	$P_0P_5P_1P_4P_2P_3$	得 P_1P_2 在 P_2 端的邻接实体，弹出 P_1P_2
4	$P_0P_1P_2P_3$	$P_0P_5P_1P_4P_3P_8P_3P_4$	得 P_2P_3 在 P_3 端的邻接实体，弹出 P_2P_3
5	$P_0P_1P_2P_3P_4$	$P_0P_5P_3P_8P_4P_7P_4P_5$	得 P_3P_4 在 P_4 端的邻接实体，弹出 P_2P_3、P_1P_4、P_3P_4
6	$P_0P_1P_2P_3P_4P_5$	$P_0P_5P_3P_8P_4P_7P_5P_6$	得 P_4P_5 在 P_5 端的邻接实体，弹出 P_4P_5、P_0P_5
7	$P_0P_1P_2P_3P_4P_5$	$P_3P_8P_4P_7P_5P_6P_6P_7$	得 P_5P_6 在 P_6 端的邻接实体，弹出 P_5P_6
8	$P_0P_1P_2P_3P_4P_5P_6P_7$	$P_3P_8P_4P_7P_6P_7$	得 P_6P_7 在 P_7 端的邻接实体，弹出 P_6P_7、P_7P_4
9	$P_0P_1P_2P_3P_4P_5P_6P_7P_8$	$P_3P_8P_7P_8$	得 P_7P_8 在 P_8 端的邻接实体，弹出 P_7P_8、P_3P_8

上述路网搜索过程对于一般强连接道路网络都是可行的。道路网络强连接，即在路网中的任何两个位置都存在双向通路，是数字地图用于车辆定位的前提。

7.3　基于道路外轮廓的路心线自动生成算法

上一节算法的前提是道路路心线实体已经存在。本节介绍基于道路两侧轮廓线自动生成路心线的算法。本算法不仅可以获取道路路心线，而且可以在道路网络的遍历过程中自动生成路段的拓扑关系。

本算法基于如下假设：

(1) 已经经过矢量化和修饰，获得了地图的道路两侧轮廓线。

(2) 修饰后的道路网络是强连接的，道路中的桥梁矢量曲线暂时冻结，否则可能影响道路追踪。

(3) 道路轮廓线平行或者曲率大致相等。

(4) 一条道路的截面大致相近，不会发生大的突变；如果道路截面在某处突然增大，表示该点存在道路分岔。

(5) 除交叉路口外，道路内部不存在过小的转弯半径。

7.3.1 轮廓插值和路心线生成算法

假如两条非封闭轮廓线 P 和 Q 组成道路外轮廓，其轮廓线点序列分别为 P_0，P_1，…，P_N 和 Q_0，Q_1，…，Q_M，点列的走向完全一致，则由相邻的一组轮廓生成中心轮廓的算法表述为：

(1) 利用两轮廓的节点生成三角形网络；

(2) 利用三角形网络中连接两个轮廓的边的中点连接成中间轮廓。

从数学上讲，封闭轮廓和非封闭轮廓的三角形网络划分没有本质的区别，它们都可以归结为同一个数学问题。此处采用 Christiansen 提出的基于层轮廓三维重建的最短对角线法，该算法的原理如下：

对于轮廓 P 上的任意一点 P_i，假如 Q 上距 P_i 最近的点为 Q_j，则连接 P_iQ_j 来构造三角形网络。假如对角线 $P_iQ_{j+1} < P_{i+1}Q_j$，则连接 P_iQ_{j+1} 形成三角面片 $Q_jP_iQ_{j+1}$，否则连接 $P_{i+1}Q_j$，如此循环，直到形成连续的一组三角形网络。

得到全部的三角形后，便可获得所有连接两条轮廓的边的中点序列，将这些点序列连接起来，就是路心线。如果外轮廓有 N 个节点，内轮廓有 M 个节点，则最终形成的中间轮廓共有 $M+N$ 个节点。上述过程如图 7.4 所示。

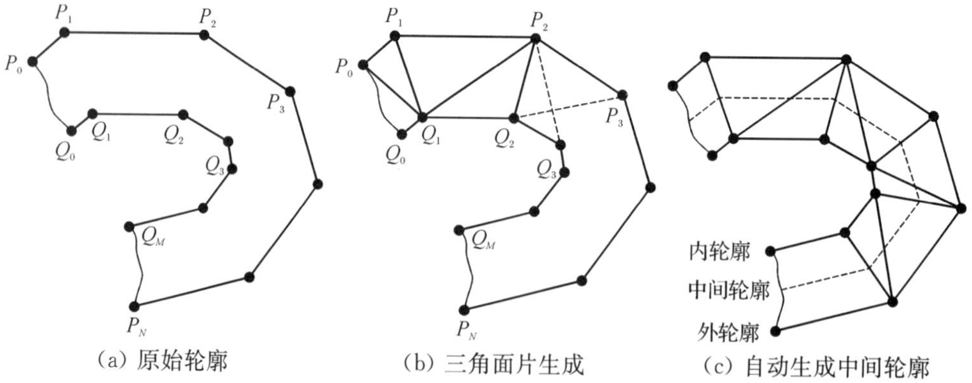

图 7.4 中间轮廓的三角形面片插值方法

道路两侧的轮廓线一般为平行线或同心圆弧。对于平行线情形，由上述算法生成的路心线肯定是对应法截线的中心线。对于同心圆弧情形，由于圆弧可以看成一系列线段组成的多义线，所以本算法也是合适的。

地图中还存在矢量化后的河流、房屋、地块、山脉等其他实体的曲线，如果想通过程序自动生成道路路心线，必须先将道路轮廓从其他实体线中分离出来。

7.3.2　道路网络跟踪算法

为了得到所有道路对应的路心线和节点之间的拓扑关系，必须遍历整个道路网络。通常采用如下三种方法：

(1) 右(或左)轮廓深度优先算法[图 7.5(a)]。以右轮廓优先为例，在过一个路口时，并不马上寻找道路节点，而是直接寻找本路段经过该节点可以通行的最右的路段，即从本道路到下一道路角度最小。不断重复这个过程。如果右轮廓跟踪和其他跟踪会合，则从左边轮廓继续跟踪。如果到某一节点处发现所有可通行的路段都已经求出，则求出节点，并进行反向跟踪，此时仍旧以跟踪方向的右边为优先；如果反向跟踪也都和从前跟踪结果会合，则从堆栈中弹出当前道路，并取出堆顶的第一条路心线，继续进行跟踪。

(2) 广度-深度优先算法[图 7.5(b)]。本算法与前一算法的唯一区别是在每个路口处，搜索本路口可以到达的所有路段，然后仍旧以右轮廓为优先，继续搜索道路网络，每搜索到一个新的实体都加入堆栈，重复上述过程直至堆栈为空。

(3) 广度优先算法[图 7.5(c)]。本算法搜索到节点时，同样先把所有可通行到该路口的道路送入堆栈。

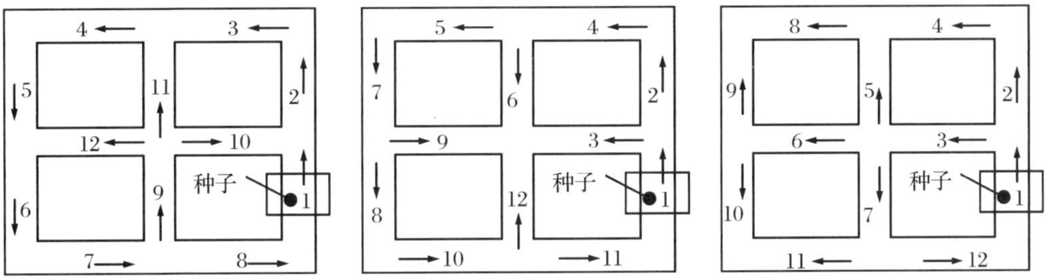

(a) 深度优先搜索　　(b) 广度-深度优先搜索　　(c) 广度优先搜索

图 7.5　强连通道路网络的三种搜索遍历方法

三种算法中，每一步搜索过程都将与当前道路相连的可通行道路加入堆栈，因此只要道路本身是强连通的，它将肯定能够保证对整个道路网络的遍历，由此表明，这三种算法对于强连通网络是完备的。

对于右(左)轮廓深度优先算法,由于始终强调对道路某一侧轮廓的搜索,当优先侧轮廓搜索和以前某一次搜索结果会合后,则在另一侧进行搜索,如果另一侧搜索也和从前某一次搜索结果会合,那么在另一侧进行反向搜索,并弹出堆栈中的本实体。由此表明,对于搜索到的路段,任何道路只要和它在某一条路边轮廓上相连,必然会被搜索到。因此对于强连通道路网络,假如存在 M 条道路没有被搜索到的话,那么由于这 M 条道路必然存在到其余道路的通路,因此可以推断至少 $M+1$ 条道路将没被搜索到。依此类推可以证明,所有的道路将不会被搜索到,由此可以反证这种算法也是完备的。

在节点的获取上,广度-深度优先和广度优先搜索算法在交点处都采用了平行生长和预测算法,因此一旦确定了当前路口可通行的所有道路,就马上可得到该交点。因为这种算法不需要查找历史记录,因此这方面的算法复杂度降低了。而对于右(左)轮廓优先深度搜索算法的节点求取相对复杂很多,首先需要建立节点(包括一些临时节点)表数据结构,用以记录与本节点邻接的所有实体指针,同时每个路心线实体也需要保留两侧关联的节点。如果两条道路可以通行,则合并节点并删除冗余节点,当某一节点关联的最后一个实体从堆栈中弹出时,可以用节点关联的所有路心线实体求取对应的节点。

7.3.3 道路网络的路口形式分析

如图 7.6 所示,现实世界的道路网络中,道路和道路的交汇可以通过抽象划分为如下几大类:① 十字路口;② Y 字路口;③ 丁字路口;④ 星形路口;⑤ 岛形路口。

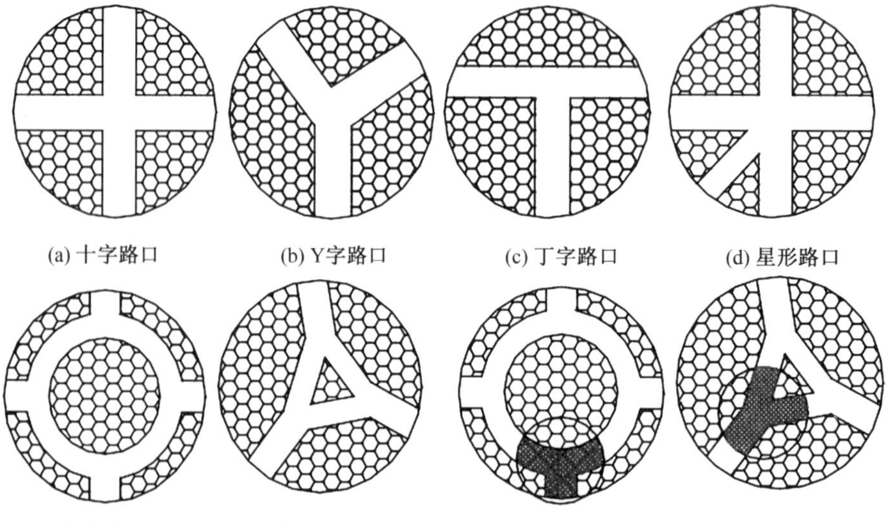

(a) 十字路口　(b) Y字路口　(c) 丁字路口　(d) 星形路口

(e) 岛形路口一　(f) 岛字路口二　(g) 岛形路口之分解一　(h) 岛形路口之分解二

图 7.6　道路网络的路口形式

道路形式(f)、(g)和(h)可以被分解为若干个(c)和(b)，因此，所有的道路交叉口形式都可以用统一的星形交叉路口表示。

道路路口的形式可以采用轮廓跟踪法来获取。下面介绍采用限定区域或者说有限深度的右轮廓优先跟踪的道路节点获取法。如图 7.7(a)所示，假设某时刻得到轮廓对(A_0C_M，B_0C_0)，这个步骤可以表述为：

(1) 采用右轮廓优先策略，用矩形窗口得到 B_0C_0 连接的轮廓 C_0A_1 对应道路的另外一条边，相应的准则是两条轮廓的角度差不大于某个阈值。

(2) 若轮廓对(C_0A_1，C_1B_1)跟踪到前方，出现新的路口或者盲路，则对之进行反向跟踪，仍旧采用右轮廓优先策略(左边已经跟踪过了)，重复这个过程，直到某一次反向跟踪时，发现右轮廓和从前的某次搜索过程的轮廓会合，即相对于图 7.7(b)中的 C_M 点。

(3) 利用上述所有的中心线生成节点。

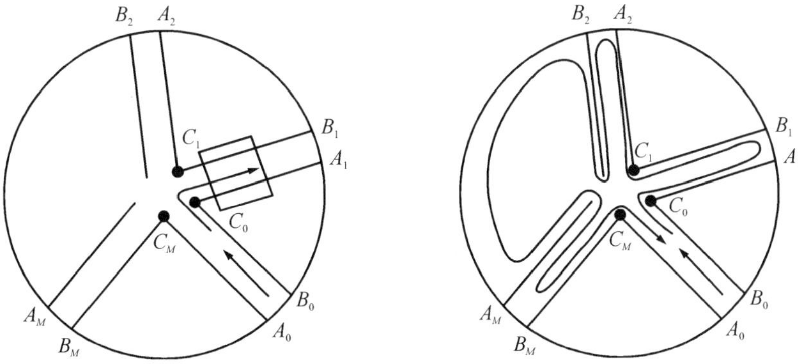

(a) 右轮廓优先搜索　　(b) 搜索轮廓会合

图 7.7　道路路口的判别

道路节点的生成可以采用最小二乘法，假如某路口邻接道路路心线为 $l_1, l_2, \cdots, l_n$，则节点的求取可以看成一个优化问题，其优化模型为

$$\begin{cases} x \in \mathbf{R},\ y \in \mathbf{R} \\ F(x, y) = \sum_{i=1}^{N} D_i \end{cases} \tag{7.2}$$

式中，D_i 表示节点到路段 l_i 的距离。这是一个无约束最优问题，可以采用复合型法求解。

7.3.4　基于 DP 算法的路心线精简

道格拉斯-普克(Douglas-Peucker，DP)算法是目前公认的线状要素化简经典算法。该算法将曲线近似为一系列多义线点，并减少点的数量，当设定阈值后，曲线存在平移和旋转时，曲线简化效果不变。算法步骤如下(图 7.8)：

(1) 在曲线首尾两点间虚连一条直线，求出其余各点到该直线的距离，并找出最大距离值 d_{max}。

(2) 将最大距离值 d_{max} 与阈值 T 相比较，若 $d_{max}<T$，就把这条曲线上的中间点全部舍去；若 $d_{max}\geqslant T$，则 d_{max} 对应的距离最大坐标点保留。

(3) 依据所保留的点为界，把曲线分成两段，对这两段曲线分别重复上面两步，迭代操作。即选距离最大者与阈值比较，依次取舍，直到无点可舍，最后得到满足给定精度限差的曲线点坐标，完成曲线的精简。

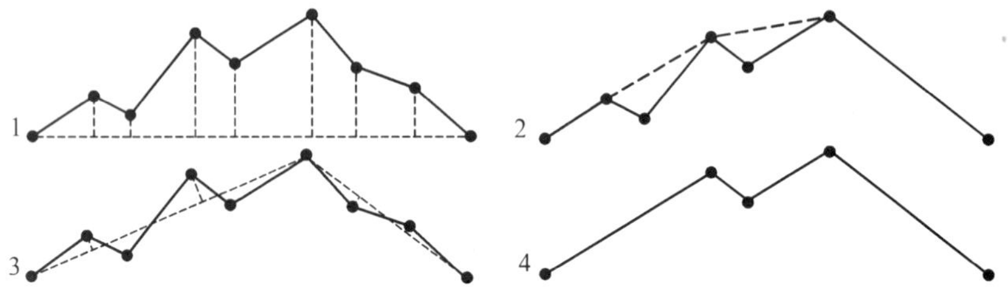

图 7.8　DP 算法原理图

7.4　地图匹配概述

地图匹配(Map Matching，MM)是将已知车辆行驶路线的数字特征与地图数据库中道路的数字特征进行比较，从而确定车辆的位置和行驶轨迹，并校正传感器的误差。地图匹配的前提是假设车辆行驶在道路上，且道路上与定位相关的地图数据已知。其定位精度取决于数字地图的精度。如图 7.9 所示，当车辆驶过交叉路口越远，认为拐到路 R_2 行驶的概率越小；当这种概率下降到一定程度后，就确定路 R_1 作为车辆正确的行驶道路，同时校正已有定位系统的误差。

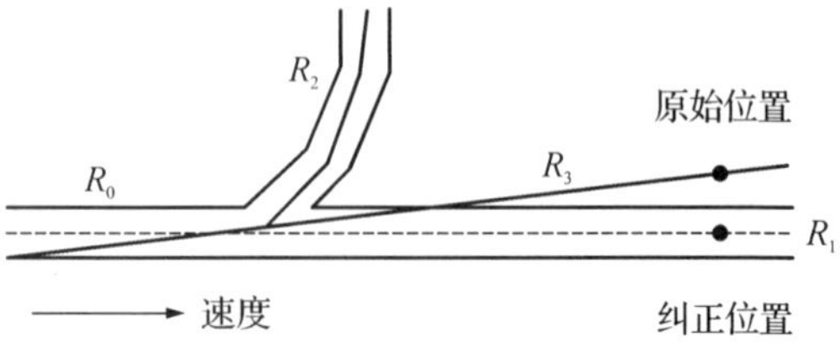

图 7.9　地图匹配示意图

地图匹配的作用：

(1) 提高导航定位系统的定位性能。不管是卫星导航、惯性导航或 SLAM 定位，还是卫导/惯导组合定位，定位系统的误差是不可避免的。地图匹配可以将有误差的车辆位置纠正到道路对应的位置。在直线道路上，地图匹配可以有效消除车辆在道路法向上的随机误差；在交叉路口拐弯或在曲线路段时，地图匹配可以消除系统的定位累积误差。

（2）实时校正传感器参数以及航位推算系统参数。在城市峡谷、桥梁、隧道处，GNSS信号可能长时间失锁，此时必须依赖惯性导航或航位推算进行定位，通过对传感器参数的不断校正，可以有效减少由于算法缺陷带来的累积误差。

（3）辅助路径诱导的实现。例如，要求当前点到某一终点的最优路径，首先要知道当前点的位置，它是在哪个路段。对于路径诱导，要发布导航指令如到前方多少米处拐弯，左拐还是右拐，都依赖于当前位置及当前路段。

地图匹配算法的特点：

（1）对原始定位数据存在依赖。地图匹配是非自主导航定位，地图匹配算法需要原始定位信息作为数据源。用地图匹配进行车辆导航和定位，必须具有其他绝对定位的方法或手段，如卫星导航、无线电定位或者这些方法的组合。

（2）对数字地图道路网络数据存在依赖。地图匹配的实现离不开数字地图中的当前行驶地点和路段对应的道路网络数据，如果不存在，匹配将可能失败，产生误配或者失配（停止地图匹配）。

（3）地图匹配的精度受限于原始定位数据的精度。如果原始定位精度太差，如定位误差超过了道路网络中相邻平行道路的间隔距离，则误配几乎是不可避免的。

（4）地图匹配的精度受限于数字地图道路网络的精度。这种精度不仅涉及几何位置精度，而且涉及路网拓扑精度，即道路的邻接信息。

地图匹配算法主要解决两个根本问题：当前车辆在哪一条道路上；车辆在对应道路的哪一个位置。因此，一个完整的地图匹配过程包括三个主要环节：误差区域的确定、匹配路段的选择及定位结果的修正。误差区域是指可能包含车辆真实位置的区域范围，一般根据卫星导航或航位推算给出的定位误差来确定，位于该区域范围内的路段称为候选路段。匹配路段的选择是指从诸多候选路段中挑出车辆当前最有可能行驶的路段。确定车辆所在的路段后，便可根据一定的算法，求出车辆在该路段上最可能的匹配位置，然后利用匹配位置来修正系统原有的输出位置。通常将系统最初输出的位置在车辆当前行驶路段上的投影，作为车辆在该路段上的匹配位置。

7.5　基于几何位置信息的地图匹配方法

基于几何位置信息的地图匹配算法以定位点和路段间距离、角度等几何因素为依据，完成地图匹配，但不考虑道路连通性。根据其性质又可以进一步分为三类：（1）点到点的匹配；（2）点到线的匹配；（3）线到线的匹配。

(1) 点到点匹配方法

该种算法依次计算定位点到道路网络上每个节点的距离，根据距离的远近，将定位点匹配到距离最近的路网节点上。具体效果如图 7.10 所示。

点到点的匹配算法思路清晰，需要考虑的因素较少，容易实现，匹配效率高，计算速度快，但受道路网络节点密度影响较大。如在一条笔直道路上，待匹配点都会错误地匹配到道路两端的节点上，如图 7.11 所示。

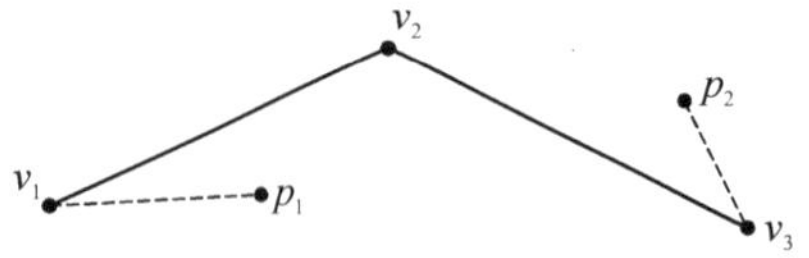

图 7.10　点到点匹配示意图

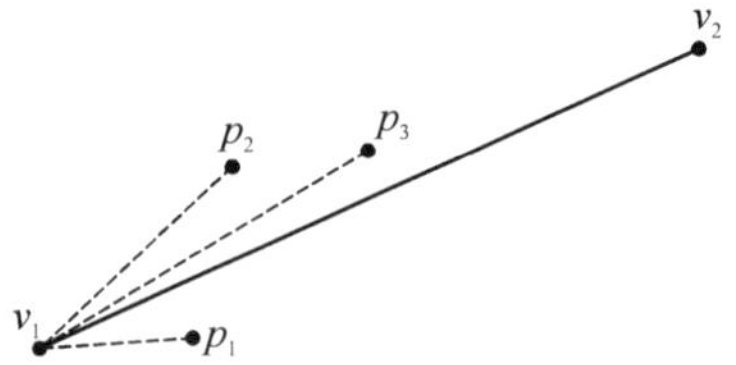

图 7.11　点到点错误匹配示意图

(2) 点到线匹配方法

该算法首先把路网中的道路都加到一个候选路段集之中，在计算出定位点与每条路段的距离之后，对所有距离的值进行比较，选择距离最近的那条路段作为该定位点所对应的匹配路段，同时通过点在该路段上的投影位置来确定该定位点的匹配位置，若点投影在路段外，则对应的匹配位置便是与投影点距离最近的路段节点。具体效果如图 7.12 所示。

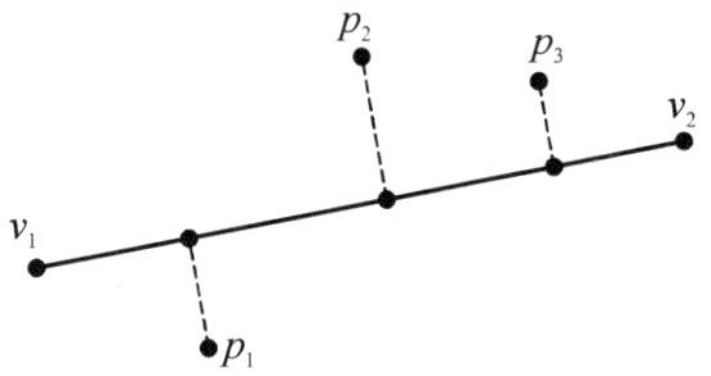

图 7.12　点到线匹配示意图

点到线的匹配方法较点到点的匹配方法更为合理，准确性有所提高，但因为没有考虑路网拓扑以及车辆历史轨迹等信息，需避免平行路段或交叉路口的错误匹配情形，如图 7.13 所示。

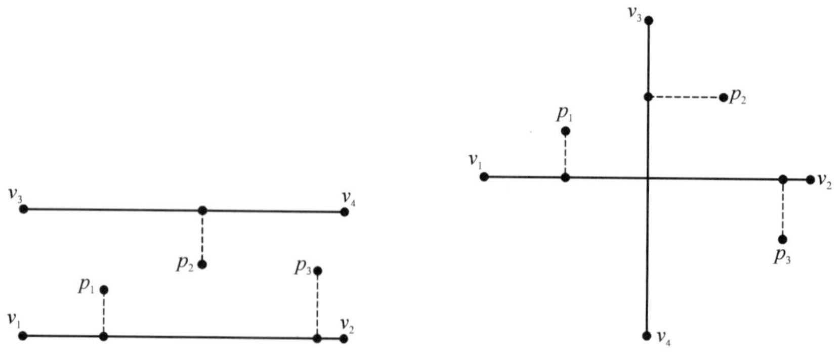

(a) 平行路段　　(b) 交叉路口

图 7.13　点到线错误匹配示意图

(3) 线到线匹配方法

首先根据车辆轨迹点获取轨迹曲线，将轨迹曲线与道路网络上的候选路段进行相似性比较(线段长度、线段之间的夹角等相似因子)，最终选择相似度高的候选路段为匹配路段，具体效果如图 7.14 所示。

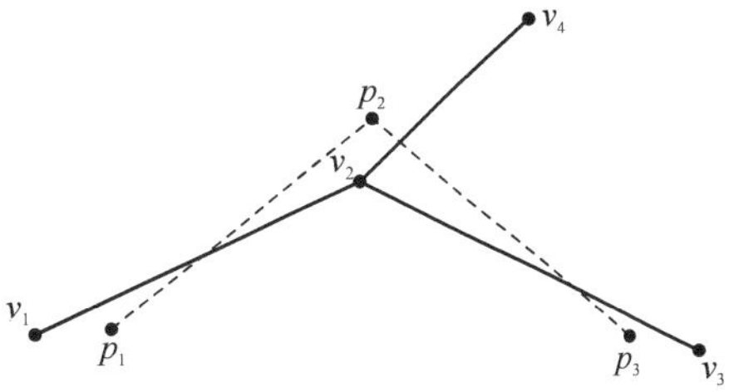

图 7.14　线到线匹配示意图

线到线的匹配方法考虑到了轨迹点的历史信息，从整体的角度进行地图匹配，提高了匹配效率，但该方法计算量较大，如果中间出现匹配错误则整体算法将出现错误，甚至无法继续进行运算，并且容易受到异常轨迹点的影响。

综上所述，基于几何信息的地图匹配算法思路较为简单，易于实现，在数据没有较大误差的情况下匹配度较高，但由于算法没有考虑定位点之间的联系和道路拓扑信息等，导致匹配准确率降低，在数据存在噪声以及复杂道路情况下可能出现错误匹配，当出现错误匹配时无法及时修改，稳定性不够。

7.6　基于位置概率估计的地图匹配方法

基于位置概率估计的地图匹配算法是最常用的地图匹配算法，该算法致力于寻找原始定位数据的误差区域内最可能的道路对应点，通常和其他算法(如卡尔曼滤波)联合起来进行地图匹配。因此它是几乎所有地图匹配算法的基础。

7.6.1　基于概率估计的路段地图匹配的数学模型

基于概率估计的地图匹配算法计算简单、实时性好，但其单纯采用概率估计的算法，在道路致密区间，误判的可能性增加，所以它适合道路比较稀疏的区域。

地图匹配最简单的情形是车辆只行驶在一条固定的道路上，这种情形是解决路网匹配的基础。

1) 无限长可微道路地图匹配统一数学模型

在直角坐标系中，假设公路的方程为

$$R(x,y,z)=0 \tag{7.3}$$

在 k 时刻，从传感器或滤波器得到的定位数据的概率分布密度函数为

$$f_k(x,y,z)=f(x,y,z,x_k,y_k,z_k) \tag{7.4}$$

式中，x_k、y_k、z_k 表示定位点的真实位置坐标，也就是地图匹配最想得到的结果值。

假设 k 时刻定位数据的测量值为 x'_k、y'_k、z'_k，根据最大似然估计原理，整个估计的数学模型可以表述为

$$\begin{cases} R(x,y,z)=0 \\ G(x,y,z)=\max[-\ln f_k(x,y,z,x_k,y_k,z_k)] \end{cases} \tag{7.5}$$

式中，$G(x,y,z)$表示目标函数。式(7.5)为在已知先验概率密度函数时，在道路约束条件下，求使得当前传感器测量值概率密度最大的位置，即求概率密度的条件极值。在约束函数可微时，可用拉格朗日乘数法求其最优解，构造函数

$$\Phi(x,y,z)=-\ln f_k(x,y,z,x_k,y_k,z_k)+\lambda R(x,y,z) \tag{7.6}$$

式中，λ 为拉格朗日乘子，其大小待定，则有

$$\begin{cases} \partial\Phi/\partial x\,|_{x=x'_k}=0 \\ \partial\Phi/\partial y\,|_{y=y'_k}=0 \\ \partial\Phi/\partial z\,|_{z=z'_k}=0 \\ \partial\Phi/\partial\lambda=0 \end{cases} \tag{7.7}$$

式(7.7)有 4 个方程、4 个未知数，可以求得极值对应点。

在该点取最大值还是最小值，可以采用 Hessian 矩阵的行列式值来判定，取

$$T=\begin{vmatrix} \partial^2\Phi/\partial x^2 & \partial^2\Phi/\partial x\partial y & \partial^2\Phi/\partial x\partial z \\ \partial^2\Phi/\partial y\partial x & \partial^2\Phi/\partial y^2 & \partial^2\Phi/\partial y\partial z \\ \partial^2\Phi/\partial z\partial x & \partial^2\Phi/\partial z\partial y & \partial^2\Phi/\partial z^2 \end{vmatrix}_{\substack{x=x'_k\\ y=y'_k\\ z=z'_k}} \tag{7.8}$$

若 T 为半负定，表明解是其邻域内的最优点。所有局部最优点中，似然函数最大的点即为全局最优点，也就是地图匹配的目标位置。

2）有限长可微路段地图匹配统一数学模型

道路路段的长度是有限的，有限长可微道路可以用无限长可微道路加上若干不等式约束条件来表述：

$$\begin{cases} R(x,y,z)=0 \\ f_i(x,y,z)\leqslant 0,\ i=1,2,\cdots,N \end{cases} \tag{7.9}$$

类似无限长可微道路情形，整个估计的数学模型可以表述为

$$\begin{cases} R(x,y,z)=0 \\ f_i(x,y,z)\leqslant 0,\ i=0,1,\cdots,N \\ G(x,y,z)=\max\{\ln f_k(x,y,z,x'_k,y'_k,z'_k)\} \end{cases} \tag{7.10}$$

此时，由于道路不一定全局可微，因此不一定存在导数，拉格朗日乘数法不能求解这个

问题。可用惩罚函数法求其最优解，构造函数：

$$\Phi(x,y,z)=\ln f_k(x,y,z,x'_k,y'_k,z'_k)-\lambda R(x,y,z)^2+r_k\sum_{i=1}^{N}\frac{1}{F_i(x,y,z)} \tag{7.11}$$

式中，$r_k\sum_{i=1}^{N}\frac{1}{F_i(x,y,z)}$ 为惩罚函数法中内点法的障碍函数，$\lambda R(x,y,z)^2$ 为外点法的惩罚函数。可以用迭代数值解法求取系统的最优估计。

上述优化模型求解比较复杂。对于可微道路模型，上述算法可进行如下简化：

(1) 将有限长道路拓展为无限长可微道路。

(2) 用无限长道路模型求出相应的解，优化点中如果存在满足约束条件的点，那么其中对应似然函数值最大的点就是地图匹配的估计值；其余满足约束条件的点为局部最优点。

(3) 如果用无限长道路模型求解的所有优化点都不满足约束条件，那么最优估计点肯定在有限长道路的端点上，只要在两个端点中寻找似然函数最小的那个点即可。因为两节点中假如存在另一个点是在这个区域之内局部最优，则它肯定满足所有的约束条件，必然与前提矛盾。

7.6.2 基于概率估计的路网地图匹配的数学模型和流程

地图匹配总是在道路网络中实现的，因此必须在所有的道路网络中搜寻最优的地图匹配估计点。在没有任何先验知识的前提下，给定一个原始定位点，真实位置可能出现在任何一条道路之上。在道路网络非常致密的路段，如果定位数据的误差特性不好的话，要进行初始匹配往往很困难。

由于来自传感器的原始定位数据中的误差并不总是白噪声分布，这种噪声往往是多个噪声的叠加，或者前后时刻的噪声之间存在相关性，所以在地图匹配前通常要建立误差模型，消除误差中的常值噪声、趋势项和周期项误差。

假设定位数据中已经消除了白噪声外的所有误差，那么采用最大似然估计的道路网络地图匹配的算法可以描述为下述优化问题：

$$\begin{cases}(x,y,z)\in \text{RoadNetwork}\\ G(x,y,z)=\max\{-\ln f(x,y,z,x'_k,y'_k,z')\}\end{cases} \tag{7.12}$$

由于道路网络实际上由很多条有限长路段构成，上述统一表达可以分解成以下流程：

(1) 对道路网络的每一条有限长道路采用最大似然估计，得到相应的目标函数值；

(2) 选取目标函数值最大的道路和估计点,作为地图匹配的当前估计道路和估计位置。

上述算法没有用到一些很有用的先验知识,如道路的邻接关系等。实际上定位数据的误差往往是有限的,因此算法可以修正为图 7.15 所示流程。

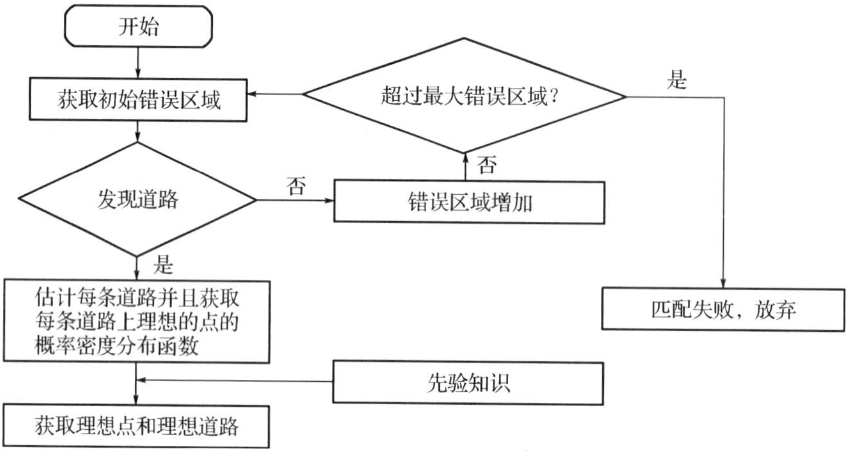

图 7.15 道路网络基于概率估计地图匹配的流程

对于无限长和有限长不可微道路模型,两者都可以转化为若干个可微分段函数之和,整个道路的最优解,就是所有可微分段函数中满足极大似然函数最大的点。也就是说,无限长和有限长不可微道路的地图匹配,可以在一定范围内,通过求若干个有限长可微道路的最优估计得到。因此,解决了无限长和有限长可微道路模型的地图匹配算法,就可解决所有形式道路的地图匹配估计问题。

7.6.3 基于概率估计的地图匹配算法的几何描述

基于概率估计的地图匹配算法可以很直观地用几何描述来表达。假设定位分布的概率密度函数为高斯分布,对于二维地图匹配,其概率密度函数的几何图形由无数个等概率密度函数的椭圆组成。概率密度函数在二维空间通过坐标变换后,其中任一椭圆都可表述为

$$\frac{(x-x_k)^2}{tA^2}+\frac{(y-y_k)^2}{tB^2}=1,\ t\geqslant 0 \tag{7.13}$$

式中,x_k、y_k 为 k 时刻的真实位置,由于车辆在道路上行驶,所以误差椭圆中心肯定在道路曲线上。基于最大似然估计的地图匹配,实际上就是求满足测量位置点似然函数最大的椭圆中心位置,如图 7.16 所示。

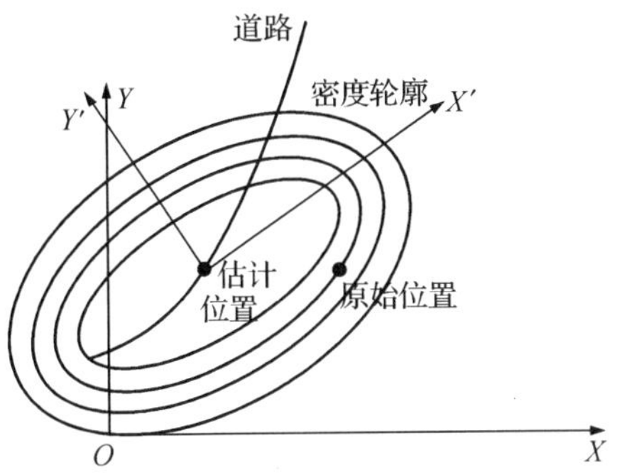

图 7.16　基于概率密度估计二维地图匹配的几何解释

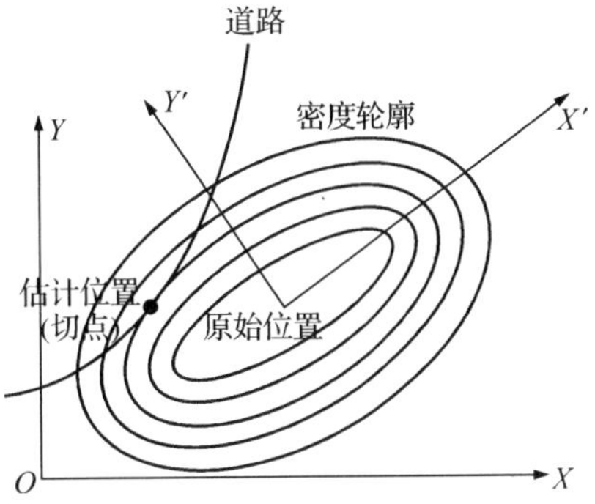

图 7.17　基于概率密度估计二维地图匹配的直观几何解释

如图 7.17 所示，将估计位置的椭圆族按照中心平移到原始定位点(x_0, y_0)上，可以证明原始定位点所在的误差椭圆与道路在地图匹配估计点处相切。由于越靠近椭圆的中心点，等概率密度曲线的密度分布函数值越大，则问题转化为在原始定位点作椭圆族，求哪个椭圆在哪儿和道路相切，即求切点的位置。

基于概率估计的三维地图匹配中，相同的概率密度分布函数值对应的空间坐标构成一个椭球曲面(图 7.18)，原始定位点所在的误差椭球与道路在地图匹配估计点处相切。在三维空间，越靠近中心点的等概率密度曲面对应的概率密度函数值越大，即真实点出现在相应位置的可能性越大。

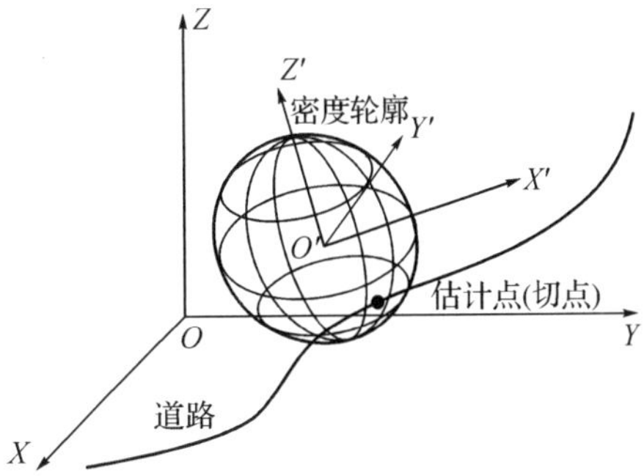

图 7.18　基于概率密度估计三维地图匹配的直观几何解释

由于道路网络通常不存在统一的解析表达式，因此基于概率估计的地图匹配算法本质上是一个有约束非线性规划问题。

7.7　基于高斯白噪声模型的位置概率估计地图匹配算法

7.7.1　基本模型

如果从传感器中得到的定位数据的概率密度分布函数满足高斯白噪声分布，即

$$f(\boldsymbol{X})=\frac{1}{|2\pi N|^{\frac{1}{2}}}\exp\left\{-\frac{1}{2}\left[(\boldsymbol{X}-\boldsymbol{X}_k)^{\mathrm{T}}N^{-1}(\boldsymbol{X}-\boldsymbol{X}_k)\right]\right\} \tag{7.14}$$

$$N=E\left[(\boldsymbol{X}-\boldsymbol{X}_k)^{\mathrm{T}}(\boldsymbol{X}-\boldsymbol{X}_k)\right] \tag{7.15}$$

对于二维情形，式(7.14)为

$$f(x,y)=\frac{1}{2\pi\sigma_1\sigma_2\sqrt{1-r^2}}\exp\left\{-\frac{1}{2(1-r^2)}\left[\frac{(x-x_k)^2}{\sigma_1^2}-\frac{2r(x-x_k)(y-y_k)}{\sigma_1\sigma_2}+\frac{(y-y_k)^2}{\sigma_2^2}\right]\right\} \tag{7.16}$$

式中，r 为 x、y 的相关系数，$r(x,y)=\frac{\mathrm{cov}(x,y)}{\sqrt{\mathrm{var}x\,\mathrm{var}y}}$。

下面分别讨论上述概率密度分布函数对应于不同情形的估计方法。

7.7.2 无限长直线道路的估计

平面无限长直线道路的方程为

$$Ax+By+C=0 \tag{7.17}$$

应用极大似然估计的地图匹配算法，基于拉格朗日条件极值，由式(7.16)和式(7.17)可得

$$\begin{cases}\dfrac{2(x-x'_k)}{\sigma_1^2}-\dfrac{2r(y-y'_k)}{\sigma_1\sigma_2}+A\lambda=0\\[2mm]\dfrac{2(y-y'_k)}{\sigma_1^2}-\dfrac{2r(x-x'_k)}{\sigma_1\sigma_2}+B\lambda=0\\[2mm]Ax+By+C=0\end{cases} \tag{7.18}$$

解得

$$\begin{cases}\hat{x}_k=x'_k-\dfrac{(Ax'_k+By'_k+C)(A\sigma_1^2+2Br\sigma_1\sigma_2)}{B^2\sigma_2^2+2ABr\sigma_1\sigma_2+A^2\sigma_1^2}\\[2mm]\hat{y}_k=y'_k-\dfrac{(Ax'_k+By'_k+C)(B\sigma_2^2+2Ar\sigma_1\sigma_2)}{B^2\sigma_2^2+2ABr\sigma_1\sigma_2+A^2\sigma_1^2}\end{cases} \tag{7.19}$$

故有

$$\begin{cases}E[\hat{x}_k]=E[x'_k]-E[Ax'_k+By'_k+C]\dfrac{A\sigma_1^2+2Br\sigma_1\sigma_2}{B^2\sigma_2^2+2ABr\sigma_1\sigma_2+A^2\sigma_1^2}=x_k\\[2mm]E[\hat{y}_k]=E[y'_k]-E[Ax'_k+By'_k+C]\dfrac{B\sigma_1^2+2Ar\sigma_1\sigma_2}{B^2\sigma_2^2+2ABr\sigma_1\sigma_2+A^2\sigma_1^2}=y_k\end{cases} \tag{7.20}$$

因此上述极大似然估计是无偏估计。

下面分析估计的方差。将坐标系旋转，使得道路和新坐标系的 X' 轴平行。设观测位置在新坐标系中的坐标为(s',t')，而真实位置在新坐标系中的坐标为$(s,0)$，则在新坐标系中的概率密度函数变成

$$f(x',y')=\frac{1}{2\pi\sigma'_x\sigma'_y\sqrt{1-r^2}}\exp\left\{-\frac{1}{2(1-r^2)}\left[\frac{(x'-s)^2}{\sigma^{2\prime}_x}-\frac{2r(x'-s)y'}{\sigma'_x\sigma'_y}+\frac{y'^2}{\sigma^{2\prime}_y}\right]\right\} \tag{7.21}$$

在新坐标系中的估计为

$$\begin{cases}\hat{s}=s'-r't'\dfrac{\sigma'_x}{\sigma'_y}\\ \hat{t}=0\end{cases} \tag{7.22}$$

所以有

$$\begin{cases}E[(\hat{s}-s)^2]=E[(s'-s)^2]+E\left[\left(r't'\dfrac{\sigma'_x}{\sigma'_y}\right)^2\right]-2E\left[r's't'\dfrac{\sigma'_x}{\sigma'_y}\right]=\\ \qquad\sigma^{2\prime}_x+r'^2\sigma^{2\prime}_x-2r'^2\sigma^{2\prime}_x\\ E[(\hat{t}-t)^2]=0\end{cases} \tag{7.23}$$

即估计方差为$(1-r'^2)\sigma^{2\prime}_x$。

这种估计不仅消除了在道路垂直方向上的误差分量，而且消除了道路平行方向的部分误差分量，因此最近点地图匹配的估计特性优于原始误差特性。

车辆导航定位数据的误差特性并不是什么时候都可以得到的，有因为算法的原因无法得到相应的特性参数，也有因为不同的子系统之间没有传递相应的参数。在估计的概率密度分布函数未知的情况下，不存在最大似然估计的衡量指标。此时有两种解决方法：(1) 对导航定位的历史数据建立误差模型，得到相应的误差分布特性函数；(2) 假设定位数据的误差满足高斯白噪声分布，且矢量的各个元素相互独立且同分布。此时，估计性能将不如已知概率密度分布函数的最大似然估计法。定位信息的误差分解如图 7.19 所示。

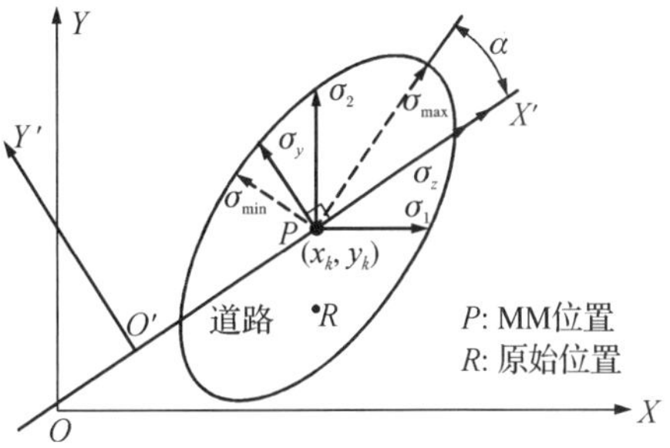

图 7.19　定位信息的误差分解

7.7.3　有限长线性道路的估计

在实际应用中，任何道路的长度都是有限的，因此需要对无限长或者足够长道路的估计算法作修正。假设线段的两个端点坐标分别为(x_C, y_C)和(x_D, y_D)，则对应的直线方程为

$$\begin{cases}Ax+By+C=0\\A=y_D-y_C\\B=x_C-x_D\\C=x_Cy_D+x_Dy_C-x_Cx_D-y_Cy_D\end{cases}\tag{7.24}$$

将系统进行坐标变换，使得道路和新坐标系的 X' 轴平行。设两个端点在新坐标系的坐标为($x_{\min}$,0)和($x_{\max}$,0)，真实位置在新坐标系的坐标为(s,0)，而测量值在新坐标系的位置为(s',0)，则线段在新坐标系中可以表述为

$$y'=0,\ x\in(x_{\min},x_{\max})\tag{7.25}$$

相应的概率密度分布函数为

$$f(x',y')=\frac{1}{2\pi\sigma'_x\sigma'_y\sqrt{1-r'^2}}\exp\left\{-\frac{1}{2(1-r'^2)}\left[\frac{(x'-s)^2}{\sigma^{2\prime}_x}-\frac{2r'(x'-s)y'}{\sigma'_x\sigma'_y}+\frac{y'^2}{\sigma^{2\prime}_y}\right]\right\}\tag{7.26}$$

采用极大似然估计的地图匹配算法，就转化为二次函数在固定区间的最值问题求解，由初等代数的理论，有如下结论：

(1) 如果最优估计点在线段内部，可以证明该点是线段对应直线的全局最优点。

(2) 如果最优估计点不在线段内部，则最优估计点在线段的端点上，即

$$\hat{s}=\begin{cases}x_{\min}, & s'-r't'\dfrac{\sigma'_x}{\sigma'_y}\leqslant x_{\min}\\ s'-r't'\dfrac{\sigma'_x}{\sigma'_y}, & s'-r't'\dfrac{\sigma'_x}{\sigma'_y}\in(x_{\min},x_{\max})\\ x_{\max}, & s'-r't'\dfrac{\sigma'_x}{\sigma'_y}\geqslant x_{\max}\end{cases}\tag{7.27}$$

对于有限长道路，由式(7.27)可知，其均值和方差不存在统一的数学表达式。

7.7.4 样条道路的地图匹配估计

目前，数字地图数据库中一般用多义线表示道路，但现实的道路路心线的曲线是光滑的，因此可以用样条函数来表示道路路心线。样条的原理就是用分段的低次短曲线来描述光滑的长曲线。最常用的B样条函数为二阶或三阶样条。

下面分别针对二阶和三阶样条道路研究地图匹配的算法。上小节已经介绍了，如果全局最优估计点不在有限长曲线内部的话，那么有限长道路对应的最优估计点一定在道路的端点上，即所有样条道路的估计问题同样可以转化为无限长道路的估计问题。由此，二阶和三阶样条道路的估计可等价于二次曲线和三次曲线的道路估计。

1）二阶样条道路的估计

经过坐标变换，二阶样条道路可用方程表示为

$$\begin{cases} x=t \\ y=Dt^2+Et+F \end{cases} \tag{7.28}$$

高斯白噪声概率密度分布函数为

$$f(x,y)=\frac{1}{2\pi\sigma_1\sigma_2\sqrt{1-r^2}}\exp\left\{-\frac{1}{2(1-r^2)}\left[\frac{(x-x_k)^2}{\sigma_1^2}-\frac{2r(x-x_k)(y-y_k)}{\sigma_1\sigma_2}+\frac{(y-y_k)^2}{\sigma_2^2}\right]\right\} \tag{7.29}$$

根据最大似然估计，等价于下面式子的最值求解：

$$g(x,y)=\frac{(x-x_k)^2}{\sigma_1^2}-\frac{2r(x-x_k)(y-y_k)}{\sigma_1\sigma_2}+\frac{(y-y_k)^2}{\sigma_2^2} \tag{7.30}$$

将式(7.28)代入式(7.30)，则式(7.30)取最值时满足：

$$\begin{cases} \partial g(t)/\partial t=A_1t^3+A_2t^2+A_3t+A_4=0 \\ A_1=2D/\sigma_2^2 \\ A_2=\dfrac{3DE}{\sigma_2^2}-\dfrac{6rD}{\sigma_1\sigma_2} \\ A_3=\dfrac{2}{\sigma_1^2}-\dfrac{4rE-4rDx_k}{\sigma_1\sigma_2}+\dfrac{E^2+2DF-2Dy_k}{\sigma_2^2} \\ A_4=\dfrac{2x_k}{\sigma_1^2}-\dfrac{2rF-2ry_k-2rEx_k}{\sigma_1\sigma_2}+\dfrac{EF-Ey_k}{\sigma_2^2} \end{cases} \tag{7.31}$$

利用 Tartaglia 公式（一种求解三次方程的公式）可得上述三次方程的一个实根解。有了这个根，用劈因子法可得剩下的两个根对应的二次方程组，解之可得剩余的两个根。如果它们是一对共轭非实数根，则弃之不用。

比较所有实根的似然函数，最大值对应的坐标就是二阶样条对高斯白噪声的地图匹配估计。

2）三阶样条道路的估计

三阶样条道路可用方程表示为

$$\begin{cases} x=Pt^3+Qt^2+Rt+S \\ y=Dt^3+Et^2+Ft+G \end{cases} \tag{7.32}$$

高斯白噪声概率密度分布函数为

$$f(x,y)=\frac{1}{2\pi\sigma_1\sigma_2\sqrt{1-r^2}}\exp\left\{-\frac{1}{2(1-r^2)}\left[\frac{(x-x_k)^2}{\sigma_1^2}-\frac{2r(x-x_k)(y-y_k)}{\sigma_1\sigma_2}+\frac{(y-y_k)^2}{\sigma_2^2}\right]\right\} \tag{7.33}$$

根据最大似然估计，等价于下面式子的最值求解：

$$g(x,y)=\frac{(x-x_k)^2}{\sigma_1^2}-\frac{2r(x-x_k)(y-y_k)}{\sigma_1\sigma_2}+\frac{(y-y_k)^2}{\sigma_2^2} \tag{7.34}$$

将式(7.32)代入式(7.34)，式(7.34)取最值时满足：

$$\partial g(t)/\partial t=A_1t^5+A_2t^4+A_3t^3+A_4t^2+A_5t+A_6=0 \tag{7.35}$$

式中，$A_i(i=1,2,3,4,5,6)$为系数，由样条参数方程代入式(7.35)得到，极值点的解对应一个5次方程。因为5次以上的方程不存在通用求根公式，因此三次样条的地图匹配不存在通用的解析解公式。

令 $A=\max\{|A_1|,|A_2|,|A_3|,|A_4|,|A_5|,|A_6|\}$，可以证明所有可能的实数解都位于区间$(-1-A/|A_1|,1+A/|A_1|)$内，在这个区间进行迭代即可。

三次样条数值解的另外一种解法是分段线性化，利用线性道路的估计方法进行求解。

7.7.5 面向道路网络的地图匹配算法

道路网络是由一系列节点和连接构成的图，节点之间的连接有直线、曲线、多义线等形式。道路网络的地图匹配与分段曲线道路的估计方法类似，先对每一条道路进行地图匹配估计，然后对每一个局部估计进行比较，得到总体的最优定位估计。

直线道路的定位估计有唯一解，而曲线和道路网络存在着多个等价的最优解。另外，在道路网络的地图匹配中，基于概率估计只利用了当前时刻的信息，而指示车辆过去可能运行的道路测量信息却未加利用，可能造成误匹配。

对图7.20中的两条线段曲线模型，设定位噪声为高斯白噪声，定位数据的概率密度分布函数为

$$f(x,y)=\frac{1}{2\pi\sigma_1\sigma_2\sqrt{1-r^2}}\exp\left\{-\frac{1}{2(1-r^2)}\left[\frac{(x-x_k)^2}{\sigma_1^2}-\frac{2r(x-x_k)(y-y_k)}{\sigma_1\sigma_2}+\frac{(y-y_k)^2}{\sigma_2^2}\right]\right\} \tag{7.36}$$

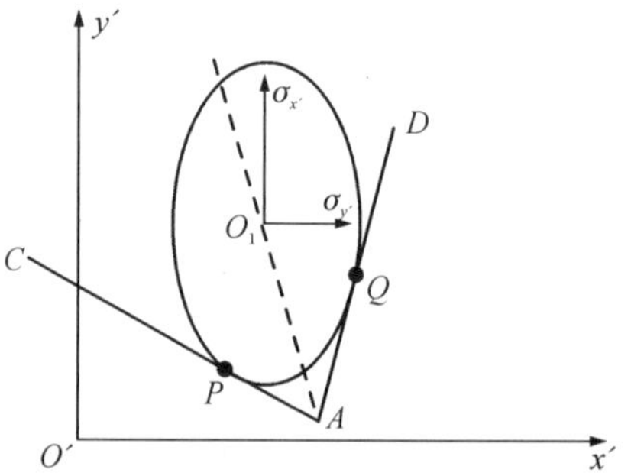

图7.20 多重估计的歧义曲线

根据最大似然估计，等价于下面式子的最值求解：

$$g(x,y)=\frac{(x-x_k)^2}{\sigma_1^2}-\frac{2r(x-x_k)(y-y_k)}{\sigma_1\sigma_2}+\frac{(y-y_k)^2}{\sigma_2^2} \tag{7.37}$$

对上式进行坐标转换，得

$$g'(x',y')=\frac{(x'-s)^2}{\sigma^{2\prime}_x}+\frac{(y'-t)^2}{\sigma^{2\prime}_y} \tag{7.38}$$

式中，(s,t)为新坐标系的位置，σ'_x、σ'_y 表示新坐标系中的方差。再做一次坐标转换，令

$$\begin{cases}\xi=x/\sigma'_x\\ \eta=y/\sigma'_y\end{cases} \tag{7.39}$$

得

$$g'(\xi,\eta)=\left(\xi-\frac{s}{\sigma'_x}\right)^2+\left(\eta-\frac{s}{\sigma'_y}\right)^2 \tag{7.40}$$

直线经过式(7.39)变换后仍为直线，因此问题转化为寻找同时和两条相交射线相切的圆的圆心轨迹，显然它在新坐标系的角平分线上。经过坐标反变换后，轨迹仍是一条直线。在此不再列出其具体形式。

对于并行道路的情况，如果不考虑测量噪声的空间相关性，两条平行道路的中心线即是歧义线(图 7.21)。转换到长直路上的测量似然函数，函数只有一个峰值，峰值的估计即是定位的估计。考虑到测量噪声的影响，对同样位置进行第二次测量使得似然函数具有相同的形状，其概率误差与测量误差成比例。测量值落在歧义线上的似然函数有两个等高的峰值。

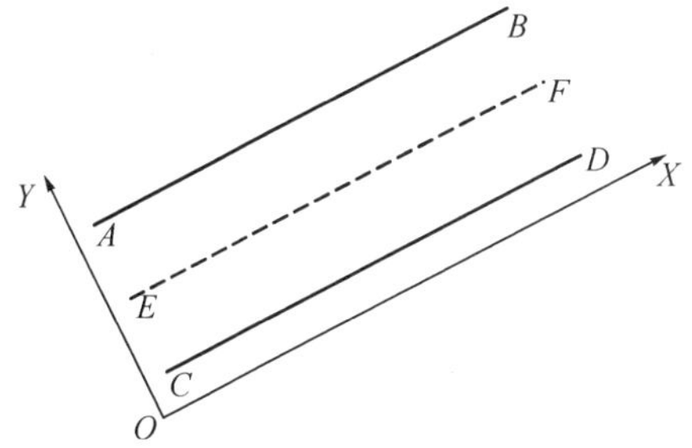

(a) 二维空间平行道路的匹配歧义线

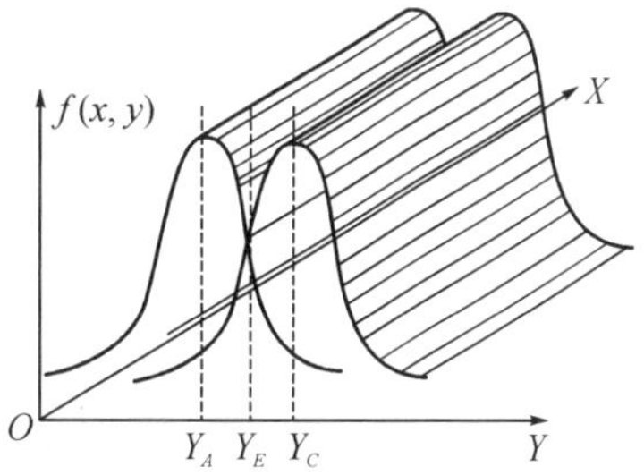

(b) 三维空间平行道路歧义线的成因分析

图 7.21　平行道路的歧义线

对于十字路口的情况(图 7.22)，歧义线对地图匹配的影响远大于平行道路网络。在路网比较稀疏的情况下，平行歧义线对地图匹配的影响较小，而十字路口的歧义线对地图匹配的影响将占主导地位。

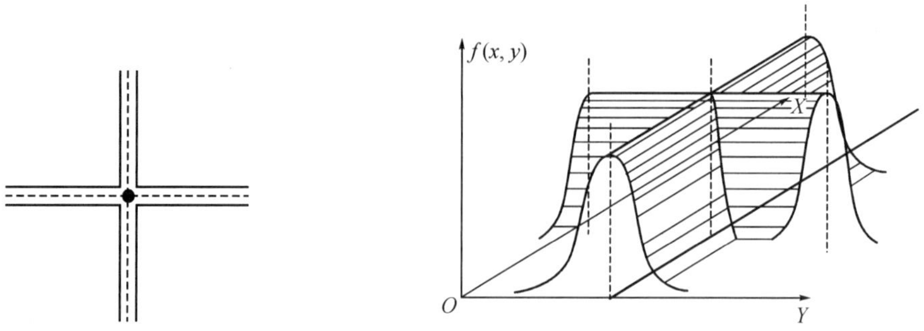

(a) 二维空间十字路口的匹配歧义线　　(b) 三维空间十字路口匹配歧义线的成因分析

图 7.22　十字路口的歧义线

7.8　地图匹配中的卡尔曼滤波方程

本节介绍基于卡尔曼滤波的地图匹配算法中卡尔曼滤波方程的建立。

7.8.1　地图匹配卡尔曼滤波的状态方程

在一段较短的时间内，原始定位数据可以看成缓变过程，用多项式模拟其在短时间内的误差特性为

$$\begin{cases}\Delta x_t = \sum\limits_{i=0}^{N} a_i t^i + \delta_x \\ \Delta y_t = \sum\limits_{i=0}^{N} b_i t^i + \delta_y\end{cases} \tag{7.41}$$

式中，δ_x、δ_y 为白噪声，a_i、b_i 为待定系数。通常多项式次数 N 不宜太高。对上式求 N 次导数有

$$\frac{\mathrm{d}^N(\Delta x_t, \Delta y_t)^{\mathrm{T}}}{\mathrm{d}t^N} = (a_N, b_N)^{\mathrm{T}} \tag{7.42}$$

在多项式模型下，误差变量的某阶导数在一定的时间内将为常数，而其 $N+1$ 阶导数必然为 0，假设 $\boldsymbol{X}=(\Delta x, \Delta y)^{\mathrm{T}}$，则其连续状态方程可写成

$$\begin{bmatrix}\boldsymbol{X} \\ \dot{\boldsymbol{X}} \\ \ddot{\boldsymbol{X}} \\ \vdots \\ \boldsymbol{X}^{(N+1)}\end{bmatrix} = \begin{bmatrix}0 & 1 & 0 & \cdots & 0 \\ 0 & 0 & 1 & \cdots & 0 \\ \vdots & \vdots & \vdots & & \vdots \\ 0 & 0 & 0 & \cdots & 1 \\ 0 & 0 & 0 & \cdots & 0\end{bmatrix}\begin{bmatrix}\dot{\boldsymbol{X}} \\ \ddot{\boldsymbol{X}} \\ \boldsymbol{X}^{(3)} \\ \vdots \\ \boldsymbol{X}^{(N+2)}\end{bmatrix} + \begin{bmatrix}0 \\ 0 \\ 0 \\ \vdots \\ 1\end{bmatrix} w(t) \tag{7.43}$$

式中，$w(t)$为连续白噪声。转化为离散状态方程有

$$\begin{bmatrix} X_k^{(0)} \\ X_k^{(1)} \\ X_k^{(2)} \\ \vdots \\ X_k^{(N)} \end{bmatrix} = \begin{bmatrix} 1 & 0 & 0 & 0 & 0 \\ 0 & 1 & 0 & 0 & 0 \\ 0 & 0 & 1 & 0 & 0 \\ 0 & 0 & 0 & 1 & 0 \\ 0 & 0 & 0 & 0 & 1 \end{bmatrix} \begin{bmatrix} X_{k-1}^{(0)} \\ X_{k-1}^{(1)} \\ X_{k-1}^{(2)} \\ \vdots \\ X_{k-1}^{(N)} \end{bmatrix} + \begin{bmatrix} \int_{(k-1)T}^{kT} X_t^{(1)} \mathrm{d}t \\ \int_{(k-1)T}^{kT} X_t^{(2)} \mathrm{d}t \\ \int_{(k-1)T}^{kT} X_t^{(3)} \mathrm{d}t \\ \vdots \\ 0 \end{bmatrix} + \begin{bmatrix} 0 \\ 0 \\ 0 \\ \vdots \\ 1 \end{bmatrix} w(k) \tag{7.44}$$

式中，$w(k)$为离散白噪声。又

$$\int_{(k-1)T}^{kT} X_t^{(i)} \mathrm{d}t = TX_{(k-1)T}^{(i)} + \int_{(k-1)T}^{kT} \int_{(k-1)T} X_t^{(i+1)} \mathrm{d}t \mathrm{d}t \tag{7.45}$$

递推得

$$\int_{(k-1)T}^{kT} X_t^{(i)} \mathrm{d}t = \sum_{j=i}^{N} \frac{T^{j-i}}{(j-i)!} X_{(k-1)T}^{(i)} \tag{7.46}$$

因此，可以得到基于多项式误差模型的统一状态方程：

$$\begin{bmatrix} X_k^{(0)} \\ X_k^{(1)} \\ X_k^{(2)} \\ \vdots \\ X_k^{(N)} \end{bmatrix} = \begin{bmatrix} 1 & a_{12} & a_{13} & \cdots & a_{1N} \\ 0 & 1 & a_{23} & \cdots & a_{2N} \\ 0 & 0 & 1 & \cdots & a_{3N} \\ \vdots & \vdots & \vdots & & \vdots \\ 0 & 0 & 0 & \cdots & 1 \end{bmatrix} \begin{bmatrix} X_{k-1}^{(0)} \\ X_{k-1}^{(1)} \\ X_{k-1}^{(2)} \\ \vdots \\ X_{k-1}^{(N)} \end{bmatrix} + \begin{bmatrix} 0 \\ 0 \\ 0 \\ \vdots \\ 1 \end{bmatrix} w(k) \tag{7.47}$$

式中，系数满足

$$a_{ij} = \frac{T^{j-i}}{(j-i)!},\ j>i \tag{7.48}$$

7.8.2 地图匹配卡尔曼滤波的观测方程

设 X_{GNSS} 为原始定位点，$\hat{X}_{NE}$ 为原始定位点在道路上的最近估计点，$\hat{X}_{MM}$ 为最终地图匹配点，表示为

$$X_{GNSS} = (x_{GNSS}, y_{GNSS})^{\mathrm{T}} \quad \hat{X}_{NE} = (x_{NE}, y_{NE})^{\mathrm{T}} \quad \hat{X}_{MM} = (x_{MM}, y_{MM})^{\mathrm{T}} \tag{7.49}$$

原始定位点的误差在道路上的非白噪声可以分解为法向和切向误差，即

$$\begin{bmatrix} \Delta X_N \\ \Delta X_T \end{bmatrix} = \begin{bmatrix} -\cos\theta_k & \sin\theta_k \\ \sin\theta_k & \cos\theta_k \end{bmatrix} \begin{bmatrix} \Delta x \\ \Delta y \end{bmatrix} \tag{7.50}$$

式中，θ_k 为前进方向(切向)与 y 轴的角度。

在任意时刻，原始定位点在道路的法向误差是确定的，因此可以作为观测变量，它满足

$$|\Delta X_N|=\sqrt{(x_{GNSS}-x_{NE})^2+(y_{GNSS}-y_{NE})^2} \tag{7.51}$$

因此有观测方程

$$z_k=[-\cos\theta_k \quad 0 \quad \cdots \quad 0 \quad \sin\theta_k \quad 0 \quad \cdots \quad 0]\begin{bmatrix}\Delta x^{(0)}\\ \vdots \\ \Delta x^{(N)}\\ \Delta y^{(0)}\\ \vdots \\ \Delta y^{(N)}\end{bmatrix}+v(k) \tag{7.52}$$

$$z_k=\begin{cases}|\Delta X_N|, & L\text{ 与有向道路呈顺时针 }90^\circ\\ -|\Delta X_N|, & \text{其余}\end{cases} \tag{7.53}$$

7.8.3 状态方程的讨论

考虑计算实时性要求，状态方程通常采用低次多项式模型。常误差模型的状态方程为

$$\begin{bmatrix}\Delta x_k\\ \Delta y_k\end{bmatrix}=\begin{bmatrix}1 & 0\\ 0 & 1\end{bmatrix}\begin{bmatrix}\Delta x_{k-1}\\ \Delta y_{k-1}\end{bmatrix}+\begin{bmatrix}\sigma_x\\ \sigma_y\end{bmatrix} \tag{7.54}$$

此时，状态空间只存在两个未知数，因此计算量要比其他模型小得多。

线性误差模型的状态方程为

$$\begin{bmatrix}\Delta x_k^{(0)}\\ \Delta x_k^{(1)}\\ \Delta y_k^{(0)}\\ \Delta y_k^{(1)}\end{bmatrix}=\begin{bmatrix}1 & T & 0 & 0\\ 0 & 1 & 0 & 0\\ 0 & 0 & 1 & T\\ 0 & 0 & 0 & 1\end{bmatrix}\begin{bmatrix}\Delta x_{k-1}^{(0)}\\ \Delta x_{k-1}^{(1)}\\ \Delta y_{k-1}^{(0)}\\ \Delta y_{k-1}^{(1)}\end{bmatrix}+\begin{bmatrix}0\\ \sigma_x\\ 0\\ \sigma_y\end{bmatrix} \tag{7.55}$$

线性误差模型可以很好地拟合短时误差特性，并且计算量比较小。

抛物线误差模型的状态方程为

$$\begin{bmatrix}\Delta x_k^{(0)}\\ \Delta x_k^{(1)}\\ \Delta x_k^{(2)}\\ \Delta y_k^{(0)}\\ \Delta y_k^{(1)}\\ \Delta y_k^{(2)}\end{bmatrix}=\begin{bmatrix}1 & T & T^2/2 & 0 & 0 & 0\\ 0 & 1 & T & 0 & 0 & 0\\ 0 & 0 & 1 & 0 & 0 & 0\\ 0 & 0 & 0 & 1 & T & T^2/2\\ 0 & 0 & 0 & 0 & 1 & T\\ 0 & 0 & 0 & 0 & 0 & 1\end{bmatrix}\begin{bmatrix}\Delta x_{k-1}^{(0)}\\ \Delta x_{k-1}^{(1)}\\ \Delta x_{k-1}^{(2)}\\ \Delta y_{k-1}^{(0)}\\ \Delta y_{k-1}^{(1)}\\ \Delta y_{k-1}^{(2)}\end{bmatrix}+\begin{bmatrix}0\\ 0\\ \sigma_x\\ 0\\ 0\\ \sigma_y\end{bmatrix} \tag{7.56}$$

高次模型将导致系统的可观测性降低，并且增加计算的时间和空间复杂度。

习　题

1. 导航定位用的高精地图需满足哪些要求？说明其地图文件要素组成。
2. 简述基于道路节点连接的道路网络模型及其自动生成算法的原理及方法。
3. 简述基于道路外轮廓的路心线自动生成算法的原理及方法。
4. 介绍地图匹配的作用及其算法特点。
5. 为什么说地图匹配中的高精电子地图可以看成一种特殊的传感器。
6. 说明基于几何位置信息的地图匹配方法的优缺点。
7. 介绍基于位置概率估计地图匹配的原理及方法。
8. 介绍基于高斯白噪声模型的位置概率估计地图匹配的原理及方法。
9. 列出地图匹配卡尔曼滤波的状态方程。
10. 列出地图匹配卡尔曼滤波的观测方程。

◇第八章 其他组合定位方法

前面介绍了卫星导航与惯性导航组合、高精地图与地图匹配组合，SLAM 中，如果有测量运动的装置，也是一种组合。事实上，车辆定位的方法很多，不同传感器间存在着多种组合方式。本章介绍与航位推算相关的几种主要的组合方法。

8.1　航位推算

航位推算是一种最常用的自主式车辆定位技术。航位推算（Dead Reckoning，DR）定义为：从一个已知的坐标位置开始，根据运载体在该点的航向、航速和航行时间，推算下一时刻的坐标位置的导航过程。在公路车辆定位中，主要利用测得的车辆行驶距离和转角，推算车辆的位置（图 8.1），用公式表示为

$$\begin{cases} X_n = X_{n-1} + \mathrm{d}R_{n-1}\sin\theta_{n-1} \\ Y_n = Y_{n-1} + \mathrm{d}R_{n-1}\cos\theta_{n-1} \\ \theta_n = \theta_{n-1} + \mathrm{d}\theta_n \end{cases} \tag{8.1}$$

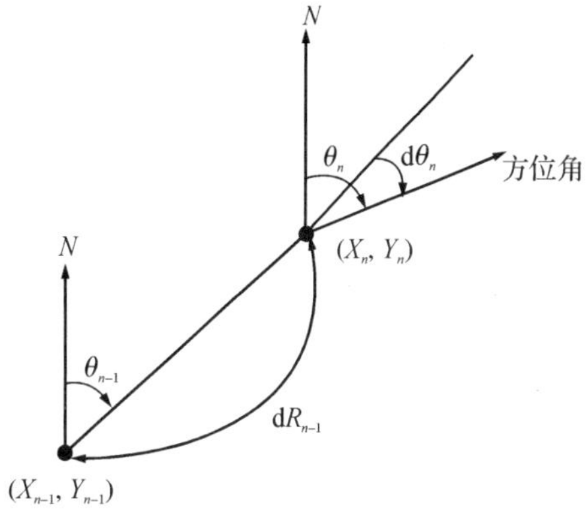

图 8.1　航位推算示意图

式中，$\mathrm{d}R_{n-1}$ 和 $\mathrm{d}\theta_n$ 为 $n-1$ 时刻到 n 时刻、位置（X_{n-1}，Y_{n-1}）到位置（X_n，Y_n）时，位移矢量和航向的变化。

航位推算中采用的传感器主要有：里程计、磁罗盘、速率陀螺仪等。

里程计是提供车辆行驶距离的传感器，它具有以下几种形式：光电式、电磁式、磁

传感式、多普勒雷达等。车辆导航定位通常使用性价比好的光电式。里程计检测车辆输出变速箱轴的转角，然后将测得的转角乘以标度系数，得到车辆行驶的距离。标定常数与车轮的半径成正比，因此车轮半径的变化会造成车辆行驶距离计算的误差。车轮半径变化的影响因素有：① 车辆速度：随着速度增加，车轮半径增加；② 轮胎压力：随着轮胎内部压力增加，轮胎半径增加；③ 轮胎胎面：随着轮胎胎面的磨损，车轮半径减小。这三种因素的实际影响见表 8.1。在实际应用中，里程计造成的误差可控制在行驶路程的 2%(非驱动轮)。

表 8.1　影响里程计误差的因素

误差源	尺度/%	备注
轮胎压力	1.65/bar(非刚线)，0.35/bar(刚线)	在正常压力下误差较低
车辆速度	0.016/(km·h^{-1})(非刚线)，0.002 3/(km·h^{-1})(刚线)	线性变化/可以计算机校正
轮胎胎面	3	在车辆维护过程中可以重新标定/计算机校正

磁罗盘是用来测量地球磁场水平分量方向的传感器，它对本地磁场的变化特别敏感，因此测量精度与车辆的磁环境有很大的关系。在一般情况下，地球磁场场强分布造成的方向误差为 1°～5°，但是在受到金属结构磁场干扰时，误差将非常大。例如在通过钢铁大桥时，航向误差可能达到 30°。磁罗盘测量航向精度的影响因素有：① 地磁场的局部变化；② 外界磁场的干扰；③ 车辆本身的磁场；④ 传感器对准误差。

测量车辆航向的另一种方法是通过速率陀螺仪。速率陀螺仪通过测量车辆转角的速率，并对时间进行积分得到车辆的角度变化，然后，根据前一时刻的车辆方向来确定当前车辆的行驶方向。速率陀螺仪存在漂移误差，且随时间积累，但几乎不受外磁场影响。通常采用的速率陀螺仪为光纤和压电两种，光纤陀螺的精度较高，但成本较高，所以目前较普遍采用的是低成本压电陀螺。

针对航位推算系统的传感器特点，目前采用了多种方法来提高整个系统的精度，包括传感器的标定、建模和滤波等，但由于其固有的缺陷，目前纯航位推算系统的定位精度约在车辆行驶路程的 3%～10%。因此，需要引入其他方法来降低航位推算系统的累积误差。

8.2　GNSS/DR 组合定位

全球卫星导航系统 GNSS 和航位推算 DR 是车辆导航中常用的两种定位技术。GNSS 定位精度高，误差不随时间积累，但在山区、隧道和城市峡谷，当卫星信号受到遮挡失锁时，将无法定位或者定位精度很差。航位推算是一种低成本、自主的车辆导航定位系统，能根据方位传感器和里程计的测量数据，在短时间内，提供车辆较精确的位置、速度、姿态等导航参数，但 DR 的误差随时间积累，甚至发散，不适合长时间的单独导航。因此，单独的 GNSS 或 DR 系统均不能提供精确、连续可靠的车辆导航定位，可以将两者组合起来，优势互补。

8.2.1　GNSS/DR 组合定位数学模型

1）GNSS/DR 组合定位状态方程

考虑车辆的运动，GNSS/DR 组合定位的状态方程可表示为

$$\boldsymbol{X}_k=\boldsymbol{\Phi}_{k,k-1}\boldsymbol{X}_{k-1}+\boldsymbol{U}_{k-1}+\boldsymbol{W}_{k-1} \tag{8.2}$$

式中，$\boldsymbol{X}=[e_E \quad v_E \quad a_E \quad e_N \quad v_N \quad a_N \quad \varepsilon \quad q]^{\mathrm{T}}$，$e_E$、$v_E$、$a_E$ 分别为东向位置、速度、加速度，e_N、v_N、a_N 分别为北向位置、速度、加速度，ε 为陀螺随机漂移，q 为里程计刻度因子误差，$\boldsymbol{\Phi}_{k,k-1}$ 为状态转移矩阵，$\boldsymbol{U}_{k-1}$ 为加速度当前均值，$\boldsymbol{W}_{k-1}$ 为系统噪声。系统噪声协方差阵为 $\boldsymbol{\Sigma}_{W_{k-1}}$。

将加速度一步预报作为当前加速度均值，则状态一步预测方程为

$$\bar{\boldsymbol{X}}_k=\boldsymbol{\Phi}'_{k,k-1}\hat{\boldsymbol{X}}_{k-1} \tag{8.3}$$

式中，$\boldsymbol{\Phi}'_{k,k+1}=\mathrm{diag}\{\boldsymbol{\Phi}'_E,\boldsymbol{\Phi}'_N,\mathrm{e}^{\frac{-T}{\tau_\varepsilon}},1\}$；$\boldsymbol{\Phi}'_E=\boldsymbol{\Phi}'_N=\begin{bmatrix}1 & T & \frac{T^2}{2}\\ 0 & 1 & T\\ 0 & 0 & 1\end{bmatrix}$，为牛顿矩阵。

2）GNSS/DR 组合定位观测方程

系统的观测量包括 GNSS 接收机输出的车辆东向和北向坐标分量、陀螺仪输出的角度和里程计在采样周期内行进的距离 S，则观测方程可表示为

$$\boldsymbol{Z}_k=\begin{bmatrix}e_{GNSS}\\ n_{GNSS}\\ \omega\\ S\end{bmatrix}=\begin{bmatrix}e\\ n\\ \arctan\frac{v_E}{v_N}+\varepsilon\\ qT\sqrt{v_E^2+v_N^2}\end{bmatrix}+\begin{bmatrix}\Delta_1\\ \Delta_2\\ \Delta_3\\ \Delta_4\end{bmatrix}=\boldsymbol{G}_k+\boldsymbol{\Delta}_k \tag{8.4}$$

观测方程是非线性方程，基于状态预报矢量进行线性化处理，应用扩展卡尔曼滤波得

$$\boldsymbol{V}_k = \boldsymbol{H}_k \hat{\boldsymbol{X}}_k - \boldsymbol{Z}'_k \tag{8.5}$$

式中，$\boldsymbol{V}_k$ 为残差矢量；$\boldsymbol{H}_k$ 为观测矩阵；$\boldsymbol{Z}'_k = \boldsymbol{Z}_k - \boldsymbol{G}_k + \boldsymbol{H}_k \bar{\boldsymbol{X}}_k$，$\boldsymbol{G}_k$ 和 $\boldsymbol{H}_k$ 为基于状态预报矢量的值。

观测噪声方差阵为

$$\Sigma_k = \mathrm{diag}\{\sigma_E^2 \sigma_N^2 \sigma_\omega^2 \sigma_S^2\} \tag{8.6}$$

8.2.2 GNSS/DR 组合定位自适应卡尔曼滤波算法

在实际导航中，难免存在建模误差(包括观测方程的线性化误差)。另外，系统的动力学模型噪声和观测噪声也是不确定的，导致卡尔曼滤波发散，定位值无效。因此，需要自适应地调整状态预测矢量与观测值之间的权比。下面，将自适应因子引入GNSS/DR 组合导航定位中，以控制卡尔曼滤波扰动异常对状态估值的影响。自适应滤波根据自适应因子作用范围不同，又分为单因子和多因子自适应滤波。

1) 卡尔曼滤波

由卡尔曼滤波基本方程可得滤波解为

$$\hat{\boldsymbol{X}}_k = \bar{\boldsymbol{X}}_k + \boldsymbol{K}_k (\boldsymbol{Z}'_k - \boldsymbol{H}_k \bar{\boldsymbol{X}}_k) \tag{8.7}$$

滤波增益矩阵为

$$\boldsymbol{K}_k = \Sigma_{\bar{\boldsymbol{X}}_k} \boldsymbol{H}_k^{\mathrm{T}} (\boldsymbol{H}_k \boldsymbol{\Sigma}_{\bar{X}_k} \boldsymbol{H}_k^{\mathrm{T}} + \boldsymbol{\Sigma}_k)^{-1} \tag{8.8}$$

预测矢量的协方差矩阵为

$$\boldsymbol{\Sigma}_{\bar{\boldsymbol{X}}_k} = \boldsymbol{\Phi}_{k,k-1} \boldsymbol{\Sigma}_{\bar{\boldsymbol{X}}_{k-1}} \boldsymbol{\Phi}_{k-1}^{\mathrm{T}} + \boldsymbol{\Sigma}_{W_{k-1}} \tag{8.9}$$

状态矢量的协方差矩阵为

$$\boldsymbol{\Sigma}_{\hat{\boldsymbol{X}}_k} = (\boldsymbol{H}_k^{\mathrm{T}} \boldsymbol{\Sigma}_k^{-1} \boldsymbol{H}_k + \boldsymbol{\Sigma}_{\bar{\boldsymbol{X}}_k}^{-1})^{-1} \tag{8.10}$$

2) 单因子自适应卡尔曼滤波

在 GNSS/DR 组合定位系统中，观测量个数小于状态参数个数，所以，此处基于预报残差矢量 $\bar{\boldsymbol{V}}_k$ 构造自适应因子。预测残差 $\bar{\boldsymbol{V}}_k$ 是状态预测 $\bar{\boldsymbol{X}}_k$ 与当前历元观测 $\boldsymbol{L}_k$ 的函数，可表示为

$$\bar{\boldsymbol{V}}_k = \boldsymbol{A}_k \bar{\boldsymbol{X}}_k - \boldsymbol{L}_k \tag{8.11}$$

若观测 $\boldsymbol{L}_k$ 可靠，则预测残差 $\bar{\boldsymbol{V}}_k$ 的大小主要反映 $\bar{\boldsymbol{X}}_k$ 的可靠性。如果 $\bar{\boldsymbol{X}}_k$ 与当前观测具有良好的一致性，则 $\bar{\boldsymbol{V}}_k$ 的数值较小；反之，$\bar{\boldsymbol{V}}_k$ 的数值较大，甚至显著异常。由于 $\bar{\boldsymbol{X}}_k$ 是动力学模型预测的状态信息，所以 $\bar{\boldsymbol{V}}_k$ 的量级反映了动力学模型的误差。以预测残差为变量，构建状态模型误差的判别统计量为

$$\Delta\bar{\boldsymbol{V}}_k=\left(\frac{\bar{\boldsymbol{V}}_k^{\mathrm{T}}\bar{\boldsymbol{V}}_k}{\mathrm{tr}\{\boldsymbol{\Sigma}_{\bar{\boldsymbol{V}}_k}\}}\right)^{-\frac{1}{2}} \tag{8.12}$$

自适应因子 α_k 为

$$\alpha_k=\begin{cases}1, & |\Delta\tilde{\boldsymbol{V}}_k|\leqslant c\\ \dfrac{c}{|\Delta\tilde{\boldsymbol{V}}_k|}, & |\Delta\tilde{\boldsymbol{V}}_k|>c\end{cases} \tag{8.13}$$

式中，c 为常量，取值为 0.85～1.00。

可得单因子自适应卡尔曼滤波解为

$$\hat{\boldsymbol{X}}_k=(\boldsymbol{A}_k^{\mathrm{T}}\boldsymbol{P}_k\boldsymbol{A}_k+\alpha_k\boldsymbol{P}_{\bar{\boldsymbol{X}}_k})^{-1}(\alpha_k\boldsymbol{P}_{\bar{\boldsymbol{X}}_k}\bar{\boldsymbol{X}}_k+\boldsymbol{A}_k^{\mathrm{T}}\boldsymbol{P}_k\boldsymbol{L}_k) \tag{8.14}$$

$$\boldsymbol{\Sigma}_{\hat{\boldsymbol{X}}_k}=\hat{\sigma}^2(\boldsymbol{A}_k^{\mathrm{T}}\boldsymbol{P}_k\boldsymbol{A}_k+\alpha_k\boldsymbol{P}_{\bar{\boldsymbol{X}}_k})^{-1}(\alpha_k\boldsymbol{P}_{\bar{\boldsymbol{X}}_k}+\boldsymbol{A}_k^{\mathrm{T}}\boldsymbol{P}_k\boldsymbol{A}_k)(\boldsymbol{A}_k^{\mathrm{T}}\boldsymbol{P}_k\boldsymbol{A}_k+\alpha_k\boldsymbol{P}_{\bar{\boldsymbol{X}}_k})^{-1} \tag{8.15}$$

式中，自适应因子 α_k 具有调节动力学模型信息与观测信息的功能。

3）多因子自适应卡尔曼滤波

在卡尔曼滤波中，状态参数矢量可能类型不同，且各类参数动力学模型的可靠性可能也不相同。若用统一的自适应因子调节，对于可靠的预测状态参数，会损失其使用效率；而对于误差较大的预测参数，则又因为其可靠参数的平衡作用，使其原有权重得不到降低，即相应参数的不利影响得不到应有的控制。此时，可采用多因子自适应滤波。

基于预测残差，先确定各预测残差分量的自适应因子为

$$\alpha_{\bar{V}_{k_i}}=\begin{cases}1, & |\Delta\bar{\boldsymbol{V}}_{k_i}|\leqslant c\\ \dfrac{c}{|\Delta\bar{\boldsymbol{V}}_{k_i}|}, & |\Delta\bar{\boldsymbol{V}}_{k_i}|>c\end{cases} \tag{8.16}$$

式中，$|\Delta\bar{\boldsymbol{V}}_{k_i}|=\sqrt{(\Delta\bar{\boldsymbol{V}}_{k_i}^2/\sigma_{\bar{\boldsymbol{V}}}^2)}$；$c$ 为常量，取值为 0.85～1.00。$\bar{\boldsymbol{V}}_k$ 大小主要反映 $\bar{\boldsymbol{X}}$ 的可靠性。在 GNSS/DR 组合定位卡尔曼滤波中，由观测方程可知，$\Delta\bar{\boldsymbol{V}}_{k_1}$ 主要反映了状态预测矢量中 e_E、v_E、a_E 的可靠性；$\Delta\bar{\boldsymbol{V}}_{k_2}$ 主要反映了 e_N、v_N、a_N 的可靠性；$\Delta\bar{\boldsymbol{V}}_{k_3}$ 主要反映了 ε 的可靠性；$\Delta\bar{\boldsymbol{V}}_{k_4}$ 主要反映了 q 的可靠性。于是，得到状态矢量的自适应因子矩阵为

$$\boldsymbol{\alpha}_{\bar{\boldsymbol{X}}_k}=\mathrm{diag}\{\alpha_{\bar{V}_{k_1}}\ \alpha_{\bar{V}_{k_1}}\ \alpha_{\bar{V}_{k_1}}\ \alpha_{\bar{V}_{k_2}}\ \alpha_{\bar{V}_{k_2}}\ \alpha_{\bar{V}_{k_2}}\ \alpha_{\bar{V}_{k_3}}\ \alpha_{\bar{V}_{k_4}}\} \tag{8.17}$$

根据双因子定权思想，状态预测矢量 $\bar{\boldsymbol{X}}_k$ 的自适应权矩阵的非对角线元素为

$$\bar{p}_{\bar{\boldsymbol{X}}_{k_{ij}}}=p_{\bar{\boldsymbol{X}}_{k_{ij}}}\sqrt{\alpha_{\bar{\boldsymbol{X}}_{k_i}}}\sqrt{\alpha_{\bar{\boldsymbol{X}}_{k_j}}} \tag{8.18}$$

对角线元素为

$$\bar{p}_{\bar{X}_{k_{ii}}} = p_{\bar{X}_{k_{ii}}} \alpha_{\bar{X}_{k_i}} \tag{8.19}$$

相应地，$\bar{\boldsymbol{X}}_k$ 的自适应协方差阵的非对角线元素为

$$\bar{\sigma}_{\bar{X}_{k_i}\bar{X}_{k_j}} = \frac{\sigma_{\bar{X}_{k_i}\bar{X}_{k_j}}}{\sqrt{\alpha_{\bar{X}_{k_i}}\alpha_{\bar{X}_{k_j}}}} \tag{8.20}$$

$\bar{\boldsymbol{\Sigma}}_{\bar{X}_k}$ 的对角线元素为

$$\bar{\sigma}^2_{\bar{X}_{k_{ii}}} = \frac{\sigma^2_{\bar{X}_{k_{ii}}}}{\alpha_{\bar{X}_{k_i}}} \tag{8.21}$$

上面确定的 $\bar{\boldsymbol{X}}_k$ 的自适应权阵和协方差阵，均保持了原有的相关性不变。

状态参数的多因子自适应滤波解为

$$\hat{\boldsymbol{X}}_k = (\boldsymbol{A}_k^{\mathrm{T}}\boldsymbol{P}_k\boldsymbol{A}_k + \alpha_{\bar{X}_k}^{\frac{1}{2}} P_{\bar{X}_k} \alpha_{\bar{X}_k}^{\frac{1}{2}})^{-1}(\alpha_{\bar{X}_k}^{\frac{1}{2}} P_{\bar{X}_k} \alpha_{\bar{X}_k}^{\frac{1}{2}} \bar{\boldsymbol{X}}_k + \boldsymbol{A}_k^{\mathrm{T}}\boldsymbol{P}_k\boldsymbol{L}_k) \tag{8.22}$$

8.3 SINS/DR 组合定位

8.3.1 SINS/DR 组合定位数学模型

利用 DR 辅助 SINS 构成 SINS/DR 自主式组合定位系统。该系统利用 SINS 解算速度和里程计测量速度的差作为观测量，应用卡尔曼滤波进行误差估计与校正，以达到精确定位与导航的目的。

1）SINS/DR 组合定位状态方程

选取当地水平坐标系为导航坐标系，坐标轴分别指向东、北、天方向，忽略高度方向的影响。设 SINS 的误差状态变量为 3 个方向的误差角 ϕ_E、ϕ_N、ϕ_U，东向和北向的速度误差为 δv_E 和 δv_N，3 个方向的陀螺漂移为 ε_E、ε_N、ε_U，东向和北向的加速度计零漂为 ∇_E 和 ∇_N，取里程计误差状态变量为里程计解算的位置误差 δL_D 和 $\delta\lambda_D$，里程计刻度系数误差为 δk_D。则组合系统的状态变量为

$$\boldsymbol{X}(t) = [\phi_E \quad \phi_N \quad \phi_U \quad \delta v_E \quad \delta v_N \quad \varepsilon_E \quad \varepsilon_N \quad \varepsilon_U \quad \nabla_E \quad \nabla_N \quad \delta L_D \quad \delta\lambda_D \quad \delta k_D]^{\mathrm{T}} \tag{8.23}$$

组合系统的状态方程为

$$\dot{\boldsymbol{X}}(t) = \boldsymbol{F}(t)\boldsymbol{X}(t) + \boldsymbol{G}(t)\boldsymbol{W}(t) \tag{8.24}$$

式中，$\boldsymbol{F}(t)_{13\times 13}$ 为系统状态矩阵；$\boldsymbol{G}(t)$ 为噪声矩阵，其表达式为

$$\boldsymbol{G}(t)=\text{diag}[1\quad 1\quad 1\quad 1\quad 1\quad \boldsymbol{0}_{1\times 8}] \tag{8.25}$$

系统噪声矢量$\boldsymbol{W}(t)$是均值为零、方差为$\boldsymbol{Q}$的白噪声矢量：

$$\boldsymbol{W}(t)=[n_{\delta v_E}\quad n_{\delta v_N}\quad n_{\phi_E}\quad n_{\phi_N}\quad n_{\phi_U}\quad \boldsymbol{0}_{1\times 8}]^{\mathrm{T}} \tag{8.26}$$

2）SINS/DR 组合定位量测方程

选取 SINS 速度解算值和里程计速度测量值的差作为观测量，即

$$\boldsymbol{Z}(t)=[\delta v_E^*\quad \delta v_N^*]^{\mathrm{T}}=[\delta v_E-\delta v_{DE}\quad \delta v_N-\delta v_{DN}]^{\mathrm{T}} \tag{8.27}$$

式中，δv_{DE} 和 δv_{DN} 为里程计计算的东向和北向的速度误差，δv_E^* 和 δv_N^* 分别为 SINS 速度解算值与里程计速度测量值之差的东向分量和北向分量。则组合系统的量测方程为

$$\boldsymbol{Z}(t)=\boldsymbol{H}(t)\boldsymbol{X}(t)+\boldsymbol{V}(t) \tag{8.28}$$

式中，$\boldsymbol{V}(t)$是均值为零且与$\boldsymbol{W}(t)$不相关的量测白噪声；$\boldsymbol{H}(t)$为量测矩阵，其表达式为

$$\boldsymbol{H}(t)=\begin{bmatrix}1 & 0 & 0 & v_{DU} & -v_{DN} & \boldsymbol{0}_{1\times 8}\\ 0 & 1 & -v_{DU} & 0 & v_{DE} & \boldsymbol{0}_{1\times 8}\end{bmatrix} \tag{8.29}$$

式中，v_{DE}、v_{DN} 和 v_{DU} 分别为里程计测得的东向、北向和天向速度分量。

SINS/DR 组合定位的关键是利用 δv_E^*、δv_N^* 与 ϕ_E、ϕ_N、ϕ_U 的耦合关系，采用闭环卡尔曼滤波估计航向、姿态和位置等误差状态变量，并进行修正，以提高 SINS/DR 组合导航系统的定位精度。

8.3.2　SINS/DR 组合系统在线标定技术

在 SINS/DR 组合系统中，影响系统精度的主要误差源有惯性器件的刻度系数误差、零位误差、轴安装不对准误差，里程计的姿态误差及标度因子误差等。为了确保系统的对准和定位精度，必须对以上惯性误差源进行精确标定。下面基于 SINS/DR 信息和车辆自身机动，对组合系统相关误差项进行在线标定。

对于 SINS/DR 组合系统，DR 的主要误差为姿态角误差和里程计标度因子误差。DR 主要用来限制 SINS 误差的发散，DR 的初始姿态阵一般取 SINS 的自对准初始姿态阵。也就是说，DR 与 SINS 具有相同的初始姿态误差角，且其在以后的变化规律是一致的。因此，在航位推算中，可以不再单独进行姿态解算，只考虑里程计的标度因子误差。

对于车载 SINS/DR 组合系统，在标定周期内，可以认为系统的安装误差不发生变化，标定的主要对象是惯性器件标度因子误差及常值误差项。因此，选取系统误差项，陀螺仪和加速度计的常值误差，加速度计和里程计的标度因子误差作为滤波状态量(共 19 维)：

$$\boldsymbol{X}(t)=[\phi_E\ \phi_N\ \phi_U\ \delta v_E\ \delta v_N\ \delta L\ \delta\lambda\ \varepsilon_{bx}\ \varepsilon_{by}\ \varepsilon_{bz}\ \nabla_x\ \nabla_y\ \delta L_D\ \delta\lambda_D\ \delta k_{ax}\ \delta k_{ay}\ \delta k_{DE}\ \delta k_{DN}\ \delta k_{DU}]^{\mathrm{T}} \tag{8.30}$$

标定状态下的航位推算误差方程如下：

位置误差方程为

$$\begin{cases}\delta\dot{L}_D=\dfrac{v_{DE}^n}{R_N}\phi_U+\dfrac{v_{DN}^n}{R_M}\delta k_D\\ \delta\dot{\lambda}=\dfrac{v_{DN}^n}{R_M\cos L}\phi_U+\dfrac{v_{DE}^n}{R_N\cos L}\delta k_D\end{cases}\tag{8.31}$$

速度误差方程为

$$\begin{cases}\delta\dot{v}_{DE}=v_{DE}\delta k_D+v_{DN}\phi_U\\ \delta\dot{v}_{DN}=v_{DN}\delta k_D+v_{DE}\phi_U\end{cases}\tag{8.32}$$

卡尔曼滤波基本方程为

$$\begin{cases}\dot{\boldsymbol{X}}(t)=\boldsymbol{F}(t)\boldsymbol{X}(t)+\boldsymbol{W}(t)\\ \boldsymbol{Z}(t)=\boldsymbol{H}(t)\boldsymbol{X}(t)+\boldsymbol{V}(t)\end{cases}\tag{8.33}$$

式中，量测值为

$$\boldsymbol{Z}(t)=\begin{bmatrix}\delta L_s-\delta L_D\\ \delta\lambda_s-\delta\lambda_D\\ \delta v_E-\delta v_{DE}\\ \delta v_N-\delta v_{DN}\end{bmatrix}\tag{8.34}$$

$\boldsymbol{H}(t)$中的非零元素为

$$\begin{aligned}&H(1,6)=1,\ H(1,15)=-1,\ H(2,7)=1,\ H(2,16)=-1\\ &H(3,4)=1,\ H(3,17)=-1,\ H(4,5)=1,\ H(4,18)=-1\end{aligned}\tag{8.35}$$

8.4 DR/MM组合定位

当DR中采用低成本压电陀螺时，2 km的里程，航位推算的角度误差可能超过10°，位置误差可能超过1 km。如此大的误差，如果采用常规的概率估计地图匹配算法，很难用一个误差置信区域来描绘真实车辆所处的区域界线。下面介绍基于概率估计的地图匹配算法实时修正DR累积误差。

8.4.1 基于DR/MM的概率估计地图匹配算法

概率估计算法要求传感器误差在统计意义上被传播到位置决策中，这些误差和误差模型定义的椭圆形或矩形置信区域，用于描绘真实车辆所处的区域界线的轮廓，其置信区域被叠加到公路网上。如果该区域仅包含一个交叉路口或道路，仅需进行一次匹配,并把匹配结果作为车辆的位置。如果该区域不止一个交叉路口或道路,则需要进行道路连通性检查,以确定车辆的最可能位置。由此可知,减小误差置信区域,可以提高匹配计算速度和匹配精度。减小误差置信区域一般有两种途径:提高传感器的定位精度和优化计算方法。对于前者,在实际应用中,需考虑其性价比。下面介绍一种改进的概率估计地图匹配算法。图 8.2 表示常规的地图匹配算法流程,图 8.3 表示改进的地图匹配算法流程。

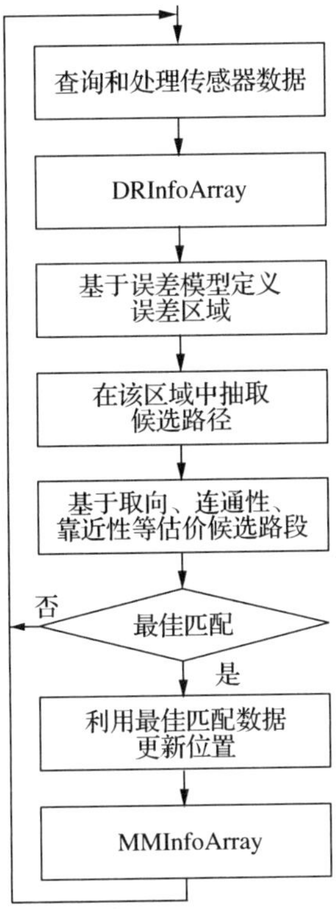

图 8.2　常规的地图匹配算法流程图

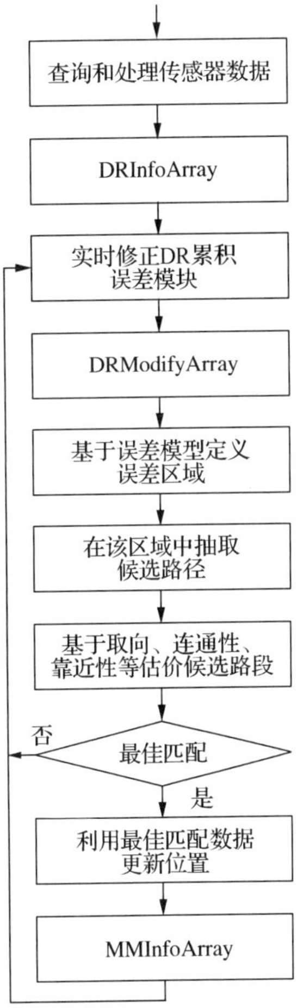

图 8.3　改进的地图匹配算法流程图

比较图 8.2 和图 8.3 可以看出,后者添加了一个实时修正 DR 累积误差的模块。图中的 DRInfoArray、DRModifyArray 和 MMInfoArray 代表三个队列,分别存储了根据传感器数据计算的车辆原始轨迹点、修正误差后的车辆轨迹点和地图匹配后的车辆轨迹点。与常规的地图匹配算法相比,改进后的地图匹配算法具有如下优点:

(1) 地图匹配数据来自队列 DRModifyArray,使得 DRInfoArray 数据和

MMInfoArray 数据相互独立，不对来自传感器的数据作任何修改，有利于分析航位推算中的传感器误差；

(2) 航位推算分离成一个独立的系统，采用独立的计算方法、试验方法以及里程脉冲系数和陀螺仪系数的标定；

(3) 实时修正了航位推算中的累积误差，缩小了误差模型的置信区域，加快了地图匹配算法的速度。

8.4.2 DR 累积误差实时修正算法

1) 实时修正 DR 累积误差的思想和原则

本小节主要介绍在车辆行驶路线不确定条件下，采用数字地图中的道路数据库，实时修正 DR 累积误差。其主要基于如下思想：如果车辆沿着预先确定的道路上行驶，每当系统检测到车辆拐弯时，系统会修正定位距离传感器产生的累积误差；如果车辆行驶路线在道路的两个拐弯之间驶出了道路，系统会修正航位取向的累积误差。

实时修正 DR 累积误差的原则：

(1) 车辆在直线道路上行驶，此时车辆行驶角度为一常数，利用车辆匹配位置和数字地图数据库中的道路，对 DR 进行法向位置和行驶角度的修正；

(2) 车辆拐弯时，如果车辆拐弯角度大于阈值 θ，利用车辆匹配位置和数字地图数据库中的道路拓扑关系，对 DR 进行法向位置、切向位置和角度的修正；

(3) 车辆在曲线道路上行驶，即当车辆拐弯角度小于阈值 θ 时，不对 DR 进行任何修正。

所以，实时修正 DR 累积误差，主要是观测每一时刻速率陀螺仪的输出量，避开了累积误差。

2) 实时修正 DR 累积误差中观测方程的建立

DR 系统测量传感器主要包括：(1) 里程计，输出车辆在采样周期 T 内行驶的距离；(2) 角速率陀螺仪，输出车辆航向的变化角 $\Delta\alpha$。

数字地图中的道路网络数据库主要提供：(1) 道路段方向 β；(2) 路段间、道路间的角度变化量 $\Delta\beta$。

所以系统的状态变量为

$$Z=\{\Delta\alpha',\Delta\beta'\} \tag{8.36}$$

观测方程可写为

$$\begin{cases}\Delta\alpha' = \Delta\alpha + \varepsilon_\alpha \\ \Delta\beta' = \Delta\beta + \varepsilon_\beta\end{cases} \tag{8.37}$$

式中，ε_α 为角速率陀螺仪的测量误差，ε_β 为地图数据库的误差量。则 Z 可表示为

$$Z = \begin{Bmatrix}\Delta\alpha \\ \Delta\beta\end{Bmatrix} + \begin{Bmatrix}\varepsilon_\alpha \\ \varepsilon_\beta\end{Bmatrix} \tag{8.38}$$

观测方程为线性方程，可解。

8.5　GNSS/DR/MM 组合定位

GNSS/DR/MM 车辆组合定位系统，利用 GNSS、DR 定位系统的技术特点进行优势互补，并结合 MM 技术来提高整个导航系统的定位精度和可靠性，是一种多信息融合方法。整个组合系统可分成 5 大功能模块：卫星导航 GNSS 系统、航位推算 DR 系统、数字地图 GIS、地图匹配 MM 系统和多信息融合系统。

地图匹配技术是利用数字地图数据库中的精确数据，实时修正传感器采集的车辆位置信息中的误差，从而得到精确的车辆位置信息。由此可知，地图匹配和数字地图组成一个伪定位模式，它必须在了解车辆行驶轨迹的前提条件下，才能把车辆行驶轨迹和道路网络数据库进行比较，最后获得精确的车辆位置信息。

车辆行驶轨迹的传统定位模式主要有 GNSS 定位、DR 定位、GNSS/DR 组合定位。这三种定位模式在系统精度要求不高的情况下，可以单独成为一个定位系统。为了进一步提高系统的定位精度，在这三种定位模式中引入地图匹配，于是产生新的三种定位模式：GNSS/MM、DR/MM、GNSS/DR/MM。以上六种定位模式可以归结为一种定位模式，即 GNSS/DR/MM 组合定位模式，通过多信息融合，使系统自动在六种模式间切换，以提高整个导航系统的定位精度和可靠性。

习　　题

1. 介绍航位推算原理及其应用时的主要误差源。
2. 列出 GNSS/DR 组合定位状态方程。
3. 列出 GNSS/DR 组合定位观测方程。
4. 列出 SINS/DR 组合定位状态方程。
5. 列出 SINS/DR 组合定位观测方程。
6. 介绍 DR/MM 组合定位方法。
7. 介绍 GNSS/DR/MM 组合定位方法。
8. 列出其他可能的组合定位方法，并简述这些方法的工作思路及优缺点。

参考文献

［1］ 陈凯，张通，刘尚波. 捷联惯导与组合导航原理［M］. 西安：西北工业大学出版社，2021.

［2］ 李征航，黄劲松. GPS 测量与数据处理［M］. 2 版. 武汉：武汉大学出版社，2010.

［3］ 高翔，张涛，刘毅. 视觉 SLAM 十四讲：从理论到实践［M］. 北京：电子工业出版社，2017.

［4］ 王庆，张小国. 车辆组合定位与导航系统：理论、方法及应用［M］. 北京：科学出版社，2016.

［5］ 严恭敏，翁浚. 捷联惯导算法与组合导航原理［M］. 西安：西北工业大学出版社，2019.

［6］ 秦永元. 惯性导航［M］. 2 版. 北京：科学出版社，2014.

［7］ 秦永元，张洪钺，汪叔华. 卡尔曼滤波与组合导航原理［M］. 3 版. 西安：西北工业大学出版社，2015.

［8］ 罗建军. 组合导航原理与应用［M］. 西安：西北工业大学出版社，2012.

［9］ 胡小平. 导航技术基础［M］. 北京：国防工业出版社，2015.

［10］ 李晓欢. 自动驾驶汽车定位技术［M］. 北京：清华大学出版社，2019.

［11］ 朱家海. 惯性导航［M］. 北京：国防工业出版社，2008.

［12］ 孔祥元，郭际明，刘宗泉. 大地测量学基础［M］. 2 版. 武汉：武汉大学出版社，2010.

［13］ 高成发，胡伍生. 卫星导航定位原理与应用［M］. 北京：人民交通出版社，2011.

［14］ 张宏斌. 测量平差教程［M］. 北京：科学出版社，2019.

［15］ 范国雄. 数字测图技术［M］. 南京：东南大学出版社，2016.